日本近代の建築保存方法論

——法隆寺昭和大修理と同時代の保存理念——

青柳　憲昌

中央公論美術出版

1　法隆寺西院 全景

2　法隆寺金堂 正面

3　法隆寺金堂 側面

4　法隆寺金堂 上層隅軒下支柱

5　法隆寺大講堂（正暦元年／昭和13年修理）

6　法隆寺東院伝法堂（奈良時代／昭和18年修理）

7　正福寺地蔵堂（東京都／応永14年／昭和8年修理）

8　定光寺本堂（愛知県／明応2年／昭和14年修理）

目次

序論

凡　例

一、文献からの引用ならびに学術論文・論考等の題名は「　」で表記し、単行本の表題、雑誌名、引用文中の「　」は『　』で表記した。

一、引用文中における旧漢字は原則として新字体に改めたが、旧仮名遣いはそのままとした。また、引用文中の誤字と思われるものには「(ママ)」とルビを付し、判読不能であった文字は伏字「■」で表記した。

一、人名・地名等の固有名詞の表記は原則として慣用のものに従った。

一、各章の註は章末に、図版出典は原則として巻末にまとめて掲載し、表註は原則として図表の直下に記載した。

一、長さの単位は本書の性質上尺貫法の表記のままとし、あえてメートル法に改めなかった。

日本近代の建築保存方法論

――法隆寺昭和大修理と同時代の保存理念――

本書は、独立行政法人日本学術振興会令和元年度科学研究費補助金（研究成果公開促進費）の交付を受けた出版である。

序論

第一節　研究の目的と意義――今なぜ文化財修理史なのか

二一世紀に突入した頃から急激な勢いで進行した国際化《グローバリゼーション》の波の到来と期をほぼ同じくして、日本社会の中にナショナリズムが徐々に出現しはじめた。現在では一般社会のみならず建築界でも「日本的なもの」を求める気運が醸成されつつある。こうした時代に「日本文化」の発信源としての「文化財」に焦点を当て、その本質を解明しようとする本書のような試みには一定の意義が認められるだろう。

今日我々が目にすることのできる「文化財」は、たまたま近代までに残った過去の遺物が凍結的に保存されて伝来したものではなく、近代国民国家の形成過程において、優れて政治的な意図のもとに創り出されたものであったことは諸先学が等しく指摘するところである。(1)すなわち「文化財」とは、その一面において、近代人によって日本の過去の遺物が再解釈され、あるべき「日本の伝統」として国民に向けて提示《プレゼンテーション》されたものであった。「文化財」のもつその性質は、さまざまなジャンルのなかでも、絵画や彫刻とは異なり定期的な維持修理が必要とされる――不可避的に近代の手が加えられることになる――「建築」において最も顕著に体現されている。文化財建築の多くには明治以降に一度は大きな修理が施されているが、個々の建築には、その時々の修理の当事者——とりわけ修理技術者と呼ばれる職能集団——によって、未来に残すべき価値が見出された歴史的事象＝「伝統」＝「日本的なもの」として認識されたものが投影されている。我々がもしもそこに「日本的なもの」を感じるとき、そこには潜在的に彼ら過去の技術者たちの伝統理解が介在しているのであり、一面において我々はそれを追認しているにすぎないのである。

ところで、西洋の石造文化とは異質な、木造文化圏にある日本の文化財建築の保存手法は、学術性を重視しながら解体修理＝復原修理を行うという点において、世界的に見ても際立つ固有性があるとされる(2)。本書は、二〇世紀前半の一九二〇〜五〇年代、和暦でいえば昭和時代の前半期における建造物修理事業、とりわけそのなかでも最大の国家的事業であった法隆寺昭和大修理を中心とする多くの修理に示された「保存」の概念を解明し、この時代において日本固有の文化財建築の修理手法が確立されたということを指摘するものである。そして、さらに進んで、それを日本近代の保存修理に内在する諸問題との関係において論じつつ、今後の文化財保存を展望するための一助とするものである。現在「日本的なもの」を模索する社会的・文化的な動きがあるなかで、その発信源としての「文化財」が創造され維持される仕組みを解明することは、ひとり建築史学の学徒のみならず、一般歴史学、文化財保存学、社会学、ひいては現代のあらゆる創造者にとって有意義であろう。それは、とりもなおさず木造古建築の精華を眼前にして、近代の修理技術者たちと自らとの距離を計測することにほかならない。

＊

昭和前半期の修理事業は、保存行政的に見ればその大半が「国宝保存法」の運用下にあった。国宝保存法は、文化財保存に関する現行法である「文化財保護法」の前身で、昭和四（一九二九）年から昭和二五（一九五〇）年までの約二〇年間に適用された法律である。同法によって「国宝」――今日いう「重要文化財」とほぼ同意――の指定をうけた建造物は、国庫からの多額の補助により、国の工事指導のもと、一般的には府県の直営工事として、「保存」のための修理が行われる。この時代の修理のうち、昭和九年に開始された法隆寺昭和大修理は、一般の修理とは異なり国の直轄工事として行われ、この事業で修理された二二棟の建築のなかでも特に重要視されていた金堂と五重塔の修理は、事業の終盤、昭和一七年一月に着手され、昭和二五年の文化財保護法の制定を跨いで昭和二九年一一月に完了している――というより、そもそも文化財保護法の制定は、周知のごとく昭和二四年一月二六日の、世界美術界を震撼させた法隆寺金堂火災というこの修理中に起きた大きな事件を直接的な契機としたものであった。

明治中期における伊東忠太の「法隆寺建築論」を起点とし、さらには明治・大正・昭和の長期にわたって学会を賑わせた「再建非再建論争」を背景に、法隆寺の学術研究は著しく蓄積されていき、法隆寺の歴史学上・建築史学上に占める今日の重要性については今更改めて述べるまでもなかろう。

＊

本書では、修理工事の監督者をはじめとする修理技術者たちの「保存」に対する考え方が、個々の修理工事にどのように反映しているかを再検証しながら考察を進める。すなわち、修理工事の結果としての建造物だけを見るのはなく、そこに込められた修理当事者たちの意図を諸種の文献から読み取り、それと修理工事との対応関係を考察するのであり、既往の文献と比較して本書の特徴はこの分析手法にある。

一般に文化財の保存修理には地方自治体や所有者をはじめ、建築史学、歴史学、美術史学、考古学など多分野の専門家が関与するが、そのなかでもここで筆者がとりわけ「文化財修理技術者」（修復建築家）に焦点をあてているのは、修理工事の実務を担う修理技術者こそが「保存」という行為の主体的存在であると考えるからである。

三島由紀夫は「文化防衛論」（一九六八）のなかで、日本文化の特質が再帰性・全体性・主体性の三点に収斂されるとしている。一つめの再帰性とは、二〇年毎に再建してオリジナル（原型）に回帰させる伊勢神宮に象徴されるような、日本文化に見られるオリジナルとコピーの差異の希薄さのことで、二つめの全体性とは古代以来皇室を中心に展開されてきた日本文化の時間的・空間的な均質性＝「文化共同体としての天皇制」に由来するものとされる。そして、これら二つの特質と緊密に関連させながら、三つめの主体性に力点が置かれ、マーシャル・アートや茶道に見られる「型」の伝承に重きを置く日本文化の特徴に言及しつつ、「文化」と「行動」を一致させることを説いている。三島はさらに続けて、そもそも「文化」とは、その文化を保存する＝守るという行為の主体と、保存される対象が「同一化」されながら、創造されるものであるということを指摘して次のようにいう。

「すなわち守る側の理想像と守られる側のあるべき姿に、同一化の機縁がなければならない。（中略）『文化を守る』という行為には、文化自体の再帰性と全体性と主体性への、守る側の内部の創造的主体の自由の同一化が予定されており、ここに、文化の本質的な性格があらわれている。すなわち、文化はその本質上、『守る行為』を、文化の主体に要求しているのであり、われわれが守る対象は、思想でも政治体制でもなくて、結局このような意味の『文化』に帰着するのである。」

（三島由紀夫「文化防衛論」『中央公論』一九六八年七月号、一〇四頁）

こうした三島の文化理解は、問題の本質を衝いて鋭利なものがある。彼が述べるように、そもそも「文化」とはその語の意味からして「守られる」ものなのであり、文化を守る主体が存在するからこそ、文化は再創造されながら、未来に向けて存続し得る——その主体なくして「文化」は生まれないのである。そうした見方を仮に建築保存の世界にも敷衍すると、文化財建築の修理に携わる技術者は、それぞれ古建築の本来の建築美を守り、その美を現代においても発揮させるべく、かつての建物の創造者と自己を同一化しながら、修理の設計図を作成し、建物の再建工事を行う。「本来の建築美」の解釈は人によって多様であり、創建当初の姿ではなく中古に改造された姿かもしれないし、建築の美観ではなく、人間の生活や営みに即した実用の美かもしれない。いずれにしても三島の見方に従えば、そうすることが「文化」を守ることになり、同時に創造することにもなる。「文化」は——文化財保護法が規定するような国民の文化的向上に資するところの「文化財」は——、三島がいうように「博物館の何百カラットのダイヤのように、守られるだけの受動的存在」ではないのである。

このように「保存」という行為の主体と目的を明確化すると、一時代に共有された「保存」の概念というものを、その一面において、修理工事に直接携わる修理担当者が個別の修理で「保存」しようとしたものの総体——換言すれば、その時代の修理全般を俯瞰したときに「保存」することが意図されたと見なされるもの——により捉えることができるはずである。もちろん実際の修理は、必ずしも修理担当者の意図した通りに実施されるものではないが、たとえそのことを勘案しても、彼らが解体に伴う復原調査を行い、修理事業の首脳部に提示する修理原案を作成する以上、そこには「保存」の実現に向けた彼らの理念が少なからず反映されることになるのであり、彼らの志向したものこそ、時代の概念を構成する最も重要な要素と見るべきである。

本書では、この時代の修理技術者が「保存」しようとしたものとは、創建当初の建築意匠＝〈建築様式〉の典型性であり、彼らは修理を行うことにより、当初の建物が発揮していた建築美＝様式美を再現することを目指していたということを指摘する。つまり、創建後のある時代に改変された建物の部分部分を創建当初の〈建築様式〉成立時の状態に「復原」することで、修理直前の建物に混在していた後世の異質な様式的断片を取り払い、原型へと回帰させようとしていたのである。本書ではこうした保存の理念を「復元主義」と呼ぶこととする。[3]

しかし、ここで注意しなければならないのは、通常、後世に度重なる改変をうけた修理直前の建物には、創建当初の〈建築様式〉が実体として存在しない以上、ここで言う〈建築様式〉とは決して固定的な既知の概念ではなく、修理担当者によるその建築の意匠解釈にもとづく創造物であるということであり、それゆえ、ここでの原点回帰も実は模擬的なものにすぎないという点である。

井上充夫は「様式論」（『建築学大系七』一九五九）のなかで、「形態shape」「形式form」「様式style」をそれぞれ抽象度の違いに応じて階層的に概念規定しつつ、「様式」とはその構成要素としての「形式」同士が（「形式言語」を通して）「様式紐帯」によって結合され、全体として醸し出す芸術的性格のことである——たとえば窓や天井など各部の尖頭アーチの形式が紐帯で結合されたゴシック建築の「仰高性」など——と定義している。この見方に従えば、創建後の修理によって、建物の部分部分が当初の「形式」を逸脱、あるいは破壊するものに改変されていれば、「様式紐帯」は消失し、建物全体の〈建築様式〉も崩壊する。それを美学的に再び機能させようとすれば、かつて「様式紐帯」で結合されていた形式の破壊部分を当初の形式に「復原」する必要性が出てくるが、その様式の成立根拠——果たしてどの部分を復原すれば「様式紐帯」が再生されるのか——は見る主体の〈建築様式〉理解によって異なるので、それは修理担当者のその建物の見方——それはむろん彼ら自身の建築観や歴史観にもとづく――に左右されうることになる。

＊

周知のように、日本における保存修理事業は明治三〇（一八九七）年に制定された古社寺保存法により開始されたが、本書で扱うのは、これに次いで昭和四年に成立した国宝保存法の時代における修理工事、および昭和二五年以降の文化財保護法下における最初期の修理工事である。本書で昭和前半期という時代に焦点を当てたのは、前にも述べたように、日本の近代的保存修理の方法論が確立されたのが、まさにこの時代においてであったと考えられるからである。つまり、古社寺保存法の時代の修理の特徴を踏まえた上でこの時代の修理の実態を解明することにより、保存主体の解釈にもとづいて〈建築様式〉の再現を目指すという復元主義の保存理念、およびそれと修理方法との本来的な関係をより明確に把握できるのである。

古社寺保存法時代の修理についてはすでに諸先学による研究の蓄積があり[4]、いわゆる「当初復原」の方針がとられたものがしばしば見られたということが知られるから、古社寺保存法時代の保存の概念もやはり創建時の〈建築様式〉を重視するものであったといえるであろう。古社寺保存法に規定される特別保護建造物の「歴史ノ證徴又ハ美術ノ模範」（第四条）という言葉には〈建築様式〉の標本的価値が含意されている。近代の文化財修理の起点として知られる新薬師寺本堂修理（明治三一年）では、中世に付加された礼堂と内部天井が撤去され、当初の姿が再現されたことによって、当時社会の注目を浴びて復原是非論争が展開されたということが知られるが、この修理の担当者・関野貞は、この建物の屋根の形式や化粧屋根裏の内部空間に、奈良時代の〈建築様式〉の通性の一つを見ていたのである[5]。

しかし、一般に概念は、その概念が指し示す実体と不可分の関係にあるから、概念と実体をとり結ぶ技術的水準とも無関係ではなく、したがって各時代における概念は、その時代の技術との関係によりたえず変容していくはずである。そして、技術の展開とそれに付随する概念の変容は、時代に共有された理念によって方向付けられる。この意味において、国宝保存法時代には保存修理の技術的側面において著しい展開があったという従来よく指摘される事実[6]は、同時代の概念形成との関係において今一度捉え直されなければならないであろう。本書で明らかにするように、国宝保存法時代の〈建築様式〉という概念は古社寺保存法時代のそれと全く同じものではなかった。当時の修理技術者は、当初の建築意匠を当初の技術と一体的なものと捉えるという昭和初期の建築界に支配的であったものの見方を反映し――いうまでもなくその背後には唯物史観にもとづく近代合理主義思想がある――、それを再現する際にも〈技術のオーセンティシティ（真実性）〉を保持することに意を注いでいたのである。

その一方で、そもそも保存事業は一国家により自国の歴史上重要な建造物の「保存」が企図されるというきわめて政治的な側面をもっている。むろんその主要目的は、近代的国家体制の正統性を国民に向かって提示《プレゼンテーション》することにあった。保存事業のこうした政治性に目を向ければ、保存の概念形成を個別的主体である技術者の志向のみに帰することができないことはいうまでもなく、むしろ技術者の理念が結局のところ実現されなかったということのほうが重要性を帯びてくる。なぜなら、国家の正統性は体制成立以来の〈時間の経過〉によって担保されるからであり、古く見えるものこそ分かり易く国民にアピールするが、〈様式〉の再現は往々にしてその〈時間の経過〉を消失させてしまうからである。視覚的な「古さ」は万人の感情に直接的に訴えかけるのに対し、「様式美」は人間の理性を通じてしか把握されない。日本近代の保存修理が内包している矛盾は、理性と感情の間に横たわることの避けがたく深い溝の中に存在していたと言えるのである。そして、さらにマクロな視点で俯瞰すれば、それは日本の近代社会そのものに内在している矛盾の一断層が表出されたものにすぎなかった[7]。

本書では、近代の保存修理事業に通底して見られる「復原」批判が、総じて創建以来の〈時間の経過〉を尊重する立場から出されたこと、およびそうした批判は文化財建築に対する社会通念と密接な関係にあったことを指摘するが、創建以来の〈時間の経過〉までも残そうとする考え方は、創建の時点の原型を最上のものと考える復元主義と本質的に相容れるものではなかった。だから、修理技術者たちの「保存」の企てが、事の最終局面において必ず挫折していたとしても怪しむに足りないだろう。本書では、こうした矛盾を孕む保存の問題についての考察を、解体修理――建物を構成する全ての部材を一つ一つ取り外し、腐朽材を取り替えたのちに組み立て直す――という近代的修理方法と関連付けながら、さらに深化させていきたい。

なお、このような観点から保存修理の実態を再検討すれば、文化財建築の修理方針を「復原」か「現状維持」かという二項対立の図式で捉えるという従来支配的であった皮相な理解を改めることもできるであろう。そもそも「復原」という行為にはその作成者の主観が介在せざるを得ないし、「復原」批判者も復原行為自体を全否定しているものは少数派であったから、保存修理において「復原」されたか否かを問題にするよりも、むしろその「復原」もしくは非「復原」によって、何を「保存」することが意図されたかを問題にするほうが事の本質に一層近づくのである。本書で当事者の意図を読むことに重点を置いたのもそのことによる。「復原」是非の問題は現在でもしばしば議論されるが[8]、その際に建設的な議論を行うためにも、日本の文化財修理がなぜ「復原」を前提とするようになったのかを歴史学的に解明しつつ、その正当性の有無を理論的に把握しておく必要があるだろう。

これまで日本近代の保存修理は一貫して解体修理によって行われてきたが、現在修理事例が増えている明治期以降近代の建築では、構造、材料、規模《スケール》の点から、解体して修理することが不可能である場合が少なくない。とりわけ規模の問題に関しては、いわゆる「近代化遺産」など従前の文化財よりも破格に大きくなるものは周辺の都市や環境に大きな影響を及ぼすから、たんに「保存」の問題のみならず、都市計画的な視点も必要になってくる。それに加えて、一九九六年の登録文化財制度の導入を契機として保存対象は一層拡大され、「文化財」という概念自体も変容してきている。という意味は、「日本」という括《くく》りの国家文化財から、より身近な領域で括られた地域文化財にシフトしつつあるということであり、他面それは文化財の「活用」を推進しようとする現在の保存の方向性にも繋がっている。いずれにおいても「文化財」の本質は、その社会における文化＝伝統を継承する行為の中に求められるという点では何ら変わるところがないという点をここで強調しておきたいが、変革期にさしかかっている現代の保存の動向自体、近代的保存修理を相対化することを促しているのも確かであり、これまで前提条件とされてきた解体修理を行うことも難しいとなれば、それにかわる新たな方法論を構築し直すしかあるまい。昭和二五年の文化財保護法第一条においてそのことが明記されながら、これまで等閑視されてきた「活用」の解釈の問題と摺り合わせつつ、その方法論を再構築することが急務となっているのである。本書は日本近代の一つの時代における建築保存の概念を解明しようとするものに過ぎないが、右に述べた観点から、それは未来の日本の建築保存のあるべき姿を模索する際の、重要な足がかりともなり得るのである。

第二節　従来の研究

昭和時代前半期の修理事業に関する主な既往文献としては次に掲げるものがある。本節では、それらの文献で指摘されていることの中から、本書のテーマに関連する重要な事柄をまとめておきたい。

〇文化財保護委員会編『文化財保護の歩み』大蔵省印刷局、一九六〇

この書は、明治期から戦後にかけての保存事業史を概観するもので、とりわけ制度面を中心に叙述されている。昭和前半期の保存事業については、国宝保存法制定に至るまでの経緯、同法の内容とその運用、国宝指定の概要、同法が適用された時代における修理事業の概要がまとめられている。公的機関である文化財保護委員会によって編集されたこの書は、いわば保存事業の正史のような基礎的文献である。

国宝保存法の制定によって修理前の状態を変更する「現状変更」が許可制となったが、このことに関連してこの書は、昭和一五年三月「国宝建造物維持修理要項」が定められたことに言及しつつ、同要項に「現状変更」を行う理由として「イ、建造物自体の保存上已むを得ざる場合　ロ、建造物の構造意匠又は形式手法の保存上特に復旧の必要ある場合」と明記されたことが指摘されているが、それ以上の詳しい説明はない。このため本書の第一章二節ではこの点を掘り下げることとし、この要項が作成された背景や意義について論じたい。

また、現状変更案が審議される当時の国宝保存会においては、修理での「復原」に対する批判があったことが指摘されている。そこでは、歴史学者や美術史家らの建築専門家ではない委員を中心に、(一)国宝指定は現状を指定しているのであって、価値を認めた現状を変更する必要はない、(二)後世の修理自体その建造物の歴史をあらわしているのであるから、その資料は保存すべきだ、(三)みだりに材料をとりかえるべきではない、という三つの論拠によって、復原に対する批判が出されたことが記されている。

これに対し、昭和一八年の法隆寺伝法堂修理を契機として、彼ら復原批判者が「復原」に一定の理解を示すようになったことが指摘されている。この指摘は重要であるが、その詳しい事情は全く述べられていない。そこで、本書第一章六節ではこの修理工事の内容を詳細に分析しつつ、この修理が昭和前半期の建築保存概念を象徴的に示す極めて重要な修理工事であったということを指摘したい。

修理では一般に「復原」を行うことが「自然」であるという同書中の記述が示すように、この書はいわば復元主義の立場から編纂されたものであったと言える。これが刊行された一九六〇年頃の修理工事において「復原」が当然のように行われるようになったということを、保存事業史上の発展として捉える歴史観が、そこには示されているのである。

○鈴木嘉吉「法隆寺修理」『近代日本建築学発達史』丸善、一九七二

この論考も明治期以来の修理事業を概観するものであり、その表題が示すように、法隆寺昭和大修理についての詳しい記述がある。この論考は文化財修理史研究上の重要な基礎文献の一つであるが、その中の指摘の一つとして、国宝保存法時代に文部技師・阪谷良之進を中心として軒の規矩などの建築技法に関する調査が重点的に行われたという点がある。その背景には、古社寺保存法時代の主導者であった伊東忠太や関野貞の主な関心が古建築の様式史的側面にあったのに対し、国宝保存法時代になると、建築技術史学の構築を目指した大岡實、服部勝吉ら若手修理技術者が台頭するようになるということがあり、それを「いわば古建築に対する芸術派から技術派への転換」と著者は見ている。

すなわち、法隆寺昭和大修理事業の最大の特徴は「修理に伴う技術的調査面を最重要視したこと」であり、浅野清ら現場技術者により「修理調査の学問的方法」が確立され、従来知られていなかった古代建築の技法が次々に解明された。そして、その浅野らの調査方法とは、建物の構成部材に残された痕跡等をもとに創建時のみならず創建後の改変部までを含めてその建物のもつ時代的変遷を解明するというもので、それは大講堂修理（昭和一三年）においてほぼ確立され、続けて舎利殿絵殿・伝法堂修理（昭和一八年）において大きく実を結んだとされる。

修理における調査技術の向上に伴って「復原」の妥当性の理解が修理関係者に浸透していく過程として、保存修理事業史を捉える点は、前掲『文化財保護の歩み』と同様で、そこには著者の進歩史観がうかがえる。この論考のなかで「復原」修理を行う妥当性の根拠とされているものは、（1）解体修理を行うと、後世修理に建物が歪んだままの状態で改造・付加したものを再度組み立てることが不合理となること、（2）解体修理の際に解明された創建時の形を復原することで創建時の意匠の真相が失われる危険性が少なくなることの2点である。こうした復元主義の論理は、本書を通じて明らかにするように、昭和前半期の修理技術者たちが生み出したものであり、その後の保存事業史を通じてこれと同様の主張が繰り返されてきたという事実自体が、日本近代の保存修理の重要な一面の現れであると見るべきであろう。

○服部文雄「建造物の保存と修理」『仏教芸術』第一三九号、一九八一年一一月号

明治期から第二次世界大戦後までの保存修理史の概要を、構造や基礎の補強などの修理の技術面に焦点を当てて論じるものである。この論考の中で本書に関連する内容としては、国宝保存法で現状変更が許可制になり、「修理技術者の水準向上によって現状変更に対する考え方も物証的となり、克明な調査による学術的な見地からの理論付けの結果を重視するようになった」と指摘されることであるが、同様のことは前掲の諸文献の中でも指摘されていた。なお、小屋組の保存について大正期になると次第に歴史的な考察が加えられるようになったことが述べられているが、具体的には室生寺本堂（大正一四年）の例があげられるのみである。

また、数寄屋建築の修理工事などで用いられる「大ばらし手法」は、建物の壁体を樹脂で硬化して抜き取る修理手法のことであるが、この手法は昭和前半期の法隆寺金堂壁画の保存事業における取り組みが端緒となったということが指摘されている。この論考のほかにも、昭和大修理における法隆寺金堂壁画保存事業が現在の保存科学の発端であったことを指摘するものとして、関野克『文化財と建築史』（鹿島出版会、一九六九）などがある。

○山岸常人「文化財『復原』無用論―歴史学研究の観点から―」『建築史学』一九九四年九月号

文化財修理史の先行研究ではないが、この論考は文化財建造物の持つ歴史学的史料としての価値を重視する立場から、一九九〇年代前半執筆当時の保存事業に「復原」を無批判に是とするような「風潮」があることを批判したものである。そこでは文化財の「復原」の問題点として次の4点が指摘されている。

① 文化財建造物修理の際、「復原」を無批判に是とする主張は正しくない。

②「復原」の根拠が明確でない場合がある。

③当初形態は唯一至上の歴史的価値ではない。その建物の辿ってきた歴史的経緯を示す様々な要素（修理・改造・附加）が歴史研究の素材となり、その価値の軽重は決められない。

④建物に伴う機能も歴史学的史料であるが、「復原」は建物に附随するそうした諸要素を抹殺する可能性もある。

すなわち、創建後の改造部分には創建後の歴史＝〈時間の経過〉が現れているのだから、復原行為によって「建物が辿ってきた長い歴史の証拠を抹消しないようにすべき」と主張され、「学問的良心」にもとづく現状維持の修理方針をとることが推奨されている。一方で、本文の中で「根拠が明白な範囲において『復原』を行うことを基本とすべきである」とも述べられているから、復原行為自体を全面的に否定していたわけではなかったこともうかがえる。

この論考では「歴史学的史料」としての文化財の価値が何よりも優先されているが、むろん文化財は「歴史学的史料」としてだけ存在するのではないから、具体的な個別のケースでは事の軽重を計る価値判断が必要になってくるはずであり、そこに文化財修理の難しさがあると思われる。事実、本文の中で批判されている昭和前半期の復原推進派の修理関係者も決して後世改変部が無価値であると考えていたわけではなかったし、建物に加えられた全ての後世改変を消去しようとしていたわけでもなかったことは本書の中で明らかにする通りである。昭和三〇年代以降、「復原」の是非が俎上に載せられることは久しく見られなかったが――その背景には昭和前半期に保存方法論が確立されて安定期にあったことがあると考えられる――、右記のような論拠にもとづく「復原」批判は実はそれまでの保存修理事業にしばしば見られたものでもあった（日本史学者黒板勝美の主張など）。それが九〇年代に再度浮上してきたこと自体、保存事業史の観点から見れば、この時期の「文化財」概念の変容や、近代的保存方法論を相対化する新視点の出現を示すという点で意義深いものがあり、現代の保存に示唆する点も多い。そして、明治中期から一九九〇年代まで、実に一〇〇年の長きにわたって事ある度毎に繰り返された「復原」批判に共通する論点には、近代的保存修理のもつ本質的問題が暗示されているのである。

○岡田英男「修理の技法」『新建築学大系五〇　歴史的建造物の保存』彰国社、一九九九

この論考は、既刊の修理工事報告書などを用いて数多くの修理工事の具体的内容をまとめながら、明治期以来現代までの保存事業の全体像を提示するものである。この論考の進歩史観にもとづく保存事業史の叙述法は前掲の諸文献と共通している。この論考のなかでは国宝保存法の時代の修理も多く取り上げられているが、それでもこの時代の修理総数が二五〇件以上にも及ぶことを考えれば、取り上げられた事例は限定されたものであるし、それらの修理の全ての「現状変更」があげられているわけでもない。この点本書第一章三節では、全ての「現状変更」が判明したこの時代の修理六五件を対象として分析している。(9)

○藤岡洋保・平賀あまな「大江新太郎の日光東照宮修理」『日本建築学会計画系論文集』二〇〇〇年五月号

この論考は、古社寺保存法時代に行われた日光東照宮修理（明治四〇～大正四年）をとりあげ、その工事監督であった大江新太郎の「保存」に対する考え方を論ずるものである。この修理では漆や彩色が塗り直され、欠損した彫物の作り直しも行われたが、それは大江が歴史的建造物のもつ「標本」としての価値を重視し、この建物の装飾の華麗さと精緻さにその価値を見たことによるものであったことが指摘されている。本書とは取り扱っている時代に違いがあるものの、修理担当者の考え方に焦点を当てて修理工事を再検討するという考察の手法は共通しており、矛盾しあう考え方が併存するのが保存修理の常態であるという修理に対する基本認識も共有している。同じ著者によって古社寺保存法が適用されていた明治・大正期の修理に関する学術論文も発表されており、(10) その中では「創建当初の姿」を「復原」する修理事例がよく見られたということが具体例をあげて示され、一方で建物の塗装については一般に「古色塗り」が施されたということも指摘されている。

○清水重敦「解体修理――日本の建造物修理における伝統と近代――」『月刊文化財』二〇〇二年三月号（『建築保存概念の生成史』中央公論美術出版、二〇一二、改題収録）

この論考は近代の保存修理史を概観したもので、「近代修理システム」の成立過程について次のような時代区分によって段階的に論じられている。すなわち、

（1）明治中期……………西洋建築観・技術の導入
（2）明治末期～大正期……西洋と日本の並立
（3）昭和初期……………近代修理システムの成立

の3段階で、昭和初期、すなわち国宝保存法時代は「近代修理システム」の成立期とされている。近世から近代への継承と転換の様相に着目しつつ、明治期における保存概念の生成史を描こうとする筆者の問題意識にもとづ

き、昭和戦前期まで時期を下げて保存修理史を俯瞰し、各時代の特徴が明快に提示されている点において、この分野の研究史における学術的意義が大きい。「近代修理システム」の内容はここで必ずしも明確にされていないが、それを広く取って保存修理の技術的基盤と理解すれば、本書もこの論考と昭和初期の保存修理の史的位置づけを共有している。(11) また、同じ著者による別の論考の中で、「復原の根拠についての厳密な考察と慎重な扱い」(12)という点で、明治末期の武田五一の修理観が明治期修理理論の到達点であったことが指摘されているが、この点は本書で詳述する法隆寺昭和大修理における武田の史的評価と連続しうるものである。

しかし、大局的な観点から近代を概観するこの論考では、昭和期に確立された保存修理の技術的基盤の上に立つ保存理念について十分に考察されていないと考えられる。昭和期には技法調査が重視され、修理時に復原調査を行う「修理技術者」という職能が確立されたが、そうした保存技術面の進展は同時代の概念自体に大きな影響を及ぼしたはずである。そして、その概念形成のメカニズムを解明するには、修理の実務に携わる「修理技術者」の保存理念を重点的に再検討する必要があると思われる。

第三節　国宝保存法時代の行政機構、法隆寺昭和大修理の修理機構

本書で扱う昭和前半期の修理は「国宝保存法」（資料編「資料1」）の運用下で行われたことは既述の通りである。本論に入る前に、国宝保存法の時代における保存行政機構を概観するとともに、法隆寺昭和大修理の修理機構や

この修理で行われたことの概要についてまとめておきたい。

◉ 国宝保存法時代の行政機構

昭和四年三月に公布され、同年七月に施行された国宝保存法は、旧法・古社寺保存法を「発展拡充」させたものであったが、ここで旧法と新法の相違点をまとめると以下のようになる。

第一は、古社寺保存法が社寺所有の建造物・美術品に限定されたものであったのに対し、国宝保存法はこの限定をなくし（第一条）、国、公共団体、個人所有のものも保存の対象に含めたことである。これにより、たとえば城郭建築にも国による保存措置が講じられることとなり、姫路城、弘前城、丸岡城などの保存修理が国宝保存法の時代に行われた。

第二に、古社寺保存法が国庫支出の事業費を一五万円以上二〇万円以下と規定していたのに対し、国宝保存法はこれと同額の「経常費」に上載せするかたちで「臨時費」の支出を可能としたということである（第一六条）。ただし、各年度予算の推移を見ると、たしかに国宝保存法の時代は古社寺保存法の時代よりも増額しているが、そもそも国家の総予算自体も増大していたのであるから、金額だけでは必ずしも保存事業が「拡大」したとは言えず、事実各年度の修理工事の件数を較べても両時代にさほど大きな違いはなかった[13]。

第三には、国宝保存法は修理における「現状変更」に法的制限を設けたことである（第四条）。すなわち、修理前の建物各部の状態を変更する際に「現状変更」として行政的な手続きをとって文部大臣の許可を得なければならず、その「現状変更」案の可否は、文部大臣の諮問機関である「国宝保存会」で審議されることとなった。いうまでもなく「現状変更」は修理工事の復原方針に深く関わるものであるから、本書の主題に照らしてこの規定はきわめて重要になってくる。古社寺保存法の時代においては現場担当者の裁量で修理時の現状変更問題を処理していたとされるが[14]、それをこのように国の一元的な管理下で行うようにしたことは、「保存」に対する国宝保存会の考え方が決して一枚岩的なものではなかったにせよ、この時代の修理のあり方の大枠を規定することになったと考えられる。

昭和四年発足当時の国宝保存会の委員三一名の顔ぶれを見ると、日本史、美術史等を専門とする文学系の歴史学者が圧倒的に多く、建築の専門家としては武田五一、伊東忠太、関野貞、塚本靖の四名しか含まれていなかった[15]（文部技師を除く）。この点は、後述する昭和二五年の文化財保護法制定後の文化財専門審議会第二分科会の委員構成とは大きく異なっていた。

次に、国宝保存法時代における保存行政の仕組みについて述べる。国宝保存法制定後も、文部省宗教局保存課が保存業務を担当していたという点では従前と変わらない。ただし、戦時下における保存事業の縮小に伴い、昭和一七年一一月には宗教局と社会教育局が合併した教化局総務課となり、翌一八年一一月には教学局文化課の所管となっている。戦後は、昭和二〇年一〇月、社会教育局文化課の管轄となり[16]、昭和二二年五月、旧帝室博物館が文部省所管の国立博物館となったことに伴い、調査や修理工事などの技術的業務は国立博物館の調査課・保存修理課が行うこととなったが、指定や現状変更の審議などの行政的事務は引き続き文部省内（社会教育局文化財保存課）で行われていた[17]。こうした機構的分散の非合理は文化財保護法制定の際に是正されることとなり、昭和二五年八月、技術的業務も行政的事務も文化財保護委員会事務局建造物課が担当することになり、文部省の外局として文化財保護委員会が設置された。

国宝保存法時代の修理機構を見ると、当時の修理工事は一般に、所有者の委託をうけた各府県の直営によって行われていたという点で、古社寺保存法時代の修理と何ら変わりはない。京都府、奈良県、滋賀県には地方技師が置かれ、基本的には彼らが府県下の修理工事を監督し、その他の府県では文部省に所属する修理技術者、あるいは文部省の推薦を受けた技術者が工事を監督することになっていた（図1）。

文部省宗教局保存課は、文部技師一名以下の数名の技術陣により構成されていた。文部技師は、全国の修理工事の統括者であり、また同時に国宝保存会の委員でもあった。国宝保存法施行当初に文部技師に就任したのは阪谷良之進（一八八三―一九四二）で、阪谷は明治四〇年東京美術学校図案科建築部の卒業後、古社寺保存計画調査を嘱託され、大正七（一九一八）年から奈良県技師、大正一〇年から京都府技師を歴任した人物であった。昭

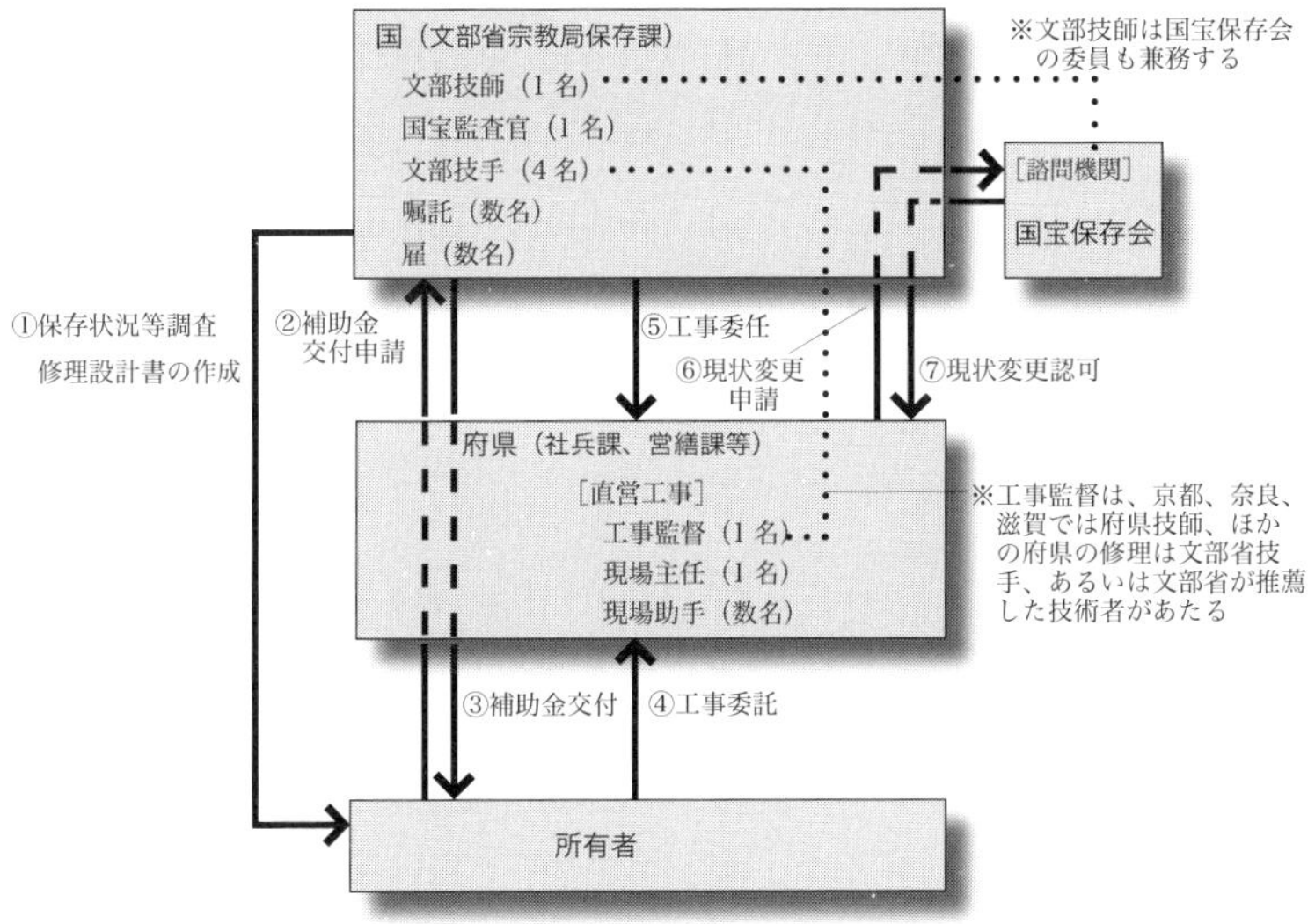

図1　国宝保存法時代の修理機構（一般修理の場合）

※「国宝建造物維持修理要項」（大岡資料）、当時の修理工事報告書、『清交』掲載記事などにより作成。

表1　法隆寺昭和大修理事業による修理工事と工事関係者

建造物名称	事業期間（昭和年月）		所長	監督技師	技術者		大工棟梁人夫等	総工費（円）
	着手	竣工			主任	助手、他		
食堂・細殿	9.4	10.3	武田五一	服部勝吉 大瀧正雄	吉田種次郎	杉山信三 海川由之助 豊田彌吉 高端政雄	西岡楢光 森田限雄	41,391.09
東大門	9.5	10.2	武田五一	服部勝吉 大瀧正雄	竹原吉助	鈴木義孝 日名子元雄 青木善太郎	藪内直哉 山本竜太郎	12,754.79
東院礼堂	9.6	10.7	武田五一	大瀧正雄	園田新造	浅野清 中村義猛 松田良助 垣見多一	西岡常一	30,520.00
東院鐘楼	10.1	10.8	武田五一	大瀧正雄	吉田種次郎	鈴木義孝 上田博	藪内直蔵 山本竜太郎	11,468.00
大講堂	10.8	13.11	武田五一 →今井文英	大瀧正雄	浅野清	日名子元雄 海川由之助 安藤守人 上田博 垣見多一	西岡楢光	116,877.83
西円堂	10.9	11.11	武田五一	大瀧正雄	吉田種次郎	鈴木義孝 豊田彌吉 松田良助 高端政雄	藪内直蔵 山本竜太郎	30,456.08
地蔵堂	11.12	12.6	武田五一	大瀧正雄	鈴木義孝	松田良助 高端政雄	藪内直蔵 山本竜太郎	8,735.59
東院夢殿・回廊	12.6	14.7	武田五一 →古宇田實	大瀧正雄	鈴木義孝 →松本才治	豊田彌吉 松田良助 鷲岡賢太郎 青木善太郎	藪内直蔵 今村一蔵 松田徳二郎	72,089.62
舎利殿絵殿・伝法堂	13.11	18.3	古宇田實 →岸熊吉	大瀧正雄 →浅野清	古西武彦	安藤守人 太田博太郎	西岡楢光 西岡常一 森田正作	117,008.00
東院南門・四脚門	14.4	15.6	古宇田實	大瀧正雄	松本才治	浅野清 豊田彌吉 中奥益芳	藪内直蔵 今村一蔵	15,000.00
北室院本堂・表門	15.7	17.3	古宇田實 →岸熊吉	大瀧正雄	松本才治	浅野清 青木善太郎 豊田彌吉	藪内直蔵 中川仙次郎	20,000.00
宗源寺四脚門	17.10	18.11	岸熊吉	浅野清	古西武彦 →松本才治	山本益芳 木村良雄	西岡楢二郎 森田正作	6,700.00
五重塔	17.1	27.5	岸熊吉 →浅野清 →大岡實 →乾兼松 →竹島卓一	浅野清 →—	松本才治 →竹原吉助 →杢正夫	北森徳次 清水政春 正法院陽三 岡田英男	藪内直蔵 中川仙次郎	31,753,836.84
聖霊院	18.3	23.5	岸熊吉 →浅野清 →大岡實	浅野清	古西武彦 →杢正夫	北森徳次 木村良雄	藪内直蔵 西岡常一 中川仙次郎	1,209,974.95
金堂	24.4	29.11	竹島卓一	—	古西武彦	清水増司 小島正二 小山連一 北村豊之助 岡守安	西岡楢光 西岡常一 山本竜太郎	45,100,646.49
新堂	28.9	30.1	竹島卓一	—	北森徳次	岡田英男	藪内直蔵 芳村音松	4,396,085.00

※『法隆寺国宝保存工事報告書』（法隆寺国宝保存事業部、第1〜11冊）、同（法隆寺国宝保存委員会、第12〜15冊）、『文化財保護100年のあゆみ』（奈良県教育委員会、昭和43年）、忍冬会編「重修関係者一覧表」（『古建築』昭和29年11月号）などをもとに作成。

和四年九月文部技師に就任し、昭和一六年一月に早世する直前の昭和一五年一二月までそれを務めた。[18]

阪谷の後に文部技師に就任したのは、同じく早世していた長谷川輝雄（一八九六－一九二六）の後任として昭和二年から嘱託として文部省に勤めていた大岡實（一九〇〇－八七）であった。大岡は昭和二一年七月から法隆寺国宝保存工事事務所の所長も兼務したが、よく知られるように昭和二四年一月二六日の法隆寺金堂火災の責を問われて同年三月に辞職することになった。[19]

文部技師という役職は、戦後昭和二三年の修理業務の国立博物館移管に伴って国立博物館保存修理課長に変わったが、文化財保護法制定に伴い、昭和二五年九月、文化財保護委員会事務局建造物課長として関野克（一九〇九－二〇〇一）が就任した。[20]

◉ 法隆寺昭和大修理の概要と修理機構

法隆寺昭和大修理は昭和九年四月から三一年六月にかけて行われた修理事業で、これにより法隆寺境内にある建物二三棟の修理工事が行われた。[21] いずれも全解体修理である。表1は、各修理工事の工期や担当技術者などを示したものである。古社寺保存法制定以来、法隆寺では、中門、上御堂、南大門、廻廊、鐘楼、経蔵、三経院及び西室の修理工事が順次行われてきたが、昭和初期になっても金堂・五重塔を含む多くの建造物を修理する目途が立っていなかったので、奈良県下の一般修理とは異なる別の枠組みでそれを一気に行うことにしたのである。

事業当初の年間事業費は一二万円で、その内訳は国庫（国宝保存臨時費）七万円、国宝保存会（国宝保存経常費）四万円、聖徳太子奉賛会一万円であった。

この大修理事業は府県直営の一般修理とは異なり、国の直営工事として開始された。すなわち、昭和九年四月、法隆寺から工事の委託をうけた文部省が工事執行機関として法隆寺国宝保存事業部を省内に設置し、現場には法隆寺国宝保存工事事務所を開設した（図2）。法隆寺国宝保存事業部は文部次官以下同省の要職者で構成され、法隆寺国宝保存工事事務所は、所長・武田五一のもと、技師二名が三つの修理工事を監督し、現状変更等の修理方針を策定するための諮問機関として法隆寺国宝保存協議会が設置された。この協議会は文部次官を会長とし、建築史（伊東忠太、武田五一、塚本靖、関野貞）、美術史（瀧精一）、日本史（三上参次、黒板勝美、荻野仲三郎）、考古学（浜田耕作）

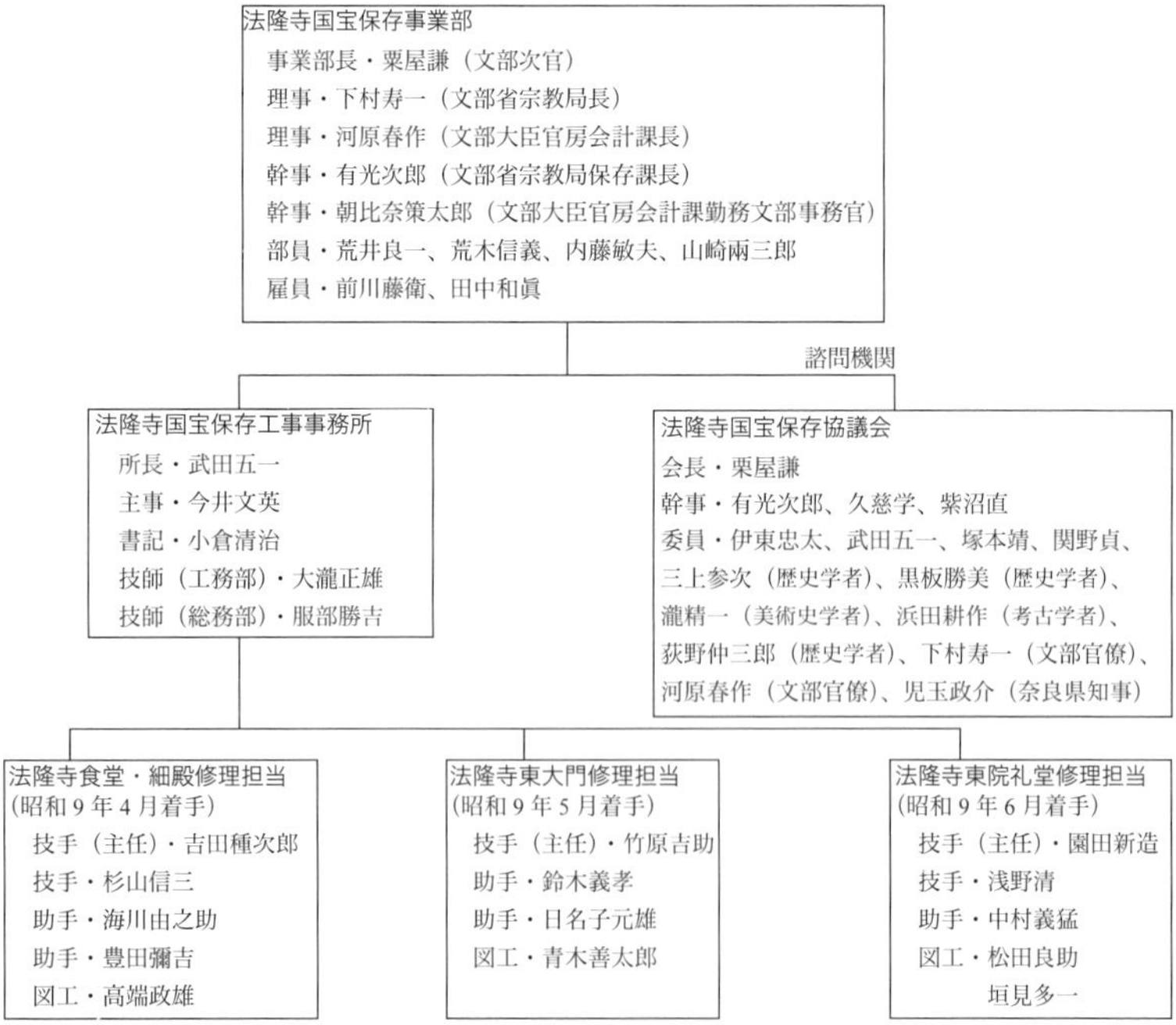

図2　法隆寺国宝保存事業部の修理機構（昭和9年4月発足当初）

※法隆寺国宝保存事業部『法隆寺国宝保存工事施行規程』(1936)、法隆寺国宝保存事業部『法隆寺国宝保存工事報告書』(第1～3冊) などにより作成。

の専門家、および文部官僚や奈良県知事の合計一二名の委員で構成されており、工事事務所の所長武田五一も委員に名を連ねていた。各修理における現状変更案は、この協議会の審議を経た後、一般の修理と同じく国宝保存会においてその可否が最終的に決定されることになるが、国宝保存会委員のなかには法隆寺国宝保存協議会委員を兼務する者が多かったこともあり、その大枠は法隆寺の協議会でほぼ決定されていたとされる[22]。

この事業開始当初はこうした状況であったが、室戸台風（一九三四）による姫路城復旧工事もあって、二年目からは常時三つ動いていた修理工事が二つに縮小され、また戦時下という時代的背景から事業費も次第に窮迫していき、

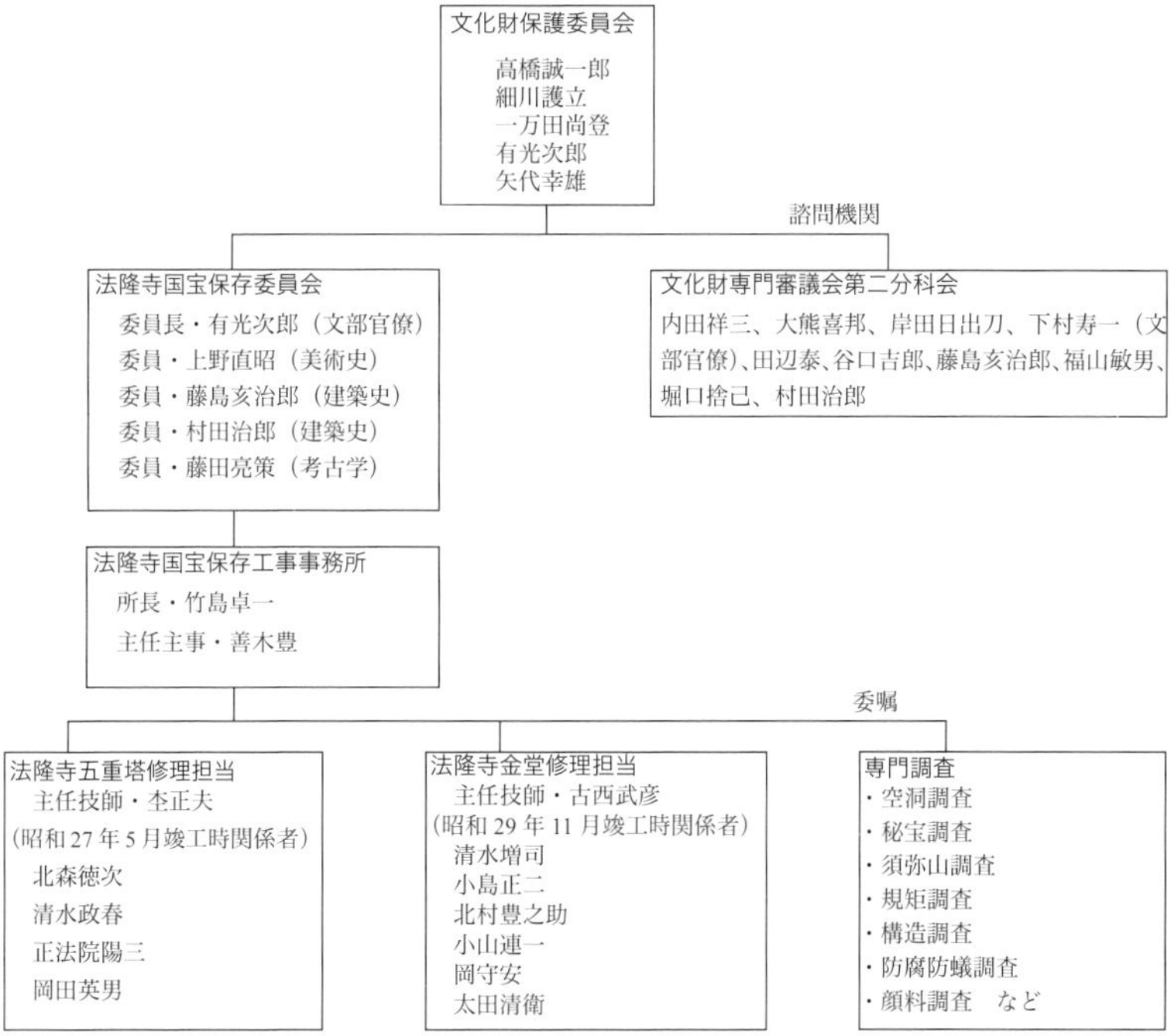

図3　法隆寺国宝保存委員会の修理機構（昭和24年10月発足当初）

※法隆寺国宝保存委員會『法隆寺国宝保存工事報告書』（第13,14冊）、文化庁文化財保護部建造物課『建造物要覧』（1990）、『古建築』、『文化財保護の歩み』（文化財保護委員会編、大蔵省印刷局、1960）などにより作成。

戦争末期には工事を事実上中断して、美術品や解体部材を疎開したり、防空対策に腐心せざるをえないような状況となった。戦後になると、早い時期から同寺の信仰上の中心である聖霊院をはじめとして修理工事が再開されたが、昭和二四年一月に金堂内部の壁画模写中であった金堂初層に火災があり、「世界美術史の至宝」とされた金堂壁画は損傷してしまった。この大事件を機に文化財保護法が制定されるとともに、この修理の機構が大きく変えられることとなり、同年一〇月、法隆寺国宝保存事業部にかわって法隆寺国宝保存委員会が発足した。その後、昭和二七年三月に五重塔、昭和二九年一一月に金堂の修理が竣工し、残務処理を含めて昭和三一年六月にこの事業は完了した。[23]

昭和二四年一〇月に発足した法隆寺国宝保存委員会（以下「委員会」とも略記する）は、旧事業部にかわる新たな工事執行機関であり、その委員としては有光次郎（委員長、文部行政官）、上野直昭（美術史学者）、藤島亥治郎（建築史学者）、村田治郎（建築史学者）、藤田亮策（考古学者）の五名に依嘱された（図3）。こうした機構上の変化により、この事業は国の直営ではなくなり、一般修理のなかの特殊工事という扱いになった。

この新機構では方針策定のプロセスにも変化があった。というのも、従前の法隆寺国宝保存事業部において修理方針は、工事事務所が作成した修理原案の可否を協議会で決定するかたちで策定されていたのに対し、法隆寺国宝保存委員会では、同委員会の可決事項にもとづき工事事務所によって修理原案が作成されていた。また、修理原案のうち「現状変更」として国の許可が必要なものは、他の一般の修理と同じく文化財専門審議会第二分科会で審議された。この審議会は、その構成委員が建築史の専門家でほとんどが占められていたという点で、従前の国宝保存委員会とは大きく異なっていた。

歴代の工事事務所長と任期を示すと以下のようになる。[24]

（初代）	武田五一	昭和九年四月二〇日	〜 昭和一三年二月五日
（所長事務取扱）	今井文英	昭和一三年二月五日	〜 昭和一四年一月六日
（二代）	古宇田實	昭和一四年一月六日	〜 昭和一六年六月三〇日
（三代）	岸熊吉	昭和一六年六月三〇日	〜 昭和二〇年四月一五日
（所長事務取扱）	浅野清	昭和二〇年四月一五日	〜 昭和二一年七月
（四代）	大岡實	昭和二一年七月	〜 昭和二四年三月三一日
（所長事務取扱）	乾兼松	昭和二四年三月三一日	〜 昭和二四年一〇月一日
（五代）	竹島卓一	昭和二四年一〇月一日	〜 昭和三一年六月三〇日

◉ 法隆寺昭和大修理に対する従来の評価

法隆寺昭和大修理は、日本近代の保存事業史に関する既往の文献のなかでしばしば言及されてきた。その内容を見ると、まず第一に、この修理事業の際に行われた学術的調査が建築史学に寄与したところがきわめて大きかったという点があげられる。村田治郎は論考「法隆寺昭和修理の建築史学への寄与」のなかで以下のように述べている。

「初代の工事事務所長に就任されたのが、京大教授を定年退職されたばかりの武田五一博士であって、研究に深い理解をもたれていたことは幸福だった。さらに当時文部省にあって国宝保存工事の指導的立場にあった坂谷《（ママ）》良之進技師が、従来の様式保存を主とする修理方法から一歩をすすめて、古建築の構造・技法を明らかにしようとする研究態度の持ち主であったことも特筆に値する。かような背景と主脳者によって発足した保存工事が、普通の古建築の修理とは根本的に異なって、研究に少なからず力を入れられたのは当然であり、早くも翌十年に三月三十日の日付けで、『法隆寺国宝保存工事報告書・第一冊』が出版されたのは、保存工事界における画期的のやり方であって、古建築保存工事方法の新しい基準を確立せしめたと言ってよかろう。」

（『法隆寺様式論攷』所収、中央公論美術出版、一九八六、四一五–四一六頁）

このように、調査研究重視の修理体制によって工事毎に修理工事報告書が刊行されたことが、建築史学に多大な貢献をしたということは従来よく指摘されることである。また、保存修理の技術面において際立つ特徴をもつ修理であったという点も、しばしば特筆される。それは、主に（一）金堂壁画保存のための実験研究により後の保存科学発展の先鞭をつけたこと、（二）解体修理に伴う部材の痕跡調査の方法を確立したことの二点である。より具体的に見れば、前者は合成樹脂を用いる壁画や焼損材の処理、建築部材の材質調査、構造補強工事などで、これらによって「日本における文化財の科学的研究の基礎が固まった[25]」、すなわち保存科学という学問分野の端緒になったとされる。後者は修理現場で学術的調査にあたった浅野清らによるものであり、この事業で修理工事報告書を刊行したということと相まり、復原的調査の学術レベルが飛躍的に向上したといわれることは、前掲村田の引用文中にも述べられていた。

要約すれば、法隆寺昭和大修理は、一九世紀末における日本の保存事業の開始から二一世紀初頭までの中間点に当たる重要な修理事業という位置づけがなされてきたのである。つまり、この事業は、明治中期以降の保存修理の「一つの帰結」であると同時に、現在の修理の基盤をつくった事業でもあると言われるのであり[26]、こうした史的評価には、近代の修理事業史を「発展」の過程として捉えつつ、法隆寺昭和大修理をそのメルクマールとして位置づける従来の見方が投影されている[27]。

最後に、本書で用いた主な資料を示すと次のようになる。

［一次資料］

・大岡實博士文庫資料（川崎市立日本民家園蔵）
・有光次郎文書（国立国会図書館憲政資料室蔵）
・法隆寺昭和大修理関係資料（法隆寺蔵）
・内田祥三資料（東京都公文書館蔵）
・奈良県庁文書（奈良県立図書情報館蔵、および奈良県庁蔵）
・京都府庁文書（京都府立京都学・歴彩館蔵）
・滋賀県歴史的文書（滋賀県庁県政資料室蔵）
・江崎政忠資料（大阪市立中央図書館蔵）
・旧文部省行政文書（国立公文書館蔵、および文化庁蔵）
・ＧＨＱ／ＳＣＡＰ文書（国立国会図書館憲政資料室蔵）
・文化庁編『国宝・重要文化財（建造物）実測図集』（奈良文化財研究所蔵）

［二次資料］

・修理工事報告書

・建築一般・建築史・文化財保存等に関する書籍、雑誌、新聞などの当時の刊行物

・忍冬会機関誌『清交』（全二六号、昭和一二〜一八年）

・忍冬会機関誌『古建築』（全三二号、昭和二七〜五三年）

※文化財修理技術者の同業者組織による刊行物としては、上記の他にも『協会通信』（一九七二〜一九九三、全五六号）、『ぶんぎ』（一九七七〜一九八五、全三〇号）、『文建協通信』（一九九三〜）も適宜使用した。

註

1 高木博志「立憲制成立期の文化財保護」『近代天皇制の文化史的研究』（校倉書房、一九九七、二八四-三〇八頁）、鈴木良「近代日本文化財問題研究の課題」『文化財と近代日本』（山川出版社、二〇〇二、三-二九頁）など。

2 *Architectural Preservation in Japan* by Knut Einar Larsen Published by ICOMOS International Committee TAPIR PUBLISHERS, Trondheim, 1994

3 一般に文化財修理では、創建時から修理直前までに改造された部分を旧状に戻すことを「復原」と表記し、それとよく似た「復元」という語は、すでに失われた歴史的な建物を、基本的に全て新材を用いて新築・再建する際に用いられる。つまり、再建の際に部分的に旧材を用いるかどうかで「復原」と「復元」は区別されるわけであるが、その定義上の違いはあまり明瞭ではなく、むしろ「復元」も「復原」も、旧の姿を再現しようとする点で本質的には同じ行為であると考えたほうがよい。本書では具体的事例に言及する際には慣例に従って「復原」の語を用いるが、当時の保存理念の総称としては「復元主義」のように「元」の字を用いて表記することとする。そこには文化財の修理を建築一般における伝統理解と伝統表現の問題と接続させたいという筆者の意図が込められている。

4 清水重敦『建築保存概念の生成史』（中央公論美術出版、二〇一三）、平賀あまな『古社寺保存法時代の建造物修理手法と保存概念』（東京工業大学博士論文、二〇〇一）、山崎幹泰『明治前期社寺行政における「古社寺建造物」概念の形成過程に関する研究』（早稲田大学博士論文、二〇〇三）など。

5 関野貞は「日本建築史」（『アルス建築大講座』アルス、一九二六-二八、一七六頁）のなかで、「奈良時代建築の通性」として屋根については「入母屋造は最も普通にして新薬師寺本堂・唐招提寺講堂が其代表である」とし、天井については「最重要なる堂宇は組入天井を用い、やや程度の下るものは化粧屋根裏であつた。（中略）化粧屋根裏には二重虹梁式と合掌式の二者があつた」と記している。

6 関野克『文化財と建築史』（鹿島出版会、一九六九、三七頁）、服部文雄「建造物の保存と修理」（『佛教藝術』、一九八一年一一月号、一〇八頁）など。

7　丸山眞男は『日本の思想』（岩波新書、一九六一）のなかで、「前近代」的な日本の近代社会は、官僚的「理論信仰」と庶民的「実感信仰」の二極に分断されて、両者が「悪循環」を引き起こすという思想的矛盾を本質的に内包していることを指摘している。

8　『文化財建造物の保存修理を考える　木造建築の理念とあり方』文化財建造物保存技術協会監修・編集、山川出版社、二〇一九

9　『重要文化財建造物現状変更説明　1931-1949』（奈良文化財研究所、二〇一四）には、この時代の国宝保存会での審議のために作成された文書「現状変更説明」の多くが翻刻されて掲載されている。当時の修理を分析する上で同書の資料的価値はきわめて高いものがある。しかし、同書に掲載された現状変更案が保存会で実際に認可されたかどうか（または保存会における修正等がなかったか否か）については同書からは不明であり、また当該建造物の全ての現状変更案が掲載されていないとも限らない（一つの修理の現状変更案が数回に分けて審議されるケースもあった）。なお、本書で現状変更を明らかにした六五件の修理工事のうち（本書資料編「資料5」を参照）、一四件は同書に掲載されていない。

10　水濵あまな・藤岡洋保「滋賀県における古社寺保存法の運用と修理方針」『日本建築学会計画系論文集』一九九九年四月号

11　この論考の中で指摘されている内容を見ると、軒の規矩をはじめとする技法調査が重視されたこと、および「実証主義的」な調査を行う「修理技術者」という職能が確立されたということの二点が「近代修理システム」に当たる。その一方で、たとえば保存行政の制度・機構の側面や修理工事の施工技術的側面など、「修理システム」に包含されうるその他のものについては論じられていない。

12　清水重敦『建築保存概念の生成史』中央公論美術出版、二〇一三、三八二頁

13 『文化財保護の歩み』（大蔵省印刷局、一九六〇、五二頁）、『建造物要覧』（文化庁文化財保護部建造物課、一九九〇）。

14 鈴木嘉吉「法隆寺修理」（『近代日本建築学発達史』丸善、一九七二、一七六五頁）。古社寺保存法時代において、いわゆる現状変更は「設計変更」として古社寺保存会で審議したものが一部の修理工事に見られたが、基本的には「工事費にひびかなければ復原や形式変更も問題にされなかった」といわれる。一般に「工事内容は（古社寺保存会ではなく：引用者註）当局者にまかされていた」ということが指摘されている。

15 発足当初の国宝保存会の委員をあげると次のようになる（『文化財保護の歩み』前掲、四九頁）。細川護立（会長）、三矢宮松、大島義脩、久保田鼎、溝口禎次郎、三上参次、池田清、西山政猪、滝精一、黒板勝美、辻善之助、和田英松、武田五一、浜田耕作、沢村専太郎、福井利吉郎、山田孝雄、奥田誠一、徳富猪一郎、大河内正敏、田中豊蔵、伊東忠太、内藤虎次郎、高村光雲、今泉雄作、関野貞、塚本靖、香取秀真、松平頼平、山田準次郎、荻野仲三郎

16 『国宝重要文化財 姫路城保存修理工事報告書Ｉ』文化財保護委員会、一九六五、一八頁

17 『国立博物館百年史』東京国立博物館編、第一法規出版、一九七三、五九〇-五九四頁

18 阪谷良之進の略歴は『清交』文部技師阪谷良之進先生追悼号（昭和一七年一一月号、一五四-一五七頁）に詳しい。

19 「故大岡實先生略歴」（『建築史学』一九八八年三月号、一四一-一四二頁）。なお、文部省辞職後の大岡實の経歴および業績については拙著『建築史家・大岡實の建築――鉄筋コンクリート造による伝統表現の試み』（青柳憲昌・安田徹也編著、二〇一三、川崎市立日本民家園）を参照されたい。

20 『平成二年度 文化功労者顕彰 関野克先生のご経歴』祝賀会実行委員会、三頁

21 なお、既往の文献のなかには、昭和三一年から昭和六〇年までの奈良県委託修理を含めて「法隆寺昭和大修理」を捉え、昭和三一年までの修理を「昭和大修理第一期工事」と見るものもある（高田良信『「法隆寺日記」をひらく』日本放送出版協会、一九八六、一二五-一二七頁）。本書では、国が直接的に関与して行った昭和九年から三一年までの修理事業を「法隆寺昭和大修理」と呼んでいる。

22　浅野清『古寺解体』学生社、一九六九、七〇–七一頁
23　岡田英男「修理の技法」『新建築学大系五〇 歴史的建造物の保存』彰国社、一九九九、二四五頁
24　『法隆寺国宝保存工事施工規程』（法隆寺国宝保存事業部、一九三六）、『職員録』（法隆寺国宝保存事業部、一九四〇）などによる。なお、武田死去から古宇田就任までに所長事務取扱を務めた今井文英の経歴はよく分からないが、その期間は当時法隆寺国宝保存事業部嘱託であった岸熊吉が実質的に所長の役割を務めていた。
25　関野克『文化財と建築史』前掲、四一頁
26　鈴木嘉吉「座談会・保存の考え方——日本の保存・修理・復原をめぐって」『建築雑誌』一九九三年八月号、二〇頁
27　たとえば太田博太郎は「巻頭鼎談 文化財における修理の考え方と技術」（『建築雑誌』二〇〇一年五月号）のなかで歴史学者の「復原」批判について言及しつつ、「修理の歴史を考える際には、法隆寺の修理の前後ぐらいで分けて考えたらいいのではないかと思う」（二六頁）と述べている。この記事のなかで亀井伸雄は「この事業を契機に、修理技術を普遍的にさせようという目論見でもあったのですか」と質問し、それに対して太田は、「それまでの修理は関野貞先生が始めて、ある意味ではズルズル来ているわけです。だから法隆寺でドンとやってやろうというのが服部勝吉さんの目論見だったんです」（二六頁）と述べている。

第Ⅰ部　昭和前半期の修理事業における建築保存方法論

第一章　昭和前半期の建造物修理に示された保存概念

第一節　緒言

国宝保存法は、旧法古社寺保存法にかわって昭和四（一九二九）年に施行された法律で、昭和二四年の法隆寺金堂火災を契機として制定された文化財保護法の施行（昭和二五年）までの約二〇年間に適用された。本章では、同法の適用によって指定建造物の修理が行われていた時代における修理工事の内容を、当時の修理技術者――文部省および三府県（京都府・奈良県・滋賀県）所属の技術者、ならびに全国の修理現場に常駐していた技術者――の文化財修理の捉え方や保存思想とともに検討する。

国宝保存法が制定されたことによる個別修理の方針策定プロセス上の変更点として、修理前の建物の状態を変更する場合に「現状変更」として文部大臣の許可が必要となったということがある（序論三節）。古社寺保存法の時代では多くの場合、修理工事担当者の裁量に任されていたとされるが、国宝保存法の時代からは文部大臣の諮問機関であった国宝保存会においてその可否が審議されるという行政的手続きをとることになったのである。この新たな制度の運用上「現状変更」という言葉を定義付ける必要性が生じたはずであり、この点については本章で詳述する。

この時代の修理工事は、文部省宗教局保存課（現在の文化庁文化財第二課）に所属していた技術陣——文部技師一名以下の数名の技術者により構成される——の直接的な指揮・監督（現在の文化庁の「修理指導」という間接的な関わり方とは異なる）のもとに行われており、とりわけその筆頭にあげられる文部技師は「現状変更」にかかわる復原調査を配下の技術者とともに現場で指導し、さらに国宝保存会ではその現状変更案を各委員に説明する立場にあった。したがって文部技師はこの時代の修理方針策定の過程においてきわめて重要な役割を担っていたと言える。この時代に文部技師を務めたのは阪谷良之進（一八八三〜一九四二）と、その後任の大岡實（一九〇〇〜八七）であった。阪谷については軒の規矩などの建築技法の調査を精力的に行ったことが知られており[1]、また同時代における解体時の調査の重視は、既往の文献の中で、修理後に「修理工事報告書」を刊行する慣例が始まったこととともによく指摘されるが、本章では阪谷や大岡をはじめとする修理技術者の保存理念との関係においてこうした調査重視の姿勢を捉え直したい。

本章の視点に関わる既往の論考を見ると（序論二節）、この時代の代表的な修理工事の具体的内容に言及するものは多いが、修理事業の全体を俯瞰したときに見られる修理方針の時代的傾向、および修理方針の個々の修理工事への適用のされ方の実態については十分に検討されているとは言えない。そこで本章では、諸種の文献をもとに「現状変更」の全ての項目が判明する修理工事を悉皆的に蒐集し分析することにより、この時代の修理工事に見られた時代的特質を明らかにしたい。

さらに、工事監督の立場にあった修理技術者のみならず、彼の配下で工事実務を担った現場常駐の技術者の考え方や姿勢を検討することも、「保存」行為の主体として彼らを捉える筆者の視点からは重要になってくる。現場で働く匿名の技術者に関する記録が残ることは少ないが、昭和一二年に結成された修理技術者の同業者組織である「忍冬会《にんとう》」によって昭和一〇年代に発行された機関誌『清交』(2)（昭和一二〜一八年に第二六号まで発行）、および昭和二〇年代から三〇年代にかけて同会によって発行された『古建築』（昭和二七〜三八年に第三〇号まで発行）が幸い残されているので、本章ではそれらを用いて考察する。全国に散在する技術者たちが交流する場を提供した忍冬会の活動は、この時代において「修理技術者」の職能が形成される上でも大きな役割を担ったものと考えられる。

この時代の修理工事の一つである法隆寺東院伝法堂修理は、国宝保存法の時代の修理事業のあり方を象徴的に示す典型的な修理工事であったと考えられる。『文化財保護の歩み』（大蔵省印刷局、一九六〇、五六頁）は、この修理について次のように言及している。

「当時の国宝保存会では、建造物専門で復原に対する正しい認識をもつ委員はきわめて少数であったので、現状変更については、当時の担当者はきわめて神経を使ったといわれる。しかし、この問題も法隆寺修理工事、ことに東院伝法堂の現状変更を境として、次第に実状が理解される方向へと進んだ。」

このようにこの修理は「復原」の妥当性が当時の国宝保存会において広く認められる契機となった重要な修理として位置づけられている。浅野清の著作などを通して広く知られているように、この修理では、奈良時代の橘夫人の邸宅から移築された伝法堂創立当初の建物の姿に復原された。この建物の復原的考察は浅野の主要業績の一つで、修理工事についてもその関係で語られることが多く、とりわけこの工事の方針策定過程において背面一軒を二軒に戻す復原案に対して反対意見があり、これに対応するために浅野が垂木に残された釘穴等をもとに綿密な調査を行ったということは夙によく知られる。(3)しかし、前記『文化財保護の歩み』を含めて、この修理の一体何が、どのようにして国宝保存会委員の見方を劇的に変えることになったのかについては具体的なことが何も述べられていないので、本章ではそれを明らかにする。

第二節　国宝保存法時代における修理技術者の役割

◉　文部省宗教局保存課による全国の修理の指揮・監督

国宝保存法の制定により、保存対象が社寺以外に拡大されるとともに国宝保存経常費（上限二〇万円）に上載せするかたちで臨時費の支出が可能となった。そうした保存事業自体の「拡大」にともない、各年度の予算も古社寺保存法時代より増額されることとなり、昭和四年六月には職員制の改正もあった。すなわち、文部省宗教局保存課（以下「保存課」とも略記する）の技手はそれまでの二名から四名に増員されることとなり、さらに国宝監査官一名、同補二名が新たに設置されることになったのである。この時の公文書には、(4)その増員の理由として「国宝ノ維持修理ニ関スル予算ヲ臨時増額シテ之ガ促進ヲ図ルコトトナリシ為」と、それが国宝保存法制定に伴う事業促進と予算増額によるものであったことが明記されている。

表1は、昭和初期における文部省宗教局保存課の修理技術者の氏名、出身校、役職等をまとめたものである。

表1　昭和初期における文部省宗教局保存課所属修理技術者の陣容

氏名（生没年）	出身校（卒業年）	昭和初期における役職	
関野貞 （1868-1935）	工科大学造家学科 （明治28年）	大正2年6月 昭和3年3月 昭和4年8月	文部技師 古社寺保存計画調査嘱託 国宝保存に関する調査嘱託 （昭和10年7月まで）
塚本慶尚 （1861-1931）	―	大正2年6月	古社寺保存計画調査嘱託 （昭和6年まで）
藤懸静也 （1881-1958）	東京帝国大学文科大学史学科 （明治43年）	昭和3年6月 昭和4年	文部技師 国宝監査官（昭和7年5月まで）
阪谷良之進 （1883-1941）	東京美術学校図案科 （明治40年）	大正10年6月 昭和4年9月	地方技師（京都府） 文部技師（昭和15年12月まで）
神谷吉五郎 （1887-1934）	工手学校建築学科 （明治44年）	大正7年9月 昭和4年8月	宗教局雇 文部技手
丸尾彰三郎 （1892-1980）	東京帝国大学文科大学美学美術史科 （大正8年）	大正11年 昭和7年5月	古社寺保存計画調査嘱託 国宝監査官
岡正夫 （1891-1941）	京都高等工芸学校図案科第一部 （大正4年）	大正9年3月	文部技手（昭和16年9月まで）
乾兼松 （1892-1956）	日本大学高等工学校建築科本科 （昭和2年）	大正11年8年 昭和4年8年	宗教局雇 文部技手（昭和21年4月まで）
森政三 （1895-？）	東京美術学校建築科 （大正14年）	昭和4年9月 昭和8年5月 昭和8年11月	宗教局雇 国宝保存調査事務嘱託 文部技手
服部勝吉 （1898-1990）	京都帝国大学工学部建築学科 （大正14年）	昭和4年8月 昭和7年3月 昭和9年4月 昭和9年4月 昭和10年4月 昭和13年3月 昭和15年12月	国宝監査官補 文部技手 国宝保存に関する調査嘱託 法隆寺国宝保存工事事務所技師 文部省嘱託専任 重要美術品等監査事務嘱託 国宝保存に関する調査嘱託
伊藤久 （1899-1962）	東京工科学校建築科 （大正15年）	大正12年11月 昭和8年8月 昭和12年3月	宗教局雇 国宝保存に関する事務嘱託 文部技手（昭和21年4月まで）
大岡實 （1900-87）	東京帝国大学工学部建築学科 （大正15年）	昭和2年4月 昭和14年 昭和15年12月	古社寺保存計画調査嘱託 法隆寺修理係 文部技師
富田喜一 （1900-57）	東京高等工学校建築科 （昭和6年）	昭和4年9月 昭和12年9月 昭和17年5月	文部省雇 宗教局事務嘱託 文部技手
加藤得二 （1903-94）	日本大学高等工学校建築科 （昭和2年）	昭和2年10月 昭和11年2月	文部省雇 奈良県技手
大瀧正雄 （1904-69）	東京帝国大学工学部建築学科 （昭和4年）	昭和5年7月 昭和9年4月 昭和16年6月	文部技手 法隆寺国宝保存工事事務所技師 地方技師（奈良県）
安間立雄 （？-？）	東京美術学校図案科 （大正5年）	昭和5年まで 昭和5年7月	文部技手 地方技師（京都府）
澤島英太郎 （1904-45）	京都帝国大学工学部建築学科 （昭和6年）	昭和9年5月	文部技手（昭和16年まで）
上田虎介 （1904-84）	神戸高等工業学校建築科 （昭和2年）	昭和8年11月 昭和16年7月	国宝保存調査事務嘱託 文部技手
高端政雄 （1914-90）	法政大学工業学校建築科 （昭和18年）	昭和12年8月	宗教局雇

※文部省宗教局保存課職員の昭和元年から昭和15年までの役職を主に記載。
※主として『公文雑纂』、『叙位裁可書』（国立公文書館蔵）、および『清交』、『古建築』、『協会通信』掲載の履歴書により作成。ほかにも『建築雑誌』、『建築史学』、『建造物要覧』（文化庁文化財保護部建造物課、1990）、『日本近現代人名辞典』（臼井勝美ほか編、吉川弘文館、2001）などを用いた。

昭和四年の増員により、それまで雇だった乾兼松と神谷吉五郎が技手に昇格し、関野貞免官後の短期間に文部技師を務めた藤懸静也（美術史家）が国宝監査官に就任するに伴って、同補として服部勝吉が新たに加入している。また、翌五年には技手・安間立雄が京都府技師として転出し、その後任として大瀧正雄が着任している。彼らをはじめ当時の保存課は、主に大正末以降に勤務しはじめる若い技術者たちで構成されていたが、それは大正一二（一九二三）年の関東大震災で焼失した台帳・実測図の再調整作業に従事したものがこの人事拡充時に多く保存課に雇用されたためであったとされる(5)。

以下では、彼ら文部省保存課の技術者がどのように全国の修理に関わっていたかについて、主に昭和一五年三月の「国宝建造物維持修理要項(6)」（文部次官決定文書、以下「要項」とも略記する）を引きつつ論じることとする（資料編「資料2」）。この文書は、当時の保存課により修理工事の実務的な執行方式が明文化されたもので、当時の修理事業の実態を知る上で重要な資料である。修理工事の監督者についてこの要項には次のように定められている（同文書、第六「維持修理ノ監督」（二）ロ）。

（甲）専任技術職員ヲ常置シタル道府県ノ場合
当該道府県ニ於テ其ノ監督方法ヲ適当ニ決定セシムルコト但シ必要アリト認メタルトキハ文部省ニ於テ現場ニ就キ指導監督ヲ為シ又ハ文書等ニ依リ指示スルコト
（乙）専任技術職員ヲ常置セザル道府県ノ場合
当該道府県ニ於テ其ノ監督方法ヲ適当ニ決定セシムルモ甲種又ハ乙種（甲種は全解体修理、乙種は半解体修理のこと：引用者註）ニ属スル維持修理ニ在リテハ文部省ニ於テ凡ソ左ノ場合ニ現場ニ就キ指導監督ヲ為シ尚随時文書

等ニ依リ指示スルコト
（イ）維持修理着手ノトキ
（ロ）建物解放ノトキ
（ハ）実施設計樹立ノトキ
（ニ）維持修理竣成ノトキ

このように、地方技師を置く府県（京都、奈良、滋賀）の修理の監督は当該府県の技師が行い、必要に応じて文部省の技術者が現場で指示を出すこと、およびそれ以外の府県では、修理の要所要所で文部省の技術者が現場に赴き、直接「指導監督」を行うことが明記されている。こうした記述からうかがえるように、当時の修理は一般に、文部省保存課の直接的な指揮のもとに行われていた。以下に掲げる諸点をみると、修理の実態からも、そのように修理が行われていたことがわかる。

まず第一に、文部省保存課の技術者は、当時行われた多くの修理で実際に「工事監督」の任を務めていた。『建造物要覧』（文化庁文化財保護部建造物課、一九九〇）によれば、昭和四年度以降に着工し、同二四年度までに竣工した修理は二六三件[7]あり、そのうち一九四件の工事監督がわかる。上記の保存課職員の氏名をこれと照合すると、地方技師が監督を務める三府県以外の修理一五二件のうち、少なくとも六三件で工事監督として文部省の技術者の名が記載されている[8]。一方、地方技師を見ると、京都府安間立雄や奈良県大瀧正雄など元文部省保存課の技術者の氏名が目立ち、中央と地方の間で技術者の往来が盛んであったことがうかがえる。文部技師阪谷も奈良県技師、京都府技師を歴任してきたことを考えると、地方の技師も文部省技術陣の一角を担っていたと言ってもよいだろう。

第二に、各工事の実施にあたっては事前に文部省の技術者が「維持修理設計書」（以下「修理設計書」とも略記する）を作成するのが当時の慣行であったと考えられる。この修理設計書は、現地での調査をもとに取替材の部位、寸法、材種、費用等を記すもので、この設計書をもとに修理費の予算が査定されることになる。もちろん修理の計画は、建物解体時のより詳細な調査によって、復原案の修正・変更を含めて着工後に変更されることも多いが、現状変更の可能性を含めた大局的な修理方針は、修理設計書作成の段階でかなり入念に検討されていた。前記した要項には、修理設計書の作成について以下のように規定されている（同文書、第四「維持修理ノ計画」）。

（一）保存状況ノ調査
文部省ニ於テ全国国宝建造物ノ保存状況ヲ調査スルコト
（二）要維持修理物件ノ選定及指示
保存状況ノ調査ニ基キ維持修理ノ必要アリト認メラルル建造物ヲ選定シ其ノ所有者ヲシテ維持修理費、維持修理設計等ニ関シ必要ナル準備ヲ為サシムルヤウ指示スルコト
（三）維持修理設計書ノ作成
文部省又ハ専任ノ技術職員ヲ常置シタル道府県ニ於テハ所有者ノ委嘱アルトキハ維持修理設計調査ヲ行ヒ維持修理設計書ヲ作成スルコト

このように、所有者から委嘱ある場合に限り、文部省の保存課（または三府県の技師）が維持修理設計書を作成

することが記されているが、実際にはほとんど全ての場合で保存課が作成していたものと考えてよい。当時刊行された修理工事報告書を見ても、たとえば西明寺本堂の「文部省に修理設計の作成方を依頼し、次で国宝保存法に基いて修理費の国庫補助を申請」したという記述のように、保存課がそれを作成したことがわかるものが多く見られる。

◉文部技師による復原的調査の指導

昭和四年の職員制改正で国宝監査官が新設されたことは既述の通りであるが、それでは、文部技師と国宝監査官の役割はどのように分担されていたのであろうか。当時の公文書には両者の職務内容が以下のように規定されている。

「技師ハ建造物宝物ノ類ノ管理保存ニ関スル事項主トシテ其ノ維持修理及現状変更等ニ関スル技術ヲ掌リ　鑑査官ハ是等ノ物ノ指定又ハ指定解除ニ当リ其ノ価値ヲ識別シ併セテ由緒沿革其ノ他史的標徴ニ関スル鑑定考査ヲ掌ルモノトス(9)」

このように、文部技師は修理に関する業務、国宝監査官は指定に関する業務を掌るとされており、要するに、国宝監査官の新設は、指定に関する業務を専任で担う役職を設置して、「現状変更」等の修理に関する業務を文部技師に専念させることにしたものであった(10)。こうした措置は、国宝保存法により「現状変更」が許可制になったことに伴う文部技師の仕事量の増加と無関係ではないだろう。もちろん「現状変更」といってもその内容は一概に規定できないが、後述するように当時の「現状変更」のほぼ全てが「復原」に関するものであったことを考えるならば、現状変更の調査とはそのほとんどが建物解体に伴う復原調査のことであり、それが文部技師の重要な職務であったということがわかる。

先述のように国宝保存法の制定とともに文部技師に就任したのは阪谷良之進であったが、当事者の数多くの回顧録などから、阪谷が配下の保存課職員や現場の技術者に復原的調査を熱心に指導していたことがわかる。阪谷は昭和一六年一月に急逝するが、『清交』（昭和一七年一一月号）の阪谷良之進追悼号に掲載された関係者による追悼文をみると、たとえば乾兼松（当時文部技手）は左のように綴っている。

「国宝建造物の現状変更調査についても、今日の如くあらゆる角度より厳密に調査検討し、些細な点も忽にしない周到な調査は構造に明るい先生の指導に依つて初めて成し遂げられたことで、先生は現状変更調査に就ても一つの型を作り上げられたと云つてよからう。これについて私など現状変更の調査をしてそれを復命する際、先生は非常に熱心な態度で聞かれ、疑点については寸毫の用捨もなく透徹した質問をされるので、実に苦しかつた。」

（乾兼松「阪谷先生を偲ぶ」『清交』昭和一七年一一月号、一七七頁）

乾はこれに続けて前山寺三重塔の軒の規矩調査（昭和一一年）において、捻れ軒を独特の手法で納めている規矩の考察について厳しく指導されたことを回顧している。乾のほかにも服部勝吉、大岡實、大瀧正雄、岡正夫ら当時の文部省保存課の多くの技術者が、軒の規矩を中心とする阪谷の熱心な技術指導に言及し、竹原吉助、村上義雄、浅野清、清水栄四郎ら全国の現場常駐の修理技術者からの追悼文にも同じく現場における阪谷の指導ぶりが伝えられている。

こうした現場での調査の成果は現状変更案の可否を審議する国宝保存会に報告されることになるが、保存課による積極的な復原調査指導の背後には、国宝保存会の中で出されていた「復原」批判があったと考えられる。当時、黒板勝美をはじめとする同会委員の中の歴史学者がしばしば「復原」に反対していたとされる。昭和四年当時の同会委員三一名には日本史、美術史等を専門とする文学系歴史学者が一七名もいたのに対し、多くの場合「復原」を支持していたのは建築の専門家であり、彼らは人数的にはわずか四名にすぎなかった[11]。現場の意向を一身に担った文部技師・阪谷の重圧は相当大きなものがあったであろう。同会で現状変更案を説明する立場にあった阪谷が、彼ら復原反対者への対応に苦慮していたことは、伊藤久（当時文部技手）ら当時阪谷のもとで働いていた技術者の回顧録[12]などからも十分うかがえる。

◉「現状変更」の概念規定と「国宝建造物維持修理要項」作成の背景

前記の国宝建造物維持修理要項には、「現状変更」を行う理由として、次のように記されていた（同文書、第二「維持修理ノ方針」）。

（二）維持修理ニ於テハ左ノ場合ニ限リ現状変更ヲ認ムルコト

イ　建造物自体ノ保存上已ムヲ得ザル場合

ロ　建造物ノ構造意匠又ハ形式手法ノ保存上特ニ復旧ノ必要アル場合

このことに関して『文化財保護の歩み』（前掲、五五頁）は、イは防湿のため地盤面を上げるなどの措置で、ロは後世改変部を元の状態に「復原」する措置のことであると述べつつ、この文書は「現状変更の内容をはじめて定義したものとして意義が深い」と指摘している。そもそもこの文書の作成は「国宝保存法にいう『維持修理』という言葉の意義について地方から疑問が出されたことが契機」（傍点引用者、以下同じ）となったとされるが、その事情についてそれ以上のことは同書に述べられていないため、以下に説明を要するであろう。

「現状変更」を許可制とした国宝保存法第四条に「国宝ノ現状ヲ変更セントスルトキハ主務大臣ノ許可ヲ受クベシ但シ維持修理ヲ為スハ此ノ限ニ在ラズ」とあるように、そもそも「維持修理」と「現状変更」はいわば表裏一体の関係にあった。『文化財保護の歩み』のいう「維持修理」に関する地方からの疑問とは、「現状変更」という新規定の運用法について、国宝保存法制定後まもない昭和五年四月二一日に滋賀県から文部省に出された「国宝ノ維持修理ニ関スル疑義」という以下の文書のことであろう。

「昭和五年四月廿一日　滋賀県知事

文部省　宗教局長

国宝修理ノ件　照会

国宝保存法第四条ニ依レバ国宝ノ現状ヲ変更セザル維持修理ハ其ノ所有者ニ於テ任意施工スルモ差支無キモノト

認メラレ候処維持修理トハ如何ナル程度ノモノナルヤ其ノ範囲承知致度

記

一、国宝トナレル物件ヲ構成セル材料ノ一部ヲ同質ノ新材ヲ以テ現状ノ通ニ取替修理スル場合ニハ出願セシムル必要アリヤ
二、若シ新材ヲ以テ取替フル場合ハ凡テ許可ヲ要スルモノトセバ建造物ニ於ケル檜皮、柿板屋根ノ一部挿替、単彩又ハ漆喰壁ノ一部塗替ヲ現状ノ通施工スル場合ニ於テモ出願セシムル必要アリヤ
三、剥脱セムトスル襖絵ノ貼付板絵ノ一部剥落止ノ如キ手当モ夫々出願セシムル必要アリヤ
四、客殿書院等ニ於ケル畳又ハ軒樋ノ取替（原文に加筆：無地襖ノ張替）ノ如キモ出願セシムル必要アリヤ
五、維持修理トハ単ニ移動又ハ離脱シタル箇所ヲ復旧付着セシムルニ止マルモノト解スベキモノナリヤ(13)」

このように滋賀県は具体的な例をあげつつ、それらが「現状変更」として国に許可を申請する必要があるかどうかを問うているが、現在の「現状変更」の意味に照らしても、それに該当しないものばかりであることは一瞥してわかる(14)。「維持修理」が「単ニ移動又ハ離脱シタル箇所ヲ復旧付着セシムルニ止マルモノ」とすれば、その範疇に納まらない「現状変更」は膨大な数になるであろう。この文書は、国宝保存法の運用開始直後の各修理現場において、技術者たちが「現状変更」の解釈に幾分困惑気味であったことを示している。

しかし、この滋賀県の疑義からもわかるように、改めて考えてみれば「現状変更」とは非常に曖昧な概念であるから、文部省としてはこの制度の運用上、この言葉を定義しなければならなかったはずである。前記した昭和一五年の国宝建造物維持修理要項とこの文書とではやや時間的な隔たりがあるとはいえ、こうした当時の状況を参酌すれば、要項作成の動機の一つとして、まずは「現状変更」を行う理由を明文化する必要性があったものと

思われる。つまり、その目的を明確化することで、曖昧な概念の大枠を規定しようとしたのである。

今一つの動機としては、前記した国宝保存会のなかの復原反対者への対応があった。つまり、彼らに対して「復原」を行う法的根拠を明示できるようにしておく必要性があったと考えられる。当時文部省嘱託で、関野貞から保存事業の仕事を託された大岡實の残した資料群（大岡資料）には、国宝建造物維持修理要項の四案の異なる草稿(15)が残されている。それを見ると、「復原」行為を規定するロの条文に推敲を重ねていたことがわかり、当時の保存課がとりわけこの条文に慎重を期していたことがうかがえる。その第一稿（昭和一三年一一月）には「建造物ノ構造意匠又ハ形式手法ノ整備上復旧ノ必要アル場合」とあるが、第二稿（昭和一四年四月）において「整備」を「復旧整備」と書き改め、第三稿（昭和一四年五月）では「特ニ復旧整備ノ必要アル場合」と「特ニ」を書き加えている。なお、ここで「保存」すべきものとされている「建造物ノ構造意匠又ハ形式手法」という文言は第一稿から変化していなかったが、その具体的な意味内容は終始明示されないままであった。

ところで、「現状変更」として国に許可申請が必要なものとは何かを説明するための保存課の内部文書も残されている。それは大岡資料のなかで要項とともに綴じられた文書であり、この文書に当時どれほどの法的効力があったのかは不明であるとはいえ、少なくともこの文書から、修理で「保存」すべきものについての保存課の意向をうかがい知ることができる。なぜなら、そこで説明されている「現状変更」の内容は、文部省が現場の裁量に任すことなく、国宝保存会で審議・決定すべき重要事項と見なしたものと考えられるからである。その全文を掲げると、

「国宝建造物ノ修理ニ際シテ建造物ノ位置ヲ転ジ、形態又ハ細部ヲ変ヘ、仕様ヲ改ムル等建造物国宝指定当時ノ形

式手法ニ変更ヲ与フルヲ現状変更ト認メ然ラザル場合ハ単ニ維持修理ト認ム　例ヘバ屋根ノ葺替、縁板ノ張替ノ如キモノハ原則トシテ維持修理ニ属スルモ屋根修理ニ其ノ反リ照リ《ママ》等ヲ変ヘ、壁塗替ニ固有ノ下地手法ヲ変ジ、縁張替ニ板厚、構造ヲ変ヘ等スル時ハ往々ニシテ現状変更トナル」(16)

となり、「現状変更」の具体例として、屋根の曲線、壁の「下地手法」、縁の板厚や構造などの変更があげられている。つまり、そこには建物各部の形態のほか、見え隠れのものを含む技術的なものが特記されているのである。このことには、当時の保存課が、修理にあたって〈技術のオーセンティシティ〉を尊重していたことが示唆されていると考えられる（本書での「オーセンティシティ」は一般名詞としての「真実性」を意味し、世界遺産およびヴェニス憲章のその概念とは直接関係しない）。

また、この文書において建物の色の塗り直しが不問に付されていることも注目される。たとえば法隆寺昭和大修理の初期工事など、この時代に建物の色を塗り直した修理も散見されるが(17)、当時刊行された修理工事報告書（四九件）のうち三二件で木部取替材に「古色塗」を施したことが記されているから、一般的な修理では取替材を旧材の色と調和させるべく古色塗りの塗色方針がとられていたと考えられる。関野貞も、昭和四年に東京で行われた世界工学会議に提出した文書のなかで、日本の文化財修理では一般に古色塗りが施されるということを明記していた(18)。

第三節　国宝保存法時代の建造物修理に示された「保存」概念

◉国宝保存法時代の建造物修理で行われた「現状変更」

国宝保存法時代の修理一般に示された建造物保存の概念について考察するには、まず、できるだけ多くの修理で行われた具体的内容をできるだけ詳細に把握することによって、同時代の修理に共通する特徴を抽出し、その背景にあった意図を考察することが肝要である。その点、この時代には「現状変更」が許可制となったために、それに関する公文書が作成され、その多くが今日に残されているのは幸いである。しかるべき行政的手続きと、そのための周到な事前調査を経た後に実行される「現状変更」には、膨大な時間と労力をそこに投じた修理技術者たちの保存に対する認識が、少なからず投影されているはずである。従来の研究ではこの時代の「現状変更」が断片的に知られるにすぎなかったが、以下の文献に掲載された修理については「現状変更」の全項目を知ることができる。すなわち、

（1）刊行された修理工事報告書に現状変更を記載するもの（三六件）
（2）雑誌『清交』に「国宝建造物現状変更説明」が掲載されたもの（上記以外の一五件）
（3）戦後の修理工事の報告書に、国宝保存法時代の修理での現状変更を記載するもの（上記以外の一〇件）

（4）その他の文献に記載されたもの（上記以外の四件）

をあわせた六五件の修理である（巻末にこれらの修理の「現状変更」全項目を掲げた）。ここには、修理内容の概要は分かるものでも「現状変更」を行わなかったらしいものとか、「現状変更」が断片的にしか分からず、それが全てであったかどうか不明のものは含めていない[19]。

まず、注目したいのは、これらの修理の現状変更の内容から六五件のうち六三件の修理で何らかの「復原」的現状変更があったことが確認できる点である[20]。つまり、「現状変更」はそのほぼ全てが「復原」であった。現状変更の各項目は、基本的には、漢数字で列記された一つの項目に一つの変更内容が記されているが[21]、なかにはその下位に詳細な変更をイロハで併記するものもある（たとえば建具の変更を一項目とし、その各部をイロハで記すなど）。漢数字のものを一項目として数えると六五件の修理で行われた「現状変更」は総数三四八項目となる。前節で述べた国宝建造物維持修理要項の第二によれば「現状変更」は「維持」のための措置か、「復原」のための措置かのいずれかであったわけだが、「維持」のためと見られるものは三四八項目のうちわずか一四項目だけで、それ以外はいずれも「復原」であった。ここで見た修理の数はこの時代の総数のおよそ四分の一にすぎないが、その総数には半解体修理や屋根葺替修理も含まれるし、そもそも後世の改変が少ない建物もあったから、大局的にみれば、当時の修理では概して復原方針がとられたと見てよいであろう[22]。

また、屋根の形態の復原に関する現状変更が多いことも特筆すべきである。表2に示したように修理工事六五件のうち二八件で屋根の形態にかかわる復原が行われており、具体的には屋根勾配の変更一九件、軒廻り各部の変更二一件、破風の形態の変更七件などを確認できる。なかでも屋根の形式を変えるという大きな変更を行った

表2　国宝保存法時代の修理による屋根の形態にかかわる「復原」的現状変更

竣工年度	所在府県	建造物名称	屋根の形態に関する現状変更（引用）	資料
昭和7	長野	国分寺三重塔	初重二重ノ屋根勾配ヲ変更／各層小屋構造ノ変更	1
昭和8	東京	正福寺地蔵堂	上層ノ屋根勾配ヲ緩ニス／大棟ノ位置ヲ低下シ、箱棟鬼板装置トス／妻飾ノ位置ヲ改メ且ツ其位置ヲ移動ス／上層入母屋破風ニ於ケル螻羽ノ出ヲ増ス	1
昭和9	奈良	法隆寺食堂	破風板及ビ茅負ノ形状ヲ（中略）変更セリ／切縮メラレアリシ棰ヲ復原シ軒出ヲ深メタリ	1
		法隆寺細殿	破風板及ビ茅負ノ形状ヲ（中略）変更セリ／切縮メラレアリシ棰ヲ復原シ軒出ヲ深メタリ	1
	栃木	鑁阿寺本堂	軒形式を旧に復した／妻飾の細部を旧に復し、その位置を旧位置復した／大棟の位置を低くした	4
昭和10	奈良	法隆寺東院礼堂	軒廻リ構造及ビ妻飾（中略）ヲ復旧シ、コレニ伴ヒ軒出ヲ増シ、破風板ヲ取替ヘ、大棟ノ高サヲ低メタリ	1
	群馬	玉村八幡宮本殿	茅負及び飛檐垂木の形状寸法を変更した	3
	千葉	法華経寺四足門	飛檐棰ヲ法華堂ノモノニ倣ッテ全部新補シ、破風板尻ノ継ギヲ正シクシテ軒反リヲ整ヘ	3
昭和11	和歌山	松生院本堂	一軒を二軒に改め／屋根を（寄棟造から：引用者註）入母屋造に（中略）復した	4
昭和12	滋賀	石津寺本堂	軒ノ一重ナルヲ二重トシ棟ノ長サヲ増シ之ニ伴ヒ屋根ノ形ヲ整ヘルコト	1
	奈良	東大寺大湯屋	軒廻リヲ整備シ背面破風ノ形ヲ改ム	1
		東大寺法華堂北門	軒ノ出ヲ増シ破風ノ形ヲ改ム／螻羽ノ出ヲ一枝増加ス	1
	愛媛	興隆寺本堂	屋根ノ勾配ヲ変ヘ／軒ノ出ヲ一枝増ス	1
昭和13	奈良	法隆寺大講堂	軒出及軒反ヲ変更シ、之ニ伴ヒ屋根ノ形ヲ調整セリ	1
	千葉	大聖寺不動堂	向拝ノ撤去／棟高ノ低下	1
	石川	妙成寺書院	屋根が切妻造妻入であつたのを四注造、平入に改めた。	1
	石川	妙成寺経堂	軒ノ一重ナルヲ二重ニ、屋根ノ宝形造ナルヲ四注造ニ変更セリ	1
	愛知	定光寺本堂	上層ノ仮屋根ナリシヲ屋根入母屋造柿葺、軒二重扇垂木、斗栱唐様三手先詰組ト為シタリ	1
昭和14	奈良	唐招提寺礼堂	礼堂の梁間は一間を減じ屋蓋は東室と同高となり、東面中央五間に葺下の向拝が出現した	1
昭和15	兵庫	中島神社本殿	失ハレタル屋蓋ノ新設／後補ノ化粧垂木ノ整備	1
昭和16	奈良	法隆寺北室院本堂	妻の立て所を改め、妻飾を整備した／東廂（中略）軒廻及び軸部を復旧し、且屋根の瓦假葺なるを板葺に改めた	1
	京都	十八神社本殿	向拝の化粧勾配を変更し、之に伴ひ丸桁の成を低めんとす	2
	滋賀	大宝神社境内社追来神社本殿	棟高を下げ屋根勾配を改め、且大棟の形式を整へんとす／破風断面の形式を旧に復せんとす	2
昭和17	奈良	法隆寺東院伝法堂	背面の一軒なるを二軒とし、飛檐棰を奈良時代に復し、且破風懸魚及小屋構造を改めんとす	2
	兵庫	一乗寺三重塔	第三層の屋根に起りを附せんとす／初層及第二層の屋根勾配を急にせんとす／初層切裏甲一重なるを巾裏甲を加へ、且茅負の眉決りを廃せんとす	2
	滋賀	小田神社楼門	屋根及軒廻りを舊規に復せんとす	2
	香川	国分寺本堂	向拝を撤去	2
昭和18	奈良	圓福寺本堂	屋根並に軒廻りを旧規に復せんとす（中略）上方の軒桁（現在軒桁二重）を撤去し、一軒疎棰を二軒繁棰に改めんとす（中略）屋根寄棟なるを入母屋に改めんとす／向拝を旧規に復さんとす（中略）疎棰を繁棰に改め、軒桁縋破風の形式を整へ、桁隠を設けんとす	2
昭和23	奈良	法隆寺聖霊院	正面破風の復旧／向拝の復旧	1
昭和24	奈良	慈光院（茶室）	葺きおろし桟瓦葺の屋根を切妻造柿葺に変更した	3

※対象とする修理は、昭和4年度以降に着手され、昭和24年度までに竣工したものとし、各修理の着手・竣工年度は『建造物要覧』（文化庁文化財保護部建造物課、1990）による。
※建造物名称、所在府県は『国宝・重要文化財建造物目録』（文化庁編、2000）による。
※「屋根の形態に関する現状変更」欄には修理工事報告書掲載「修理銘板」のものを主として引用し、同書に掲載のないものは報告書本文などから引用した。
※「資料」欄の資料とは、1：修理工事報告書、2：『清交』、3：後の修理の報告書、4：その他の文献である。

ものが七件もあり、たとえば圓福寺本堂修理では、修理前に寄棟造りであった屋根を小屋組に残された痕跡等より入母屋造りに復原している[23]し、定光寺本堂修理では、室町時代の再建時に上層屋根が未完成で、修理前は仮設的な切妻屋根が架けられたままであったものを、堂内の厨子等を参考に当初の入母屋造りの屋根を再現している[24]（図1、口絵8）。この定光寺本堂修理については第二章四節で詳述する。

上記のうち軒廻り各部の変更二一件とは、たとえば「軒廻リ構造（中略）復旧」（法隆寺東院礼堂）や「軒廻リヲ整備」（東寺大湯屋）といったもののほか、茅負、木負等各部を変更したものも含まれる（表2）。そのうち軒反りを復原したことが文献等により確かめられるものが少なくとも一六件あることは、創建時の軒反り形成の技術、すなわち軒の規矩や柱の隅延びを復原したものが多かったことを意味している。なお、先述のように文部省保存課は見え隠れにある技術的なものの変更も「現状変更」に含めるとする文書を作成していたが、今回調べた限りではそうした「現状変更」はほとんど見られなかったものの[25]、実際には小屋組や壁下地などを変更した修理が少なくなかったことは修理工事報告書等の記述からもわかる。

ところで、こうした屋根の形態は、一般に木造古建築の中でも創建後

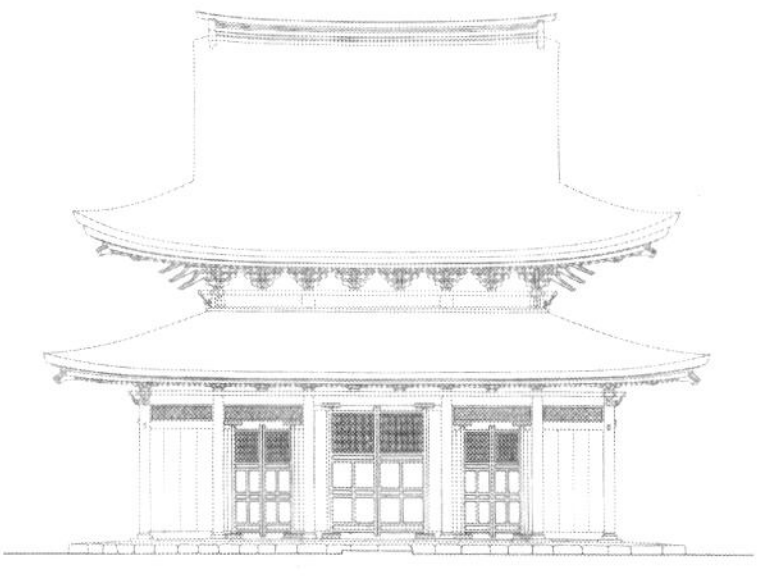

竣成正立面図

修理前実測正面図

図1　定光寺本堂　正面立面図

に改変されることが特に多い部分である。大岡も、このことについて以下のように記している。

「日本建築に於ける屋蓋は数十年に一度は必ず修復さるべき運命にあり、古建築の屋蓋が其儘今日に残存するといふ事は恐らく絶無である。然もその形式手法に於いて、軸部の場合の如く、各部の納りに相互的関連があるならば、後世変改されてゐる場合でも、復原的考察の可能性が多いが、屋蓋の形式は瓦の葺き方と野地の作り方一つによるものであつて、比較的他部分との関係なしに定め得るものであるがため、一度変へられたならば、到底元の形式を考察する事は不可能となる場合が多い。」

（大岡實「日本建築屋蓋の反轉曲線について」『建築史』昭和一四年七月号、四七-四八頁）

こうした認識にもかかわらず、これだけ多くの修理で屋根を復原する修理が見られたのであり、そのことは当時の修理技術者がこの部分の復原を重視していたことを示すものであろう。

◉ 文部技師・阪谷良之進と大岡實の保存理念

文部技師は当時の建造物修理業務の全般を統括しつつ、他方で国宝保存会の委員として修理方針の策定に直接的に関与していたことは既述の通りである。前記のように当時の修理工事が文部省技術陣の直接的な指揮・監督のもとに行われていたことを考えれば、文部技師の保存思想は当時の多くの修理技術者の見方や姿勢に大きな影響を及ぼしていたはずである。以下に示すように、この時代の文部技師であった阪谷良之進と大岡實は、ともに建築の意匠的観点から古建築の屋根の形態に特別な注意を払い、当初の屋根を再現するために、失われた古い技術=規矩術の解明と再現にも高い関心を示していた。したがって、軒の規矩を含めて屋根を復原しようとする前記した当時の修理一般の方針は、彼ら文部技師のそうした復元主義の保存理念にもとづくものであったと考えられる。

まず、阪谷の記述を見ると、たとえば台徳院の諸建物について「木割に拘泥せず又其概形もよく整ひ、意匠は極めて自由」(26)とか、中尊寺願成就院石塔について「低平なる概形に応じ屋根勾配の緩にして（中略）整備したる形である」(27)というように、「概形」――文字通り建物の全体的な形態――の良し悪しによりその意匠を論じるものが多い。彼は、日本建築の「概形」が屋根の形に大きく左右されることを指摘し、「屋根の形状」により建築の「概形」を類型化しながら、(28)四つの「基本形」を「第一母型」の宝形造り、および「第二母型」の切妻造りの二系統に分類しつつ、「自分の考案せる建築概形進化の道程」という持論を展開している(29)（図2）。そこでは屋根の形式のみをもって建築の全体類形が捉えられている点が特徴的である。修理で阪谷が軒の規矩調査を重視していたのも、これを建築の「概形」を形づくる重要な技術と捉えていたからであろう。そのことは、論治垂木（木負と隅木の交差部における飛檐垂

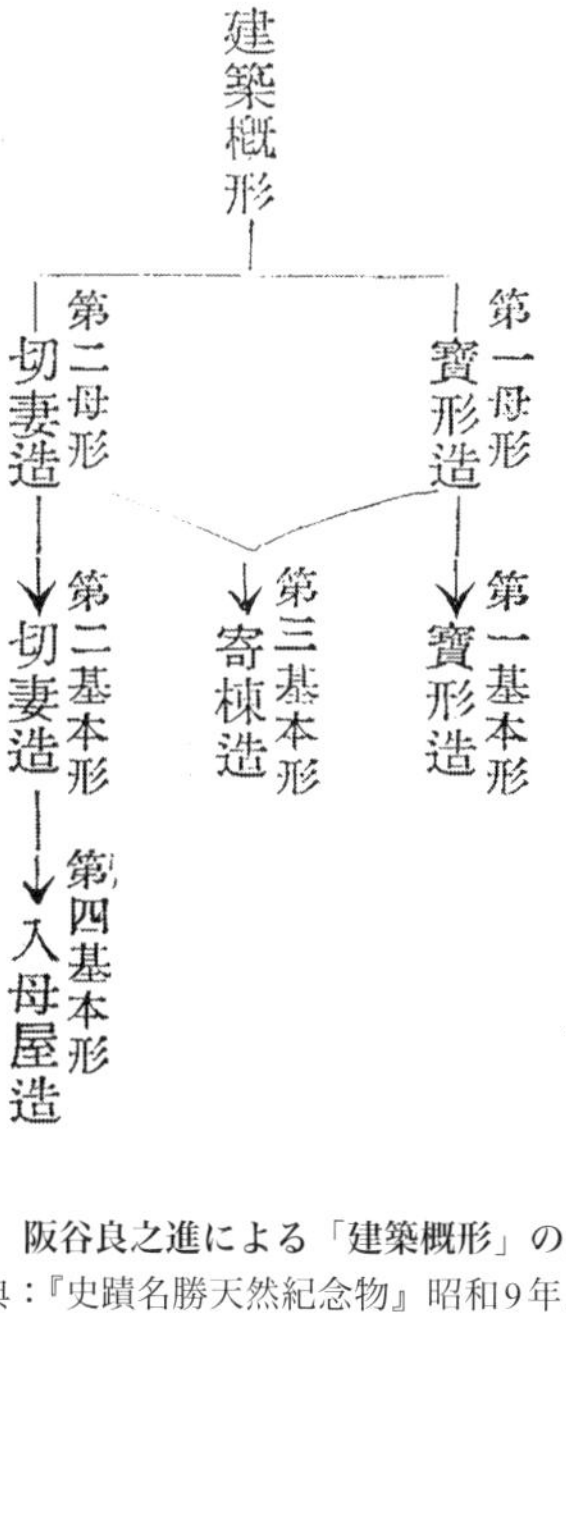

図2　阪谷良之進による「建築概形」の分類
出典：『史蹟名勝天然紀念物』昭和9年5月号

木）の納め方について彼が次のように述べていることからもうかがえる。この文献の中で、阪谷本人の回顧によれば明治四〇（一九〇七）年頃、関野から論治垂木に関する指導を受けたのがその契機となったとされる。(30)

「問題はロンジタルキであつた。云ふまでも無くロンジタルキは我古建築の軒廻を構成せる一部材に過ぎぬが、この部材の所理法《ママ》は多種多様にして技術上極めて興味あるものであり、所理の如何に依つては建築の概形に重大なる影響を及ぼすものである。又その規矩のオサマリも複雑なので、単なる外部形状の研究にて事足りる瓦当文様又は絵様彫刻などの類とは全然趣きを異にし、宝物を傍にして多数の図面と対照研究しなければ容易に理解し難いものなど《ママ》である。」

（阪谷良之進「官吏としての関野先生」『建築雑誌』昭和一〇年一一月号、一三九八頁）

論治垂木を木負口脇真に正しく納めてあることは、支割りによって軒廻り各部の寸法を計画的に決定するという設計技術が成立していたことを示すが、この記述には、この局所的な技術がじつは建物の全体の形に大きく影響しうるのだという建築の一つの見方が示されている。つまり、阪谷の関心は単に技術だけに向けられていたのではなく、彼にとって重要であったのは、あくまでも技術に裏付けられた建物の形にあった。軒反り形成技術の一つである柱の隅延びについても論治垂木と同様で、その技法は軒反り形成の技術的側面のほかにも、両端の柱が実際よりも下がって見えるという人間の目の錯覚を補正する外観意匠上の意図もあったと指摘しつつ、同様の視覚効果をもつという柱の内転びにも論及している。(31)次に掲げる阪谷の記述からうかがえるように、このような建築技法に対する彼の高い関心は、修理にあたって創建時の建物の外観意匠を再現しようとする強い姿勢、すなわち彼のいう「保存の使命」感のあらわれであったと見てよいだろう。

「自分の専門とする所は我古建築の技術的方面を専ら研究し、其の技術を如何に実地に応用すれば古建築の維持修理を完全に施工し得て、其保存の使命を全ふし得るかと云ふ様な、云はゞ純技術の方面に努力を注いで居ります。」

（阪谷良之進「芝徳川霊廟附権現造について」『建築雑誌』昭和七年六月号、七二七頁）

一方、大岡の記述にも、阪谷と共通する見方が示されている。当時大岡は彼自身が立ち上げに関わった建築史研究会が発刊する『建築史』誌上に、建築技法に関する論考を数多く発表していた。それらの論考の執筆について後年大岡は、当時の「一般の現場は旧態依然たる状態で、私は一般現場が調査を重視するように指導するのに必死になっていた時期で、（中略）啓蒙の意味を大いにふくめて書いた」[32]と述懐している。

そのなかの一編「日本建築屋蓋の反転曲線について」では、屋根に関して以下のように記している。

「軒の出深く、大なる屋蓋を有する事が日本建築に於ける特徴である事は今更言ふ必要のない事であり、従つて屋蓋と軸部との比例が、先づ日本建築全体の形態を規定するものである事も当然である。此意味に於て、屋蓋と軸部とは、日本建築意匠を規定する最も重要なる要素でなければならない。（中略）屋蓋形式の重要性は既に述べた如きものであり、決して等閑に附せらるべきものではない。」

（阪谷良之進「日本建築屋蓋の反転曲線について」『建築史』昭和一四年七月号、四七-四八頁）

このように大岡は「日本建築意匠を規定する最も重要なる要素」として「屋蓋《おくがい》」（屋根のこと）と「軸部」の二つをあげつつ、特に「屋蓋形式」を重視している。この論考では屋垂みに反転曲線をもつ建物が鎌倉時代初期にあったことを論じているので、大岡のいう「屋蓋形式」には屋根の形式だけではなく、各部の曲線の性質も含意されている。屋根各部の曲線に関する彼の論考は他にも多くあり、たとえば屋垂みに関する論考では「屋蓋の形態を定める一つの条件として（中略）屋垂みが大きに与つてゐる」(33)と述べている。その論考を発表した翌年に竣工した一乗寺三重塔の修理では、当初材と見られた第三層背面両隅の野隅木に反転曲線が確認されたため、これが実際に修理で屋根の形に再現されているが、この修理方針には大岡のこうした見方の反映を見てもよいだろう。

また、軒の規矩に関する一連の論考の一つ「鎌倉時代に於ける茅負曲線の一性質」（『建築史』昭和一六年七月号）では「屋蓋の形態を定める重要なる要素の一つが、茅負の曲線である」とし（図3）、鎌倉時代の薙刀反りをもつ茅負には、僅かに反りのある中央がほとんど水平に見えるという目の錯覚を補正するため、中央部に折れを付すものがあるということを指摘している。この点、過去の修理で「失敗を繰返した」ことをあげて現場技術者を啓

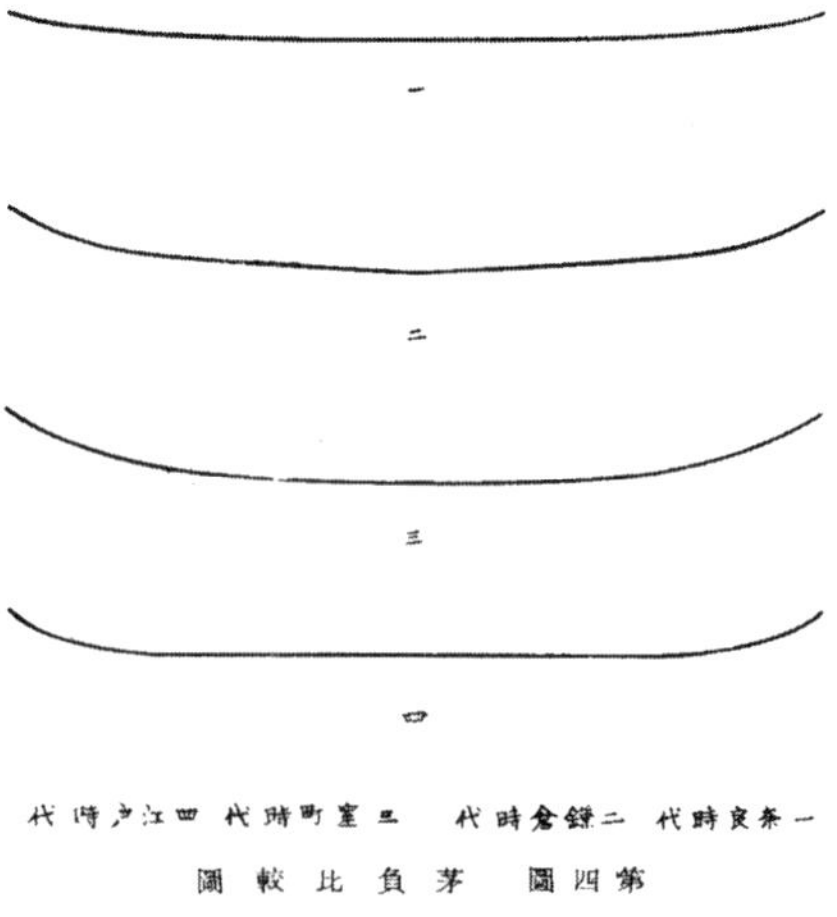

図3　大岡實による茅負曲線比較図
（上から奈良時代、鎌倉時代、室町時代、江戸時代）
出典：『建築史』昭和16年7月号

蒙しながら、次のように述べている。

「中央迄反りを持込んでも、両端に強い反りがあるために中央部の反りは消されてしまつて、実際は中央が水平に見える事は、実際仕事をした人々には経験のある事であり、その結果は江戸極末の茅負の曲線と余り選ぶ処なき結果となるのである。これは従来鎌倉時代の茅負の修理に於て往々失敗を繰返した所以である。」（四〇-四一頁）

ところで、阪谷も大岡も、古建築の存在を同時代の建築一般の問題と結び付けて次のように捉えていた点は特筆されてよいだろう。阪谷は「古建築保存事業の真の使命は単に珍物の骨董的保護でもなければ又史的証拠物件としての保存でもない」と述べたうえで、「実に古建築の存在は新建築に対する大なる精神的標示でなければなら(34)ぬ」と主張し、だからこそ保存事業には――さらには「復原」によって美を再創造することには――社会的な重要性があるのだということを説いている。大岡も、後年の記述になるが、建築史学の社会的意義について次のように述べている。

「建築史が寺院の沿革史や住宅の沿革史、あるいは、建物個々の説明に、おわってはいけないと考える。（中略）究極においては、建築のある時代あるいはある地方、またはある階層の基本形式をつきとめ、それが社会全体といかなる関連があり、かつその時代あるいは、その地方の社会を背景として、いかなる造形感覚が表現されているかを察知し、将来建築の進むべき進路を把握すると同時に建築に対する造形感覚の養成に資するのでなければ意味がない」

（大岡實「南都における奈良時代金堂の建築様式について」『法隆寺夏季大学記念論文集』一九六二、三四九頁）

　つまり、創建当初の建築と同時代・同形式の類例を含めて復原的に検討することで、そこに表現された時代の造形感覚を解明し、それを直接的または間接的に今日の建築に応用することを説いているのである。(35) 古建築保存事業における彼らの復元主義の保存理念は、保存事業の世界を越えて外側に広がる古建築の社会的ないし現代的意味についての見方に裏付けされたものだったのである。大岡の保存理念については本章六節において再度詳しく検討したい。

第四節　雑誌『清交』に見られる昭和一〇年代の修理技術者の「修理」観

◉　忍冬会の機関誌『清交』について

　文部省の直接的な指揮下にあった国宝保存法時代の修理において、文部技師を中心とする文部省の技術者は、技法を含めて創建時の建築意匠を再現すべきという保存理念を有していたことを先に述べたが、工事監督者としての彼らは、むろん修理現場に常駐して工事の実務を担っていたわけではなく、それを担っていたのは全国の修理工事に携わる多くの技術者たちであった。修理の大枠を定める方針は修理事業の首脳部が決めるものであったとしても、具体的な修理工事の内容は彼らの職務によって決められるものであり、当然ながら現場の能力如何によっては、修理工事の出来不出来——復原された建築の史的妥当性や美しさなど——も左右されることになる。そこで以下では、現場の修理技術者に焦点を当て、その同業者組織である忍冬会の機関誌『清交』[36]を資料として、彼らの古建築修理に対する認識や「復原」についての考え方について考察する。

忍冬会という会は、そもそも修理技術者・竹原吉助の呼びかけによって昭和一二年に組織された修理技術者の団体で、同会の結成と同時に機関誌『清交』が創刊されている。創刊当時、竹原は観心寺書院修理工事の現場主任であったが、昭和一〇年までは法隆寺東大門の現場主任を務めており、創刊号には法隆寺国宝保存工事事務所技師・大瀧正雄や同技手・浅野清らが寄稿しているから、法隆寺昭和大修理の関係者を中心に組織された会であったことがうかがえる。竹原が名づけた「忍冬会」という会の名称も法隆寺古瓦の平瓦当などにあしらわれた忍冬（パルメット）唐草文に由来するものであった。これらのことは同時代における法隆寺昭和大修理の主導性をよく示すものであろう。

竹原吉助は創刊号に掲載された記事「生まれ出ずる歓び」のなかで、全国に散在している修理技術者の交流がないことを憂慮しつつ、せめて「先輩知己友人とは時折会談を交へて（中略）新知識を交換する位の期会《ママ》」をつくることが必要と考えて、この会をつくることを着想したという。全国に散在する修理技術者とは、いうまでもなく修理現場に常駐する技術者たちのことである。また、機関誌名「清交」の名付け親は文部技師・阪谷良之進で、阪谷はこの名が「清談を試み知見を交換する」[37]という同会の趣旨に由来すると述べており、同会の定款「忍冬会覚」にも「本会は国宝建造物保存事業関係者の親睦と連絡を図る事を以て目的とす」と明記されている。当時姫路城西の丸修理の現場助手であった日名子元雄が昭和一三年に「全現場技術員がすべて会員であることが、最も望ましい。現在その九割までは会員である」[38]と述べているように、会の発足とともにかなり多くの修理技術者が入会していた[39]。つまり、忍冬会は現場に常駐する修理技術者が主体となっていた組織であり、その機関誌『清交』は彼らの間で古建築の専門的な意見交換と人的交流を行うことを主眼としたものであった。同会の発足によって、はじめて各地に散在する技術者たちの交流の場が提供されたわけであり、このことはこの分野における全国規模での知識の蓄積や技術の向上・標準化を促し、ひいては「修理技術者」という職能の形成に大きな意義があったものと考えられる。

『清交』には各現場の修理技術者からの通信欄がほぼ毎号に設けられており、そこでは修理工事の進捗状況や調査発見物の報告をはじめ、工事の概要、日程、予算など修理工事に関する様々な事柄が記載されている。こうした通信欄は修理進行中の生の記録であるから、修理工事報告書などの修理竣工後の刊行物には記録されることのない着工当初の計画案や工事中の設計変更などがわかることもあるし、彼ら修理技術者自身の関心のありかをダイレクトにうかがうこともできる。こうした通信欄を中心に同誌でとり上げられた修理工事は合計四六件[40]もあり、そこには修理の方針や内容についての個人的な意見を述べているものも多い。したがって、当時の修理事業の実態を知るうえで、あるいは当時の修理技術者の考え方を知るうえで、『清交』の資料的価値はかなり高いと言える。

◉　現場の修理技術者たちの「修理」観

『清交』の記事をみると、現場の修理技術者の間では、後世改変の内容が明らかになった場合には改変前の建物

表3　『清交』掲載の「復原」方針に関する主な記事

	記事名	執筆者	掲載号（発行年月）
1	「現状変更の問題」	日名子元雄	『清交』第3号（昭和12年12月）
2	「鑿の音」	古西生	『清交』第4号（昭和13年4月）
3	「つれづれ」	日名子元雄	『清交』第4号（昭和13年4月）
4	「法隆寺金堂の修理に就て」	竹原吉助	『清交』第4号（昭和13年4月）
5	「初秋放談」	城西隠士	『清交』第6号（昭和13年9月）
6	「法隆寺色彩所感」	神戸高工建築科実習生	『清交』第10号（昭和14年8月）
7	「浮草人生—浮動の原理—」	橋本生	『清交』第11号（昭和14年11月）
8	「姑息的修理」	大瀧正雄	『清交』第13号（昭和15年4月）
9	「古建築修理雑感」	土屋純一	『清交』第14号（昭和15年7月）
10	「修理にも色々あり」	大瀧正雄	『清交』第14号（昭和15年7月）
11	「無意識にやつたものを真似るべからず」	大瀧正雄	『清交』第19号（昭和17年2月）
12	「修理を思ひて愚観」	一現場生	『清交』第20号（昭和17年3月）
13	「塗色」	大瀧正雄	『清交』第23号（昭和18年2月）

の状態を「復原」するのが当然であるという見方が支配的であったことがうかがえる。さきに見た文部省の技術者の復元主義的保存理念は現場の技術者にもしっかりと共有されていたのである。

『清交』には「復原」に関する記事が数多く掲載されている（表3）。なかでも竹原吉助の「国宝の修理工事も後世の補加、改造等あり其の資料が充分ある場合に創建当時の形に復旧するのが技術当事者としての義務である様に考へられます(41)」とか、日名子元雄の「原則的な形で問題を提出すれば、その答は疑ひを挟む余地のないくらい自明である。後修理のゴタゴタしたものを、取除いて当初の形態に戻すと云ふことは、国宝建造物の保存上当然のことである(42)」といった記述からは、当時の現場技術者の間で「復原」を当然のように行うものとする通念があったことが十分うかがえる。同誌には自らの関わる工事の復原内容を皆と共有しようとする報告文が数多く掲載されているし、通信欄には「元の建物に関する断片的の資料は、かなりあるのですが、まとめられる程には存してゐません(43)」というような、復原調査の中間報告的な記事も散見される。こうした記事をみると、文部省の積極的な指導のもと、復原調査を行うことが現場の修理技術者たちの最大の関心事であったことがよくわかる。

しかし一方で、現場の技術者のなかには、少数ではあるが、「復原」行為を批判するものも見うけられる。たとえば後に法隆寺修理に加入することになる古西武彦は「後世増補改変の顛末をも認めての国宝指定」なのだから「証拠物件を唯一の武器として是が非でも創立時代へ復原せんとするは（中略）明らかな謬見である」と、「復原」行為を強く批判している。[44] こうした批判文は、逆に復元主義の理念が当時支配的であったことを傍証するものでもあるが、その批判者は決して古西一人だけではなかった。同誌に掲載された復原批判が論拠としているものは、古材を再用すべきことと、後世修理の歴史的価値を尊重すべきことの二点であったが、こうした見方はすでに明治・大正期の保存事業にも存在し、のちに詳しく論じるように近代の保存事業に通底する復原批判様式とも呼べるものであった。

ほかの批判者としては、当時法隆寺国宝保存事務所技師であった大瀧正雄がいる。大瀧は、古材保存の観点から解体修理という保存修理の方法自体を問題視しつつ、当時の復元主義を批判的に見ていた。彼は解体修理よりも「姑息的修理によつて保存される質の方が、古材を取り替へることが少いだけに優れてゐる」[45]と述べ、創建後に加えられた軒下支柱などのいわゆる「姑息的修理」を、逆に古材保存の観点から積極的に捉えている。改めて述べるまでもなく、解体修理は部材の経年変化による建物の歪みを正して組み立て直すために多くの古材を失わせてしまうものであり、それを大瀧は問題視していたのである。古材保存の観点からは確かにもっともと思われる意見であるが、軒下の支柱が建築の美観を損ねるものであることはいうまでもない。ただ、修理技術者の中に修理の方法自体を批判的に捉えるものがいたことはここで注目されてよいだろう。

復原修理についても、大瀧は「国宝修理はそうゆう《ママ》ものではない。元の通りにするのであつて唯傾いた柱が真直になほり下つた軒が元に復するだけである」[46]と主張しているが、傾いた柱を直すのも復原行為の一つと言えるから、復原と非復原の線引きがここで示されていない以上、あまり論理的な復原批判とは思われない。その一方で建物の色に関しては、逆に大瀧は復原に賛成している。先述のように当時の修理では古色塗りが施されることが一般的であったが、『清交』をみると、「色彩も忠実に昔のまゝに塗られて然るべきものであらう」[47]というように古色塗りを批判的に捉えつつ、法隆寺昭和大修理の初期工事などで行われた木部の色の塗り直しを擁護する技術者が散見される。大瀧も「彩色は塗り直してこそ保存である」とし、古色塗りが「日本人の時間的洗練即ち『錆び』を好む性質」をあらわすもので、「欧米流骨董的悪趣味」であると批判している[48]。つまり、彼は、形は復原すべきではないが、色は復原すべきであるということを言っているのであるが、色の塗り直しは木部保護にも有効であるから、大瀧は古材保存の観点から塗り直しを擁護していたのかもしれない。

また、竹原吉助は、壁画の保存という難題を抱える法隆寺金堂の修理方法を提言する記事の中で、解体修理を批判的に捉えている[49]。その中で竹原は、金堂の軸部を存置しながら上層のみを解体する「部分的修理」を提案して、移動することが難しい初層の壁画を存置したまま修理を施すべきことを説き、この方法によれば、解体修理にともなう学術調査ができなくなる反面、「神秘は神秘として発かれない所に宗教と信仰との無限大の失はれない尊さ」が残るという点を強調している。金堂壁画は世界美術の至宝であると同時に信仰の対象でもあったから、解体修理という近代的＝科学的修理法をとらなければ「信仰」が残る、というこの竹原の見解には、解体修理是非論の背景に絶えず存在していた「科学」か「信仰」かという近代社会の普遍的なテーマの一端がよく現れていると考えられる。この問題については後章（第四章二節）で再び取り上げたい。

第五節　雑誌『古建築』に見られる昭和二〇～三〇年代の修理技術者の「修理」観

◉ 再結成された忍冬会について

前節では、昭和一〇年代の修理技術者の認識について述べたが、第二次世界大戦後、昭和二〇年代から三〇年代にかけての修理技術者の考え方もここで検討しておく必要がある。というのも、敗戦後の社会の大きな変化に加えて、大戦直後には修理技術者の世代交代があったので、戦前の顔ぶれがそのまま戦後も継続していたのではなく、また、昭和二五年の文化財保護法制定と修理の行政機構の大変革――とりわけ「現状変更」の審議をする文化財専門審議会第二分科会の構成員が建築関係者でほとんど占められるようになったことは大きな変化であった――は現場の技術者の任務やそれに対する姿勢にも少なからず影響を与えたと考えられるからである。

忍冬会は昭和一八年以降、戦時下の苦しい社会状況のため活動を中断していたが、戦後、昭和二七年に再度結成されることになり、同時に新たな機関誌『古建築』が創刊された。再結成時における同会幹事七名（代表者・清水政春、岡田英男、太田清衛、北村豊之助、正法院陽三、小山連一、岡守安）はいずれも法隆寺昭和大修理の現場で働く若手技術者たちで、機関誌の編集室も法隆寺国宝保存工事事務所内に設置された。つまり忍冬会は戦前に結成された時と同じく、戦後においても法隆寺の修理関係者を中心に再結成されたのである(50)。

『古建築』昭和二七年一一月号掲載の統計報告には、当時の全国の修理技術者には戦後の「新人補給」によって「昭和三年生れ以降の人」の数が多いことが指摘されている（図4）。つまり、ちょうど戦前から戦後にかけて修理技術者の世代交代があったことになる。実際、『古建築』昭和二七年二月号の会員名簿と『清交』昭和一五年七月号掲載のそれを照合すると、再結成時の会員七八名のうち戦前からの会員は二一名しか確認できないし、『清交』と『古建築』の現場技術者一覧から、戦前には現場主任か助手で、戦後に工事監督になった――つまり経験の蓄積とともに昇格した――技術者が多く見られるが、彼らは『古建築』にはあまり寄稿していない。同会の中心は、あくまで現場常駐する修理技術者、すなわち現場主任や助手であり、工事監督の立場のものではなかったといえる。要するに、同会には戦後から活躍しはじめる若手技術者が数多く入会し、同会の構成員は戦前から大分変化していたのである。

◉戦後の若手修理技術者の目的意識

『古建築』掲載の記事からは、戦後も戦前と同じく、創建時の形の「復原」を当然とする見方が支配的であったことがうかがえる。その意味で戦前の復元主義の理念は戦後の若手技術者たちにも、しっかりと継承されていた。それに加えて、以下に示すように、創建当初の建物の状態を完全なかたちで再

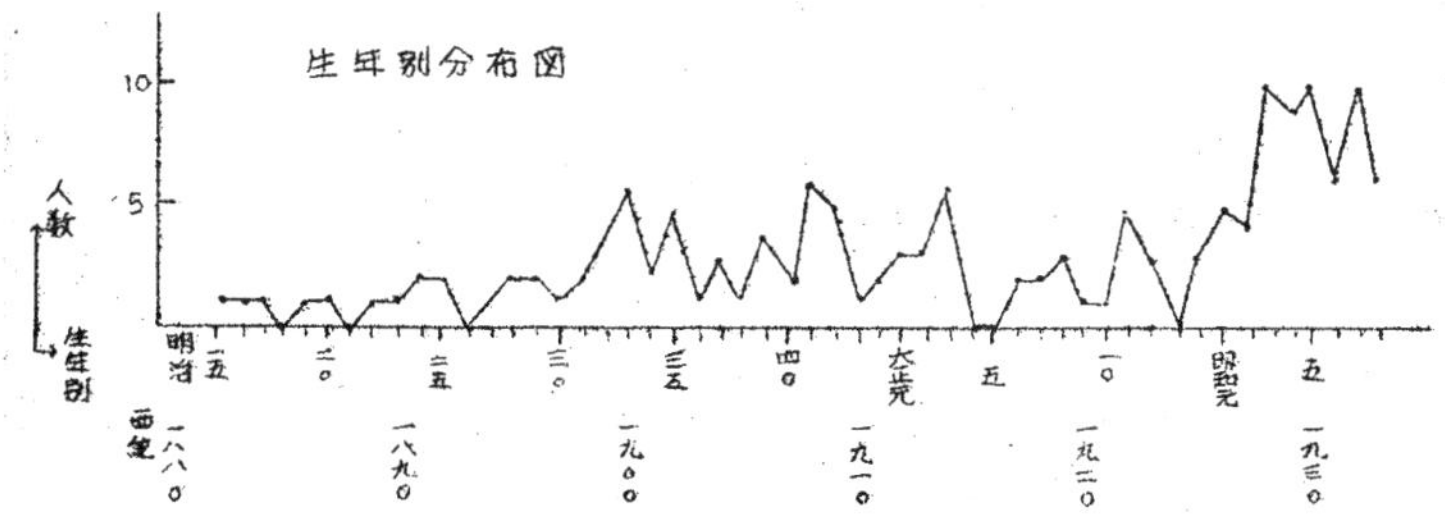

図4　修理技術者の生年別分布図
出典：『古建築』昭和27年11月号

現しようとする現場技術者の目的意識が同誌の記事からは読み取れるが、戦前にはこうした強い復原志向は文部省の技術者を除くとあまり見られなかった。このことは、戦前において文部省が推し進めた復原調査を重視する修理姿勢が戦後になって現場技術者に広く浸透するとともに、復元主義がより先鋭化されていったことを示すものであろう。戦前に見られた解体修理への批判的見方も、同誌を見る限り、戦後には全く影を潜めている。

保存修理では原則的に「復原」を行うべきという当時の修理技術者の認識について、『古建築』の記事から一例をあげれば、「文化財の修理はその対象である建物を、これが造立された当初の姿態にもどし、形式を整える原則が守られている[51]」という加藤得二の記述がある。具体的な修理報告としても、たとえば祥雲寺観音堂修理の「今回の修理に際してはご多聞にもれず軸部について数々の復原が行われ、一応唐様仏殿として整備した[52]」という記述など、創建当初の姿をほぼ完全に再現した――つまり〈建築様式〉の統一的再現をした――ことを報告するものも散見される。

ただ一方では、戦前と同様、復原方針に懐疑的な意見も無いことはなかったが、その理由としてあげられていたのは、一〇〇パーセント正しい「復原」はあり得ないこと、後世改変部にも歴史的価値があることの二点であり、いずれも古社寺保存法の時代からあった批判パターンの繰り返しであった。復原の是非問題に関する議論は戦後になっても一向に深化されていなかったことがわかる。「近年の現状変更の特徴は建築の様式を一挙に復原してしまふことである。（中略）様式復原をもつて古建築修理の能事了れりとするの風潮、今日程甚しきはない[53]」という古西武彦の「復原」批判――古西は戦前から一貫して復元主義を批判していた――は、前記した加藤の「形式を整える原則」という修理原則への言及とともに、当時の修理では一般に当初の〈建築様式〉の統一的再現が目指されていたことをよく示している。

『古建築』をみると、建物の部分的な「復原」について、復原の根拠の不足から首脳部に受け入れられなかったことを悔やむ声が数多く掲載されている。それらの記述からは、逆に創建当初の姿を完全なかたちで再現しようとする当時の修理技術者の強い目的意識が十分うかがえるし、他面においては、復原方針をとりながらも、その復原の根拠の有無を重く見る当時の文部省の慎重な姿勢がよく示されている。

つまり、戦後の修理では復原方針が暗黙の了解となって推進されるようになるとともに、「復原」はより精緻化され、その学術的妥当性が強く求められるようになったのである。戦後の修理機構において修理方針を決定する文化財専門審議会第二分科会は、建築史家が大半を占めて復原推進派が優勢であったことは既述の通りである。この点、戦前のように復原批判者への対応から復原調査が技術的に向上したのとは状況が大分異なっていた。このことを勘案すれば、戦後において復原調査が一段と精緻化されていき、それとは裏腹に根拠不十分ならばあえて復原しないという措置がとられたのは、文部当局の修理関係者の倫理感に負うところが大きかったものと思われる。

たとえば太山寺仁王門（兵庫県）の修理では、解体に伴う調査の結果、室町中期の創建時には重層楼門であったが、後世の移築・改造により修理直前のように単層に改められたということが判明した。現場主任の河井正春が「楼門の復原も残念ながら文化財保護委員会に審議上程されず認め得られずに終わ」ったと述べているから、(54)修理工事着手時、現場の技術者は当初の重層楼門を再現したいと考えていたことがわかる。『古建築』掲載のその復原案（図5）は「上層柱の高さは金峯山寺楼門（康正二年）の高さに倣」うなど、確実な根拠がない部分を同時代・同形式の他の建物を参考にしながら作成されたものであったが、おそらく細部の根拠不足が当局に受け入れられなかったのであろう。また、太山寺本堂（愛媛県）の修理では、寛政時代の軒下支柱を撤去し、柱間装置や厨子など建物内部・外部にわたって嘉元三年の再建時の姿に戻されたが、明暦元年の改変による二重虹梁蟇股の妻飾りは復原されなかった。現場主任の清水栄四郎は「工事着手当時の一番先に目をつけたのは入母屋の妻飾の後世改変であって、この大現状変更を期待していた(55)」と述べているが、結局、この復原は「古材の断片もなく仕口も判明せず（中略）手がかりとなる資料が出」なかったため、文部省建造物課の伊藤久の容認するところとならなかったと述べられている(56)。清水によれば、建造物課の乾兼松は「同時代の建物が他にも沢山あるではないか、それらに倣って復原すればよい(57)」と、その判断に不服であったらしいが、伊藤は根拠のない「復原」をあくまで容認しなかったのである。ほかにも、祥雲寺観音堂の軒廻りの復原については「一応の試案を得たのですが、これは残念ながら当局の採るところとはならず」とある(58)し、二条城東南櫓の妻飾りの復原も「現状変更する程度の確実な根拠がなかった」ために実施されなかった(59)。

また、当時の工事監督は、現場で古材を再用することを強く指示していたが、これも「復原」の根拠に対する厳しい姿勢と同じく、当局の倫理感のあらわれであろう。たとえば佐藤登は「監督

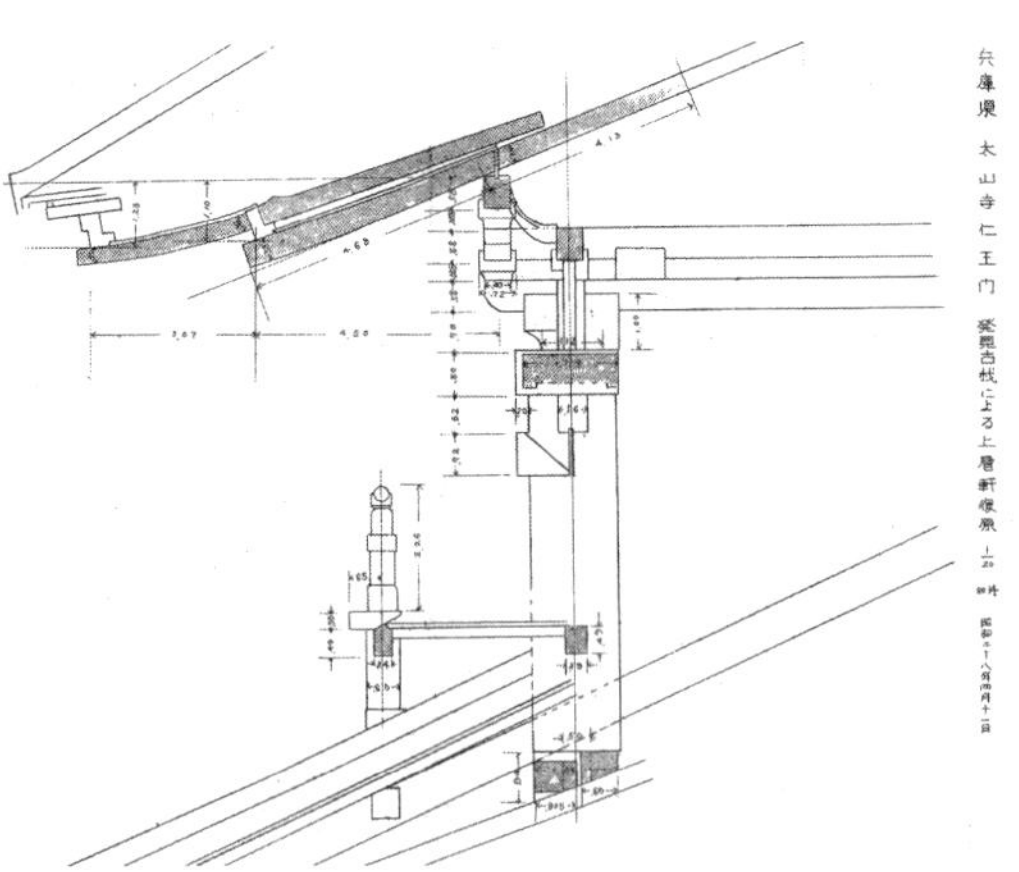

図5　太山寺仁王門　上層軒廻り詳細図（復原図）

からできるだけ古材を使えといわれ[60]」たというし、「古材再用ということがやかましくいわれる[61]」という無記名の記述もあった。「復原」を行うと、当然ながらその関連部材の多くを新材に取り替えざるを得ないから、古材再用という方針とは矛盾することになるが、それゆえに現場の技術者のなかにはその方針そのものに疑問を持つものもいたのである。以下のような発言には、そうした現場技術者の悩みがよく示されている。

「私は此の点で非常に疑問をもつているのであるが、後世修理に当初の形が変えられている建物が、修理の際に資料が出て来る。さうした場合、これによつて、すつかり復原してしまう。極端に言ふと、復原した此の部分は、一部に古材を使つた原寸模型と言ふ事になる。（中略）建物は根本修理したなら、同じ場所に立つていても、その建物は創建当初のまゝではないわけである。古材はだんだん少くなるのも仕方ないのぢやないか。[62]」

第六節　法隆寺伝法堂修理に示された大岡實の復元主義

国宝保存法時代の修理技術者たちに共有されていた復元主義の保存理念については、昭和一三年から一八年に行われた法隆寺東院伝法堂修理の過程で見られた計画案の大きな変更点を見ると、それが目指していた具体的な理想像やその思想的強度がよくわかる。伝法堂は法隆寺東院の講堂としての建物で、天平宝字五（七六一）年の「佛經幷資財條」（『東院資財帳』）に「奉納橘夫人宅者」と記載されており、昭和修理の際の学術調査によって、事実橘夫人の住宅建築の一部を移築したものであったことが確認された（口絵6）。その移築の時期は、橘夫人から資材が多く施入された天平一四〜一八（七四二〜七四六）年頃か、天平宝字三（七五九）年の橘夫人死後まもなくのことと考えられている。移築時すなわち伝法堂成立当初に桁行が五間から七間に拡張されて左右対称の平面になり、移築後は鎌倉・室町時代の修理で軒や軸部に手が加えられ、そのうち室町時代の修理では背面の屋根が二軒から一軒に変更された。次いで慶長一〇（一六〇五）年の修理では、軸部および軒の一部、屋根、造作のほか、補強のための貫も多く挿入され、さらに平面の一部が変更されるという大きな改造があった。

昭和修理は奈良時代に現地へ移築された伝法堂の成立当初の姿に復原したものであり、修理着手時の担当者は工事事務所長・古宇田實、工事監督・大瀧正雄であったが、両者は昭和一六年六月の伝法堂修理の着工と時をほぼ同じくしてこの工事を離れることとなり、それ以降は所長・岸熊吉、監督・浅野清の体制で行われた[63]。また、昭和一五年まで文部省嘱託であった大岡實は、伝法堂修理の着手とほぼ同時期の昭和一四年に金堂壁画保存事業の担当者（「法隆寺係」）となってこの事業に参画するようになり、次いで阪谷急逝に伴って昭和一五年一二月に文部技師に就任している[64]。大岡の計らいにより工事着手から着工まで浅野は調査に専念し、大岡がそれを批判勧奨する立場となった[65]。以下に示すように、この修理は、本章三節において言及した大岡の保存理念を如実に映し出した修理事例であり、かつ国宝保存法の時代を象徴する重要な修理であったと考えられる。

この修理の着工前における計画の概要を知る資料として、大岡の残した資料群（大岡資料）に二つの異なる修理設計書が残されている。すなわち、

（一）「法隆寺東院舎利殿絵殿及伝法堂修理実施設計予算書」（昭和一五年一二月）

(二)「法隆寺東院舎利殿絵殿及伝法堂修理実施設計書」（昭和一五年一一月）

であり、以下では便宜上それぞれを「第一設計書」、「第二設計書」と表記する。[66] 両設計書には取替材明細書（部位、寸法、数量、費用等が記載される）が添付されているので、その作成時における計画をかなり具体的に知ることができる。第一設計書は、表題に「実施設計予算書」とあることからも、直ちに実施するつもりで作成されたものとは思われないが、後述するようにこれは工事着手前の工事事務所の意向をよく示すものであったと考えられる。なお、実施された修理内容については、刊行された修理工事報告書のほかに「法隆寺東院舎利殿絵殿及伝法堂修理工事精算報告書」（以下「精算報告書」）[67] によって、かなり詳細に知ることができる。

第一設計書と第二設計書を比較すると、左記のような相違点が見られるから、昭和一五年二月から一一月の間に修理計画の大きな変更があったことがわかる。

その変更内容を詳しく述べる前に、実施されたこの修理の「現状変更」を列記しておくと（図6）、

一、内部仏壇及後補間仕切の一部（内陣両側壁及内陣後方五間の内両端各一間の壁）を撤去し、仏壇下並に東側後方三間の土間なるを床板張になさんとす

二、後補貫を撤去し、扉、窓、床の構造及内法長押、腰長押の制を復し、外廻り柱間装置を左の如く復せんとす

位置	現状	変更後の装置
正面西端の間	板扉	壁
正面西より第二の間	板扉	連子窓

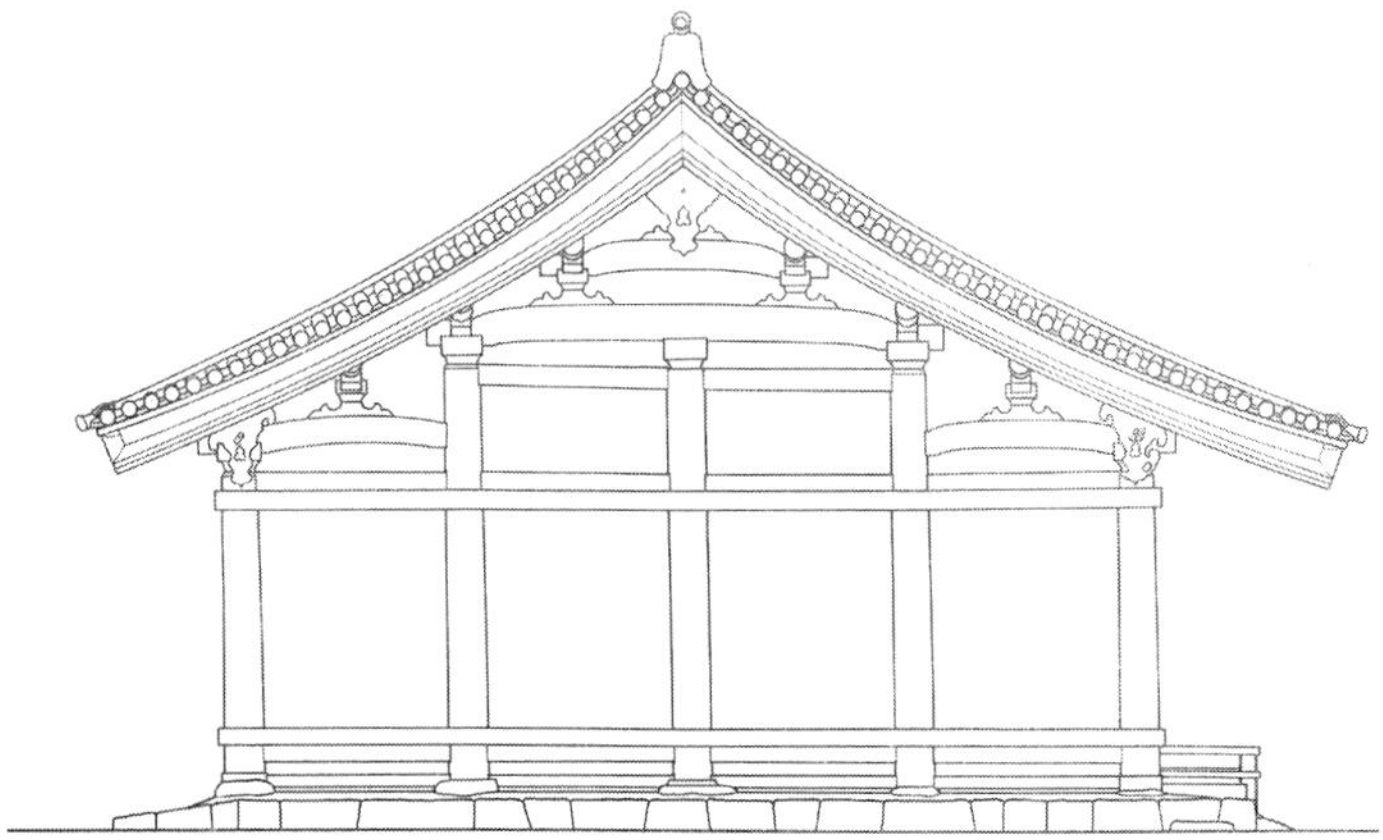

第一七五圖　修理前西側面圖

西側立面図（修理前）

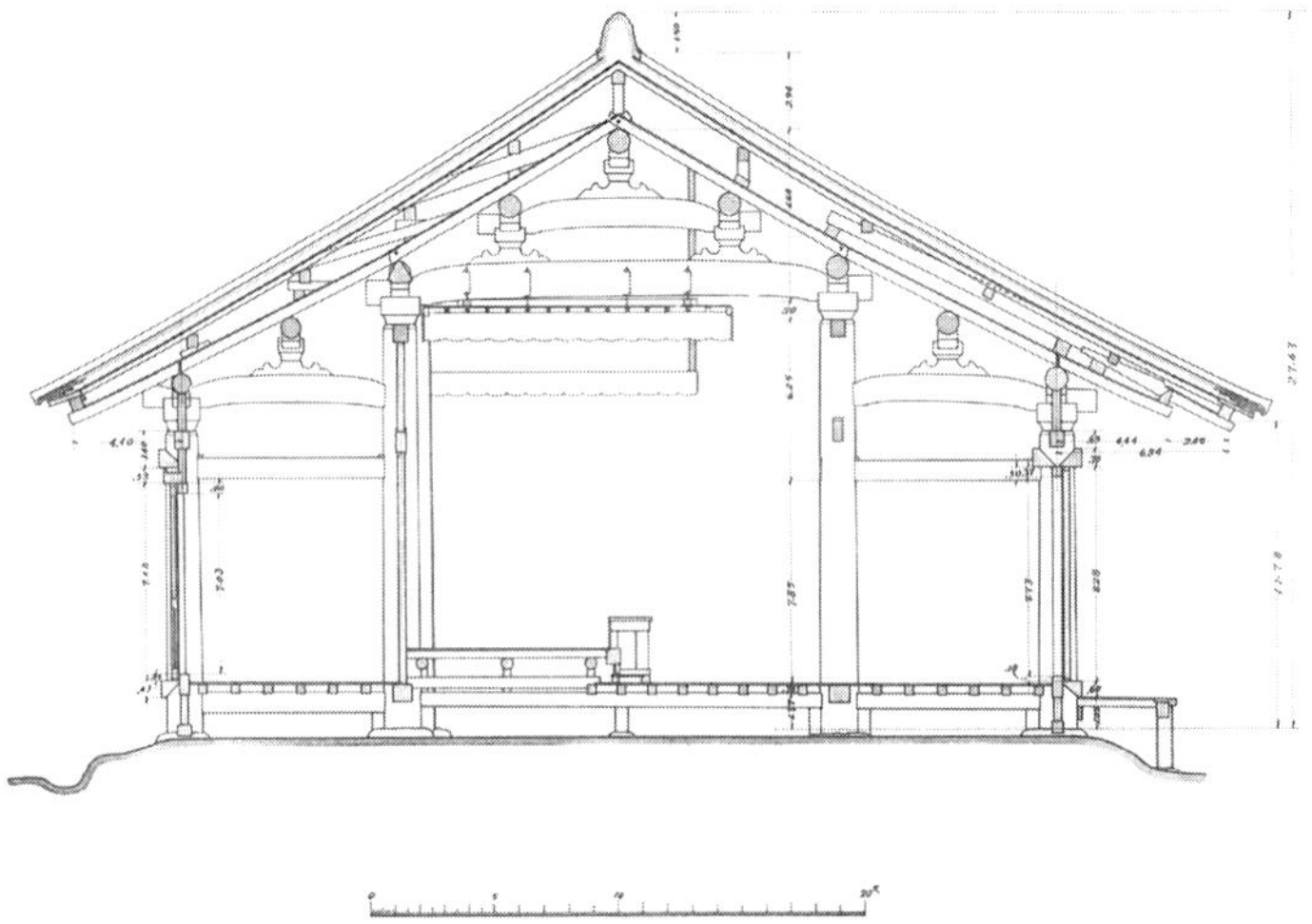

第一七八圖　修理前縦斷面圖

断面図（修理前）

図6　法隆寺東院伝法堂　西側立面図・断面図（修理前・修理後）

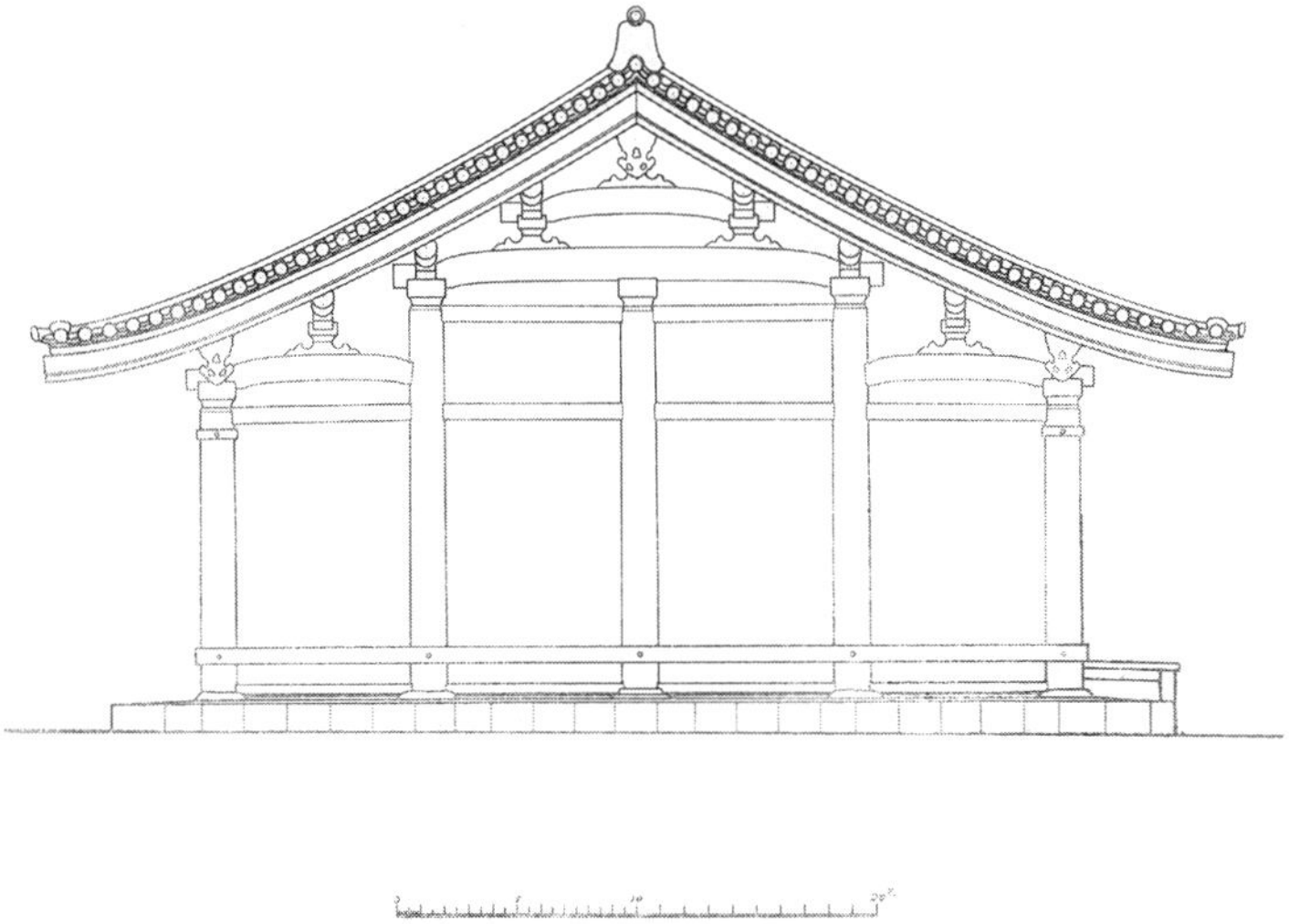

西側立面図（修理後）

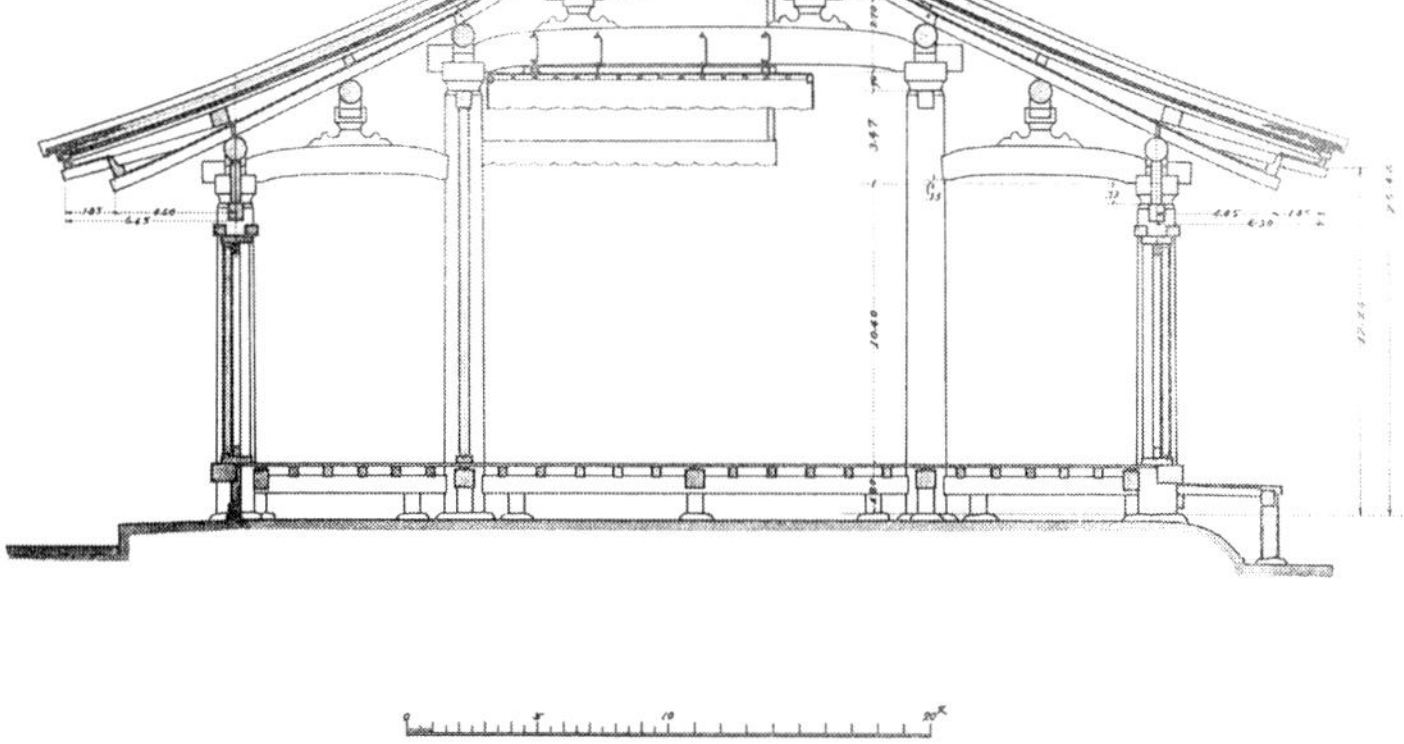

第一六七圖　竣功縱斷面圖

断面図（修理後）

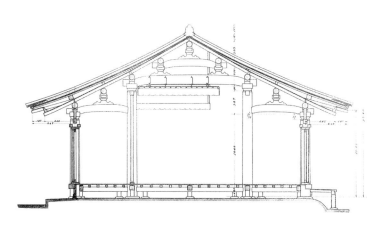

背面東端の間　　　　　　板扉　　壁

三、背面の一軒なるを二軒とし、飛檐榧を奈良時代に復し、且破風懸魚及小屋構造を改めんとす

となり[68]、いずれも伝法堂創立当初への復原に関するものであったことは修理工事報告書に記された復原考察からも知られる。両設計書の相違点は、第二設計書ではこれらの現状変更を行うことになっているのに対し、第一設計書では逆に全く行わないことになっていたという点である。第二設計書の取替材明細書には「現状変更ニヨリ増」の「○」印と「現状変更ニヨリ不用」の「×」印によって第一設計書からの変更点が明示されており、印のある部材に着目すると、右記の現状変更の全ての項目に関連している。まず、現状変更の第一項について第二設計書を見ると、第一設計書にあった「仏壇板」の記載がなくなっているし、「床板」も六四尺増加していることから、第一設計書では仏壇の撤去、各所の床板張りの復原を行わない予定であったとわかる。現状変更の第二項については、第一設計書にあった「内陣内法貫」と「虹梁繋貫」が不要となっているし、「内法長押」は一九尺一本のみであったが一四三尺に増加している。さらに第二設計書では内法長押の台形であった断面を矩形に復原しており、二〇八尺分の古材を再加工することも指示されているから、これらを合わせて全ての内法長押を取り替えることにしたのであろう。また、外廻り柱間装置も、第一設計書にあった「背面東端間扉召合セ」――修理ではこの戸口を撤去復原した――を含む戸口・窓の部材が全て不要となり、かわって敷居、辺付、方立等開口部廻りの部材一式が増加されている。現状変更の第三項については、屋根にかかわる取替材をまとめた表4に示したように、「飛檐垂木」は一五本のみであったが、この本数では背面が一軒であったものを二軒に「復原」できず、これが一五六本に一挙に増加された第二設計書において背面二軒が「復原」されることになったとわかる。また、

表4　法隆寺東院伝法堂昭和修理における屋根にかかわる主な取替材

部材名称	第一設計書（昭和15年2月作成）			第二設計書（昭和15年11月作成）			精算報告書（昭和18年4月作成）		
	長サ	寸法	員数	長サ	寸法	員数	長サ	寸法	員数
桁	18.5	0.90八角	3	18.5	圣0.90八角	8	18.5	圣0.90	8
	14.0	0.90八角	17	14.0	圣0.90八角	22	14.0	圣0.90	25
	4.0	0.90八角	9	4.0	0.90八角	7	4.0	圣0.90	9
地垂木	15.0	0.44×0.38	50	15.0	0.50×0.40	90	15.0	0.40×0.45	116
	12.0	0.44×0.38	35	12.0	0.50×0.40	60	12.0	0.40×0.45	26
飛檐垂木	6.0	0.45×0.40	15	7.5	0.50×0.40	156	7.5	0.50×0.40	169
茅負	16.0	0.58×0.53	3	17.0	0.54×0.54	6	17.0	0.38×0.38	12
木負	記載なし			17.0	0.68×0.54	12	17.0	0.48×0.83	12
平裏甲	12.0	0.90×0.22	15	記載なし			17.0	0.60×0.55	4
							17.0	0.30×0.55	8
破風	記載なし			14.0	1.50×0.35	4	14.0	1.50×0.35	4
				18.0	1.80×0.35	4	10.0	1.80×0.35	4
懸魚	4.0	3.00×0.33	1	3.0	2.00×0.35	6	3.0	2.00×0.35	6
妻裏甲	記載なし			記載なし			14.0	1.40×0.55	4
							18.0	1.40×0.55	4
野垂木	13.0	0.30×0.25	146	記載なし			14.0	0.20×0.30	140
	7.0	0.30×0.25	70						
	12.0	0.30×0.25	146						
母屋桁	13.0	0.50×0.40	50	記載なし			記載なし		
野棟木	13.0	0.50×0.40	6	記載なし			記載なし		
桔木	36.00	末口圣45尺	15	記載なし			記載なし		
	28.00	末口圣45尺	11						

※「第一設計書」は「法隆寺東院舎利殿絵殿及伝法堂修理実施設計予算書」(大岡資料6-11-31-6)、「第二設計書」は「法隆寺東院舎利殿絵殿及伝法堂修理実施設計書」(同6-11-31-9)、「精算報告書」は「国宝建造物法隆寺東院舎利殿絵殿及伝法堂修理工事精算報告書」(同6-11-31-14) をさす。

「破風」は第一設計書には記載がなかったが一四尺と一八尺の部材（あわせると総長を上回る）各四本を取り替えることに変更され、さらに「懸魚」も一本のみであったものを六本に増加しており、それぞれ全ての部材の取り替えがそこで指示されていることがわかる。

　こうした修理計画の大変更は、次に述べる当時の法隆寺国宝保存協議会（以下「協議会」とも略記する）における議論を考え合わせると、法隆寺国宝保存事業部（以下「事業部」とも略記する）において、工事事務所の「現状変更」を行わない原案が破却され、それにかわって大岡實らが提案した全面的に復原するという案の実施が決定されたことによるものであったことがわかる。

上記の現状変更案が可決されたのは、昭和一五年一一月の第二設計書作成に先立つ同年一〇月二五日の法隆寺国宝保存協議会においてであった。この協議会では工事事務所長・古宇田實、工事監督・大瀧正雄がともに修理計画の変更に強く反対しているから、現状変更を行わない第一設計書が、工事事務所の意向を反映したものであったことは明らかである。この協議会の議事録（前掲）によれば、古宇田は以下のように主張していた。

「伝法堂ノ現状変更ニ付テ事業部ヨリ提案サレタガ事務所トシテハ天平時代ニ復スルコトハ疑問トスル（中略）伝法堂ハ復原資料ガ整ツテ居ルカラ復原スベキモノカ御教示願ヒタイ 完備ニ近イモノデモ復原シナイ方ガ良イト思フ資料ガ不備ノ点聊カデモアル場合尚更デアル 疑問ヲ後世ニ委セ 国宝ノ変遷、歴史ヲ尊重シタイ」(69)

つまり、古宇田は復原資料の不完全、および建物の「歴史」の尊重をあげ、「復原」行為自体を否定する見解を示していた（資料編「資料3」）。これに近い復原批判はすでに古社寺保存法時代にもあったことが知られており、古宇田は従前の議論をここで繰り返したに過ぎなかった。また、この協議会において古宇田と同じく復原案に反対していた大瀧は、本章四節で見た通り、この時期の『清交』誌上に「復原」に対する批判的な考え方を表明していた技術者であった。古宇田は「今迄モ美シイモノトシテ見テ来テ居ル 浅野君ノ資料ハ尊イガ屋根小屋組ヲ変ヘル程醜イモノデアルトモ思ハレナイ建物ノ歴史カラ尊重シタイ」と、とりわけ屋根の復原に反対しつつ、大瀧の「二軒ニ変ヘル為ニ破風懸魚ニ迄及ビ然モ其ノ資料タルヤ全然ナイ重大ノ問題ト考ヘル」という意見に賛同している。つまり、この協議会において古宇田や大瀧が難色を示したのは、屋根を全体的に復原することについてであり、彼らは破風や懸魚の復原資料の不備をあげてこれに反対していたのである。
これに対しこの協議会のなかで復原案を強く主張していたのは、文部省嘱託としてこの事業に参画していた大岡實であった。伊東忠太、天沼俊一、荻野仲三郎らがここで大岡の意見に賛同している。大岡は、この協議会に先立つ同年九月、復原案についての意見書『伝法堂現状変更ニ関スル大岡嘱託ノ意見』（大岡資料）を事業部長代理・青戸精一に提出しており（資料編「資料4」）、それを見ると、当初の技術を用いて創建時の建築意匠の再現をめざすという大岡の保存理念が明瞭に理解できる。この意見書のなかで大岡は、国宝建造物の価値を「材料」、「形式」、「建物の歴史」の三点によって捉え、一方で「建物の歴史」を尊重するという古宇田の見解にも一理あることを認めつつも、この修理では伝法堂の歴史的建築としての価値に鑑みて、特に当初の「形式」の再現を優先すべきことを主張している。ここで大岡のいう「形式」の意味内容は、「保存」すべきものとして列記された以下の各項目に示されている。

「現状変更ニ依リ始メテ保存セラル、特徴
（一）奈良時代ノ講堂ノ平面ヲ完全ニ残ス唯一ノ実例トナル
（二）扉構ヘ窓等ノ奈良時代形式手法ヲ示ス稀有ノ実例トナル
（三）奈良時代ノ佛殿建築ニ床構造ヲ有スル唯一ノ実例トナルト同時ニ当時ノ床ト軸部トノ構造法ヲ保存シ床構造発達史上ノ空間ヲ充ス貴重ナル遺構トナル（床板ヲ従来ノモノヲ用ヒ一部ニ復原的形式ヲ残スモ可）
（四）奈良時代飛檐棰ノ形式ヲ残ス稀有ノ実例トナル
（五）建物本来ノ整備ヲ全ウスルト共ニ今後ノ保存条件ニモ有利トナル」

（『伝法堂現状変更ニ関スル大岡嘱託ノ意見』大岡資料6-11-31-3）

ここで著しく目立つのは当初の建築技術に関するものが多いことで、とりわけ（三）と（四）は奈良時代の技術に深く関係しており、第二設計書、および修理工事の実施内容を仔細に検討すると、実際にこの修理でこれら二点が重視されていたことを見てとれる。まず、（三）は「床ト軸部トノ構造法」に関するものであり、床組は慶長修理で大きく改変されていたが、それ以前の、柱に添わせた束とその上の大引によって床板を支える奈良時代の床構造のことである。この構造によれば根太が用いられないので、必然的に厚三寸程もある当初の床板を再現することになるが、それは工費の点からも困難であったものと思われ、第二設計書でも厚一寸の床板を根太を用いて支える方法がとられているものの、実際の修理で「一部（西北隅一間分）」にこれを再現していることは注目される。[70]また、（四）は「奈良時代飛檐榧ノ形式」に関するもので、桔木を用いない当初の構造では飛檐垂木はあくまで軒を支える構造材であり、このため木負内側の見え隠れの部分が長くなる。[71]後世の修理によって桔木が挿入されるとともに飛檐垂木先端が切縮められて、木負からの出を増していたのだが、第二設計書では飛檐垂木六尺を七尺五寸に変更している。これはこの材の構造的意味までも復原するためであったと見てよいであろう。実際、第二設計書には桔木の記載がないし、修理工事報告書にも「飛檐榧は構造材をなす」ことを考慮して旧材を適当に間配って再用したことが記されている。つまり、この修理では竣工後は見えなくなってしまう見え隠れの技術的なものをあえて復原しているのである。さらに、上面に反りが少なく下面にやや反りがあるという奈良時代の飛檐垂木の形態もここで復原されている（図7）。

ところで、前掲の議事録を見ると、この復原案が協議会で容認された直接的な理由には、この直前に作成されていた国宝建造物維持修理要項の第二（二）ロの条文があったと考えられる。本章第二節に詳述したように、この要項は昭和一五年三月に作成されたものであり、そこには「復原」的現状変更を行う理由として「建造物ノ構造意匠又ハ形式手法ノ保存上特ニ復旧ノ必要アル場合」と記されていた。大岡は昭和一五年一〇月の協議会で「修理要項ニハ形式手法ノ保存上必要ナルトキノ一項ガアル 今回ハ之ニ依リ現状変更ヲ行フノデアル」と主張しており、事業部長代理・青戸もこの要項に言及しつつ「其ノ中デ建造物自体ノ保存上、構造意匠又形式手法ノ保存上特ニ復旧ノ必要アル場合ニ現状変更ヲ認メルトシテアル（中略）今回ノ現状変更ガ之ニ該当スルカドウカ研究シタガ正ニ之ニ当テ嵌マルノデ決定シタ」と述べている。したがって、この復原方針の決定には文部省保存課が事前に作成していた——その主な作成者は大岡その人であった——公文書の存在が少なからず作用していたと見られるのであり、さらにこれに関連して、大岡の伝法堂修理の意見

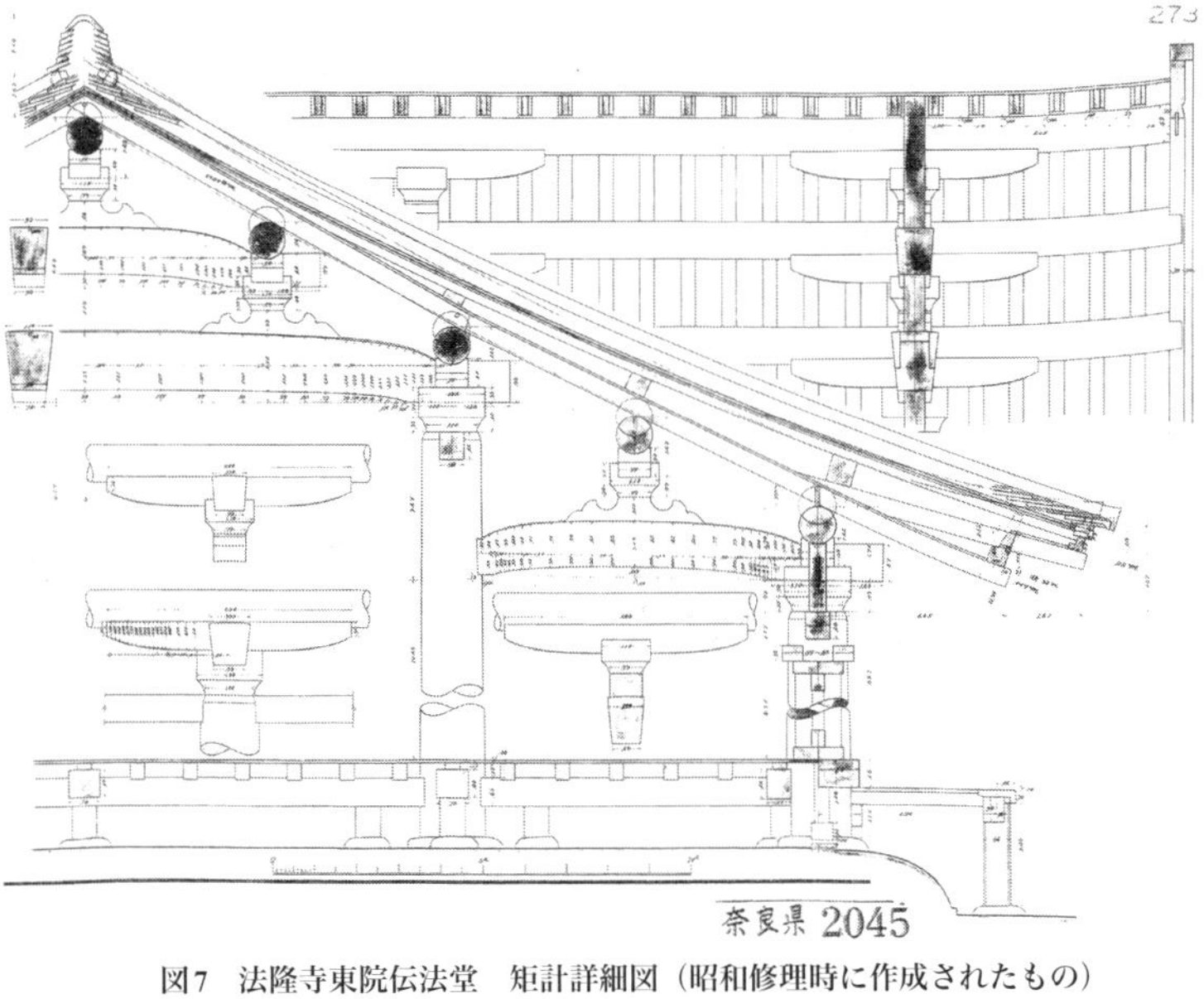

図7　法隆寺東院伝法堂　矩計詳細図（昭和修理時に作成されたもの）

は〈技術のオーセンティシティ〉を尊重する当時の保存課の意向――これも要項と同時期に作成されたものと見られる文書に示されていることは既述の通り――をよく示すものであったと見てよいであろう。

大岡はこの修理において伝法堂創立当初の建築意匠、とりわけ〈建築様式〉の統一的再現を目指していたと考えられる。「建物の歴史」（ここでは特に慶長修理の歴史的価値）の尊重を何よりも優先させる古宇田らの復原批判に対し、大岡はこの意見書のなかで次のように論駁している。

「此ノ場合（現状変更しない場合：引用者註）ハ現変ノ場合ト全ク正反対デ失ハル可キモノハ得ラレルモ貴重ナル奈良時代建築ノ美ハ遂ニ吾等カラ去ルノデアル（中略）現状其儘保存スルト云フコトハ建物ガ幾度カノ部分的修理ヲ経テ軸部モ漸ク弛緩シ柱モ種々ナル事情ニヨリ不同沈下ヲ生ジタ時（慶長頃）ニ於テ建物ヲ解体組直スコトナク其ノ儘適当ニ補強材トシテノ貫ヲ設ケ之ニ準拠シテ窓、戸口等ヲ改造シタモノデアルカラ今回ノ如ク根本的修理ヲナス必要ニ迫ラレテヰル場合シカモ猶ホ柱ノ不同沈下建物ノ傾倚弛緩等ヲ其ノ儘ニ修理スルコトトナリ然モ腐朽破損材ハ取替ナケレバナラナイト云フ訳デ建築的ニハ殆ド其ノ何ヲ意味スルカ詳ラナイ（中略）以上有スル点ヲ総合的ニ考察スルトキ伝法堂ヲ解体修理スル際前述ノ如キ幾多ノ貴重ナル資料ヲ得タル結果ハ例ヘ破風懸魚ヲ新作シ歴史的価値トモ見ラレル慶長ノモノヲ除去スルトモ現状変更スルコトニ依リ復原保存ノ完全ヲ計ルベキモノデハナカラウカ或ハ以上何レノ場合モ之等ノ資料ハ模型、記録、資料トナル可キ部材ノ保存等ニヨリ保存スレバ良ク変更ヲ出来得ル限リ避ル可シトノ主張アランモソハ全ク建築的組成ノ実体ニ対スル了解ヲ欠ク一方的議論デアツテ然モ之等ノ方法ハ何レモ二次的保存方法デアツテ先ヅ第一ニハ伝法堂其ノ物ノ内容ヲ如何ニ多分ニ且ツ有意義ニ保存シ得ルカヲ考究ノ上最善ノ道ヲ選ブ可キデアラウ其ノ結果ハ此ノ際発見研究サレタ資料ニ依リ伝法堂ヲ東院創建当時ノ姿態ニ帰シ伝法堂現在ノモノガ持ツ本来ノ価値ヲ充分表現発揚セシメルコトニアルト思考ス。」

（『伝法堂現状変更ニ関スル大岡嘱託ノ意見』大岡資料6–11–31–3）

このように大岡は、解体修理を行う以上、解体せずに貫の補加等をした慶長修理の跡を残すことは不合理であると述べ、古宇田らの意見を「建築的組成ノ実体ニ対スル了解ヲ欠ク一方的議論」と厳しく批判している。右の引用からも十分うかがえるように、大岡にとって重要だったのは「奈良時代建築ノ美」を再現することであり、それゆえにこの修理では、慶長修理の形跡を消去し、近世様式の不純物を取り除き、奈良時代の建築様式を統一的に復原することによって、当初の建築美を再現することを目指していたのである。

その方針は、大岡實が従前から主張していた保存理念を、実際の修理に適用したものにほかならなかった。大岡によるこの意見書は、この時代の修理に共有された復元主義を高らかに表明したマニフェストでもあったのである。右にみた伝法堂修理の経緯から感じられるのは、「保存」に対する大岡の強い使命感であり、また、この修理の関係者のなかの復原反対論者に対して周到に準備された論理武装によって、彼の保存理念が「復元主義」と呼ぶに相応しい一つの思想へと一段高められていたということである。そして、その大岡の思想的基盤は、解体現場における浅野清の詳細な学術調査によって裏打ちされたものであり、その高いレベルの学術的客観性なくしてこの復原案は首脳部に容認されるだけの説得力を持ち得なかったであろう。この修理は、まさしく昭和前半期における建築保存の概念を象徴的に体現していると考えられる。

＊

大岡の主張が反映された第二設計書では、前記した背面二軒の復原のみならず、創建後大きく改変されていた屋根を全体的に復原するという計画変更もあった（図7）。このことは、この修理における軒廻りの技術重視の方針を示すとともに、先述した同時代の修理一般の特徴と共通する点でもあった。

まず、両設計書における小屋組の取替材に着目すると（表3）、第一設計書には野棟木、野垂木、桔木等があるが、第二設計書にはそれらが全く記載されていない。修理工事報告書に「野極を打ち、野地板を張つたが、これは外形を復原したまでゞ、構造部分迄復原の意図を持つものではない」とあり、実際の修理では上記に反して、野屋根をつくりつつも（修理後に作成された精算報告書には野垂木の記載がある）、屋根勾配を含め当初の屋根の「外形」が再現されている[72]。その設計変更の理由は示されていないが、第二設計書の段階では、小屋組の構造を含めて屋根の形の復原を行う意向が示されていたものと考えられる。

また、第二設計書においては、破風の形態も復原されることになった。昭和一五年一〇月の協議会の議事録（前掲）によれば、古宇田は破風の復原資料がほとんどないことを問題視しており、これに対し大岡も「破風ノ五点ガ判ツテ居ル カーブ丈ケ判ラナイ」と述べていたが、実施された修理では、舎利殿絵殿修理での発見材などを参考に、上方に反りが少なく丸桁外で反りが大きくなるという破風の形態が再現されている[73]。後年の浅野の回顧録を見ると、この曲線を「大岡さんと二人で修正に修正を加えて決定した」ことが特筆されており[74]、建築美の再現という観点から彼らがこの復原にとりわけ意を注いでいたことがうかがえる。

さらに、この建物の軒廻りは慶長修理で大きな改変をうけていたが、第二設計書では、軒廻り部材の多くが取り替えられることになっている。第二設計書における木負取替材一七尺一二本は正背面の総長とほぼ同じ長さであるし、飛檐垂木の取替材一五六本は総数一九二本には満たないが、これは修理工事報告書の記述からわかるように、一部に中世材を再用したことによるものであった。茅負、木負の当初材が茅負断片を除いてほとんど発見されなかったため、この建物の軒反りは桁の当初材の反りをもとに推定復原せざるを得なかったが[75]、第二設計書ではこの桁の反りの復原を行う変更もあった。というのも、桁取替材には一四尺と一八尺五寸の材があるが、このうち後者はその長さから螻羽を含む両端のものと見られ、第二設計書でこの材の取り替えを三本から八本に変更している。両端の桁のうち三本は腐朽材で、五本は「形式不備」の中・近世材であるという修理工事報告書の記述を考え合わせれば、第二設計書で腐朽材のみならず、反りの異なる中・近世材を取り替えることにしたものと見られる。さらに、実施された修理工事では修理前の飛檐垂木引渡し勾配五寸程を二寸八分に変更し、木負居定勾配四寸程を三寸八分に変更しているが（図7）、これらの勾配は軒廻りの復原にもとづく当初の推定値とほぼ同じであるから[76]、当初の軒反りを再現するために軒の規矩までも復原していたことは明らかである。

第七節　小結

本章では、国宝保存法時代の修理技術者たちの「保存」についての考え方や「修理」観に焦点を当てつつ、この時代の修理工事を全般的に検討して以下のことを明らかにした。

昭和四年の国宝保存法の制定に伴い、担当部局である文部省宗教局の保存課の人員が拡充されることとなったが、当時の保存課は、文部技師一名以下、主に大正末以降に勤務しはじめる若い技術者により構成されていた。

彼らが当時の多くの修理で工事監督を務めていたことや、修理の実務的な執行方式が明文化された「国宝建造物維持修理要項」（昭和一五年三月）の記載内容などから、当時の修理工事は総じて保存課の直接的な指揮下にあったと考えてよい。保存課の技術者の重要な役割の一つは現状変更調査、すなわち解体に伴う復原調査であり、彼らは全国の修理工事現場で復原調査を精力的に指導していたが、その背景には国宝保存会のなかの「復原」批判があったと考えられる。また、新制度の導入に際しては「現状変更」という用語を定義付ける必要性もあったが、上記の要項とともに保存課が作成したと見られる「現状変更」の内容に関する内部文書には、見え隠れの技術的なものの変更も「現状変更」の範疇に含まれると明記されており、そこに彼らの〈技術のオーセンティシティ〉尊重の姿勢が示されている。

行政的手続きを経た「現状変更」の全項目がわかるこの時代の修理六五件のうち、何らかの「復原」的現状変更を行ったものが六三件も見られることからも、この時代の修理を大局的に見れば、一般に復原方針がとられたと言える。とりわけ後世改変されることが多い古建築の屋根は創建当初の状態を完全には知りえないことが多いにもかかわらず、軒廻りの技術を含めて屋根の形を全体的に復原した修理が数多く見られた。このことは、当時の修理担当者がその再現を重視していたことを示している。この時代の文部技師であった阪谷と大岡は、建築の外観意匠の観点から屋根の形態を重視し、その再現のための技術にも強い関心を示していたから、当時のこうした復原方針は、創建当初の建築意匠を当初の技術を用いて再現しようとする彼らの復元主義理念を反映したものであったと考えられる。

現場常駐の修理技術者たちの同業者組織・忍冬会の機関誌『清交』を見ると、当時の技術者の間では創建当初の形の「復原」を当然とする見方が支配的であったことがわかり、上述のような文部省の保存理念は省内の技術者のみならず、現場の技術者にも広く共有されていたことがうかがえる。ただし、なかにはそうした復元主義を批判するものもあり、また、解体修理という近代的修理方法をも批判的に捉えるものがいたことは注目される。昭和二〇～三〇年代の同会の機関誌『古建築』を見ると、戦後の世代交代により技術者の陣容が大分変化していたにもかかわらず、戦前の「修理」観は継承されており、とりわけ戦後の技術者は、創建当初の姿を完全なかたちで再現しようとする強い目的意識を持っていたことがうかがえる。したがって、戦前に文部省保存課が積極的に推し進めていた復原調査を重視する修理姿勢は戦後になって現場に浸透していたと言える。

こうした当時の修理技術者の保存理念は、法隆寺東院伝法堂修理（昭和一三～一八年）の方針策定の過程で見られた計画変更に、きわめて明瞭に示されている。昭和一五年一〇月、法隆寺国宝保存工事事務所長・古宇田實らによる現状変更を全く行わない原案が破却され、大岡らの提案による復原案が実施されることになった。「建物の歴史」を尊重する立場からの古宇田らの反対意見に対して大岡は、奈良時代の技術（床構造や飛檐垂木の構造的意味など）を復原し、慶長修理の形跡を取り除き、創建当初（伝法堂成立時）の建築の意匠、とりわけ〈建築様式〉を統一的に復原して当初の建築美を再現することを強く主張していた。こうした大岡の主張には〈技術のオーセンティシティ〉を尊重しつつ創建当初の意匠を再現しようとする復元主義の保存理念が表明されていた。この復原案が容認された背後には、大岡らによって作成された前記「国宝建造物維持修理要項」の中の「現状変更」の概念規定があり、この文書がこの修理で復原を行う有力な根拠となっていた。

註

1　浅野清「古代建築の修理改造のあり方の歴史的考察」(『橿原考古学研究所論集　第五』吉川弘文館、一九七九、三二七-三四〇頁)など。

2　『清交』については鈴木嘉吉「法隆寺修理」(『近代日本建築学発達史』丸善、一九七二、一七七一頁)など既往の論考にも言及されているが、同誌を用いて修理技術者の保存修理に対する認識について考察したものは見られない。

3　大岡實「国宝保存法の時代」(『普請研究』二四号、一九八八、五三-五四頁)など。

4　「文部部内臨時職員設置制中ヲ改正ス」『公文類聚』国立公文書館蔵資料、2A-012-00・類01667100

5　伊藤久「文化財保存事業の回顧Ⅰ」(『古建築』昭和四三年四月号、一一頁)、服部勝吉「阪谷良之進先生」(『協会通信』昭和六一年一〇月号、九-一〇頁)など。

6　『国宝保存総規・重要美術品等保存総規』国立公文書館蔵、3A-032-07・昭59文部02534100

7　内訳は解体修理二〇一件、半解体修理三件、屋根葺替修理五九件である。ただし、同書に当時の全ての修理が掲載されているわけではないことは『清交』掲載の現場一覧などからわかる。

8　内訳は大瀧一六件、岡一四件、服部九件、大岡七件、乾六件、高端四件、上田三件、伊藤二件、森一件、澤島一件となる(昭和八年五月から昭和一四年七月まで技師不在であった滋賀県の修理工事を含める)。なお、同書の工事監督欄に保存課の技術者の氏名が記されていない修理でも、『清交』掲載記事などから実際には彼らが修理を指揮・指導していたことがうかがえるものも散見される。

9　「文部部内臨時職員設置制中ヲ改正ス」『公文類聚』国立公文書館蔵資料、2A-012-00・類01667100

10　ただし、大岡實「国宝保存法の時代」(前掲、一二-一四頁)によれば、実際はこの時期に嘱託であった関野貞が指定業務をほとんど一人で行っていたようである。

11　国宝保存会の構成員は『文化財保護の歩み』(大蔵省印刷局、一九六〇、四九頁)に掲載されている。詳しくは序論三節参照。

12　伊藤久は次のようにいう。「坂谷さんは説明におりこみましたね、ここに藁をもつかむようなへんな資料までおかんで傍証固めをしましたね、今日資料にならないのをしませんが、あの当時は文学者（黒板ら歴史学者のこと：引用者註）に判るような説明文をつくるために非常なテクニックで勉強したものです。」（「文化財保存事業の回顧Ⅰ」前掲、八頁）

13　『国宝保存総規・重要美術品等保存総規』国立公文書館蔵、3A-032-07・昭59文部02534100

14　文部省は翌月滋賀県知事宛に以下のような回答をしている。「一、建造物ニアリテハ現状ノ通修理ヲ行フニ於テハ出願ノ要ナシ、宝物類ニアリテハ物件ヲ構成セル材料ノ一部ヲ同質タリトモ新材ニテ取替ヘ修理セントスルトキハ出願ノ要アリ　二、現状ノ通施工スルニ於テハ出願ノ要ナシ　三、出願ノ要ナシ　四、出願ノ要ナシ　五、御照会ノ如ク単ニ離脱シタル箇所ヲ復旧附着セシムル程度ノモノハ維持修理トシテ差支ナシ　但質疑中ノ『移動』トアルハ意義不明ニ付詳細御回報アリタシ」（『国宝保存総規・重要美術品等保存総規』前掲）。

15　『国宝建造物維持修理要項』（川崎市立日本民家園蔵大岡實博士文庫資料、6-11-21-7）、および『国宝等保存に係る法規類』（大岡資料6-11-5-3）所収。

16　「国宝建造物維持修理要項」『国宝等保存に係る法規類』大岡資料、6-11-5-3

17　法隆寺のほかにも四件（聖神社本殿、金剛寺鐘楼、唐招提寺礼堂、中島神社本殿）の修理で彩色の「復原」あるいは塗り直しを行ったことが報告書からわかる。なお、古色材料は墨、茶粉、煤、アンバー粉が多いが、ヤシャエキス、阿仙、油煙墨などを用いるものもあり、古色の成分や仕様は当時定まっていなかったことがうかがえる。

18　「日本における古建造物保存事業　関野貞先生の昭和四年国際工業会議提出報告原稿」『協会通信』一九八八年七月号、一五頁

19　『重要文化財建造物現状変更説明　1931-1949』（奈良文化財研究所、二〇一四）には、当時の国宝保存会にお

ける配布文書「現状変更説明」の多くが掲載されている。しかし、同書に掲載された現状変更案が国宝保存会で実際に認可されたかどうか（または保存会における修正等がなかったか否か）等については不明であり、また当該建造物の全ての現状変更が掲載されていないとも限らないため（一つの修理の現状変更案が数回に分けて審議されるケースもあった）、本書の考察対象には含めていない。なお、本書で現状変更を明らかにした六五件の修理工事のうち、一四件は同書に掲載されていないから、当時の全てが収録されているのではないことがわかる。

20　なお、残り二件は「建物ノ乾燥ヲ計ルタメ」地盤面を上げる現状変更のみしか行われなかった聖神社本殿と、「防火上考慮」した銅板葺への現状変更のみであった五社神社である。

21　ここで現状変更の各項目の文言は、主に「修理銘板」（修理工事報告書掲載）を用いている。修理工事で製作される銘板には「現状変更」全項目が記されている。

22　なお、現状変更を全く行わなかったことがわかる修理は、すべての修理工事のなかで九件しか確認できない。

23　「国宝建造物現状変更説明」『清交』昭和一七年一〇月号、一四五頁

24　『国宝建造物定光寺本堂維持修理報告書』国宝定光寺本堂修理事務所、一九三九、一八頁

25　見え隠れの「現状変更」としては、管見の限りでは国分寺三重塔修理に「各層小屋構造の変更」というものが一つあっただけである。

26　阪谷良之進「芝徳川霊廟附権現造について」『建築雑誌』昭和七年六月号、七三八頁

27　阪谷良之進「中尊寺願成就院の石塔」『寶雲』昭和七年八月号、三七頁

28　阪谷良之進「藤原時代の建築と佛像に就て」『恩賜京都博物館講演集　第四号』昭和三年、七頁

29　阪谷良之進「神社本殿の形式（2）」『史蹟名勝天然紀念物』昭和九年五月号、六頁

30　軒の規矩に対する阪谷の関心が高まる時期は、関係者の回顧から大正後期のことと思われる。たとえば河井幸七は、大正中期に阪谷が「軒については異状な興味をもつて」いたと述べているし（『清交』昭和一七年一一月号、一九七

頁）、服部勝吉は「規矩・木割というものを早やく教室におるときに阪谷さんから、注意を受けていた」と大正一〇年頃のことを回顧している（『協会通信』昭和六一年一〇月号、一二頁）。

31　阪谷良之進「藤原時代の建築と佛像に就て」（『恩賜京都博物館講演集　第四号』一九二八、一二頁）、および阪谷良之進「鳥居の話」『史蹟名勝天然紀念物』昭和一四年四月号、二六頁）。大岡の「古建築の柱の内轉び」（『建築史』昭和一四年三月号、三五-四一頁）とあわせて両者に共通する関心のありかをうかがえる。

32　大岡實『日本建築の意匠と技法』一九六一、中央公論美術出版、一七〇-一七一頁

33　大岡實「屋垂みついて」『建築史』昭和一六年一一月号、三八頁

34　『阪谷良之進遺著 朝鮮行』杉山信三編纂、一九八六、二七頁

35　拙著『建築史家・大岡實の建築――鉄筋コンクリート造による伝統表現の試み』（青柳憲昌・安田徹也編著、二〇一三、川崎市立日本民家園、六〇-六二頁）を参照されたい。

36　『清交』は、昭和一二年四月から昭和一八年一二月までにほぼ年四回、合計二六冊発行された。創刊号は自費出版で、発行部数は六〇部（第二号）であったが、その後、第九号で一〇〇部、第一九号で一六〇部と発行部数を拡大した。

37　阪谷精軒「清交の創刊に際して」『清交』昭和一二年四月、三頁

38　日名子元雄「忍冬会第三年を迎へるに際して」昭和一四年二月号、一三頁

39　昭和一三年には「現在全国に、国宝建造物の修理工事は、二十数ヶ所にわたつて施工され、その現場技術員も五十名を余る数に上る」（城西隠士「初秋放談」『清交』昭和一三年九月号、四一頁）とあり、昭和一四年四月号に掲載された同誌の発送名簿から全国一九ヶ所の修理現場事務所に勤めている五九名の技術者を確認することができる。

40　事業単位は『建造物要覧』（文化庁文化財保護部建造物課、一九九〇）に従い、この時代に継続的に行われた法隆寺と姫路城の大修理は除外して数えた。なおこの四六件のうち修理工事報告書が刊行されたのは一四件である。

41　竹原吉助「法隆寺金堂の修理に就て」昭和一三年四月号、三六頁

42　日名子元雄「つれづれ」『清交』昭和一三年四月号、二八頁
43　浅野清「法隆寺」『清交』昭和一三年九月号、二七頁
44　古西武彦「鑿の音」『清交』昭和一三年四月号、一六頁
45　大瀧正雄「姑息的修理」『清交』昭和一五年四月号、四五頁
46　大瀧正雄「修理にも色々あり」『清交』昭和一五年四月号、三九頁
47　神戸高工建築科実習生「法隆寺色彩所感」『清交』昭和一四年八月号、二三頁
48　大瀧正雄「塗色」『清交』昭和一八年二月号、一九-二〇頁
49　竹原吉助「法隆寺金堂の修理に就て」『清交』昭和一三年四月号、三五-三六頁
50　いうまでもなく戦前と同じく戦後の忍冬会も修理工事現場に常駐する修理技術者の同業者組織である。「忍冬会規約」(『古建築』昭和二七年二月号、六五頁)の「第四条 会員」の項には、「文化財保存に携わる技術者並に会の目的に賛成し、会費を納める人を会員とする」とある。試みに、『古建築』創刊号掲載の「忍冬会々員名簿」(六三-六五頁)を「国宝、重要文化財(建造物)修理現場一覧」(五九-六二頁)と照合すると、再結成時の会員七八名のうち少なくとも五七名が現場勤務の技術者であることがわかり、一方、通常現場常駐しない工事監督者の氏名は三名しか見られない。また、同誌昭和二七年一一月号掲載の統計報告(五九-六一頁)には、全国における「各現場の主任及助手」と「監督官庁や研究機関の建造物関係技官及技術員」の合計がおよそ一九〇名程度であることが記されており、同号掲載の会員名簿(六八-七三頁)に修理事務所勤務の技術者が一一九名確認できるから、この時点で少なくとも六割以上の修理技術者が入会していた。
51　加藤得二「先輩伊藤久氏の霊に捧げる」『古建築』昭和三八年四月号、二三頁
52　祥雲寺観音堂修理事務所「祥雲寺観音堂の扇垂木の調査」『古建築』昭和三一年七月号、一頁
53　古西生「現状変更と様式の復原」『古建築』昭和二九年五月号、二八-二九頁

54　河井正春「三間一戸の楼門に付いて（三）」『古建築』昭和二八年五月号、二〇頁
55　清水栄四郎「現場だより太山寺本堂」『古建築』昭和二九年二月号、二〇頁
56　清水栄四郎「私の知った古建築」『古建築』昭和四九年一月号、一〇頁
57　清水栄四郎「私の知った古建築」前掲、一〇頁
58　祥雲寺観音堂修理事務所「祥雲寺観音堂の扇垂木の調査」『古建築』昭和三二年七月号、一頁
59　後藤柴三郎「京都府下の修理のあらまし」『古建築』昭和二七年一一月号、九頁
60　「文化財建造物修理事業六一周年記念座談会」『古建築』昭和三四年九月号、一〇頁
61　無記名「修理技術問答」『古建築』昭和三一年一一月号、二五頁
62　無記名「文化財技術者の集い　文化財の修理と復原の問題　文化財保存技術者の身分について語る」『古建築』昭和二九年八月号、六-七頁
63　「故岸熊吉氏の略歴」（『古建築』昭和三六年六月号、一三頁）、浅野清『古寺解体』（学生社、一九六九、八五頁、一三六頁）。
64　『職員録』（法隆寺国宝保存事業部、一九四〇）、大岡實「国宝保存法の時代」（前掲、五一頁）。
65　浅野清『昭和修理を通して見た法隆寺建築の研究』中央公論美術出版、一九八三、二〇頁。
66　「法隆寺東院舎利殿絵殿及伝法堂修理実施設計予算書」（大岡資料6-11-31-6）、「法隆寺東院舎利殿絵殿及伝法堂修理実施設計書」（大岡資料6-11-31-9）。これらの設計書は、それぞれ昭和一五年二月と同年一一月に作成されたものと考えられる。第一設計書には日付がないが、昭和一五年二月の法隆寺国宝保存協議会（以下「協議会」）における配布資料「法隆寺国宝保存工事設計変更説明書」（大岡資料6-11-31-6）の中でこの設計書が「参考資料」として記されているから、この時までに作成されたものとわかる。昭和一四年七月に伝法堂の解体作業の完了後、この時までに協議会は開催されておらず、おそらくこの設計書は建物解体後程なくして工事事務所により作成されたものであろう。

また、第二設計書は、表紙に「昭和拾五年十一月」と日付があるので作成時期は明白である。
67　「法隆寺東院舎利殿絵殿及伝法堂修理工事精算報告書」大岡資料6-11-31-14
68　「国宝建造物現状変更説明」『清交』昭和一六年二月号、四四-四九頁
69　『法隆寺国宝保存協議会会議録　第一七・一八回』大岡資料6-11-34-32
70　『国宝建造物法隆寺東院舎利殿及絵殿並伝法堂修理工事報告』法隆寺国宝保存事業部、一九四三、八頁
71　浅野清『奈良時代建築の研究』中央公論美術出版、一九六九、四三二頁
72　後年浅野は、当初の伝法堂に野屋根的なものがあったことを示唆しつつ、「要所に土居をおき、その上に木舞の野地を別につくったものではなかったかと思われる」と述べている（『奈良時代建築の研究』前掲、四六八頁）。
73　『国宝建造物法隆寺東院舎利殿及絵殿並伝法堂修理工事報告』法隆寺国宝保存事業部、一九四三、四二頁
74　浅野清『古寺解体』学生社、一九六九、一三五頁
75　浅野清『法隆寺建築綜観――昭和修理を通じて見た法隆寺建築の研究』便利堂、一九五三、二九八-二九九頁
76　『国宝建造物法隆寺東院舎利殿及絵殿並伝法堂修理工事報告』法隆寺国宝保存事業部、一九四三、一一六頁

第二章　昭和初期における様式概念の変容と修理方針

――禅宗様（唐様）仏堂の復原修理を通して

第一節　緒言

日本近代に行われた文化財建造物の修理事業においては、建物の創建後に改変された部分を改変前の状態に戻す「復原」がしばしば行われたということは周知のことである。しかし、後世修理によって改変される以前の建物の形や姿が、完全に明らかになることはまずないと言ってよいから、「復原」とは、その考案者の主観による解釈を介在させることで初めて可能になるものであると言える。そうであるとすれば、「復原」は、その考案者が考える建物の〈建築様式〉とも無関係ではありえないだろう。修理の際に同一様式を持つ他の建物の細部意匠や技法を参照しつつ、〈建築様式〉の統一を企てることがよく行われるが、それなどもそのことを示す一つの証左である。[1] 当時の修理関係者は、明治中期以来体系化されてきた日本建築史学の知識にもとづく〈建築様式〉というフィルターを通して、修理される建物の意匠的特徴を理解していたのである。この観点から見れば、「復原修理」と「建築様式」の関係性は、日本近代の修理事業を見直す上での主要なテーマの一つとなり得る。

しかし、改めて考えてみれば、そもそも〈建築様式〉の概念は固定的なものではなく、時代と共に変化しうるものである。「復原修理」と「建築様式」の関係について再検討するのであれば、現代の様式概念ではなく同時代のそれとの関連において「復原」を捉え直す必要があるだろう。そこで、本章では「唐様《からよう》」という建築史上の一様式――現在の専門用語では「禅宗様」――を取り上げ、明治期から戦後にかけてこの様式を有する（と当時考えられた）建物の修理事例を悉皆的に収集して、それらを俯瞰したときに見られる修理方針と同時代の様式概念との関係について分析・考察する。日本建築史上の数ある建築様式のなかでもここで「唐様」に着目する理由は、この様式が各時代・各地方において総じて一様な形式を守ったものとされるので[2]、その様式概念を比較的明確に把握し得るのではないかと考えられたこと、および明治・大正・昭和戦前の各時代において、この様式を持つ建物の修理工事が少なくないことから、各時代の修理方針の推移を考察しやすいと考えたからである。

図1　円覚寺舎利殿（神奈川県／室町中期／大正13年修理）

よく知られているように、現在の「禅宗様」という用語は、昭和三〇（一九五五）年の太田博太郎による提唱[3]により、それまでの「唐様」という様式名が改称されたものであった。明治期以降、「唐様」の概念は中世五山建築の唯一の遺構と目されていた円覚寺舎利殿（図1）を基準として組み立てられてきたが、歴史学者・玉村竹二らによる昭和三五年頃の研究により、現存する舎利殿は永禄六（一五六三）年の同寺大火後に太平寺仏殿を移築したものであったと判明し、建設年代が大幅に下ることになったため、その概念的な再構築を迫られることになった。一方、昭和四〇年頃に始まる関口欣也の一連の中世禅宗様建築の研究、ことに円覚寺古図をもとにした五山仏殿の復原的研究により、舎利殿のように各部のスケールを縮小した方三間裳階付きの仏堂ではない、雄大で堂々とした五山仏殿の建築意匠が明らかにされた[4]。明治期以降における「唐様」のこうした概念的な変遷を見ると、様式概念が時代とともに変化するものであることがよくわかる。すなわち、近世のそれとは異なる近代の「唐様」概念が、当時最古と目された円覚寺舎利殿を基準に形成され、戦後になって「唐様」から「禅宗様」に言葉自体が変化したことと相前後して、その概念的な大変革が促進されたのである。そして本章で明らかにするように、戦後のその概念的変革は、すでに昭和戦前期の保存事業に胎動していたと考えられる。

「唐様」建築の研究は昭和初期から田邊泰や太田博太郎らによって先鞭がつけられていた。しかし、それ以前の明治・大正期において「唐様」はどのように捉えられていたのか、あるいは昭和期においてそれはどのように変化したのかを論じるものは既往の文献に見あたらない。それゆえ本章ではまず、日本建築史の通史書を中心に当時の文献三六件を収集・分析することで、「唐様」概念を構成する要素を抽出し、さらに昭和戦前期におけるその変化について論じる。

次に、諸種の資料を用いて工事内容の詳細がわかる「唐様」仏堂[5]の修理工事二〇件に着目し、そこで行われた「復原」を、「唐様」概念との関係において考察する。昭和四年の国宝保存法制定後は、いわゆる「現状変更」に際して作成される「現状変更説明」等の行政文書が今日に残されており、また修理工事報告書もこの頃から次第に刊行されるようになるので、工事の大要を知り得る修理事例は少なくない。しかし、古社寺保存法適用下にあった明治・大正期の修理は一般に不明な点が未だに多く、したがって、以下本章の論考は、従来ほとんど論じられることのなかった〈建築様式〉との関連から古社寺保存法時代の修理を読解しようとする試みの一つでもある。

第二節　「唐様」概念の構成要素と昭和初期における概念変容

表1は、明治期から昭和三五年までに刊行された日本建築史の通史書や「唐様」に関する概説・論考など、今回収集した三六件の文献の目録である。以下では、これらの文献を用いて、明治期以降の「唐様」の捉えられ方を明らかにする。なお、ここで資料刊行年の下限を昭和三五年としたのは、昭和三〇年に改称された「禅宗様」という用語が、建築史関係者の間に定着したのがこの頃であると見られることによる(6)。今回用いた通史書や概説書には「唐様」建築の通性とともに具体的な建物の解説文を付すものが多いが、ここでは専ら「唐様」の通性とされたものの記述に焦点をあてて分析する（もちろん個別の建物の解説文に「唐様」の通性を併記しているものも含める）。

なお、序論一節でも述べたように、本書では〈建築様式〉という概念を、建物各部の様式的特徴――各部の「形

表1　日本建築史の通史書等（1892～1960年刊）における「唐様」概念の構成要素

番号	文献	著者	刊行年	出版社	(1) 立面比例の高さ	(2) 曲線の多用	(3) 無彩色	(4) 軒の技法（規矩・架構）	
								軒下の整備感	尾垂木尻の構法
1	「日本佛寺建築沿革略」（『建築雑誌』所収）	石井敬吉	明治25～27	日本建築学会					
2	『日本帝国美術略史稿』	伊東忠太	明治34	農務省			●		
3	『稿本日本帝国美術略史』	伊東忠太	明治41	日本美術社		●	●		
4	「日本建築史」（『和洋改良大建築学　下』所収）	三橋四郎	明治41	大蔵書店	●		●		
5	「鎌倉建築」（『工業大辞書』所収）	伊東忠太	大正2	同文館	●		●		
6	『日本建築小史』	須藤眞金	大正11	雑草社			●		
7	『日本建築史』	佐藤佐	大正14	文翫堂		●	●		
8	『日本古建築史　第三冊　鎌倉之巻』	服部勝吉	大正15	田中平安堂		●	●	●	
9	『和洋　建築沿革史』	須藤眞金	昭和2	吉田工務所出版部					
10	『日本建築史要』	天沼俊一	昭和2	飛鳥園		●	●		
11	『日本建築史』	藤島亥治郎	昭和5	構成社書房	●				
12	「日本建築史」（『早稲田建築講義　II』所収）	田邊泰	昭和6	早稲田大学出版部	●		●		
13	『建築様式』	大岡實	昭和7	大日本工業学会			●		
14	『日本建築史』（『東洋芸術講座』所収）	岸田日出刀	昭和7	雄山閣	●		●		
15	『日本建築史』	天沼・藤原	昭和8	誠文堂			●		
16	『大日本建築全史』	佐藤佐	昭和8	文翫堂		●	●		
17	「日本建築に及ぼせる大陸建築の影響」（『岩波講座　日本歴史』所収）	関野貞	昭和9	岩波書店					●
18	「日本建築様式」（『高等建築学　第一巻』所収）	大岡實	昭和9	常磐書房			●		●
19	「中世の建築」（『岩波講座　日本歴史』所収）	服部勝吉	昭和9	岩波書店					●
20	『日本建築史概要』	佐藤佐	昭和10	淀屋書店					
21	「日本の仏教建築概説」（『仏教考古学講座　第6冊』所収）	塚本靖	昭和11～12	雄山閣			●		
22	「禅宗の寺院建築」（『仏教考古学講座　第6冊』所収）	田邊泰	昭和11～12	雄山閣	●		●	●	
23	『日本建築史講話』	関野貞	昭和12	岩波書店			●		
24	『日本建築史』（再刊『日本の建築』創元社）	足立康	昭和15	地人書館	●	●	●		
25	「建築史」（『新講大日本史　日本美術史下　第18巻』）	足立康	昭和15	雄山閣	●	●	●		
26	『日本建築の性格』	田辺泰	昭和17	相模書房	●				
27	『日本建築』	天沼俊一	昭和17	弘文堂			●		
28	『日本建築史』	福島郁穂	昭和17	鉄道時報局			●		
29	『日本の古建築』	太田静六	昭和18	寶雲舎	●		●		
30	『日本建築史序説』	太田博太郎	昭和22	彰国社	●			●	●
31	『日本古建築堤要』	天沼俊一	昭和23	河原書店		●	●		
32	『日本建築小史』	天沼俊一	昭和23	明窓書房			●		
33	「日本建築史」（『建築学大系4』所収）	太田博太郎他	昭和32	彰国社	●	●	●	●	
34	『建築講座・5　歴史』	渡辺保忠	昭和32	彰国社				●	
35	『日本の建築』	伊藤延男	昭和34	社会思想研究会				●	●
36	「禅宗様の伝来とその発展」（『世界建築全集2　日本II 中世』所収）	太田博太郎	昭和35	平凡社	●			●	●

※「文献」欄の文献は『世界建築全集1　日本I古代』（昭和36年、平凡社）掲載の「参考文献」を参照した。「唐様（禅宗様）」に関する記述のない文献を除き、かつ「唐様」建築に関する概説的論考を新たに加えた。
※「●」は各項目に関する記述が記されていることを示し、空欄はそれが明記されていないことを示す。ただし、「唐様」の通性として言及された記述のみを対象とし、個別の建物に対する記述は対象としていない。

態」よりも上位の「形式」の階層――が「様式紐帯」を介して建物全体の建築意匠に収斂される通性＝芸術的性格のことと捉えている。

今回収集した資料の中で「唐様」建築の通性を最初に記したのは伊東忠太である。伊東は明治末期から大正初期にかけて次のように述べている。

「当代の重要なる遺物には鎌倉の円覚寺に舎利殿あり。所謂から様に属するものにして、其の『プラン』、其の全体の諧調、其の細部の手法、悉く前代の和様と相反し、軽快洒脱の気韻あり。曲線の運用亦極めて自在にして、随所に絵様及び彫刻の適用を見る」

（伊東忠太『稿本日本帝国美術略史』、明治四一年、三一四頁）

『から様』禅刹は（中略）其状貌多くは秀然として高し、蓋し其内部は床に甃を布き、高き須彌壇を置き、恰も戸外に在るが如き性質を有するを以て、天井も亦高きを厭はず、為に建築全体複権衡をして寧ろ太だ高からしむ、絵様・彫刻その他斗栱の如きは往々太だ複雑なるも、全部素白にして色彩を施さざるを以て、其結果は極めて素朴なるが如くなり、平安朝和様殿堂の内外悉く色彩を以て蔽はれたると正に相反せり。」

（伊東忠太「鎌倉建築」『工業大辞書』所収、大正二年、八〇五頁）

前者の記述は、円覚寺舎利殿という個別の建物から「所謂から様」の通性を導き出しているが、後者のその関係は逆になっており、その変化からは概念形成の過程の一端がうかがえる。これらの記述において「唐様」の通性としてあげられているものは、以下の3点にまとめられる。
（1）建物のたちが高いこと（立面の比例感覚が高いこと）
（2）建物各部に曲線を多用すること
（3）無彩色
なお、これら以前の文献は、「唐様」の様式的特徴を示す細部に触れるのみで、この様式の芸術的性格について論じるものではなかった。伊東忠太は明治三四（一九〇一）年の『日本帝国美術略史稿』のなかで「其の組物に所謂唐様のものを用ゐたり。（中略）又拳鼻虹梁以下各所に単純なる絵様と彫刻とを適用するに至りたる」（一九七頁）のように、組物や細部意匠について言及しているが、それは前掲引用文中の「軽快洒脱の気韻あり」とか「其状貌多くは秀然として高し」のような、〈唐様〉という様式を包括的に捉えてその性格を論じたものではない。これはおそらく明治三〇年代において「唐様」の様式観が未完成であったことを示すのであろう。

表1に示したように、明治から戦後を通じて右記3点に言及する文献は多く、それ以外に「唐様」概念の構成要素となるものは、後述する昭和初期頃から出現する（4）の通性を除いて見出せないから、この3点をもって当時の「唐様」を形成する主な要素と見てよいと考えられる。たとえば以下のような記述はそれをよく示している。

「唐様は禅宗に伴つて伝来した同宗伽藍特有の様式である。木割概して細く、曲線の応用は盛なれども、色彩装飾は殆ど施さず、全体としては雄健にして洒脱の趣がある」

（足立康「建築史」『新講大日本史　日本美術史下第一八巻』昭和一五年、五七頁）

「その様式としてもっとも特徴的な点は次のようになる。その第一として、木割の細さが挙げられよう（中略）曲線の使用の多いこと、曲線の曲率の強いこと（中略）垂直的な感じをもっていることも、その特徴の一つで、和様のような横への広がり、水平的な感じは少い。」

（太田博太郎「日本建築史」『建築学大系　四』所収、昭和三二年、一九一－一九三頁）

以下に（1）～（3）に該当する記述について詳しく述べる。

（1）のたちの高さに言及する文献は一三件あった。たとえば岸田日出刀の「唐様禅刹の諸堂宇は、在来の和様の仏殿等に比しその立面が著しく高い」（表1の文献一四、一一五頁）という記述はその典型である。立面の比例《プロポーション》は、「柱は総べて円柱で一般に細く」（文献二二、二九頁）のような木割の細さにも関係することから、ここではそれを指摘する七件も含めている。これら一三件の文献には、高い立面比例を作り出す素因としての建築的特徴が必ずしも明示されていないが、それに関連するものを同じ文献に求めれば、瓦や石の四半敷により床を張らず、縁を付さないこと（一三件中九件）、貫を用いて、長押を用いないこと（五件）、屋根勾配が急であること（五件）などがあげられ、これらの諸点が「唐様」のたちの高さをつくり出すものと捉えられていたと考えられる。

（2）の曲線の多用に「唐様」の通性を見る文献は九件ある。とりわけ斗栱の形態に言及するものが多く（九件中九件）、肘木下端の曲線が円弧になること（五件）、尾垂木鼻が強く反り上がり、鎬《しのぎ》を付けること（八件）などに言及している。そのほか花頭窓（九件中七件）、海老虹梁（五件）、弓欄間（四件）など、細部意匠の曲線に言及するものも多い。たとえば、佐藤佐による「注意すべき事は夥しき曲線の運用である。即ち肘木、尾棰、窓、拳鼻、須彌壇、勾欄、礎、束等殆んど至る所に於て之を見受ける」（文献一六、二三〇頁）という記述はその典型的なものであり、「唐様」建築とは各部に曲線を多用するものである、という当時の通念をよく示している。

また、各部の曲線について注目されるのは、昭和初期になると明治・大正期にはあまり言及されなかった軒反りの曲線に言及するものが多くなることである。明治・大正期においては伊東忠太の「軒の反転は（中略）常に和様よりも急激なり」（文献五、八〇五頁）というのが管見の限り唯一の記述であったが、昭和期になると、服部勝吉が「軒はその隅に至つて鋭い感のする反転を持つ」（文献八、五五頁）と記し、藤島亥治郎も「軒反りは和様に比し曲率多く、華著」（文献一一、九五頁）と記しているように、合計八件の文献が軒反りの曲線に言及している。このことは「唐様」に曲線の多用を見るものの中でも、時代によってそれを見る建築部位が異なっていたことを示していると思われる。昭和初期において軒という建築部位が注視されるようになるのは、後述するようにこの時代の「唐様」概念において軒廻りの技法が重視されるようになることと無関係ではないであろう。

（3）の無彩色に言及する文献は二五件あり、さきの伊東の記述にも見られたように、平安時代の建築が極彩色であるのと対比して「唐様」の建築では色彩が用いられないと叙述されるのが常套の用法であった。具体例としては伊東忠太の「平安朝の仏堂は内外共に色彩を以て之を掩ひたり。（中略）『から様』禅刹は之に反して内外全く色彩を用いず」（文献五、八〇五頁）という記述などである。また、そのなかには禅宗の教義と関連付けながら無彩色を説明するものも多く、たとえば福島郁穂は「禅宗の建築はその教義から云つても簡潔で、且、質素なものであつたから、雑多な装飾は避け、素木造を好み（後略）」（文献二八、八〇頁）のように述べている。

右記の3点を踏まえつつ、当時の文献をみると「唐様」の建築意匠の全体的性格を「軽快洒脱」と表現するものが散見される。たとえば伊東忠太は前記のように「軽快洒脱の気韻あり」（前掲）と表現していたし、佐藤佐も同じく「軽快洒脱の趣がある」（文献七、八六頁）と述べている。また、さきに指摘したように木割の細さに言及するものも少なくないし（七件）、やや時代が下るが藤島亥治郎の『日本の建築』（昭和四一年、至文堂、一五四頁）の中では「建築の表現は複雑で、かつ華著」と記されている。このような「軽快洒脱」や「華著《きやしゃ》」という表現は、今日考えられている五山仏殿の雄大宏壮な印象とは齟齬するが、おそらくこれは明治期以降の「唐様」概念が方三間の円覚寺舎利殿を基準に組み立てられてきたことによるものである。実際、今回収集したほぼ全ての文献で円覚寺舎利殿が取り上げられており(7)、それも「全く唐様の典型的遺構」（文献八、二八四頁）とか「唐様建築中最も古く最も純粋のもの」（文献一一、九九頁）というように、その様式の典型性がさかんに強調されている。さらに、昭和二年の田邊泰の調査により、正福寺地蔵堂（口絵7）が「円覚寺舎利殿とは其の規模、意匠、構造乃至は細部手法に至るまで、殆んど其の軌を一にせる」ことが指摘され、しかもその建立は舎利殿よりもやや下りそれを「模せるもの」という学説が提示されたことで(8)、円覚寺舎利殿の有する（とされた）様式の典型性は一層説得力を増したものと考えられる。

右に述べたように、大局的に見れば、明治から戦後にかけての「唐様」概念は建築の形や色に限られていたといえる。しかし、昭和戦前期にはそれに変化が現れていた。すなわち、

（4）建築技法（規矩術・架構）が生み出す軒廻りの「整備感」

に言及するものが多くなるのである。これは、建築技術史的側面を含めて「唐様」が捉えられるようになったことの現れであると考えられる。具体的にそれを示すのは、詰組斗栱、扇垂木、尾垂木などに関する記述で、いずれも従前から言及されてきた唐様の建築部位ではあったが、左記のように、昭和初期になるとそれらの諸部材の相互関係や構法に技術史的意味を見出すようになる。こうした新たな見方の出現は、同時代の建築史界における建築技術史への関心の高まりと無関係ではないであろう。

しかし、昭和初期のこうした新しい見方に従って「唐様」の建築意匠上の評価に明瞭な変化が現れるようになるのは、今回調べた限りでは第二次世界大戦の直後からである。その典型的なものは太田博太郎の昭和二二年の『日本建築史序説』であり、そこでは次のように述べられている。

「詰組斗栱は、その重なり合ふ斗・肘木の整然たる配置と相俟つて、斗栱全体としての量的な美しさ、強さを持ち、ここに構架意匠の新境地を拓いた。内部の構架について見ると、海老虹梁の採用、尾棰尻の構架法、大虹梁大瓶束の新構造など、構造材の巧妙な処理により、新しい構成美を現して居り、天竺様の粗笨さに較べて、これはまことに整然とした巧みな建築である。」

（太田博太郎『日本建築史序説』昭和二二年、八四頁）

このように太田は「詰組斗栱」や「尾垂木尻の架構法」などをあげつつ、「唐様」を「整然とした巧みな建築」と評価している。また、伊藤延男も「要するに禅宗様は、一つ一つの部材は小さく、それを整然とつみ上げて、理知的な美しさをあらわす意匠」（文献三五、一〇八頁、傍点引用者、以下同じ）というように太田と近い見解を示しているし、渡辺保忠も「組物の群は（中略）量的な美しさを表現している。全体に天竺様よりも整理された感じである」（文献三四、一五八頁）と述べている。

こうした「整備感」を重んずる「唐様」観は、まず、詰組斗栱の配置法についての記述によく示されている。管見の限りその初出は大正一五（一九二六）年の服部勝吉による「唐様は又詰組を用ひる。（中略）自然軸部の上端軒裏のあたりに複雑した整備感をともなふ」（文献八、五三頁）という記述で、昭和期になると同様の記述が散見されるようになる。さらに、こうした見方は、同時代における唐様の技術史的研究を促進したと考えられる。その成果としては、たとえば伊藤要太郎「唐様建築の木割」があり、そこでは斗栱同士の間隔（アイタ）を基準とする唐様の平面計画法が解明されているし[9]、また大森健二「中世における斗栱組の発達」では、六枝掛の成立に関連して「禅宗様の整然とした斗栱組が、和様の外観をまとめるのに力を借した」[10]と考察されている。

規矩的に高度な技法を要する扇垂木についても、昭和期になると、大岡實の「振分けから数本目から次第に放射状になつてゐるものと（中略）隅だけ扇になつてゐるものもあつた」（文献一八、二六八頁）という指摘のように、垂木の配置法を論じるものが出てくる。注目されるのは、それまで「唐様」は総じて「支那宋朝の禅刹伽藍の直写」（伊東忠太の言）であったとされていたにもかかわらず、垂木を中央から放射状に配する総扇垂木を隅扇垂木よりも「整備」されたものと見て、後者から前者への技法上の変化に日本の工匠の創意を見るものが出てくることである。たとえば天沼俊一は、中国建築が隅扇垂木であることに言及しつつ、「当時の建築家が潜心考按の結果、中央から放射状に配列することを発明したのではあるまいか。中心からの扇椽は我国の創始であらう」[11]と主張しているし、また太田博太郎も「扇椽を一本一本勾配に応じてその断面を菱形につくり、組物も工作に大小のむらがなく整然としていて、これが中国建築そのままの模倣であるとはとうてい考えられない」（文献三三、一九四頁）

と、扇垂木の規矩には日本の独自性があると述べている[12]。

さらに、前掲『日本建築史序説』の引用文中に太田がいう「尾垂木尻の構架法」とは、尾垂木の尻を内部にのばして化粧軒裏の母屋桁を支える構法のことであるが、これに言及する文献は昭和初期から多く見られるようになる（表1）。とくに太田はこれを「唐様」の大きな特徴として再三取り上げており、たとえば昭和一七年の論考「東福寺三門の建築について」では次に引用するように、それまで「唐様を基とし、これに天竺様を加へた」ものと一般的に理解されていたこの建物を、その構法が見られないことから、逆に「天竺様」を主として建築細部に「唐様」が加味されたものと理解すべきことを説いている。

「斗栱と構架法とによつて、建物の意匠が決定されるといつても過言ではないと思ふ。すなはち横に多くの拡りを持ち、斗と肘木とが重り合つて複雑したうちに一種の整備感と量感とを持つ斗栱と、その内方に延びた尾棰尻の構架法とは唐様の特徴中最も重要なものである。（中略）この建物は唐様といはれるけれども、唐様の特徴は僅に勾欄の擬宝珠に、肘木の曲線に、上層の鏡天井に見得る程度に過ぎない。」

（太田博太郎『東福寺三門の建築について』『建築史』昭和一七年一月号、二一―二三頁）

このように「尾棰尻の構架法」の有無が、様式の重要な判断材料の一つになっているのであり、おそらく太田のこうした見方が影響して、戦後には東福寺三門を「唐様」の例としてあげるものが見られなくなる。この建物の評価の変化には、昭和初期から戦後にかけての様式概念の変容が、わかりやすいかたちで示されている。

第三節　明治期から戦後までの復原修理における「唐様」概念の反映

明治期から昭和三五年までに刊行された文献で、「唐様」の建築として取り上げられた仏堂は、近世のものを含めて三三棟ある（表2）。これらのうち古社寺保存法および国宝保存法の適用下にあった明治三〇年から昭和二五年までに解体あるいは半解体修理が行われたものは二五棟あり、その中で諸種の資料を用いて工事内容の詳細がわかるものは一九棟（二〇件）ある（表3）。それらの修理で行われた「復原」部分を検討すると、次に詳述するように、その復原方針には前節で見た「唐様」概念の反映を見てとることができる。

◉ 建物のたちの高さの再現

「唐様」概念と修理との関係を示す第一の点は、修理担当者らが、当時「唐様」の通性とされたものの一つであったたちの高い当初の立面の比例を再現することを重視していたと考えられることである。そのことは、まず、建物の創建後に付加された長押や廻り縁《えん》を撤去した修理が多かったということに示されている。いうまでもなく長押や縁を付加すれば立面上の水平線が強調され、垂直性が減殺されるから、逆に、それらを撤去することで創建当初の立面の高い比例感覚が再現されたといえる。今回調べた範囲では、創建後に長押あるいは縁が付加された建物は七棟あったが、それらの修理ではいずれも悉《ことごと》く長押や縁を撤去しており（表3）、この点において当初の

表2　昭和35年までの文献に記された「唐様」建築（仏堂）と修理年

		建造物名称	所在	建立年	掲載文献	修理年（解体・半解体）
方三間裳階付	1	功山寺仏殿	山口	1320	2,3,4	大正7（解）
	2	善福院釈迦堂	和歌山	1327	3,4	明治45（解）
	3	永保寺観音堂	岐阜	室町前期	3,4	明治39（解）
	4	正福寺地蔵堂	東京	1407	3,4	昭和8（解）
	5	清白寺仏殿	山梨	1415	2,3,4	大正6（解）
	6	定光寺本堂	愛知	1493	4	昭和13（解）
	7	円覚寺舎利殿	神奈川	室町中期	1,2,3,4	明治32（解）大正13（解）
	8	延命寺地蔵堂	福島	室町中期	4	明治44（解）昭和43（半解）
	9	不動院金堂	広島	1540	2,4	大正4（解）
	10	東光寺仏殿	山梨	室町後期	4	昭和30（解）
	11	旧東慶寺仏殿	神奈川	1634	4	昭和29（半解）
	12	瑞龍寺仏殿	富山	1659	1,4	昭和12（解）
	13	大徳寺仏殿	京都	1665	4	昭和7（解）
	14	妙心寺仏殿	京都	1827	4	昭和59（半解）
方三間	15	普濟寺仏殿	京都	1357	4	昭和7（解）
	16	天恩寺仏殿	愛知	室町前期	4	大正6（解）
	17	神角寺本堂	大分	1395	4	大正10（解）
	18	東禅寺本堂	愛媛	1471	2,4	昭和9（解）
	19	信光明寺観音堂	愛知	1478	4	大正7（解）
	20	安国寺釈迦堂	広島	室町中期	4	昭和8（解）
	21	玉鳳院開山堂	京都	室町中期	4	昭和32（半解）
	22	西願寺阿弥陀堂	千葉	1495	4	昭和2（解）
	23	鳳来寺観音堂	千葉	室町後期	4	昭和28（解）昭和42（解）
	24	延暦寺瑠璃堂	滋賀	室町後期	4	大正6（解）昭和14（解）
	25	薬師堂	群馬	1598	4	昭和42（解）
	26	酬恩庵本堂	京都	江戸前期	4	大正5（解）
方一間裳階付	27	永保寺開山堂	岐阜	室町前期	1,2,4	明治41（解）
	28	洞春寺観音堂	山口	1430	4	昭和25（解）
その他	29	永福寺本堂	山口	1327	3,4	不明
	30	興隆寺本堂	愛媛	1375	4	昭和12（解）
	31	円融寺本堂	東京	室町中期	4	大正13（解）昭和26（半解）
	32	建長寺昭堂	神奈川	室町後期	4	大正13（解）
	33	相国寺本堂（法堂）	京都	1605	1	平成8（半解）

※建造物名称、建立年、修理年は『国宝・重要文化財建造物目録』（文化庁編、2000）による。ただし戦災焼失したものなど筆者が補ったものもある。

※「掲載文献」とは下記の文献のことである。これらの文献は、当該期間に「唐様」として記載された仏堂を網羅する。1：須藤眞金『日本建築小史』（雑草社、大正11年）、2：佐藤佐『大日本建築全史』（文翫堂、昭和8年）、3：関野貞「日本建築史に及ぼせる大陸建築の影響」『岩波講座　日本歴史』（岩波書店、昭和9年）、4：大岡實「日本建築様式」『高等建築学　第一巻』（常磐書房、昭和9年）

状態を再現しなかった修理は一つもない。たとえば善福院釈迦堂では修理前後の古写真と図面から[13]、修理前には正面総柱間小壁に成の大きい長押が打たれ、そこに板戸を吊り込んでいたことがわかるが、明治修理でこの長押が撤去されているし、清白寺仏殿でも修理前には正側面総柱間開口部上に内法長押が廻り、腰長押も打たれていたが、いずれも大正時代の修理で撤去されている（図1）。

これらの修理のうち、修理前の長押に扉軸受装置が吊り込まれていた場合は、長押を撤去することにより、必然的に藁座を復原し、当初の桟唐戸の構えを再現することになる。そのようにして藁座を復原した修理は少なくとも四件あったが、当初の藁座は通常失われているので、その「復原」はかなりの部分を推定によらざるを得なかったはずである。たとえば、正福寺地蔵堂の昭和修理では、飛貫表面が削り取られて藁座の痕跡は見出せなかったが、柱下部に「蹴放ノアリシ仕口穴」があったので、「円覚寺舎利殿ソノ他禅宗建築ノ例ニ倣ヒ、之ヲ藁座ノ制」に復原したと記されているし[14]、延暦寺瑠璃堂や東禅寺本堂の修理についても同様のことを指摘できる[15]。

一方、縁の撤去は外観意匠上の変更だけではなく、一般に建物内部においても床板張りを土間（四半瓦敷など）に戻すという変更を伴うこ

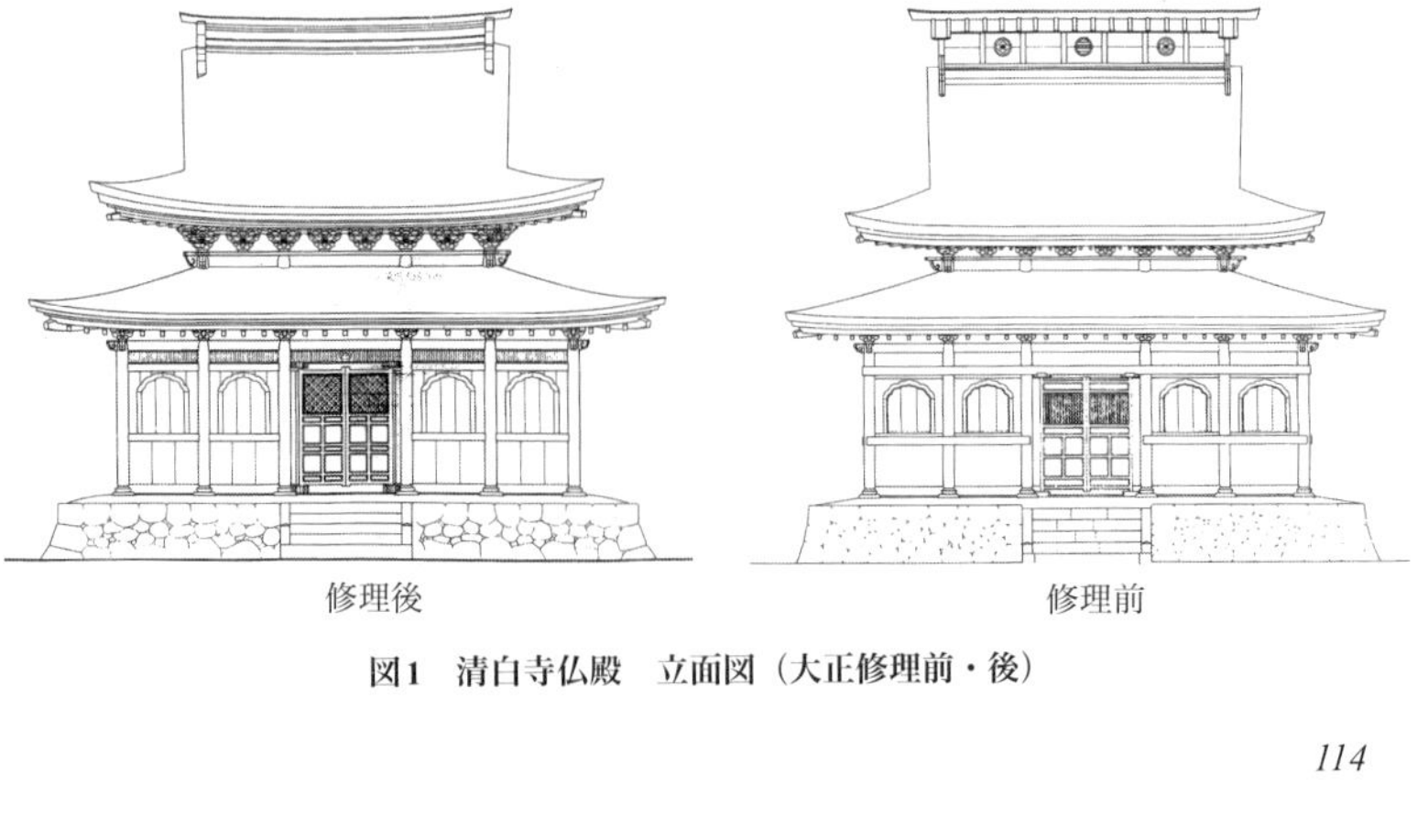

修理後　　修理前

図1　清白寺仏殿　立面図（大正修理前・後）

とになる。そうした大きな変更を行った修理として延暦寺瑠璃堂と東禅寺本堂がある(16)。床板張りから土間への変更は、所有者にとっては使用上の大きな問題のはずなので、これらは見方を変えれば、外観意匠の再現上、内部空間の大改変をしてまでも縁を撤去したかったということになろう。延暦寺瑠璃堂では大正修理前の外観写真を見ると、正面通りのみに切目濡縁を付していたが、この修理によってそれが撤去されている。その内部については図面・写真などの資料を今回見出せなかったが、当時の古社寺保存会の文書に「床全部拭板張ヲ撤シ、土間トナスコト」とあるし、一方の東禅寺本堂の修理に関しても「床板張ヲ撤去シ須弥壇及厨子ヲ低下セシメ廻縁及周囲地長押を撤去セントスル」(17)とある。後者については修理竣工後、天沼俊一が、この改変に伴う厨子の「復原」などにより「このあたりの俤《おもかげ》は一変してしまった」(18)と、内部空間の大きな変化について述べている。

次に、屋根の形態を「復原」することで、立面の比例が再現されたといえる修理も少なくない。とりわけ天恩寺仏殿と定光寺本堂は、いずれも修理前の仮設的な切妻の屋根を本格的な入母屋造りの屋根に「復原」したことで、その外観が一新されている。天恩寺仏殿の大正修理では、古社寺保存会の文書に「従来入母屋造ナリシヲ明治九年七月ノ大修繕ニ際シ屋根ヲ撤シ粗末ナル桟瓦葺仮屋根ヲ設ケタリ今回調査ノ結果当初の地棰飛檐棰等ヲ発見シ軒ノ出及構造明カトナリシヨリ（後略）」(19)とあるように、発見旧軒廻部材をもとに檜皮葺入母屋造りの屋根を「復原」している。一方の定光寺本堂の昭和修理については次節で詳述するが、「上層の仮屋根を撤去し、唐様三手先詰組を設け、軒二重扇棰とし、屋根を入母屋造柿葺に改めた」という「現状変更」があった(20)（図2）。ほかにも屋根の形式を変更したものに不動院金堂の大正修理があり、寄棟造り一軒であった屋根を入母屋造り二軒に変更したことが古社寺保存会の文書からわかる(21)。大正修理前に作成された不動院金堂の「東京大学建築学科蔵実測図」(22)と現状の断面図を比較すると、棟高が著しく増加しており、この修理により立面比例が高くなったことは明

各部の曲線に関する復原		
花頭窓・花頭口	弓欄間	礎盤
—	—	(不明)
—	—	・繰形曲線の変更
(不明)	(不明)	(不明)
—	—	(不明)
—	—	(不明)
・復原（側面中間・両脇間）	・復原（正面総間・側面前四間）	(不明)
・復原（正面両脇間）	—	(不明)
・復原（正面両端間・側面前端間）	・連子向きを変更（側面三間・背面四間）	・主屋礎盤形状の変更
—	—	—
—	—	—
—	—	—
—	・連子向きを変更（正面中央間）	・復原（背面庇柱）
・復原（正面両脇間・正面両端間・側面二三四間）	・復原（正面三間、両側面四間、背面一間）	—
—	・復原（正中間・背面中脇間）	—
・復原（正面両脇間・両側面中間）	・復原（正面両脇間・両側面中間）	・復原（背面庇柱）
—	—	—
—	—	—
—	—	—
—	—	—
—	—	—

※本表に記載した修理工事は、昭和初年代までの文献に（純）「唐様」の遺構として取り上げられた建造物のうち昭和25年までに竣工したもので、かつ修理工事の詳細がわかるものである。
※建造物名称・建立年は『国宝・重要文化財建造物目録』（文化庁編、2000）による。
※「資料」欄の番号は、1：修理工事報告書、2：後世の修理工事報告書、3：『国宝・重要文化財（建造物）実測図集』、4：『現状変更説明』（文化庁蔵）、5：京都府立京都学・歴彩館蔵京都府庁文書、6：滋賀県庁蔵滋賀県歴史的文書、7：その他（『清交』・『古建築』忍冬会、天沼俊一『日本建築史図録』星野書店、『国宝・重要文化財建造物写真乾板目録Ⅰ～Ⅴ』奈良文化財研究所）のことである。
※「修理年度」欄は、基本的に『国宝・重要文化財建造物目録』（文化庁編、2000）によったが、上記の諸文献を参考にして一部修正した。
※「技術者」欄は、基本的に『建造物要覧』（文化庁文化財保護部建造物課、1990）によったが一部修正を加えた（「○」印は監督者）。
※表中の「—」は各項目に関連する「復原」箇所がない、あるいは「該当しない」ことを意味する。

表3 明治30年〜昭和25年の「唐様」仏堂修理における「復原」部分（本書に関わる部分のみ）

修理年度（竣工年）	建造物名称（建立年）・所在都府県		技術者	資料	立面の比例に関する復原	
					長押・濡縁	屋根・軒廻り・斗栱［屋根葺材］
明治44	延命寺地蔵堂（室町中期）	福島	（不明）	2,7	—	（不明）［茅葺→本瓦葺］
大正元	善福院釈迦堂（1327）	和歌山	○塚本慶尚 吉森敏重 佐藤竹治	2,7	・正面内法長押の撤去	・尾垂木鼻曲線の変更 ・実肘木形状の変更
大正4	不動院金堂（1540）	広島	（不明）	4,7	—	・寄棟→入母屋［瓦葺→栩葺］
大正6	天恩寺仏殿（室町前期）	愛知	（不明）	2,4,7	・側面内法長押の撤去	・切妻→入母屋［桟瓦葺→檜皮葺］
大正6	酬恩庵本堂（江戸前期）	京都	○亀岡末吉 安井楢次郎	5,7	—	・棟高を高める
大正7	清白寺仏殿（1415）	山梨	○阪谷良之進 中西義哉	2,3,7	・正側面内法長押・腰長押の撤去	・妻飾の変更 ・棟反を付ける ・妻壁を外方に移動
大正7	信光明寺観音堂（1478）	愛知	○土屋純一 吉田種次郎	2,7	・正側面腰長押・正面濡縁の撤去	・妻飾の変更［茅葺→柿葺］
大正7	功山寺仏殿（1320）	山口	○阪谷良之進 細見藤吉	2,3,4	—	・妻壁を外側に移動 ・身舎一軒→二軒 ・裳階軒出二枝減ず［桟瓦葺→檜皮葺］
大正7	延暦寺瑠璃堂（室町後期）	滋賀	○天沼俊一 浅井幸次郎	2,4,6,7	・正面戸口上内法長押・正面切目濡縁の撤去（内部：床拭板張→土間）	（不明）［柿葺→檜皮葺］
大正13	建長寺昭堂（室町後期）	神奈川	（不明）	3,7	—	・棟飾の変更
昭和7	大徳寺仏殿（1665）	京都	○安間立雄 友成到	2,5,7	—	（不明）
昭和7	普済寺仏殿（1357）	京都	○安間立雄 後藤柴三郎	3,4,5,7	—	・妻飾の変更 ・棟反を付ける ・屋根勾配を緩める ・棟高を低める［茅葺→檜皮葺］
昭和8	正福寺地蔵堂（1407）	東京	○大瀧正雄 吉田種次郎	1,2,3,4,7	・正背面中間長押の撤去	・妻飾の変更 ・棟反を付ける ・棟高低める ・妻飾の変更 ・妻壁を内方へ移動 ・屋根勾配を緩める［茅葺→柿葺］
昭和8	安国寺釈迦堂（室町中期）	広島	○服部勝吉 竹内武彦	3,4	—	・屋根垂みを緩にする ・野隅に振れを与える ・破風形状の変更
昭和9	東禅寺本堂（1471）	愛媛	古西武彦	3,4,7	・地長押・廻縁の撤去（内部：床板張→土間）	（不明）
昭和12	瑞龍寺仏殿（1659）	富山	○藤島亥治郎 村上義雄	1,3,7	—	—
昭和12	興隆寺本堂（1375）	愛媛	○岡正夫 古西武彦	1,3,4,7	—	・屋根勾配を緩める ・総高を低める［茅葺→銅板葺］
昭和14	定光寺本堂（1493）	愛知	○吉田種次郎 村上義雄	1,3,4,7	—	・切妻→入母屋 ・三手先斗栱詰組を再現
昭和14	延暦寺瑠璃堂（室町後期）	滋賀	○日名子元雄 平井茂市	1,3,6	—	—
昭和25	洞春寺仏殿（1430）	山口	○元田長次郎 清水栄四郎	1,3,4,7	—	・裳階高を低める ・裳階軒出を減ず［柿葺→銅板葺］

修理後　修理前

図2　定光寺本堂　外観・断面図（昭和修理前・後）

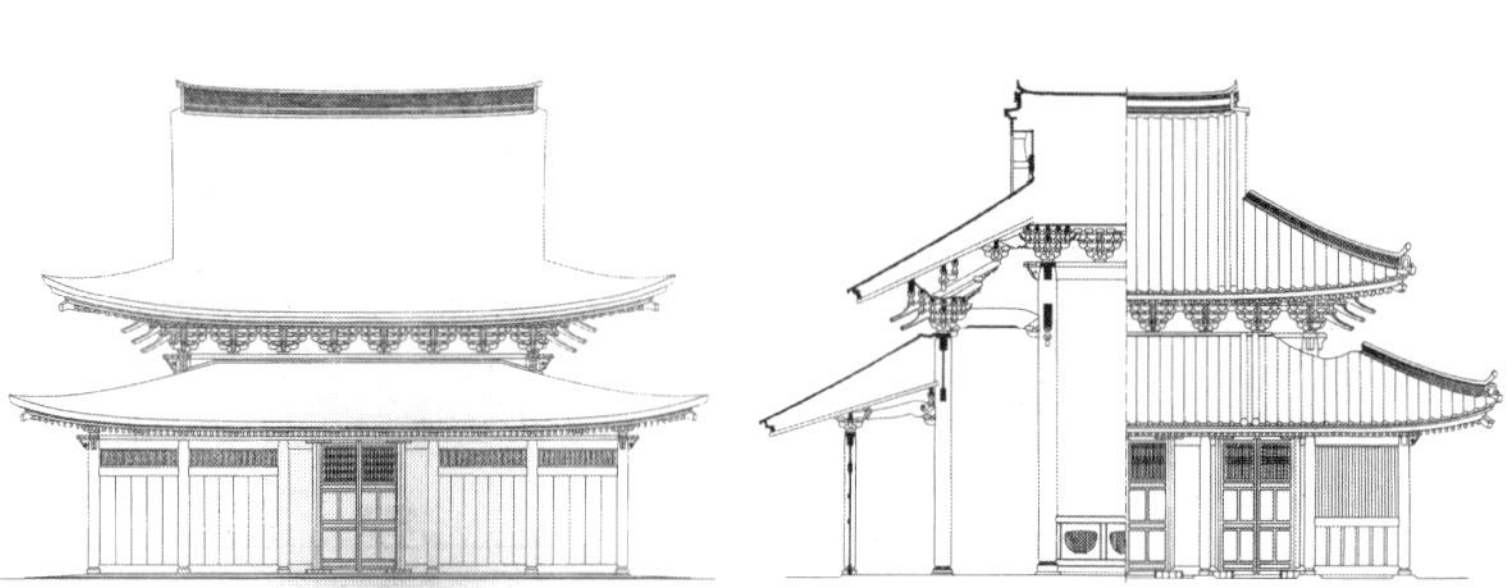

修理後　修理前

図3　功山寺仏殿　立・断面図（大正修理前・後）

白である。

屋根の変更に関しては、妻のたち所を移動したり軒の出を増減させたりして、修理前よりも立面比例を高くしたといえる修理も散見される。たとえば、功山寺仏殿の大正修理では、主屋の屋根の軒を一軒から二軒に変更し、妻のたち所を外方に移動したことにより正立面上の屋根面積が広がり、なおかつ裳階の軒を二枝減じているので、修理前よりも一層たちの高い立面となって竣工した（図3）。また、洞春寺観音堂の昭和修理でも、裳階台輪を撤去したことによって、裳階の高さが六寸低くなり、裳階の軒の出を一尺三寸五分減じているが、これは「現存二重唐様建築軒の出の比率（下重対上重）」を比較検討した結果、この建物の値が「著しく過大」であることを考慮して全体の形を整えたものであった(23)（図4）。

◉　細部意匠の曲線の再現

当時の復原修理に「唐様」概念の反映を認めることができる第二の点は、建物各部の曲線を「復原」したものが多く、かつその「復原」の根拠が明白でないものがよく見られたことである。「唐様」の通性の一つに曲線の多用があったことは既述の通りであるが、そのことをここで勘案

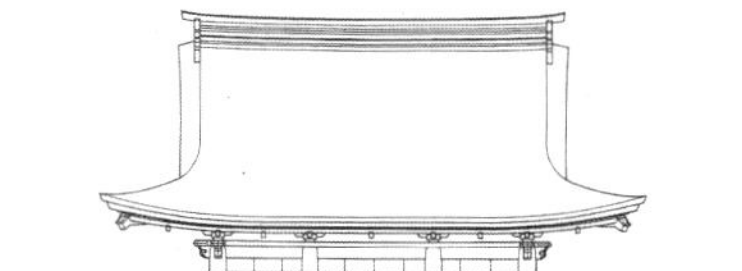
修理後

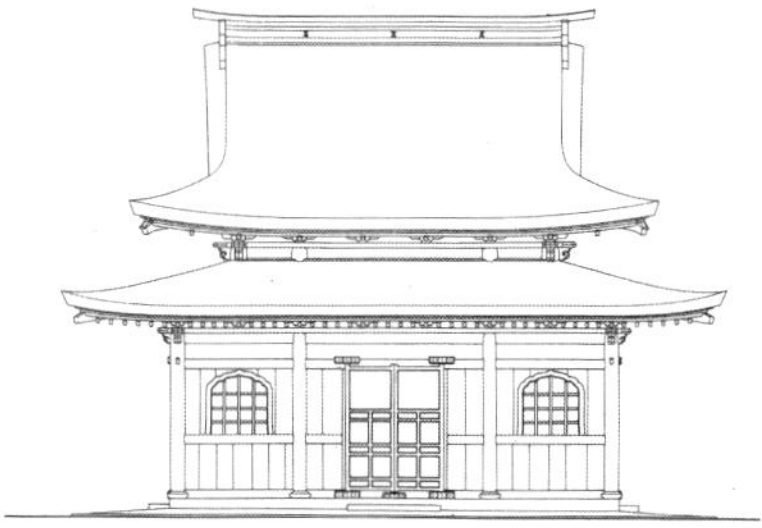
修理前

図4　洞春寺観音堂　立面図（昭和修理前・後）

図5　善福院釈迦堂　斗栱

すれば、こうした「復原」の背後には、同時代の様式概念が潜在していた可能性が高いといえる。たとえば、善福院釈迦堂の明治修理では尾垂木鼻を悉く切断し、鯱栓継ぎを用いて修理前よりも鎬が強く、反り上がりの強いものに取り替えている（図5）。そして、さらに舟肘木変形の簡単な曲線であった実肘木も、絵様繰形鎬付きの装飾的なものに取り替えている。こうした大胆な改変を行った当事者の意図は明らかではなく、それゆえに後年の修理の報告書（一九七四年刊）の中で「すくなからず問題をのこした修理であった」[24]と評されているが、おそらくその改変は斗栱などの細部意匠に見られる曲線――ここでは尾垂木鼻の曲率の強さや絵様繰形――を重視する当時の「唐様」の様式観と無関係ではないであろう。そうであるとすれば、この修理は優れて明治時代的なものであった、と近代修理史の観点から位置づけることもできよう。

同様に「唐様」の特徴とされる建築細部の曲線を「復原」した例をあげれば、まず、花頭窓を新たにつけたものとして五棟の修理がある。そのうちの清白寺仏殿と正福寺地蔵堂は修理前の既存の花頭窓の意匠に倣いつつ、修理前には壁となっていたところに花頭窓を新設したものであったが、信光明寺観音堂、功山寺仏殿、東禅寺本堂の三棟については、そもそも修理前には花頭窓が存在しなかったので、新設した花頭窓の形態の決定根拠は不明である。よく見ると、これら三棟の花頭曲線は、上方茨の立ち方が異なるものの、いずれも裾をやや広げる点でよく近似している。花頭曲線については昭和初期に天沼俊一が「日本古建築研究の栞（卅二）」の中で「鎌倉時代の花頭窓——又は出入口——は多くは縦框が垂直に近い（中略）室町時代になると前代のやうに縦が殆んど垂直といふやうなのは見出せない」[25]と論じている（こうした見方は円覚寺舎利殿を鎌倉時代のものと見たときに成立するものなので再考が必要であろう）。いずれも室町中期の建立である信光明寺観音堂と東禅寺本堂の花頭曲線は、この天沼の見方に従うように、裾を広げない円覚寺のものを基準とし、裾を若干広げる比較的古式の曲線で再現されている。東禅寺本堂の『現状変更説明』には「形式ヲ證スルモノハ何モナイガ本建築ノ形式ヲ同時代ノ他ノ例ニヨリ考ヘルト両脇ノ間ハ華燈窓（中略）ガアツタコトガ推定サレル」とし、その形態は「同時代ノ建築ノ華燈窓」を参照して決めたと記されているが[26]、こうした細部意匠の編年観が、この修理には具体的なかたちで投影されていたのである。

また、弓欄間を「復原」したものは七棟あり、その中ではとりわけ清白寺仏殿、功山寺仏殿、正福寺地蔵堂など方三間裳階付きの仏堂が目立つ。弓欄間は頭貫下面などに痕跡が残りやすいはずなのに、今回の資料には「復原」の根拠は明記されていなかったが（もし痕跡があったなら現状変更説明に明記されるだろう）、同じ形式の円覚寺舎利殿も正側面総間に弓欄間を廻しており、それが有力な根拠となった可能性がある。たとえば清白寺では、古写真を見ると大正修理前の小壁は全て漆喰仕上げであったが、修理の際に正側面の弓欄間を再現している（図1）。

さらに、礎盤の形状を変更したものに功山寺仏殿と善福院釈迦堂がある。いずれも下面が円形鉢状となる点で円覚寺舎利殿と同じ形式に改められている。とりわけ功山寺では、修理前の実測図によれば、主屋柱の礎盤はいずれも返花付き方形のものであったが、それらを全て撤去して、裳階柱に見られる円形鉢状の礎盤に統一している。この裳階は後世改変された可能性が高いとされるが[27]、それにもかかわらず裳階に合わせて主屋の礎盤を「復原」しているのであり、その根拠も今回の資料からは分からないが、円覚寺の形式がより「古い」という先入観があったことを思わせる。(28) とすれば、ここにも当時の「唐様」観が眼に見えないかたちで修理方針に影響を及ぼしていたと言えそうである。

第四節　昭和初期における「唐様」仏堂の復原方針の変化

◉ 軒の規矩調査とその技法の再現を重視する復原方針

先述のように、昭和初期の「唐様」概念は、明治・大正期のそれとは異なり、外観だけに現れる形や色のみならず、軒廻りの建築技法――とりわけそのなかでも規矩術と架構――などの建築技術史的側面を含めて捉えられるようになっていた。さらに戦後になって「唐様」概念は大きく変化し、最終的には言葉自体の変化にも及ぶようになったことも既述の通りである。以下では、こうした「唐様」の概念変容に対応するように同時代の「唐様」建築の修理工事の行われ方も変化していたということを指摘する。このことは、他面、復原修理における当事者らの関心事が、逆に様式概念の変容を促していたということも示唆しており、そうして見ると、〈建築様式〉と〈復原修理〉とは、じつは同じものの表と裏の関係にあったと言える。いわば鶏と卵の関係であるが、建築史学と修理事業のこうした相互依存的な一体的関係は、今日国際的に見れば近代日本の修理の特徴の一つでもあった。(29)

昭和初期の一般的な修理工事において、文部技師・阪谷良之進を中心に、軒の規矩に関する調査が重点的に行われたことは既によく知られるが[30]、むろんそのことは「唐様」建築の修理にも当てはまる。たとえば正福寺地蔵堂の昭和修理では、この建物の茅負が前面を湾曲させられているために隅では投勾配による通常の反り出しより大きくなるという技法が発見され、この技法の解明に向けて阪谷をはじめとする杢正夫、岡正夫、上田虎介ら文部省技術陣が活発な議論が交わしたことが後年語られているが[31]、こうした挿話は当時の修理技術者の関心のありかをよく示している。

昭和初期における唐様仏堂の修理工事内容を仔細に見ると、創建後の修理によって乱された軒の納まりを元の状態に戻し、軒廻りを整備＝「復原」しようとする修理技術者たちの意欲がうかがえる。しかも彼らは、建築美再現の観点からそれを重視していたと考えられる。たとえば、普濟寺仏殿の修理では、近世末の修理で改造された軒廻りを創建時の状態に復原したが、これに関する当時の行政文書には次のような記述がある。

「南北朝時代唐様建築ノ好遺構トシテ価値多カル可キニ拘ハラズ屋根、軒廻リ等ニ相当重大ナ後世ノ修補改変ガ加ヘラレテキテ本来ノ美観諧調ヲ損スル点アルヲ惜シマレテキタ（中略）今回ノ修理デ幸ニ完好ナ旧姿ニ復原シ得ル機会ヲ与ヘラタ訳デアル[32]」

この記述に示されているのは、修理当事者らが「唐様建築ノ好遺構」としての価値を「屋根」や「軒廻リ」に見つつ、後世改変により損なわれたこの建物の「本来ノ美観諧調」を、軒廻り各部の復原によって再現すべきという理念をもってこの修理に臨んでいた、ということである。この建物は、近世末の修理によって地垂木の長さが切り縮められ、また飛檐垂木の形状や勾配もその際に改められていたが、昭和修理の際に、隅木際に残された当初の地垂木と小屋内発見の飛檐垂木をもとに二軒の屋根が復原されている[33]。ちなみに、この修理では軒に限らず屋根の形も全体的に復原されたが（表3）、とりわけ大棟に大きな反りを付けたことについては、修理竣工直後、天沼俊一に「軒が反つてゐるのは唐様として異存はないが、大棟は推定復原としては、反り過ぎてゐる感がある。もう少し遠慮した方がよかつたのではなからうか[34]」と批判された。

また、安国寺釈迦堂の昭和修理では、慶長・明和両度の修理により大きく改造されていた軒の規矩を慶長修理直後の状態に戻している。この明和修理は、丸桁を作り直してその成を増し、旧丸桁上端や隅木落掛の部分に添木を挿入するなどの「彌縫策」を講じたもので、「規矩的ニ完全ナル治リヲ得サル」ものであったという。それゆえ左記の引用に示されるように、規矩術上「完全」とされた慶長修理時の軒を尊重しながら修理する方針がとられており、こうした現場の判断からうかがえるのは、軒廻りを「建築学」的に正しく納めることに彼らがいかに腐心していたかである。

「今回根本的修理ヲ実施スルニ当リ斯ノ如キ『オツツケ』仕事ヲ再現スルハ建築学上看過ス可カラザル事柄デアリ又事実非常ナル無理ガ伴フ然ルニ慶長ノ修理ハ能ク原形態ヲ継承シタト認メ得ル点モ随所ニ認メラレ且規矩術上ヨリ看ルモ完全ニ近キ手法デアル故ニコノ慶長修理ノ跡ヲ辿ツテ合法的ニ軒ヲ復旧セントスル[35]」

文化財建造物を一つの優秀な建築として見ているから、明和修理の「おっつけ仕事」は許されざる改悪として映るのである。修理にあたって古建築の創造者と自己を同一化し、当初の設計意図に共感している昭和時代の修理技術者の熱心な仕事ぶりが、この記述から生々しく感じられる。

◉ 象徴的事例としての定光寺本堂昭和修理

昭和戦前期における「唐様」仏堂の修理工事の行われ方を象徴的に示す事例として、定光寺本堂の昭和修理があげられる（口絵8）。大岡實の残した資料群（大岡資料）にはこの修理の設計書や各種公文書などが多数含まれており、それらにより修理工事の設計過程の詳細を知ることができる。既述のように昭和修理前の定光寺本堂は、主屋の斗栱より上に仮設的な切妻の屋根を架けたものであったが、この修理によってその屋根が撤去され、唐様三手先詰組斗栱とともに唐様仏堂の本格的な入母屋造りの屋根が再現された（図2）。この修理時においてこうした大きな「復原」案が説得力を持ち得たのも、当時確固とした「唐様」概念が存在していたことをその一因にあげられるし、なおかつそれを再現するための技術、とりわけ屋根の復原に必要な軒廻りの規矩に関する知見がこの時期に深められていたからであろう。

この修理は昭和一三年二月二一日に着手、昭和一四年五月二〇日に竣工したもので、修理監督は吉田種次郎、技手は村上義雄、助手は青木善太郎であった。吉田はこれより先に正福寺地蔵堂修理を担当していた宮大工出身の修理技術者で、文部技師・阪谷良之進の高い信頼を得ていたことが知られている[36]。雑誌『清交』に掲載された青木生「定光寺だより」には、修理着手前の昭和一二年早春に阪谷良之進と服部勝吉が現地調査を行ったことが記されており[37]、この時の調査をもとに同年五月頃に「定光寺本堂（仏殿）修理設計書」[38]（以下「修理設計書」と略記する）が作成された。この修理設計書をみると「上層仮屋根ナルヲ入母屋柿葺屋根唐様三手先詰組斗栱ヲ以テ補ハントス」という現状変更案が記されている。したがって修理着手の前年、すでに文部省は主屋の屋根の復原を行う方針を固めていたのである。

定光寺蔵「年代記」[39]によれば、本堂（当時の「佛殿」）は暦応三（興国元、一三四〇）年に建立されたが、文明九（一四七七）年の火災後明応二（一四九三）年に再建され、さらに永正七（一五一〇）年地震による倒壊後の天文三〜八（一五三四‐三九）年に再々建されたものであった。修理工事報告書に「察するに、興国年間建立のものは勿論完備したものであつたらふが、その後の再興修覆には、遂に上層を設くるには至らず今日に至つたのであらふ」とあるように、この建物の創建当初には完備した主屋の屋根（引用文中の「上層」のこと）が存在したと理解されている[40]。屋根の復原はこうした当事者の解釈の上に成立するものであった。

修理工事報告書に掲載された現状変更説明を見ると、屋根の復原に際しては「他の同一形式の仏殿を参考とし、且軒反り、妻飾り、細部等は堂内安置の宮殿に倣ひ建設した」と記されている。このように復原資料として「他の同一形式の仏殿」や、建物内部に安置されていた「宮殿」があげられているが、模型的な大きさの方一間の宮殿では、方三間裳階付きの本堂の復原資料として限界があることはいうまでもない。一方、「他の同一形式の仏殿」とは、具体的には「唐様」の典型とされた円覚寺舎利殿、およびそれに極めてよく似る正福寺地蔵堂のことを指しており、実際に、以下に示すようにこの修理における「復原」は両建物の各部の現状に多くを拠っていたと考えられる。

たとえば、この修理では、尾垂木尻を内部にのばして化粧軒裏の母屋桁を支える「唐様」特有の架構法が再現されているが、修理前の建物に屋根を含む上部が存在していなかった以上、もちろんその全ては新材による再現であった（図6）。その形式の詳細は円覚寺や正福寺と全く同じく、尾垂木は二段構えで、上尾垂木は建物内外を貫く一材とし、下尾垂木は内外で縁を切って外部は肘木から作り出し、内部は二段目の枠肘木から立ち上がって上尾垂木を支承するものとなっている（これは現在関東の禅宗様仏堂の地方的特徴とされる）[41]。そして尾垂木尻は持ち送られて母屋桁を受けるとともに、身舎台輪上斗栱の二段目で小さい繋虹梁によって連絡されている。円覚寺や正福寺は定光寺と同じく方三間裳階付きであり、なおかつ来迎柱が後退しない柱の配置になっている点でも同じであり、さらに当時はいずれも鎌倉時代の遺構と考えられていたので建立年も大きく隔たらないから、この「復原」は当時十分妥当なものと考えられたのであろう。

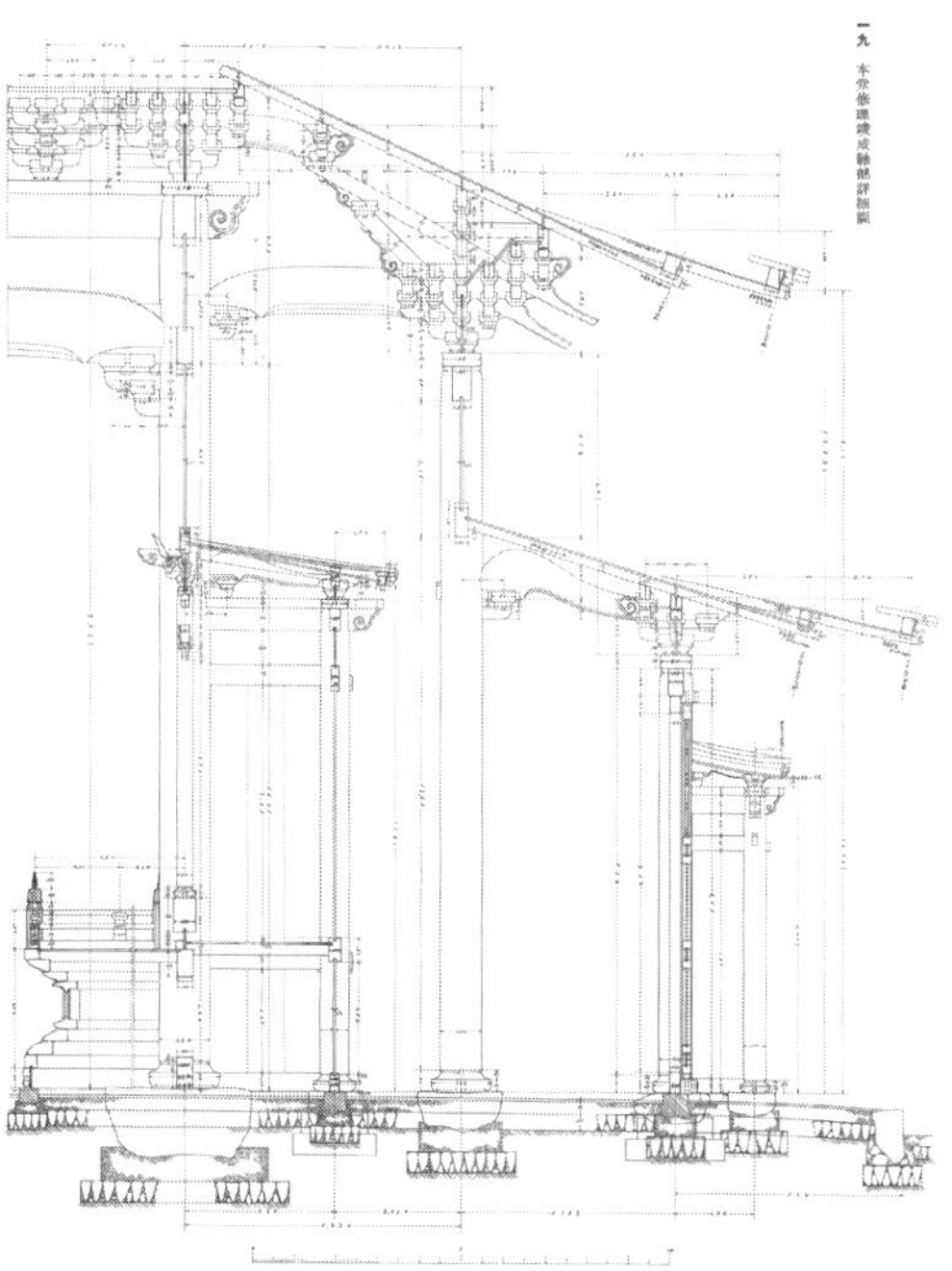

図6　定光寺本堂　断面詳細図

しかし、仔細に見れば、当然ながら定光寺本堂における復原設計の前提条件は必ずしも円覚寺舎利殿と同じではない。むしろ、この修理の担当者らがその前提条件の相違をいかに捉えて対処していたのかを見れば、「唐様」の典型とされたこの建物の、軒廻りの規矩や架構を再現することに彼らがいかに心を砕いていたかがよくわかるのである。修理当事者の一人・青木は、修理着手後まもない時期に次のように述べている。

「唐様の仏殿であるから、大体正福寺や円覚寺を朕想して頂ければ大差ない。（中略）この工事に就て特筆すべきことは、現在ない上層を推定復原すると云ふことである。（中略）推定と言つても、唐様の仏殿で上層となれば凡そ決つてゐる様なものだから、参考にする建物はないではないがそれがそのまゝに、求むる条件にうまく当はまらないから、そこに苦心もあり、又云ひ知れぬ楽しみもある。」

（青木生「定光寺だより」『清交』昭和一三年七月号、一二頁）

このように青木は、円覚寺舎利殿や正福寺地蔵堂が定光寺本堂の「条件」にそのまま当てはまらないから、「苦心」があり「云ひ知れぬ楽しみ」もあるという。残念ながらこの記事にはその「条件」とは何かについて全く言及されていないが、以下にあげる諸点は、青木のこの言葉を理解する手がかりとなるであろう。

まず第一の点は、定光寺本堂は円覚寺舎利殿よりも、端ノ間の中ノ間に対する比が小さいことである（図7・8）。その比は円覚寺〇・七五、定光寺〇・六七となり、このことは、身舎の鏡天井を円覚寺と同じように納めようとすると地垂木勾配をより急峻にしなければな

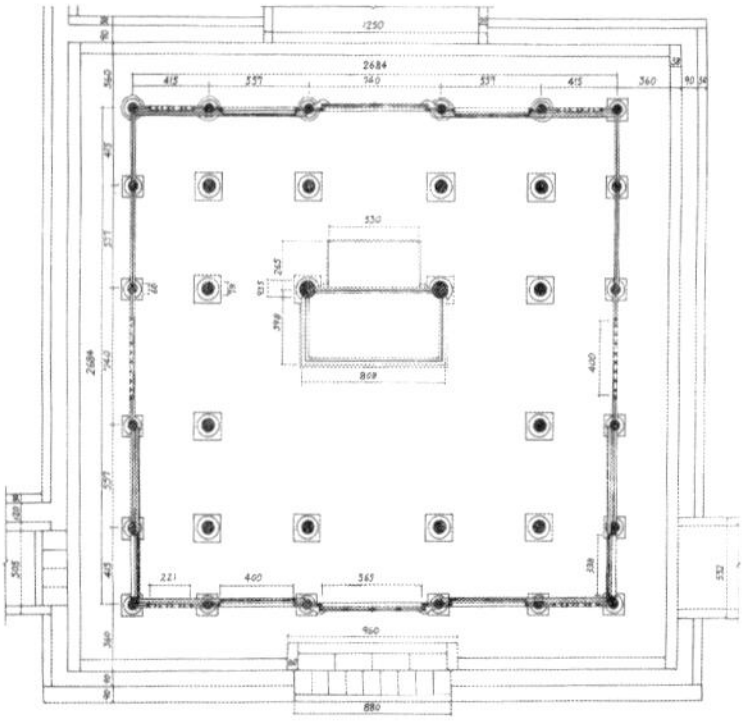

図7　円覚寺舎利殿　平面図

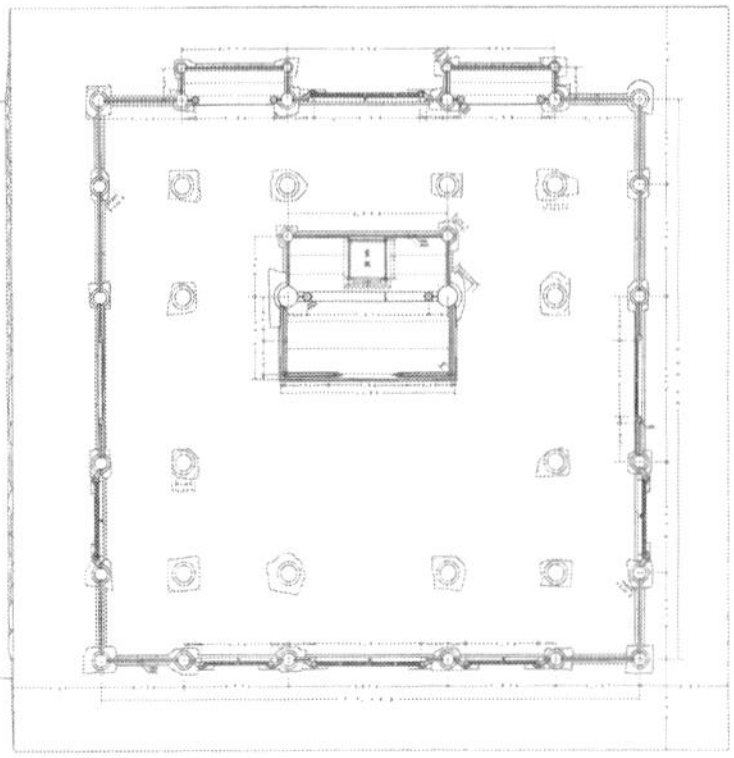

図8　定光寺本堂　平面図

らないことを意味している。それに加えて、主屋の総幅（隅柱芯々）は円覚寺一八．五四尺、定光寺二三．二〇尺で、定光寺は円覚寺の約一．二倍であるにもかかわらず、来迎柱高さ（土間床から台輪上端まで）は円覚寺一六．三一尺、定光寺二一．一八尺となり、定光寺はそれが相対的に高いから（円覚寺の約一．三倍）、なおさら天井は高くなりがちになる。このことを念頭に地垂木勾配を比較すると、円覚寺三寸九分に対し定光寺は四寸五分となり、かなり急峻で、これは全国の方三間裳階付き仏堂と較べてもかなり急である。[42]もとより身舎台輪上斗栱を二段とすれば、四寸内外の勾配で納まるはずであるが——瑞龍寺仏殿など、この部分が二段となる方三間裳階付き仏堂も少なくないにもかかわらず——、ここでは円覚寺と同じ三段の架構形式をあえて再現したということがうかがえる。

第二の点は、修理前の定光寺本堂の来迎柱には、側柱斗栱と連絡する繋虹梁の痕跡がなかったことである。既存の来迎柱の年代は修理工事報告書からは判然としないものの、文明九年の火災によって「或程度罹災したことは事実」と記されているので、おそらく来迎柱もこの火災後の再建時のものと考えられていたのであろう。来迎柱の後退がない柱配置の場合、入側柱と側柱を繋ぐ連絡材があることはむろん構造上有効で、当然ながら円覚寺にも正福寺にもこれがある。修理着手前に作成された「修理設計書」（前掲）には、この繋虹梁の記載がなかったが、修理中の設計変更によってこの材が加えられることになった。昭和一三年九月一七日に定光寺から文部大臣に宛てた「設計変更願」[43]に添付された説明書には「本堂来迎柱ト入側柱ノ上部斗栱トノ構架ニ繋虹梁ヲ設ケントス」とあり、その理由として「本建物ト形式及建築年代ノ大体同一ナル建物ニ付テモ調査ノ結果尚一層本建物構造上ノ完全ヲ期センガタメ」と記されている。

さらに第三の点は、既存の裳階の支割を前提に扇垂木の規矩を考案しなければならなかったことである。軒廻りについては、円覚寺舎利殿に当初材がほとんど残っていないために復原資料とすることができない。上述の昭和一三年九月の「設計変更」には垂木の数量を増加するという変更もあり（下記）、扇垂木の規矩に関する変更があったことがうかがえる。それを詳しく見ると、この修理では正福寺地蔵堂の軒の規矩をできるかぎり忠実に再現しようとしていたことがわかる。

「二、本堂上層軒化粧扇椎ノ員数ヲ増加セントスル説明
（前略）上層ノ椎支割ハ下層ノ椎支割ト同寸ノ支割寸ヲ以テ中央ニ指椎ヲ置キ而シテ地椎ノ木負ノ位置ニ於テ前記指椎ノ支割寸ヲ以テ扇椎ノ間隔ヲ等間割トナシタルモノガ最モ適応セル椎支割法ト認メラルヽナリ而シテコノ椎支割法ヲ以テスレバ椎ノ員数一面ニ於テ設計員数七十四本ノ処六本増加スルコトニナレリ(44)」

このように、扇垂木の支割を決める際に裳階の支割を参照したことで、各面垂木数を先の設計書の七四本から八〇本に増加するという設計変更があったことがわかる。大岡資料にはこの設計変更前と変更後の規矩図（垂木配置図）が残されている（図9）。設計変更前の各面垂木本数七四は正福寺地蔵堂と全く同じ数なので、修理着手前から正福寺の規矩と同じように再現する意向であったことがうかがえるが、その

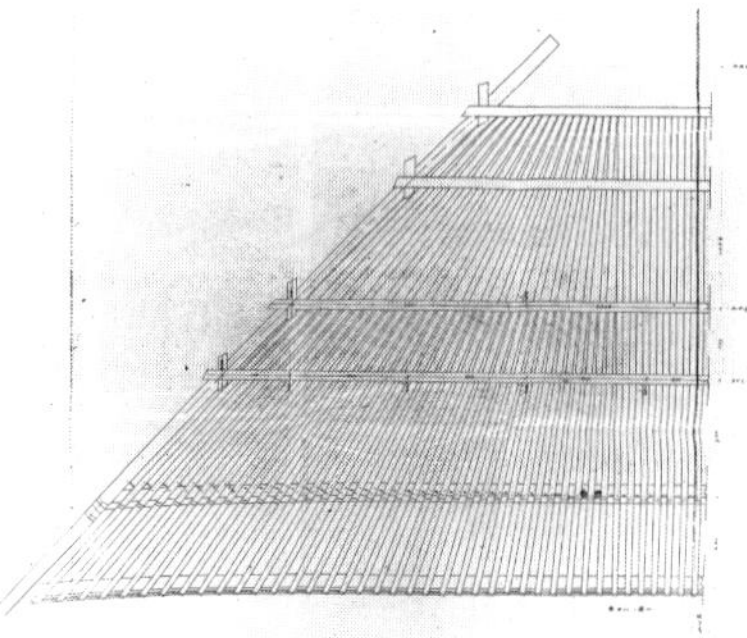
設計変更後

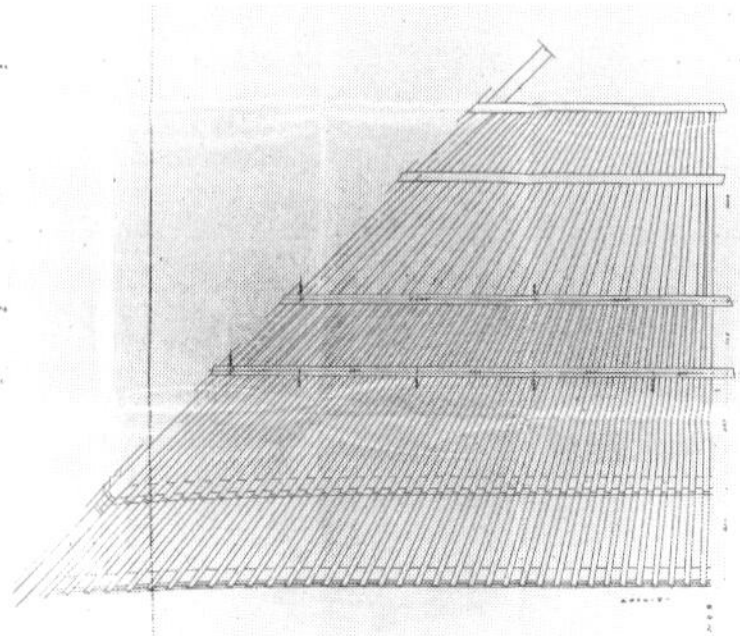
設計変更前

図9　定光寺本堂　規矩図（設計変更前・後）

反面、その規矩図を見ると中央から放射状に垂木を配する総扇となっており、正福寺のように中央部に平行垂木が見られない（正福寺は中央アイタを平行垂木とする点で、隅扇から総扇に至る過渡的な軒技法によるものとされる）[45]。その理由は資料からはよく分からないが、当時定光寺は正福寺よりも時代がやや下るものと目されていたので、興国創建の定光寺では総扇垂木の技法が用いられたものと当事者らによって推定されたのかもしれない（規模は小さいが同時代の永保寺開山堂祀堂も総扇垂木である）。

垂木本数に関する上述の設計変更は、正福寺のそれに忠実に倣って軒廻りを再現するという方針に固まったことによるものと考えられる。正福寺修理を担当した吉田種次郎をこの修理に起用したのもそれと無関係とは思われない。正福寺の扇垂木は中央アイタをはさむ一二本を平行に配り、この部分の一枝寸法は裳階支割と同寸になるが、この点定光寺の場合は裳階屋根が現存するので、その一枝寸法を前提に垂木配置を考案する必要が出てくる[46]。事実、設計変更後の規矩図を見ると、中央アイタをはさむ一五枝を平行に配り、その部分の一枝三寸六分八厘は、修理工事報告書に記載されている裳階支割と同寸である。その外側は、木負の位置において裳階支割とほぼ同寸（一枝三寸六分四厘）の等間割で放射状に垂木を配していることも同図によって確認できる。こうした設計変更を行った結果、前記のように垂木の数を増加することになったのであろう。

第五節　小結

本章では、明治期から第二次世界大戦後にかけて行われた「唐様」仏堂の修理でとられた復原方針を、同時代の「唐様」概念との関連において考察し、以下のことを明らかにした。

明治期から昭和三五年にかけて刊行された日本建築史の通史書など三六件の文献を用いて、「唐様」の通性についての記述を分析すると、当時の「唐様」概念は、（1）建物のたちが高いこと（立面の比例感覚が高いこと）、（2）建物各部に曲線を多用すること、（3）無彩色の3点から捉えられていたと考えられる。明治期から一貫して円覚寺舎利殿が「唐様」の典型と見なされており、このことは「軽快洒脱」とよく表現された当時の「唐様」観の形成と深く関係するものと思われる。明治・大正期の「唐様」観は建物の形や色にほぼ限定されていたが、昭和戦前期になると建築技術史への関心の高まりを背景に、（4）建築技法（規矩術・架構）が生み出す軒廻りの「整備感」がしばしば言及されるようになった。

今回収集した文献に「唐様」建築として取り上げられた仏堂三三棟のうち、諸種の資料を用いて修理内容の詳細がわかるものは二〇件（一九棟）あるが（明治四四年～昭和二五年に竣工したものに限る）、それらの修理で行われた「復原」箇所には上記「唐様」概念の反映を見てとることができる。それは第一に、修理当事者が当初の立面の高い比例感覚を再現しようとしていたことで、たとえば創建後に付加された長押や縁など立面の水平要素は悉く撤去されているし（七棟）、また屋根の形を「復原」したことで、たちの高い立面が再現されたものも少なかった。第二は「唐様」の特徴とされた建築細部の曲線を「復原」したものが多かったことで、花頭窓（五棟）、弓欄間（七棟）、礎盤（二棟）などを復原したことがあげられる。それらの形の決定根拠は明示されないことが多かったが、円覚寺舎利殿を基準とした細部意匠の編年観がそこに投影されており、当時の修理が「唐様」概念と無関係ではなかったことが示されている。

　昭和戦前期の「唐様」概念は軒廻りの技法を主とする建築技術史的側面を含めて捉えられるようになったが、そうした概念変容に対応するように同時代の復原修理の行われ方も変化していた。他面においてそれは、修理工事の当事者らの関心事が逆に様式概念の変容を促していたことを示唆している。つまり、「様式」と「復原」は相互依存の関係にあったと言える。普濟寺仏殿や安国寺釈迦堂の昭和修理には、昭和初期の「唐様」観がよく反映されており、その様式の建築美再現の観点から軒の規矩を整備（「復原」）しようとする当時の修理技術者たちの意欲がうかがえる。

　昭和戦前期の「唐様」仏堂の修理を象徴的に示すのは定光寺本堂であった。この修理では修理前の仮屋根を撤去し、本格的唐様仏堂の屋根を再現したが、こうした大きな「復原」が説得力を持ち得たのも、当時確固とした「唐様」概念が存在し、かつそれを再現する技術の知見が深められていたからであろう。この復原設計は「唐様」の典型とされた円覚寺舎利殿、および正福寺地蔵堂に多くを拠っているが、仔細に見ればその「復原」の前提条件は必ずしも一致せず、むしろ条件の相違をいかに捉えて対処したかを見ることで、修理担当者らが「唐様」の典型とされる建物の、軒の規矩や架構を再現することに意を注いでいたことがよくわかる。

＊

これまで第一部で述べてきたように、昭和前半期の修理事業を全体的に俯瞰すると、前章で指摘したように、法隆寺昭和大修理を中心に形成されたこの時代の建築保存概念は、創建当初の意匠を技法とともに再現しようとするものであり、本章で見たように、その保存概念は同時代の「建築様式」理解と相互依存的な関係にあった。続く第二部では、その法隆寺昭和大修理に考察の対象を絞り、この事業の中において建築保存の近代的方法論が確立されていく過程を解明し、さらにはこの事業が「保存」という近代的行為に内在する矛盾をきわめて象徴的に明示するという意味で、近代的保存の「記念碑《モニュメント》」的存在であったということを指摘したい。

註

1　本研究に関連する既往の文献に『木造建造物の保存修復のあり方と手法』（奈良文化財研究所、二〇〇三、八六-九〇頁）があげられる。同書では、明治中期の「復原」は、様式を乱すような後世付加物を撤去する「消極的」なものであったが、明治末頃から「積極的」に「様式的純粋さを求める姿勢に変化」したと述べられている。本研究にとって示唆に富む指摘ではあるが、事例を幾つかあげながら概説的に論じるものであるため論理性に乏しく、「唐様」という具体的な建築様式に焦点をあてて様式概念と修復の関係を論じたものでもない。

2　太田博太郎『日本建築史序説』彰国社、一九八九（増補第2版）、一一三頁

3　太田博太郎「天竺様・唐様の名称について」『建築史研究』昭和三〇年四月号

4　関口欣也「円覚寺仏殿元亀四年古図について」（『日本建築学会論文報告集』昭和四〇年一一月）。その成果による禅宗様仏殿に対する見方の変化は、大岡實『日本の建築』（一九六七、一〇一-一一四頁）などに詳述されている。関口博士は、円覚寺舎利殿が、各部寸法を五山仏殿の四割程度に縮小することで「雄大宏壮な」仏殿の意匠を「繊細可憐な

もの」に転換したものであったことを指摘している（『鎌倉の古建築』一九九七、一一八頁）。

5　本章の考察対象は仏堂（仏殿・開山堂など伽藍の主要建物）とし、三門や塔は含めない。また、禅宗の一派である黄檗宗の建築も含めていない。

6　昭和三二年の渡辺保忠『建築講座・5　歴史』は「唐様（禅宗様）」（一五八頁）と冒頭に表記し、本文では「唐様」を用いている。昭和四一年の藤島亥治郎『日本の建築』（至文堂、一五〇頁）は「禅宗様（唐様）」とした上で「禅宗様」を用いており、さらに昭和四〇年頃からの関口論文には「唐様」という語は全く用いられていない。

7　ただ明治二七年の石井敬吉「日本佛寺建築沿革略」のみ、円覚寺舎利殿を取り上げておらず、かわりに東福寺三門や妙心寺玉鳳院開山堂等を取り上げている。

8　田邊泰「正福寺仏殿に就て」『建築雑誌』昭和三年一〇月号、五七-五八頁

9　伊藤要太郎「唐様建築の木割」『日本建築学会研究報告』昭和二六年一二月、一-四頁

10　大森健二「中世における斗栱組の発達」『世界建築全集2　日本Ⅱ中世』所収、一九六〇、八二頁

11　天沼俊一『日本建築史図録　鎌倉・下』星野書店、一九三五、一二一頁

12　技術的なものに「日本的なもの」を見るこうした見方は、のちの関口欣也の一連の研究にも継承されている（『中世禅宗様建築の研究』中央公論美術出版、二〇一〇、一九〇頁、二四八頁）。

13　『国宝善福院釈迦堂修理工事報告書』和歌山県文化財研究会、一九七四、図版編

14　『国宝正福寺地蔵堂修理工事報告書』東村山市史編纂委員会、一九六八、四頁

15　延暦寺瑠璃堂修理では内法長押・地長押を撤去して桟唐戸構えを再現したが、後年の報告書に「建物の形式上の統一から考へて復原したものゝ如く、その形態意匠に就いては如何なる資料に基いて復原されたものかは不明」（一一頁）とある。東禅寺本堂修理では正面中央間を格子引戸から桟唐戸構えに変更したが、「現状変更説明」にその根拠が明示されていない。

16　ほかにも善福院釈迦堂は、修理前（縁を廻さないが）内部に板床が張られており、その板床が明治修理で撤去された。また、信光明寺観音堂は、修理前の写真を見ると正面基壇隅が崩壊し前面に仮設的に地長押・濡縁が設えられていたが、修理後は基壇が復旧されて地長押・濡縁も撤去された。
17　『現状変更説明1・2』（文化庁蔵）所収
18　天沼俊一『日本建築史図録　室町』星野書店、一九三五、二二〇-二二一頁
19　『現状変更説明1』（前掲）
20　『国宝建造物定光寺本堂維持修理報告書』国宝定光寺本堂修理事務所、一九四〇、一八頁
21　『現状変更説明1』（前掲）
22　鈴木充「不動院金堂の研究1　――大正修理と天正移築時の変更――」（『日本建築学会大会学術講演梗概集』一九八二、二四〇五-二四〇六頁）掲載の図1・2
23　『重要文化財洞春寺観音堂修理工事報告書』重要文化財洞春寺観音堂修理委員会、一九五一、一八-二〇頁
24　『国宝善福院釈迦堂修理工事報告書』和歌山県文化財研究会、一九七四、七頁
25　天沼俊一「日本古建築研究の栞（卅二）」『史林』昭和四年一〇月号、一一八頁
26　『現状変更説明2』（前掲）。この「復原」で参酌した建物名はあげられていないが、当時永正年間建立とされた酬恩庵本堂と慈照寺銀閣（一四九〇）の花頭窓の曲線によく似ている。一方、功山寺仏殿は鎌倉時代の建物であるが、当時は円覚寺舎利殿よりも建立年が下るものと考えられていたから、同じく「比較的古式」の曲線で再現したものと思われる。
27　『国宝功山寺仏殿修理工事報告書』一九八五、四三頁
28　田邊泰は正福寺地蔵堂の建立年代が円覚寺舎利殿よりも下るという根拠の一つとして礎盤が円筒形で円形鉢状になっていないことをあげているが（「正福寺佛殿に就て」『建築雑誌』昭和三年一〇月号、五四頁）、ここにも礎盤に関する

同様の編年観が示されている。

29　マルティネス・アレハンドロ『木造建築遺産保存論——日本とヨーロッパの比較から——』中央公論美術出版、二〇一九

30　鈴木嘉吉「法隆寺修理」（『近代日本建築学発達史』丸善、一九七二、一七六五頁）。本書第一章を参照されたい。

31　李正夫「歴史的建造物の修理をかえりみて」『文建協通信』一九九四年一〇月号、一九-二二頁

32　『現状変更説明2』（前掲）

33　『国宝普濟寺仏殿修理一件』京都府立京都学・歴彩館蔵京都府庁文書、昭06-0066

34　天沼俊一『日本建築史図録　鎌倉・下』前掲、三頁

35　『現状変更説明2』（前掲）

36　服部文雄「上田虎介先生と近世規矩」（『建築史学』一九八四年三月号、一八六頁）、古寺修造「吉田種次郎翁を語る」（『清交』昭和一三年四月号、七〇頁）。

37　青木生「定光寺だより」『清交』昭和一三年七月号、一二頁

38　「定光寺本堂（仏殿）修理設計書」（川崎市立日本民家園蔵大岡實博士文庫資料、6-11-22-25）。資料の前後関係から推察して、昭和一二年五月三一日付で定光寺から愛知県知事に提出された「副申書」（修理許可願書）中の「別紙図面並ニ設計書」というのがこの資料のことと考えられる。

39　『国宝建造物定光寺本堂維持修理報告書』国宝定光寺本堂修理事務所、一九四〇、二〇頁

40　『国宝建造物定光寺本堂維持修理報告書』（前掲、二頁）。ただし、明応再建が新築に近い大規模なものであったことは、南北朝頃の部材と推定されるものがごく一部しかなかったこと（一一頁）からも察せられ、仮にこの修理の「建立」を明応再建に求めれば、「建立」時から主屋屋根は存在しなかったことになる（現在の文化庁編『国宝・重要文化財建造物目録』をみても明応建立の見方がとられている）。

41　関口欣也『中世禅宗様建築の研究』前掲、一八八頁

42　全国の方三間裳階付き仏堂のうち修理工事報告書から地垂木の引通し勾配が知られるものをあげれば、善福院釈迦堂は〇・四〇、正福寺地蔵堂は〇・三九、長樂寺仏殿は〇・三六、瑞龍寺仏殿は〇・四二で、およそ四寸内外の勾配である。

43　「設計変更願」大岡資料6-11-22-25

44　「設計変更願」大岡資料6-11-22-25

45　関口欣也「中世禅宗様仏堂の扇棰」『日本建築学会論文報告集』昭和四三年七月、七三-八四頁

46　ただし、修理工事報告書には裳階屋根が後世の改造によるものであることが示唆されている（一八頁）。それにも関わらずこの修理では、その裳階屋根を残しつつ、さらにそれを扇垂木の復原設計の前提条件とすることが求められていたものと思われる。軒の出も同様で、通常よりも軒の出の大きい裳階屋根を残さねばならなかったので、それとの比例を勘案し、主屋屋根の軒出を最大限に大きくせざるを得なかったのであろう（同上、一八-一九頁）

第Ⅱ部　法隆寺昭和大修理の建築保存理念

第三章　法隆寺昭和大修理初期工事における武田五一の理念と手法

第一節　緒言

昭和九（一九三四）年に開始された法隆寺昭和大修理の初期工事の工事事務所長を務めたのは、近代の関西建築界における主導的建築家の一人であった武田五一（一八七二―一九三八）である。大修理が開始されて四年後の昭和一三年、法隆寺での仕事中に死の病に倒れた武田の経歴[1]を振り返ると、遡ること明治三七（一九〇四）年に京都府技師に就任して以来、彼は終生一貫して文化財保存事業に深く関与し、この世界の重鎮の一人でもあったことがわかる。しかし、武田に関する先行研究には保存修理に焦点を当てたものはほとんど見られず、わずかに浅野清ら武田をよく知る修理関係者の回顧録[2]が数編あるにすぎない。法隆寺昭和大修理に関するこれまでの文献を見ても、武田は工事事務所長として名があげられるにとどまり、武田――および武田の配下にあった修理技術者たち――の保存思想については詳しく述べられていなかった。そこで本章では、この大修理事業が実施された経緯について述べるとともに、この事業への武田の関与のしかたを明らかにし、武田らがこの修理で何を「保存」しようとしていたかについて考察する。

武田が担当した各修理工事の内容については、刊行された修理工事報告書によって、かなり詳しいことを知ることができるが、昭和時代の保存概念を解明するという本書のテーマに照らしてそれらの文献から知られるのはごく僅かであり、それは結局のところ、創建後の改変部を創建時の状態に戻す「復原」的現状変更が多くあったことと、改変部の全てを元に戻したわけではなかったことの二点に尽きる。個々の「復原」はどのような保存理念に立脚していたのか、あるいは「復原」しなかったところがあるのはなぜか、というような保存思想にかかわる重要問題については既往文献では掘り下げられていないのである。理念の問題は、修理関係者の「保存」の論理を彼らの言説をもとに解釈しないかぎり解くことができず、それにはまず個々の修理の方針策定過程を明確化し、各修理関係者の立場や考え方を踏まえたうえで、実施された修理工事の内容を今一度吟味しなければならない。

この事業の工事事務所長という武田の役職は、現地法隆寺で併行して行われる各修理工事の監督技師以下全ての技術員を統括する立場であったから、工事実務への関与の深さの点においては当時一般の工事監督と同じではない。しかし、一方で彼は修理工事現場の最高責任者であったから、各工事の担当技術者の意見を取りまとめて修理工事の原案を作成し、法隆寺国宝保存協議会（以下「協議会」とも略記する）においてその原案の承認を得るための重要な役割を果たしていた。すなわち、本章で述べる武田の見解は、現場の修理技術者の総意と見なすことができるのである。

この事業で武田が修理を担当した期間は、事業が開始された昭和九年四月二〇日から、彼が急逝した昭和一三年二月五日までの約四年間であり、その期間に修理された建物は、食堂・細殿、東大門、東院礼堂、東院鐘楼、西円堂、地蔵堂、大講堂の七件八棟であった(3)。なお、その後の約一年間は奈良県技師・岸熊吉が暫定的に法隆寺の現場を指揮し、次いで昭和一四年一月六日に古宇田實が所長に就任した。

本論に入る前に、この修理の機構について今一度まとめておきたい（詳しくは序論三節参照）。既往の文献によれば、この事業は年間事業費一二万円、一五ヶ年の計画で昭和九年に国の直轄事業として開始され、法隆寺から工事委託をうけた文部省が文部次官を部長とする法隆寺国宝保存事業部を省内に設置し、現場には法隆寺国宝保存工事事務所が開設され、「現状変更」の可否等修理方針を策定するために法隆寺国宝保存協議会が一二名の委員によって組織された。[4]法隆寺修理の現状変更案はこの協議会の認可を得た後、ほかの修理と同じように国宝保存会で審議されることになるが、国宝保存会と法隆寺国宝保存協議会の両方を兼務する委員が多かったこともあり、この協議会において現状変更案の可否はほぼ決定されていた。[5]

この事業の年間事業費は国庫（国宝保存臨時費）から七万円、国宝保存会（国宝保存経常費）から四万円、聖徳太子奉賛会から一万円が支出されていた。聖徳太子奉賛会（以下「奉賛会」とも略記する）とは、次節で詳述するように大正七（一九一八）年に設立された法隆寺の団体で、法隆寺昭和大修理が実施される過程できわめて重要な役割を果たしていた。この奉賛会の中心メンバーは日本史学者・黒板勝美（一八七四–一九四六）、荻野仲三郎（一八七〇–一九四七）らであり、彼らは法隆寺国宝保存協議会の委員として、この事業開始後も修理工事に深く関わっていた。武田に所長就任を依頼した人物でもあった両名は、修理の真相を究明するうえでも欠かせない人物であった。[6]

第二節　法隆寺昭和大修理事業の実現に向けた聖徳太子奉賛会の役割

◉ 昭和大修理計画の立案

昭和初年代に法隆寺昭和大修理が実施されることになった経緯を詳しく見ると、この修理事業の実現に向けて、法隆寺の護持団体である聖徳太子奉賛会が大きな役割を果たしていたことがよくわかる。

法隆寺の指定建造物は昭和初年において二七件あり、そのうち中門、上御堂、南大門、経蔵、鐘楼、回廊は、明治期から大正期にかけて奈良県の工事として根本的修理がすでに終えられていた。しかし、奈良県には法隆寺以外にも修理が必要な古建築が多く、未だ多くの未修理建物を抱える法隆寺の継続的な修理実施の見通しは立っていなかった。こうした状況から聖徳太子奉賛会はすでに昭和四年に大修理計画を立て、奈良県との協議を開始していた(7)。

このときの協議内容がうかがえる資料が残されている(8)。その資料によれば、この協議は昭和四年一一月一二日に法隆寺で開催されたもので、出席者は法隆寺の佐伯定胤貫主、細川護立（大正一四年より聖徳太子奉賛会の会長であり、国宝保存会の会長でもあった）、黒板勝美ら奉賛会のメンバー、および奈良県知事・笹井幸一郎、県技師・岸熊吉ら奈良県職員という顔ぶれであった(9)。表1の左段に示すように、この資料には、今後修理すべき法隆寺の諸建造物の諸元、国宝指定の有無、破損程度（甲、乙、丙の三段階）、修理費の概算額が記載され、「備考」欄には「全

表1　昭和4年および昭和9年における法隆寺昭和大修理の事業計画

昭和4年事業計画					昭和9年事業計画
建造物	指定	破損程度	修理方法	修理費（円）	修理費（円）
金堂	国宝	丙	上層解体修理	70,000	74,000
五重塔	国宝	丙	二層以上解体修理	100,000	72,000
大講堂	国宝	乙	全部解体修理	80,000	140,000
西大門		丙	小修理	1,000	
東大門	国宝	甲	全部	10,000	10,000
西円堂	国宝	丙		3,000	28,000
地蔵堂	国宝	乙		5,000	7,500
三経院・西室	国宝	甲	全部解体修理	80,000	昭和8年修理済
聖霊院・東室	国宝	乙	要部解体修理	25,000	30,000
妻室	国宝	丙	要部解体修理	5,000	
綱封蔵		乙	全部改築（百坪ノモノ新築）	200,000	
食堂	国宝	甲	全部解体修理	35,000	34,000
細殿	国宝	甲	全部解体修理	8,000	
新堂	国宝	丙	要部解体修理	5,000	7,000
宗源寺四脚門	国宝	甲	全部解体修理	3,000	3,500
土塀（南大門ヨリ西大門ニ至ル）		乙	大修理	7,000	
土塀（西院其他）		丙	小修理	5,000	
其他建物		丙	小修理	20,000	
夢殿	国宝	丙	要部解放修理	5,000	30,000
東院回廊	国宝	甲	解体修理	40,000	60,000
舎利殿絵殿	国宝	丙	要部解放修理	20,000	45,000
伝法堂	国宝	乙	要部解放修理	50,000	40,000
東院礼堂	国宝	甲	解体修理	30,000	35,000
東院南門	国宝	丙	要部解放修理	3,000	12,000
東院四脚門	国宝	丙	要部解放修理	1,000	3,500
東院鐘楼	国宝	乙	要部解放修理	5,000	14,000
北室院唐門［表門］	国宝	甲	解体修理	3,000	32,500
北室院本堂	国宝	乙	要部解放修理	7,000	
土塀（東院）		丙	要部解放修理	5,000	

※昭和4年事業計画は『特別保護建造物修理設計書』（奈良県庁文書、S3-96）をもとに作成。昭和9年事業計画は『昭和九年度概算書（法隆寺国宝保存ニ要スル経費）』（大岡資料、6-11-34-3）をもとに作成。

※昭和4年事業計画のうち「綱封蔵」は「全部改築」し、同時に宝物を収蔵する「宝蔵」を新築する計画であった（『大阪朝日大和版』昭和4年11月14日9面）。

部解体修理」や「要部解体修理」など修理方法が記されている。

法隆寺の未修理建物の中には倒壊の危機に瀕した状態のまま放置されているものもあり、その筆頭にあげられるのが三経院及び西室と、食堂・細殿の二件三棟であった。いずれの建物もこの時の計画案の中で破損程度が「甲」の部類となっている。

『法隆寺日記』（法隆寺蔵）を見ると、この昭和四年一一月の会議で、昭和六年三月頃から予算九万円で三経院及び西室の修理に着手することが決まったことがわかる[10]。前掲昭和四年の大修理計画を見ると、三経院及び西室も長期計画の中に組み込まれていたが、おそらく緊急性が高い三経院及び西室は、大修理事業が実施される前に、奈良県が行う一般の修理として行う必要があると判断されたのであろう。実際、昭和六年に着工したこの修理は昭和九年に竣工するが、この修理竣工と期を同じくして大修理事業が開始されることになったことも機縁である。

◉法隆寺食堂・細殿修理実施の経緯

昭和四年の大修理計画の中で今一つの緊急性の高いものと考えられていた食堂・細殿の修理は、結局その五年後に法隆寺昭和大修理の初期工事の一つとして実施されることになった。しかし、この修理も、大修理開始直前までは、奈良県が行う一般修理の一つとして立案・計画されていた（図1）。しかも、実際に修理される一五年も前から具体的な修理計画が立てられており、大正九年と昭和八年の二度にわたって修理設計書が作成されていたのである。

「大正九年六月調整」と記された「法隆寺食堂細殿修理工事設計書」[11]を見ると、修理の全体的方針や、修理で現状を変更する箇所等が記されており、それとともに取替材の部位、材種、寸法、費用等を記す修理工事の明細書も添付されている。こうした詳細な修理設計書が作成されながらも、この時期に修理が結局実施されなかった理由は詳らかではないが、第一次世界大戦後のインフレの影響もあったであろう(12)。いずれにせよ、その一四年後の昭和八年までこの修理が再び俎上に載せられることはなかったが、その間、食堂・細殿は、緊急性の高い修理としてしばしば新聞等のメディアにも取り上げられていた(13)。当時の新聞によれば、昭和八年一月、「明八年度の食堂、細殿修理」のために文部技師・阪谷良之進が現地調査を行い、この調査によって総工費の概算額が三六、六五二円となったことが報じられている(14)。一方、昭和に入って再度作成された「法隆寺食堂及細殿修理工事設計書」(15)には日付がないが、工期として「昭和八年八月着手シ同九年十月竣工ノ予定」とあり、そこに記載された総工費は右の記事と同額であるから、この設計書はこの時に阪谷によって作成されたものと見て間違いない。阪谷は前記の記事のなかで、この修理工事のための調査のほか「伽藍全体の大保存調査を行ふので技術的材料を出来るだけ纏め」るとも述べており、まだ実施が決まっていなかった法隆寺昭和大修理計画もこのとき念頭にあったことがわかるが、この時点では食堂・細殿修理は依然として奈良県が行う予定のままであった。

　しかし、結局この時も修理着工は見送られることになった。その理由は文献からはよく分からないが、その一つとして昭和大修理という大規模な事業を実現するための政治的工作であった可能性があげられる。と

図1　法隆寺食堂・細殿正側面（修理前）

いうのも、後述するように、この大修理計画が実施される過程においては、この建物の「惨状」がしばしば強調されて、この大修理事業の必要性と緊急性が、当局や一般社会に向けて視覚的に強くアピールされていたからである。前記阪谷の調査の翌月二月一三日、法隆寺は文部省に修理の願書を提出し、一時は食堂・細殿の修理工事が実施される運びとなったが、三月二日、文部省が修理費増額（寺負担三、八〇〇円増額）を県を通じて寺に通知したため、法隆寺は黒板勝美ら聖徳太子奉賛会と協議を行い、修理を見送ることを決定した――当時文部省にいた大岡實は、この時奉賛会と文部省関係者の間で何らかの「交渉」があったということを後年記しているが[16]、その詳細はわからない。三月一〇日、法隆寺は文部大臣宛に修理費支払い不可の回答をしているが、それを当時の新聞は「県の関係方面ではこれを単に予算の都合上延期されたと解釈せず（中略）法隆寺堂塔伽藍全体についての統制的修理大計画が具体化されつゝある結果、こんどの部分的修理を見合せることになつた」（傍点引用者、以下同じ）[17]と報じている。

◉　聖徳太子奉賛会の設立主旨と活動内容

法隆寺昭和大修理の年間事業費のうち一万円を負担した聖徳太子奉賛会は、大正一〇年四月に執り行われた聖徳太子一千三百年御忌法要という一大行事に向けて大正七年五月に設立された法隆寺の護持団体である。そもそも奉賛会は明治末年に岡倉覚三（天心）が提唱した「法隆寺会」の呼びかけを発端とするもので、岡倉の死後、黒板勝美、荻野仲三郎、高島米峰（仏教運動家）らによって聖徳太子一千三百年御忌奉賛会が設立され、大正一三年に財団法人・聖徳太子奉賛会となった[18]。以下に示すように、奉賛会によって推進された法隆寺の建物の保存活動

年表　法隆寺昭和大修理事業開始までの聖徳太子奉賛会による活動

明治	44年	10月16日	平子鐸嶺供養会で岡倉天心が「法隆寺会」を提唱
大正	元年	5月	黒板勝美、法隆寺宝蔵建設を提唱
	2年	9月	関野、黒板、奈良県に委嘱し防火設備工事案作成（西院のみ）
	7年	5月25日	黒板、正木正彦、高島米峰ら聖徳太子一千三百年御忌奉賛会設立
	8年	3月	防火設備工事の計画変更（伽藍全体に拡大）
		3月25日	衆議院で防火設備工事建議案を議決
	9年	2月	物価高騰により、防火設備工事のため黒板ら寄付金集め開始
		4-5月	奉賛会主催で法隆寺宝物展覧会開催（奈良帝室博物館）
		6月	法隆寺食堂・細殿修理工事設計書作成
	10年	4月11～15日	聖徳太子一千三百年御忌法要開催
		8～11月	防火設備工事のため床次竹二郎内相、粟谷宗教局長ら法隆寺視察
	11年	6月	黒板の依頼により大井清一、武田五一ら防火設備案を提案
	12年	2月27日	防火設備工事計画、古社寺保存会で可決
		3月10日	防火設備工事人事決定（顧問大井、参与黒板、武田、久保田鼎）
	13年		財団法人聖徳太子奉賛会設立
	14年	11月22日	防火設備工事着工
	15年	5～6月	奉賛会主催で聖徳太子奉賛展覧会開催（東京府美術館）
昭和	3年	4月10日	防火設備工事竣工
	4年	11月	黒板ら奉賛会と奈良県により法隆寺の大修理計画を協議 (修理工事計画23件、金堂五重塔の修理方針、宝蔵建設など) 奈良県により三経院及び西室の修理を行うことを決定
	5年	3～4月	奉賛会主催で第二回聖徳太子奉賛展覧会開催（東京府美術館）
	8年	1月10～15日	昭和大修理のため阪谷良之進が法隆寺伽藍調査 食堂及細殿修理工事設計書作製
		4月	食堂・細殿修理が大修理計画のため延期
		5月	黒板、荻野、有光らによる昭和大修理実施のための政界への働きかけ
		5月21日	黒板ら奉賛会の斡旋により貴衆両院議員33名が法隆寺視察
		9月	昭和大修理計画案、文部省から大蔵省へ回付
		10月19日	黒板らの斡旋により鳩山一郎文相が法隆寺視察
		11月	大蔵省の査定を終え、昭和大修理計画の実現が決定 ただし予算案削減により宝蔵建設が見送られる
	9年	3月	昭和大修理の人事ほぼ決定（武田が工事事務所長に就任）
		4月20日	昭和大修理着手（修理機構発足、食堂・細殿修理工事着工）
		5月6日	三経院及び西室修理竣工、法隆寺国宝保存協議会開催
		5月27日	昭和大修理起工式

※『大阪朝日奈良版』、『法隆寺防火設備水道工事竣功報告書』（1938）などをもとに作成。

は、「聖徳太子」にかかわる啓蒙・研究活動と一体的に行われたところに特徴があり、そこには黒板の保存思想がよくあらわれていたと考えられる。

奉賛会の設立時に発行された「聖徳太子一千三百年御忌奉賛会趣意書[19]」をみると、同会設立の主旨として「太子を永遠に記念し奉るべき事業を計画し以て洪恩の萬一に報し霊徳を後代に宣揚せんとす」とあり、聖徳太子信仰の宣揚が第一に掲げられている。そして、設立時における活動計画としては「聖徳太子一千三百年御忌奉賛会計画事業並理由書[20]」のなかで次のように記されている。

一、法隆寺及び叡福寺の法要賛助
二、聖徳太子記念研究基金の設定並研究設備費
三、聖徳太子御伝及び賛仰唱歌の編纂出版
四、法隆寺防火設備

ここで注目されるのは、「四」に法隆寺防火設備の設置工事があげられていることである。昭和一〇年、黒板は、開始されたばかりの法隆寺昭和大修理の実施経緯を振り返りつつ、聖徳太子奉賛会を設立するに至った経緯と動機について次のように回顧している。

「御遠忌も大事だが法隆寺の保存を考へることが必要ではないか、のみならず聖徳太子の御遺徳が一般に知られてゐないでは法隆寺の保存もできない、これは根本的に聖徳太子の御遺徳の宣揚から出発せねばならない。これは聖

徳太子に対する信仰からはじまらねばならぬ。」

（黒板勝美「修理に至るまで」『博物館研究』昭和一〇年三月号、八頁）

つまり、聖徳太子奉賛会の設立は、「法隆寺の保存」を行うために聖徳太子信仰を宣揚することが肝要であるという黒板の発想にもとづくものであった。そこでは太子信仰を宣揚すること、すなわち聖徳太子に関する啓蒙活動を行うことが、法隆寺を「保存」することと一体的なものとして捉えられており、同会設立当初の事業計画に防火設備設置工事が盛り込まれていたのもこうした考えによるものであろう。そもそも奉賛会設立の発端になったといわれる明治末期の岡倉天心による提案（岡倉覚三「法隆寺保存論」[21]）は「法隆寺は国としても保存せざるべからず、学者も国民も其保存を図ると共に研究せざるべからず（中略）外国には夙に斯る古寺院を中心としたる学会ありて保存と研究とをなすが常也、吾が国にも亦此種の学会起らざるべからず」という、純粋な学術的な発想から出された保存論であり、そこには黒板のような「保存」と社会思想（信仰）を結びつける発想はなかった。

こうした主旨のもとに設立された奉賛会は、設立後、様々な社会的活動を精力的に行っていた。その活動内容は（一）啓蒙活動、（二）研究活動、（三）保存活動に分けられる。

まず、（一）啓蒙活動は、書籍・小冊子を数多く刊行するとか、講演会を頻繁に開催するなどの社会活動である。同会による戦前の刊行物は一四冊あり、そのほとんどが聖徳太子（厩戸皇子）の「歴史的偉業」に関するものであった。また、少なくとも一六回以上の講演会を開催したことを当時の新聞などから確認でき、そこで発信された内容をみると、大陸の文明を「日本の旧文明とよく調和」するように取り入れた聖徳太子を「我が文化の祖」として称え、太子の内政は「皇室中心主義」で、外交は「日本中心主義」であったと主張している[22]。

（二）研究活動は、聖徳太子関連の研究を行う若手研究者の助成事業であり、たとえば考古学者・石田茂作に「聖徳太子四十六院の研究」の調査費を支給するなど、都合四件の研究助成事業を確認できる(23)。

（三）保存活動としては、前掲「財団法人聖徳太子奉賛会事業細則」によれば、「遺跡ノ保護ハ太子ニ最モ深キモノヲ主トシ（中略）法隆寺学問寺トシテノ権威ヲ持セシメン」という目的のもと、積極的な活動を行った（前掲の年表参照）。先述した防火設備の設置工事は、大正九年、物価高騰などの理由により一時実施が危ぶまれたものの、黒板らによる懸命な資金収集の末(24)、ようやく大正一四年一一月に着工し、昭和三年四月に竣工した（図2）。前掲の事業計画書に「本会は防火設備に関し当局に交渉し、国家事業として完全なる計画を立てしむる」と述べられているように、その計画案は大正八年三月二〇日の帝国議会衆議院で可決され(25)、実際に多額の国庫補助によって実施された大工事であった（総工費二九万五千円のうち国庫支出二四万五千円）。この設備は、法隆寺境内の北西にある鎌峠谷に鉄筋コンクリート造の堰堤を築いて防火池（「呵魔池」と命名された）を建設し、そこから長さ六八三間（約一・二キ

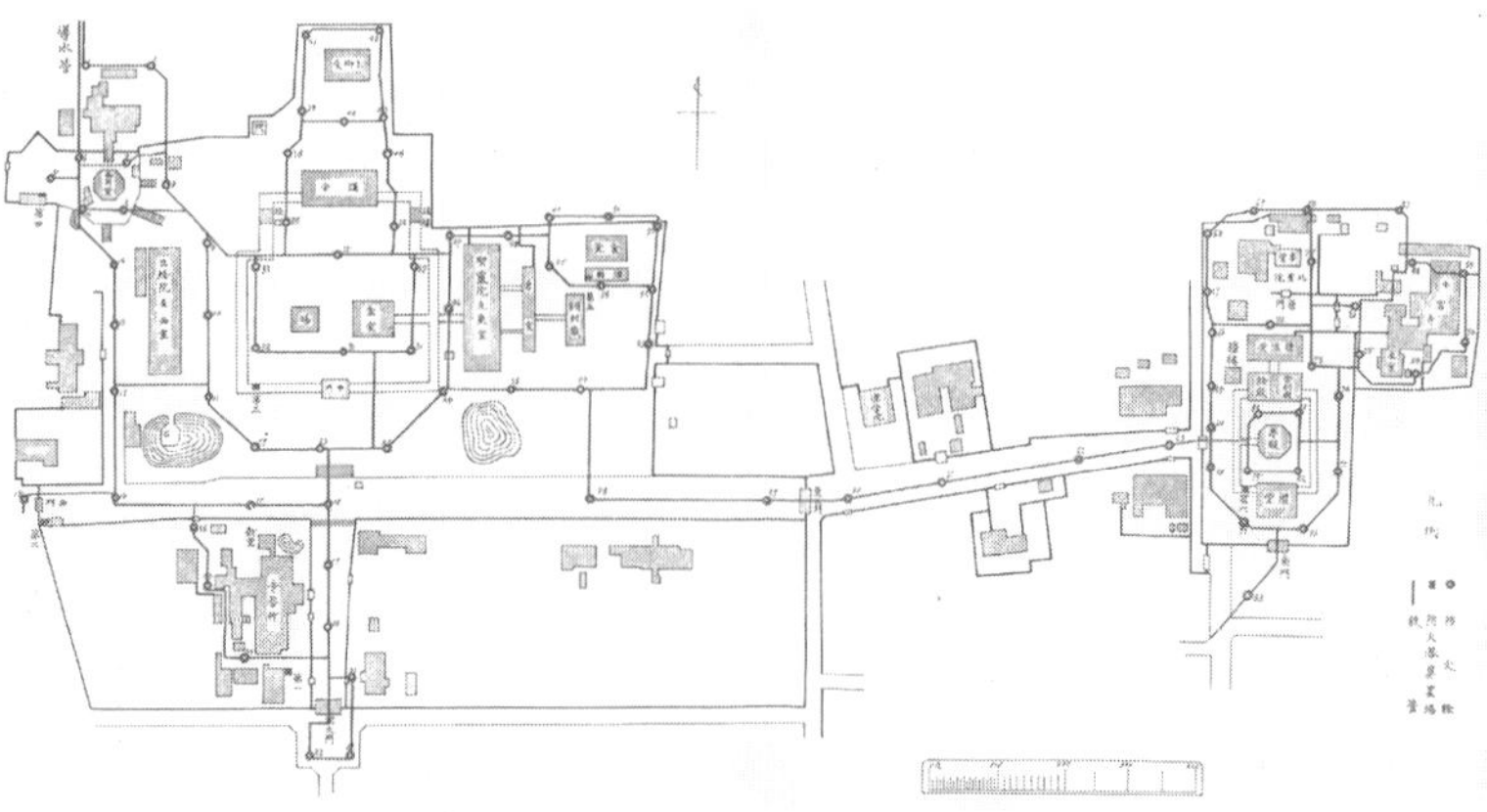

図2　法隆寺境内防火栓配置図

ロメートル）の導水管を引き込んで境内九〇箇所に防火栓を設置するという大規模なもので、高さ七九・一尺の五重塔の露盤まで放水可能な水圧を備えていた。

聖徳太子奉賛会の保存活動の中でもとりわけ重要であったのは、法隆寺昭和大修理という事業を立案し、なおかつその実現に向けて政界に積極的に働きかけていたということである。前記のように、奉賛会は、防火設備水道工事竣工の翌年、昭和四年一一月一二日に、奈良県技師・岸熊吉らとともに昭和大修理事業の計画案について協議していた。これは同年七月に国宝保存法が施行された直後のことであったが、後述のようにその同時性はおそらく偶然ではない。

事業開始の前年、昭和八年に黒板、荻野らはこの計画実現に向けて政界に働きかけていた。たとえば当時文部省宗教局保存課長であった有光次郎の日記[26]を見ると、昭和八年五月から六月にかけて次のような記述がある。

昭和八年五月六日　（土）　工業倶楽部にて午後、黒板、荻野両氏と法隆寺行の打合をなす。
昭和八年五月八日　（月）　議会にゆき、法隆寺行議員の顔ぶれをたしかめにゆく。
昭和八年五月一一日　（木）　荻野氏と藤井主計局長、賀屋予算課長、荒川司計課長に法隆寺見学をすすめる。
昭和八年五月一八日　（木）　大蔵省側は法隆寺行を見合はせるたる由を黒板氏に内藤君より伝ふ。
昭和八年六月五日　（月）　午後、荻野氏と大蔵省にゆき、賀屋、荒川両課長に法隆寺見学をすすめる。

黒板、荻野らとともに有光が当時の政治家や官僚に法隆寺視察を熱心に勧めていた様子がうかがえる。こうした働きかけの結果、五月二一日、奉賛会の斡旋で貴衆両院議員三三名による法隆寺視察が実現した。先述した食堂・細殿修理を見送ったことがここで重要な意味を帯びてくる。当時の新聞はこのときの法隆寺視察を次のように報じている。

「この両氏（政友会大口喜六、民政党川崎克のこと：引用者註）が例の修理中止になつた食堂で落ち合い倒れさうな腐朽の現状に『君こりやひどいね』としみぐ\感慨を洩らし横から出た『根本的保存施設は議会でモノになりますか』との問ひに『そりやモノになるさせなきや……』と異口同音、党派を超越して純な保存論者ぶりを見せ保存施設の急務を説いた」（『大阪朝日奈良版』昭和八年五月二三日一三面）

このように、この法隆寺視察では、案内人――黒板、荻野ら奉賛会メンバーを含む――によって食堂の「惨状」が強調されていたのである。この直前の三月にこの修理をあえて見送った奉賛会の真意はおそらくここにあったのだろう。同年一一月、大蔵省の査定を通過し、この大修理事業の実施が決定したが[27]、その過程でも食堂の惨状はたびたび言及されていた。奈良県学務部長・久慈学は、法隆寺の大修理計画はそもそも「食堂の如く根本保存問題のため本年度に修理する予定だつたのが中止されてゐるのでは保存上危惧の念にたへないという意向からである」と述べているし、一〇月一九日には阪谷、荻野らの案内で文部大臣・鳩山一郎が同寺を視察しているが、そこでも「食堂の腐朽現場などは自ら先頭に立つて視察する有様」であったことが報じられている[28]。

◉　黒板勝美の保存思想と聖徳太子奉賛会の保存活動

日本文化の始祖としての聖徳太子像を広く社会に浸透させようとする教化策とともに、日本文化の象徴としての法隆寺の「保存」を企てようとする聖徳太子奉賛会の活動には、その主導者であった黒板勝美の保存思想がよくあらわれている。黒板は、周知のように大正期以降の文化財保存事業にきわめて深い関わりのあった日本史学者で、とりわけ大正八年の史蹟名勝天然紀念物保存法制定の過程においては重要な役割を果たし(29)、昭和九年に自ら設立した日本古文化研究所によって藤原宮跡の発掘調査を行うなど、「史蹟」の調査・保存に対する貢献が大きかった人物として知られる。その黒板は「史蹟」について次のように述べている。

「史蹟といふものゝ価値は、其当時からの遺物、其当時の人間の活動そのものが其中に成るべく澤山遺つて居ることが史蹟として最も価値あらしむ所以であり。若し出来得べくむば其創立の当時の儘其物が今日に保存されて居るならば、実に完全なる史蹟と言はなければならぬ」

（黒板勝美「史蹟としての法隆寺」『史蹟名勝天然紀念物』大正八年八月号、五八頁）

このように黒板は「史蹟」という概念をきわめて広範に捉える。つまり、歴史的に重要な「場所」という意味のみならず、その場所に当初から存在する「遺物」――次の引用に見られるように、建造物、彫刻などの国宝（今日いう「文化財」）全般を意味する――が、そのままの状態で多く残っているほど「史蹟」としての価値が高いというわけである。そのような見方によれば、法隆寺はまさに「最も完全なる史蹟」であった。

「実に其創立当時の儘といつてよいばかりでなく、創立当時から諸時代に安置せられました所の立派な佛像、それ等のものでその内部が総て充実して居ります立派な建築が今日まで遺つて居るのであります。此点に於きまして私は我法隆寺は最も完全なる史蹟としてアゼンスのパアテノン宮殿よりも誇り得べきものであることをこゝに申したいのであります。」

（黒板勝美「史蹟としての法隆寺」『史蹟名勝天然紀念物』大正八年八月号、五八頁）

続けて、西院のみならず、法隆寺境内全域にわたり「各時代の貴重なる標本」[30]としての建築が残されているとして、境内に散在する中・近世の建造物の価値の高さに言及しつつ、「各時代に於ける太子信仰の表現」[31]が現れていると、それらの建築を信仰表現の点から評価している。古代の建築に較べると中・近世の建築は年代の新しさから文化財としての価値が低く見られがちであるが、それらにも宗教史的ないし文化史的価値を認めるという黒板のこうした見方は、当時において斬新な古建築評価法であったと考えられる。法隆寺の全体的な「保存」を企図して昭和大修理を実現させた奉賛会の保存活動は、こうした黒板の法隆寺評価を色濃く映し出したものであったのである。先述の防火設備水道工事は、明治四五年の立案当初は西院のみに実施される計画であったものを境内全域にわたる計画に変更したのであったが、その計画変更は、奉賛会設立直後の大正八年のことであった[32]。また、法隆寺昭和大修理の計画を立案したのも同じく奉賛会であったが、境内全域の多くの建物の修理をまとめて行うという計画も同じ考えにもとづくものであり[33]、彼らによって伽藍の大修理というコンセプトが初めて打ち出されたのである。

黒板は、大正六年に発表した論考「史蹟遺物保存の実行機関と保存思想の養成」の中で、文化財保存には「愛国心の養成、国民の自覚といふやうな非常に大きな意義」があると述べている[34]。

「史蹟遺物の尊重すべきことを国民に自覚せしめねばならぬ、そして保存事業そのものに対して国民の健全なる思想を発達せしめなければならぬ。また之れが国民の公徳心を養成し、国土を愛し家郷を愛し、その持つてゐる総ての物を大事にするといふ思想を養はしむる上に於て、極めて大切なことで、これを推し拡むれば単に史蹟遺物そのものゝ保存に止まるものではない。（中略）一面より言へば、然ういふ色々の物を保護することは、同時に国民自身の自衛である、国民をして精神的に独立心を発揮せしめる。」

（「史蹟遺物保存の実行機関と保存思想の養成」『虚心文集　第四』吉川弘文館、一九四〇、四五二–四五四頁）

保存事業のもつ国民統合機能を重視し、「国民の健全なる思想」を発達させるようにそれを行うべきこと、換言すれば、国民のナショナリズムに訴えかけるかたちで保存活動を行わなければならないと主張されている。前記の引用文の中で黒板は、西洋の古典建築、それも特に有名なギリシアのパルテノン神殿と比較しながら法隆寺の価値を論じていたが[35]、世界的に広く知られるパルテノン神殿を引き合いに出しながら法隆寺の価値を謳い上げていたのも、一般読者のナショナル・アイデンティティを刺激するためであろう。

なお、黒板の修理観、とりわけ武田五一の復元主義への批判については本章五節で改めて取り上げることとする。

◉国宝保存法制定において黒板勝美ら聖徳太子奉賛会が果たした役割

聖徳太子奉賛会の黒板勝美、荻野仲三郎らは史蹟の保存や法隆寺の保存のみならず、昭和四年の国宝保存法が成立する過程においても重要な役割を果たしていた。序論三節で述べたように、国宝保存法における旧法・古社寺保存法からの変更点の中でも、保存修理に直接的に関係するものとして、臨時費の支出が可能になったということ（第十六条）、および「現状変更」を許可制としたということ（第四条）の二点が重要であったが、これらいずれの変更点にも黒板らの意向が強く反映していた可能性が高いのである。

　黒板と荻野が国宝保存法の制定に関与していたことは後年数多くの当事者たちによって指摘されている。たとえば当時の文部省宗教局長・下村寿一は「国宝保存法の立案は実は私がしました」と述べながら、「この原動力をなしたのは滝、黒板、荻野の三君です」と指摘しているし、[36] 同法制定に伴って新設された役職・国宝監査官に就任した藤懸静也も、黒板が「瀧精一・荻野仲三郎氏等とはかり、文部当局に共に保存法に大改革を施した」と回顧している[37]。

　国宝保存法を制定した目的の一つは、社寺だけに限定されていた保存の対象を国、地方公共団体、個人等の所有のものにまで拡大することにあったことはよく知られているが、その一方で、保存事業の経常費（上限二〇万円）の上に「臨時費」の支出を可能にしたことも修理事業の大きな進展の一つであった点を忘れてはならない。国宝保存法案に関する昭和四年二月二一日の帝国議会衆議院委員会の議事録をみると、文部政務次官・山崎達之輔による次のような答弁があり、その答弁によれば事実上それが「最も大きな改正」であった。

「最モ大キナ改正ト見ルベキモノデアリマスルノハ、従来国宝保存ノ為ニ出シテ居リマシタ費用ガ、保存法ニ依テ年額十五万乃至二十万円ト云フコトニ相成ッテ居リマス、所ガ此二十万円位ノ国庫支出金ヲ以テ致シマシテハ、大切ナル保護建造物或ハ国宝類ノ保存上非常ナ遺憾ヲ感ジテマスノデ、ドウシテモ政府カラ出シマス支出金ノ額ヲ増加スルコトガ必要デアルト思フノデアリマス（中略）即チ今回ハ経常ノ支出額ハ従来ノ儘ト致シテ置キマシテ、其他ニ臨時ノ支出ヲ為シ得ルト云フ途ヲ法律ノ表面ニ於テ加ヘテ置キタイ、斯ウ云フ点ガ実質的ノ最モ大キナ改正デアルノデアリマス」

（『帝国議会　衆議院委員会議録　昭和篇一二　第五六回議会　昭和三』東京大学出版会、一九九一、五一五頁）

法隆寺昭和大修理は、まさにこの「臨時費」の支出によって実現が可能となった事業だったのである。前記のように黒板ら奉賛会メンバーは、国宝保存法が制定されて間もない昭和四年一一月一二日にこの大修理計画について協議していたが、それはおそらくこの改正で大修理計画を実現する道が開けたということによるものであった。というより大正期以降の彼らの動きを見ると、むしろ黒板らは、法隆寺昭和大修理事業を念頭に、費用捻出の方途を模索するなかで、法律の整備を画策していたのかもしれない。それは筆者の想像に過ぎないが、そのように思われるほど法隆寺は彼らにとって大切な寺であったのである。仮に国宝保存法制定の背後にそうした彼らの意図があったとすれば、近代の文化財保存史のまさしく中核に法隆寺が存在していたことを示す幾多の証左の一つともなるだろう。

また、国宝保存法によって「現状変更」が許可制になったことについても、『文化財保護の歩み』（前掲、四四頁）に「おそらく史蹟名勝天然紀念物保存法にこの種の規定があるのにならつて、挿入されたものと推測される」とあり、史蹟保存を主導していた黒板や荻野の関与をうかがわせる。本章第五節で後述するように、法隆寺修理で「現状変更」＝復原に対する批判を展開していた黒板の保存観をみると、その推測には首肯されよう。藤懸静也も、国宝保存法制定という黒板らの「大改革」により「国宝保存の為めに、それが自己のものでも濫りにその

物の現状を変更しないやうに、これを許可事項とし」たと、黒板の功績を讃えている。(38)

第三節　武田五一の法隆寺昭和大修理への関わり方

◉法隆寺昭和大修理における武田五一の役割

前記のように法隆寺昭和大修理の立案・実施の過程においては聖徳太子奉賛会が重要な役割を果たしていたが、事業開始後も黒板勝美、荻野仲三郎ら奉賛会の中心メンバーは、法隆寺国宝保存協議会の委員としてこの修理事業そのものに直接的に関与していた。

武田五一は早くから、聖徳太子奉賛会による法隆寺の保存活動に関与していた。まず大正一一年、黒板の依頼により防火設備水道工事の基本計画を作成し、大正一三年三月、この工事の参与を同会から委嘱されて、同年一二月から奉賛会の評議員にも名を連ねている。(39) 昭和大修理の所長に就任した際に武田は「此の事業（防火設備水道工事のこと：引用者註）をやりました時に私も計画者の一人になつて居りましたが、さう云ふ縁故からでありますが、今日大修繕の仕事をしなければならぬやうなことになつた」と述べており、黒板も「最初から熱心にお世話願つた武田君が幸ひ大学のほうも停年で暇になられたので所長になつていたゞき」とその経緯を述べている。こうした記述をみると、武田が工事事務所長に就任した背景には奉賛会との強い繋がりがあったものと考えてよいだろう。[40]

この事業の修理方針策定プロセスは、個々の修理工事において、まず解体時の調査にもとづき現場事務所としての原案を作成し、その後、法隆寺国宝保存協議会でその原案の現状変更等の可否を審議して方針を決定するというものであった（序論二節）。この協議会は修理方針の決定機関であったが、機構上あくまでも法隆寺国宝保存事業部の諮問機関に過ぎず、修理の工事内容は工事事務所の主体性に委ねられる部分が多かったと言える。

武田は現場の所長として、修理原案を作成する際に現場技術者たちの意見を取りまとめ[41]、また、所長職は法隆寺国宝保存協議会委員を兼務するものだったので、協議会において武田は修理原案の承認を得るための重要な立場にあった。現場技術員の浅野は後年、協議会で伊東忠太や関野貞らと「対等に応対できる武田先生の存在は重要であった[42]」と回顧している。その重要さがうかがえる事例としては、次のようなことがあった。

たとえば、東院礼堂の修理方針策定の際に次のような議論があった。東院礼堂は、元来東院の中門であるとともに礼堂として使用されていた建物であり、『法隆寺別當次第』（一四～一六世紀）等によれば寛喜三（一二三一）年に再建されたのが現在の建物である[43]。昭和修理の際の調査で、慶長時代に妻飾りや軒廻りが改造されていたことが判明したため、それらを「復原」して軒の出を増し、妻飾りや屋根勾配なども慶長修理以前の状態に戻すという外観上大きな変更を伴う工事が行われた。この復原案を審議した第三回協議会（昭和一〇年二月九日）の記録には以下のように記されている。

武田所長　説明

「二、軒構造及妻飾を変更し之に伴ひ大棟の高さを低めんとす

浜田委員　之は重大な問題であるが其根拠は何所に依るか

武田所長　服部技師　調査の結果現在のものは近世の改造になり不自然な間に合せの構造である　之は調査の結果現地に於て発見した材料によるものである[44]」

このように武田は部下の服部勝吉とともに、復原の「根拠は何所に依るか」という浜田耕作の質問に対し、復原の具体的根拠を提示しつつ、現状は「近世の改造になり不自然な間に合せの構造」であるとして、復原案の実施を主張していた。

また、大講堂の修理方針策定に関しては次のような経緯があった。大講堂は、『法隆寺別當次第』等によれば、創建当初の食堂（のちに講堂）が延長三（九二五）年に焼失した後、正暦元（九九〇）年に再建されたものと考えられている[45]（口絵5）。正暦再建当初も創建当初と同じく正面桁行八間の仏堂であったが、慶長時代の修理までに一間の庇が西側に取り付けられていたことが『聖徳太子傳私記』（一三世紀成立）や『愚子見記』（第四冊、一六八三）からわかる[46]。この庇が取り付けられた時期は明らかではないが、一三世紀中頃から十四世紀中頃までの間であったと推定され、『古今一陽集』（一七四六）の記述からも元禄時代の修理（一七世紀末）によってこの庇を取り込んで九間堂に改造されたことがわかる。慶長修理（一七世紀初頭）によって大規模な構造補強が行われ、内陣に二本の柱を立て、梁両端の柱上に斗栱を入れ、各所柱間に貫が入れられた。

しかし、昭和修理では、寺側の要望によって桁行八間の復原が行われず、九間堂に拡張された元禄修理時の部材が残されることになった。この点、武田の修理方針が後年批判的に語られることもあるが[47]、第七回の協議会（昭和一一年一〇月六日）の記録によれば、武田はこの復原案に関して次のように提案していた。

「復原出来レバ大変結構ナコトト考ヘマスガ寺ノ儀式ノ都合モアリ実現ガ難シイノデアリマス（中略）所長個人ノ意見トシテソレデ寺ノ希望ヲ参酌シテ復原ヲ考ヘルト二ツノ案ガ考ヘラレマス、第一案ハ桁行ヲ八間ニシテ一間ノ廂ヲツケル案デアリマス、内部ノ須彌檀ハ三間トスルノデアリマス、ソノ他ハ全部復原シマス、第二案ハ第一案ノ廂ヲ本屋ニ取リ入レテ桁行ヲ九間トシテ仕舞フノデアリマス、ドチラニシテモ実質上九間ノ堂トシテ儀式ニハ少シモ差支ヘナク寺ノ希望ヲ満足スルノデアリマス」(48)

このように武田は、使用上の都合から狭くなっては困るという寺側の要望にも対応するため「一間ノ廂」を付加しつつも、当初の八間堂の姿を再現することを第一案として協議会に提示していた（図3）。結果的にこの案は容認されなかったが、武田はここで出来るかぎりにおいて原案（八間堂復原案）を実現させようとしていたのである。この協議会の記録(49)によれば、武田が推すこの第一案に対して黒板勝美が「建物の保存を主とし保存に差支へるもののみ復原するようにしたい」との意見を表明した上で退席し、続けて三上参次と瀧精一も「平面は是非共九間にしておき度く廂をつけるのは反対、其他の細部は建築家にまかせる」と述べており、その反面、第一案に賛意を表明するものは見られず、八間堂を復原しない第二案の採用が決定したのであった。

長期間に及んだこの大講堂の修理では、現場担当者の浅野清により、創建当初だけではなく創建以来の建物の全ての変遷を調べるという調査方法がとられて創建時の姿が解明された。創建後に施された様々な改造を建物に残された痕跡をもとに追跡し、それにより遡って創建当初の状態を解明しようとする画期的な調査アプローチであった（図4）。それまでの現場技術者にはさして重要とは思われていなかった後世の改造でも、その具体的な姿

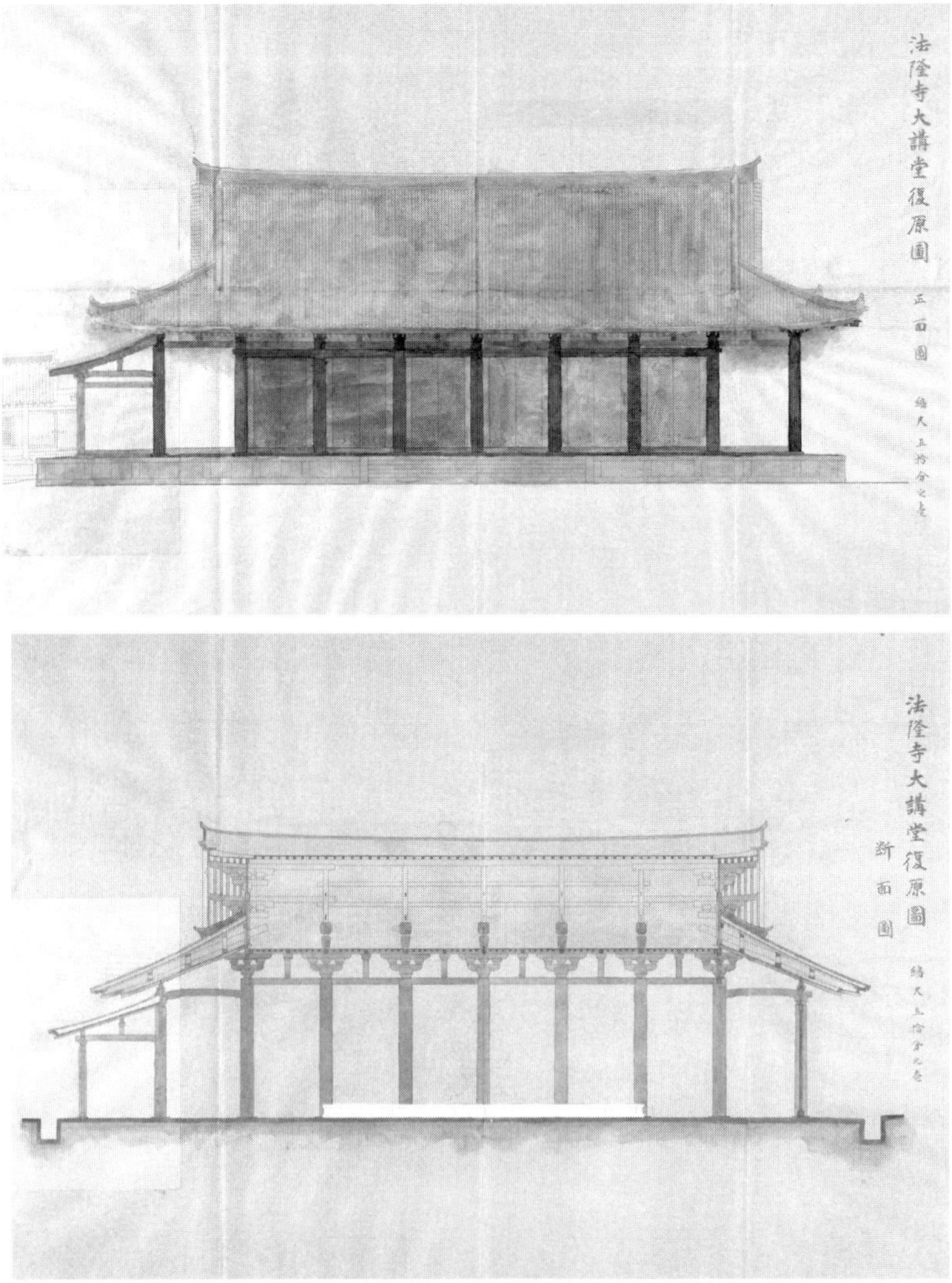

図3　慶長修理直前の大講堂復原図（八間堂復原案）

を解明することが、さらに遡って創建当初の復原案に実証性を与えることになる。現在の文化財修理に繋がる調査手法がこの修理において初めて試行されたのである。(50) そのためその後の文化財修理において調査にかける時間と労力は増大したが、反面この修理において修理技術者の職能が一段と高まったとも言える。

大講堂の修理工事報告書によれば、この修理の方針は次のようなものであった。

「建物は一旦取解き、基礎も掘り起し、その際発見した資料に基き、調査の結果、後補の蕪雑な手法を一掃し、根本的な大修理を行つた。即ち、軒廻り手法の一部、前面基壇及び床の舗装法、其他細部的二三の問題を除いては、略その原形並びに形式変遷の由来を明らかにすることが出来たので、次の様な方針で工事を実施した。(中略)以上を除く慶長以降の形式手法は、これを総べて撤去し、建立当初の原形乃至鎌倉時代に変更された形式(背面中央並びに妻戸の

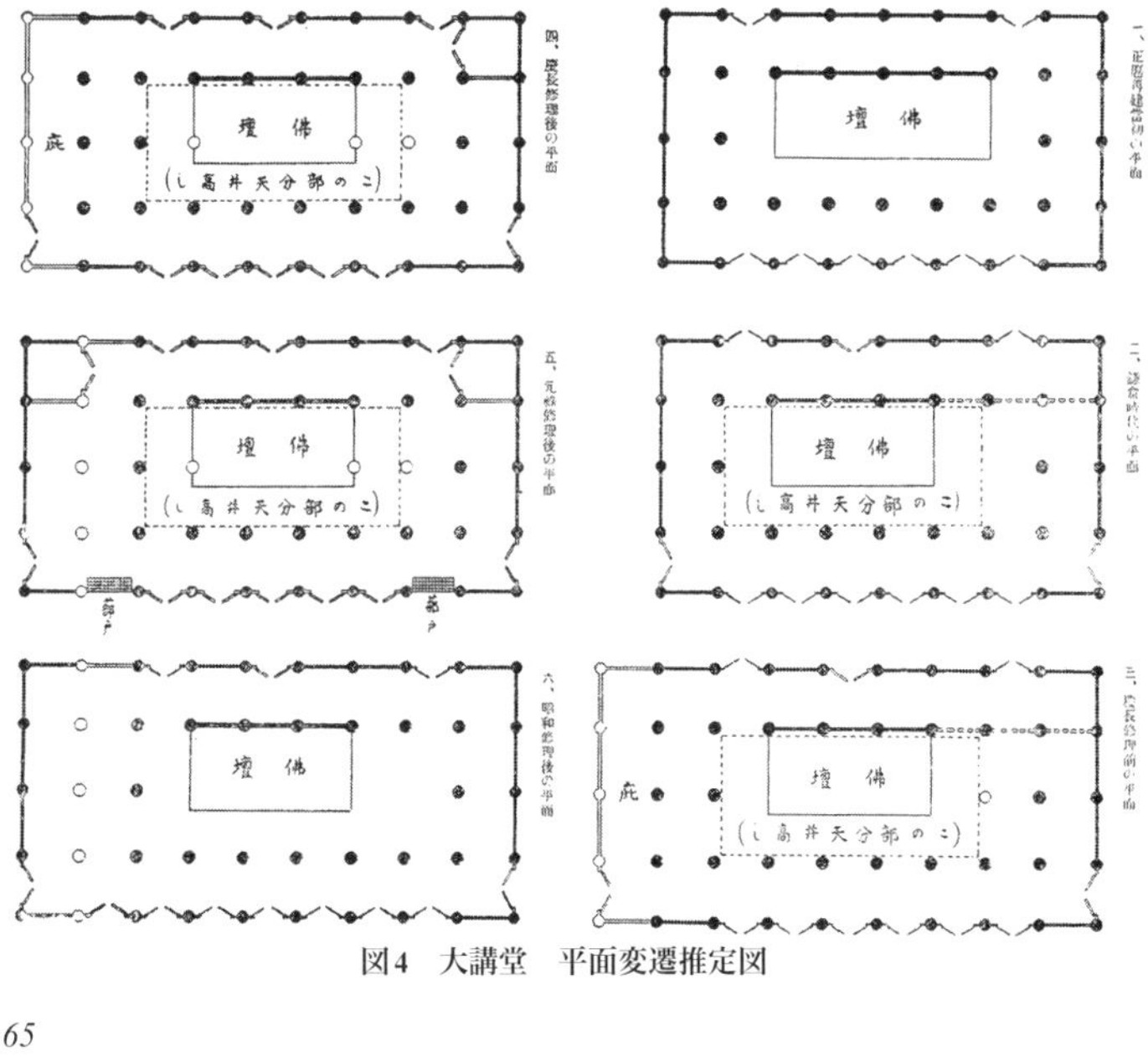

図4　大講堂　平面変遷推定図

形式）に復旧した。（後略）」

（『国宝建造物法隆寺大講堂修理工事報告』一九四一、七頁）

すなわち、法隆寺伽藍全体にも及んだ慶長・元禄両度の修理で施された改変部分を解明した上で、慶長修理直前の姿へ復原するということが、この修理の目標とされている。さきに述べた武田が協議会で提案した西側一間分を庇とする大講堂修理の提案は、慶長修理の前におけるこの建物の姿であり、内陣の柱の配置や梁両端下の斗栱などは慶長修理の改変直前の状態であった（図3・4）。この大講堂より前に行われた修理工事の報告書を見ると、慶長・元禄の両修理についての記述は見られるものの、修理方針との関連においてそれらの修理に言及されていたわけではなかった。[51] この大講堂の復原問題以降、昭和大修理事業を通じて現場技術者らは各建物を慶長修理以前の状態に「復原」しようとする目的意識をもって取り組むことになり、のちに述べる金堂・五重塔の修理方針においてはそれが重要な意味を帯びてくるのである。

◉法隆寺昭和大修理初期工事の工事費用

法隆寺昭和大修理は、国宝保存法成立によって支出が可能となった「臨時費」の制度を用いて七万円を計上することで実施の道が開かれたということは既述の通りである。[52] もっとも当初文部省は、総工費一七五万円の一〇ヶ年計画として大蔵省に申請したが、[53] その予算が認められなかったため、国宝保存経常費から四万円を充当することとして事業期間を一五ヶ年に延長したという経緯がその裏にあった。この経常費のうち、奈良県の配当分は当時七万円であったから、(54)同県の修理予算の半額以上を法隆寺だけにあてていたことになるが、その煽りを受けてか、たとえば唐招提寺礼堂修理――すでに昭和五年から修理の必要性が指摘されていた――は、昭和一二年に資金難からその実施が危ぶまれ、奈良県が文部当局に修理費五千円の増額を要求している。(55)その一方で同じ時期の法隆寺では、昭和四年に破損程度が相対的に低い「丙」と見られていた西円堂とか、「乙」であった地蔵堂などの解体修理が行われていたのであり（表2）、そのため当時の雑誌等には、法隆寺への優遇措置に苦言を呈するものも見られたほどであった。(56)

この事業が開始された昭和九年の時点における事業計画を、前掲の昭和四年における事業計画と比較すると（表1）、両計画であげられている建物修理費（宝蔵建設費など建物修理以外を除く）の合計額は、昭和四年の五〇万八千円から昭和九年の六七万八千円に増額している。また、昭和四年には「要部」のみを解体する修理が行われる予定であった東院鐘楼や西円堂などは、昭和九年にいずれも全解体修理に変更されている。昭和四年から九年の間に物価の変動はほとんどなかったから、(57)事業開始時において従前の計画をかなり拡大して実施したということができる。

長期にわたるこの事業の全期間を通して見ると、武田五一が担当した四年間には相対的に高い事業費があてられていたといえる。表2はこの事業の年度ごとの事業費の推移を示したものであるが、(58)昭和一〇年代から二〇年代にかけての貨幣価値の大きな変動を勘定に入れて、昭和二九年の貨幣価値を1とした物価指数による換算値で年間事業費の推移を示すと図5のようになる。この図から、始めの四年間の事業費が最も高く、その後は昭和二〇年まで下降し続け、金堂修理が本格的に開始された昭和二四年頃から再び高くなっていることが読み取れる。

つまり、武田五一の担当したこの事業の初期工事は、工費の面における制約が比較的少なかったということが

表2　法隆寺昭和大修理の年度別事業費と物価指数

年度	事業費（円）	物価指数
昭和9	120,951.26	565.00
10	113,793.10	542.00
11	114,418.07	526.00
12	195,688.57	427.00
13	167,558.15	315.00
14	141,832.30	217.00
15	149,951.43	167.00
16	136,116.19	149.00

年度	事業費（円）	物価指数
16	136,116.19	149.00
17	140,876.74	133.00
18	139,482.02	116.00
19	135,000.00	72.30
20	87,010.00	20.50
21	493,590.00	7.26
22	1,415,000.00	3.99

年度	事業費（円）	物価指数
23	13,587,997.98	1.63
24	26,699,813.71	1.75
25	32,471,476.45	1.73
26	43,339,083.40	1.27
27	52,160,250.00	1.22
28	45,415,000.00	1.01
29	43,139,000.00	1

※1　忍冬会編「法隆寺昭和重修の全貌」（『古建築』昭和29年11月号）をもとに作成。「事業費」は、上記記事の「重修に要した費用一覧表」（p.16）のうち「工事費」と「事務費」の合計額をさす。

※2「物価指数」は「一般建築関係物価統計」にもとづき、昭和29年を1として算出したもので、上記記事（p.15）のものを転載した。

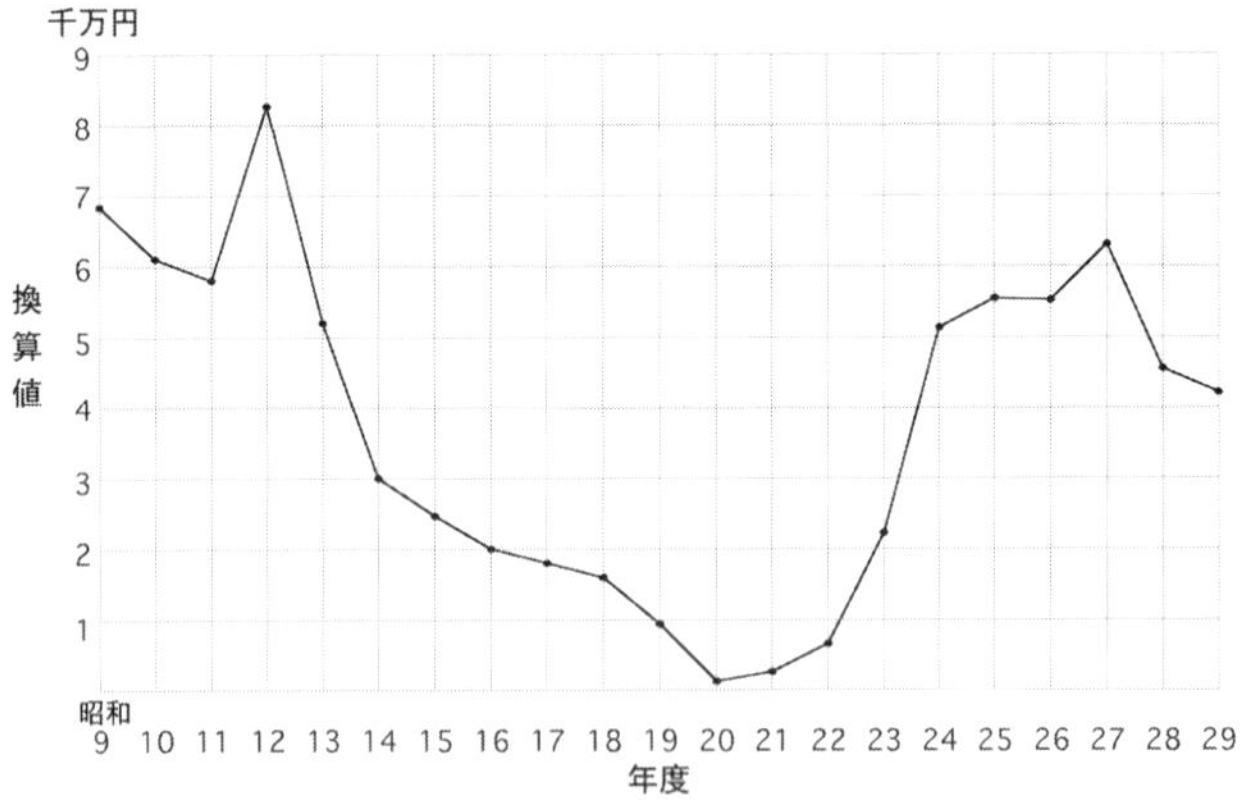

図5　法隆寺昭和大修理の年度別事業費の推移

※1　忍冬会編「法隆寺昭和重修の全貌」（『古建築』昭和29年11月号）をもとに作成。

※2　「換算値」は「事業費」に「物価指数」を乗じた値とした。

できる。この事業では学術的調査が当時の一般修理に較べて十全に行われ、全ての修理で修理工事報告書も刊行されたが、そうしたことが可能であったのも、上述のような予算面での優遇措置があったと思われる。しかし、武田にかわり古宇田實が所長に就任する昭和一四年頃になると、戦時体制に突入する社会状況の影響も加わり、保存事業が全国的に縮小されていくが、そうした中で法隆寺の事業においても工事費や調査費をできるかぎり削減しようとする傾向が強くなっていった。

第四節　武田五一の保存理念

◉法隆寺昭和大修理における武田五一の保存理念

昭和大修理の開始当初、武田五一はこの事業の意義を説明するなかで、法隆寺境内には文化財指定（当時の「国宝」指定）建造物が多く、しかもそれらがいずれも各時代の「代表的のもの」であるということを再三強調していた。法隆寺をいわば古建築の野外博物館のようなものとして捉えるこうした見方は、聖徳太子奉賛会の黒板勝美にも見られたものであったことは既述の通りである。

「推古時代から江戸時代に至るまでの有らゆる時代の代表的のものを皆含んで居ると云ふことを以て見ても、法隆寺と云ふものが如何に建築史上からも貴重であるかと云ふことはお解りにならうかと思ひます（中略）技術優秀にして由緒正しく他の模範となり国宝として認むべきものだと云ふことの証明を与へたものが国宝建造物でありますが、それが二九棟もあります。」

（武田五一「法隆寺昭和大修理」『建築雑誌』昭和一一年一月号、三八頁）

このように武田は、そもそも「国宝」に指定された建造物は、創建の時代の模範的・代表的なもの、すなわち各時代の建築様式の典型性を示すものであると述べている。こうした創建当初重視の考え方によれば、建物に加えられた後世の修理の形跡を取り除いて、当初の状態に「復原」することを志向するのは必然である。「復原」により、創建時代の建築様式の「模範」、換言すれば彼が捉えるところの創建当初の建築意匠を再現しようとしたのである。法隆寺の多くの建物は、慶長・元禄両度の大修理をはじめとする後世修理によって当初の形が改変されていたが、それゆえ武田は昭和修理でそれら各部を当初の状態に戻そうとしていた。

当時の資料を見ると、武田は後世改変部分を創建時の形に「復原」すべきことを繰り返し主張している。たとえばこの事業の着工時、第一回の法隆寺国宝保存協議会（昭和九年五月二七日）に先立ち、東大門、食堂・細殿の修理については「永い年月に構造の一部に随分はげしい変化が加へられてゐるのもあるがこれらに対し現代科学の粋を以つて復興ししかも築造の最初の原形に復することが使命である」[59]というように、「現代科学」への信頼を表明しつつ、復原を行う方針であることを明言している。また、元禄時代には「修理の際瓦に葵の紋をつけたりしておりますから、これなどは勿論昔の形に引き戻します」[60]というが、この言葉からは、江戸時代の瓦文様などの意匠が創建時代の様式には異質であるのを彼は問題とし、それらを復原して創建当初の様式に統一しようとしていたことがうかがえる。

こうした武田の復元主義の保存理念は、彼の担当した修理では、創建時の形だけではなく、建物に塗られた色も復原したということによく示されている。当時の修理では、取り替えられた新材に周囲と調和するように「古色塗り」を施すのが一般的であったが、法隆寺の修理ではその通例に反して、新材にも旧材にも創建時の色が塗り直されたのである。武田は法隆寺での彩色復原について「昔の創建当時の塗料を調べて――それをとつて分析して分析の結果に依つてそれと同じものを造りあげてそれを塗」るとし、さらに「種々の工業試験その他の研究機関に頼んでやつて居りますから間違は無い」と、科学的調査――先端的な科学への信頼は武田の思想的特徴の一つである――にもとづく当初の塗料を使用することを強調している。[61]これに関して後年浅野清は「丹土を新しく塗ることは武田所長が支持されていた」[62]と、武田の方針であることを特筆しているし、後述のように武田の死去後まもなく古色塗りに方針変更されていることから推測しても、この塗色方針は武田の強い意向によるものだったと言えるだろう。

時期を遡って明治・大正期の武田の言説をみると、彼の一貫した保存理念はより明瞭なものとなる。武田は、明治四四年に行われた講演録の中で一般的修理について次のように主張し、創建時における建物の「美しい形」と「色」を、いずれも創建時の状態に戻すという修理の基本方針をきわめて明確に述べている。


「古社寺保存会で行りまする《ママ》修理は所謂西洋の方ではレストレーションと謂ふて居る、夫れをやるのである。(中略)建築物は長い間経ちますと最初拵らへた時の形が雨に曝され風に吹かれて段々其の形が変つて来ます、爾うすると初め拵らへた折角美しい形を認めることが出来ないから旧の形を一つ復古しやうといふのが目的なんで形の上か

ら云へば爾うです又色の上から云へば甚麽《どんな》に完全な色でも剥げますから其の剥げた色を研究して旧の色にかへる

それが復古なんです」

（武田五一「古代建築の修理に就て」『京都経済会講演集』大正二年二月、一七五―一七六頁）

「形」も「色」も創建時の状態に復原する、という武田の復元主義は、彼の「建築意匠」の捉え方――建築美を「形」と「色」という二つの構成要素に分解するという捉え方――と、表裏一体の関係にあった。武田は明治三三年に発表した論考「建築物の格好に就いて」のなかで「総て物の形の美であるとか、又は美でないとか云ふことがある。其美であるとか美でないとか云ふことを判断するには、ドウ云ふ風な順序にして判断するか（中略）第一が形の美、それから第二が色の美と云ふことになる」(63)と、「形」と「色」の二つにより美一般を論じつつ、図6のような概念図を提示している。そこでは「物体」――むろん建築物もその一つである――が「全体」と「細部」に分けられ、さらにまた「形」と「色」にそれぞれが細分化されている(64)。

武田がこの修理で「保存」しようとしていたものが創建当初の建築意匠＝建築美であったことは、各建物に加えられた後世修理の形跡を当初の建築美の「破壊」と解釈していたことによく示されている。たとえば法隆寺の建築は一般に「極めて不注意なる修繕の結果折角美しいものが一部分破壊されて居る」(65)とか、法隆寺聖霊院の「獅子口、兎毛通、桁隠等の面に打つた飾金具が少々面白くないのは、実は江戸時代につゝけたもので、それを除くと本当の美しい形が出てくる」(66)というが、こうした記述をみると、後世改変部を創建当初に戻すことで当初の建築美をできるかぎり再現しようとする武田の目的意識がよくわかる。

さらに、この修理において建築技法の調査が重視されたことは従来よく指摘されるところであるが、この方針も武田の保存理念との関係において捉え直すことができる。というのも、以下に示すように武田は、修理の際に創建時の技法を解明し、それを復原しながら施工することで、はじめて創建当初の建築意匠が再現されるのだと考えていたからである。このことは武田が修理にあたって〈技術のオーセンティシティ〉を尊重していたことを示す一つの証左でもある。そもそも武田はすでに明治四四年の講演録のなかで、保存修理の目的について「古社寺の保存会でやる所のものは（中略）建築物を美術と考へて其の研究を土台として応用するのが主なる目的である」[67]と、きわめて簡潔に述べているが、この言葉には武田の修理観が端的に示されている。いうまでもなくそれは修理時の調査研究に裏付けられた学術的に正しい「復原」を行うという意味であり、逆に学術的妥当性のない「独断で形を極めて了」うような修理の悪例として、フランスのヴィオレ・ル・デュクやイギリスのG・E・ストリートの修復を対比的に取り上げている。

そして、武田は、再現すべき具体的な建築技法として建築各部の曲線のつくりかたに論及している。建物各部の曲線を建築意匠の主要な構成要素と捉える武田の建築観――武田の示した概念図（図6）でも「形 FORM」の構成要素に「線 CURVE」がある――がそこには示されている。たとえば彼が工事を監督

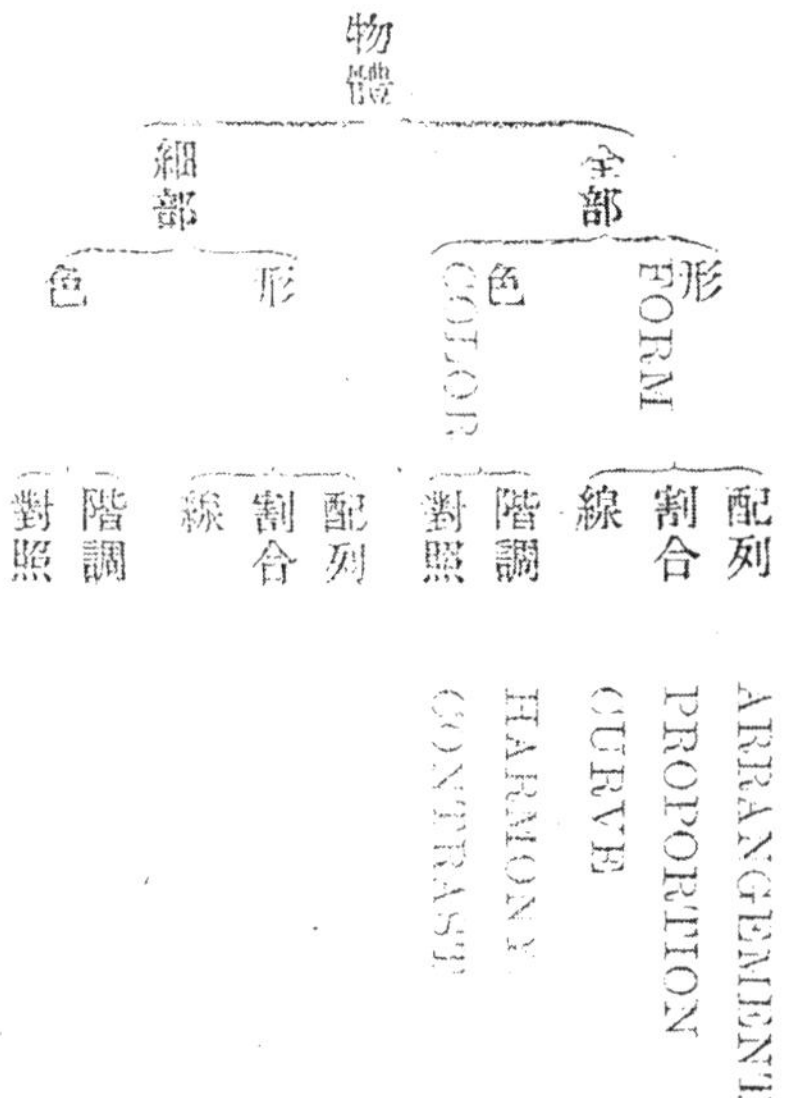

図6　武田五一の建築観
出典：『建築雑誌』明治33年6月号

した平等院鳳凰堂修理（明治四〇年竣工）の軒反り曲線について武田は次のようにいう。

「実測しましたら檐先《のき》きが歪んで居る所が曲線で図に直して見ますると何とも云へない曲線になつて居ります、併し徳川時代の新らしい建築を見ますると真直ぐなもので縁ちへ行つて上つて居るのが普通の寺院の建築でありますから、宇治の平等院の修理をして旧との格構に直す時は檐先きを真中で水平にする、今の歪んで居るのは全く年月が経て木が朽ちた為めに歪んだのであるから真直ぐに直すが宜いだらうといふ説がありました、私は考へました今の智識から考へると水平になる可き筈であるが併し昔の人は夫より以上に考へて居て態ざと歪がましたかも知れない」

（武田五一「古代建築の修理に就て」前掲、一七頁）

このように、修理時に創建時の軒反りを十分に調査しないまま、中央部で水平となる近世的な＝近代の大工の常識的な軒反りに無闇に改変してしまうことを危惧している。武田の著書『建築装飾及意匠の理論並沿革』（誠文堂、一九三二）のなかでは自由曲線に美はなく、幾何学的に解析できる曲線にこそ美があるとされ、日本建築の軒反りについて彼は「多くの場合曲線は美である、それで軒先の曲線等が注意せられた（中略）今日から観るとこれらの曲線は数学的に種々意味の含まれて居ることを発見できる」(68)とも述べている。武田がここでいう「数学的」とは大工の規矩術のことを意味しているのではなく、建物各部の曲線が楕円の一部になっているとか、放物線になっているとかという意味で用いられているが、昭和初期になると、文化財修理において軒反り曲線のもつ美的効果を重視することから軒の規矩調査が本格的に開始されるようになることを考えれば、武田がすでに明治末年にそれに類した見解を示していたことは、彼の先見性を示すものとして注目されてよいだろう。武田はそこで軒反りのみならず、柱の内転びや床面の起りについても論じており、パルテノン神殿における錯覚の補正を意図した意匠的技法に言及しつつ、「西洋の建築物が爾うであるとすれば日本の建築に於いても当然さういふ事がありはせぬか」[69]と、日本でも同種の研究でその手法を解明すべきことを主張していた。この論考の発表とほぼ同時に竣工した栄山寺八角堂修理（明治四四年竣工）において柱の内転びが発見されたのは、武田のこの主張とおそらく無関係ではないであろう。

このように明治末頃から技法調査重視の姿勢を示していた武田の言説をみると、法隆寺の修理における技法調査重視の方針は武田の意向を如実に反映したものであったと考えられる。当初の技術の一つ、大工道具についても彼は、法隆寺の修理において槍鉋《やりがんな》の使用法、あるいは創建時の「構造法」を踏襲＝復原するということを次のように特筆している。

「昔は今日のやうな鉋や鋸があるのでなく、手斧とか槍鉋と云ふやうなものでやつて居つたのでありますから、先ず其のやり方を研究してそれを大工に教へるとか、或は大工と共に研究して、昔の技法を以て削つたり、ほつたり致します。又構造法にしましても昔と今日とは色々やり方が違つて居りますので、昔の構造法を能く調べまして、出来るだけ昔の様にするやうにして居ります。」

（武田五一「法隆寺昭和大修理」『建築雑誌』昭和一一年一月号、四一頁）

◉法隆寺昭和大修理初期工事にみられる武田五一の保存理念の反映

この事業の初年度に行われた修理工事三件（東大門、食堂・細殿、東院礼堂）の方針策定の過程を詳しく見ると、それらの修理は武田らの復元主義をよく反映したものであったことがよくわかる。三件の修理のうち東大門と食堂・細殿の現状変更は第二回法隆寺国宝保存協議会（昭和九年一一月七日）において、東院礼堂の現状変更は第三回の同協議会（昭和一〇年二月九日）において話し合われている。前者の協議会では取り立てて異論もなく現場の提出した現状変更案＝復原案が認められているが[70]、後者の協議会では、他の委員から武田ら工事事務所の復原案に反対する意見が出されていた。その反対者は主に黒板勝美ら日本史学者であり、彼らの意見に対して塚本靖と伊東忠太が「今度の修理が復原を主とするか修理を主とするかにより結果により重大なる差異を生ずる」という意見を述べているから[71]、この時点でこの事業の全体的方針――復元主義で行くか否か――について協議会の内部で意見が一致していたわけではなかったことがわかる[72]。しかし、復原反対者から「今後とも復原を行ふ場合は出来るだけ慎重を期し濫りに現状を捨てぬやう」[73]との注意が喚起されつつも、そこで提示された全ての現状変更案が結局は承認されている。つまり、一部で反対意見が出されたものの、これら三件の修理における武田ら工事事務所の修理原案は、ほぼそのままのかたちで実現されることになっていたのである。

修理工事報告書からも数多くの「復原」的現状変更の内容を知ることができるが、行政的手続きをとったいわゆる「現状変更」に限らず、報告書の本文から、それ以外のところでも創建時の形を復原したところが多かったことがわかる。表4は、修理工事報告書のなかで記述されている主な後世改変部分に関する昭和修理での措置をまとめたものである（「現状変更」を含む）。この表から後世の改変と見なされたところの多くが復原されたことが

表4　法隆寺昭和大修理の初期工事における主な後世改変部分の措置

建造物	建立年代	主な後世改変部分		昭和修理における措置	
食堂	奈良時代	屋根	軒廻（茅負・垂木他）	復原	発見旧材の形に変更
		妻飾	破風板	復原	発見旧材の形に変更
			懸魚・桁隠	現状維持	当初形状不明により現状踏襲
		柱間装置	背面戸口廻	復原	正面戸口に倣い変更
		横架材	棟桁・母屋桁・軒桁	復原	創建時の形に変更
		補強材	大虹梁上叉首束	復原	構造上有効でないため撤去
			繋貫・飛貫	現状維持	当初はないが撤去せず
細殿	鎌倉時代（文永五）大改変	屋根	軒廻（茅負・垂木他）	復原	発見旧材の形に変更
		妻飾	破風板	復原	発見旧材の形に変更
東大門	奈良時代	屋根	軒廻（地垂木・軒桁）	復原	発見当初材の形に変更
		妻飾	二重虹梁上蟇股	復原	創建時の形に変更
			破風板・懸魚	現状維持	当初形状不明により現状踏襲
		柱間装置	扉口廻	復原	創建時の形に変更
			腰羽目板・脇戸口	復原	後世のものを撤去
		柱	高さ	復原	創建時の形に変更
		横架材	頭貫	復原	創建時の形に変更
			虹梁	復原	創建時の形に変更
		補強材	腰貫・飛貫	現状維持	「構造上必要」のため撤去せず
		その他	正背面間斗束	現状維持	当初はないが撤去せず
東院礼堂	鎌倉時代（寛喜三）再建	屋根	屋根勾配	復原	再建時の形に変更
			軒廻（丸桁・枝外地垂木他）	復原	発見旧材の形に変更
		妻飾	破風板・懸魚・桁隠	復原	同時代のものに倣い変更
			後補虹梁・箕束	復原	当初はないため撤去
			叉首棹・巻斗他	復原	発見旧材の形に変更
		柱間装置	蔀戸・舞良戸	現状維持	当初形状不明のため変更せず
		内部	天井受木	復原	当初はないため撤去
			中央一間（床板張）	復原	再建時の形に変更
		補強材	飛貫	現状維持	「建物の補強のため」撤去せず
		その他	側面庇	現状維持	「建物の保存のため」撤去せず
			廻縁	現状維持	当初形状不明のため変更せず
東院鐘楼	鎌倉時代再建	屋根	屋根勾配他	現状維持	「外観現存のものと余りに変化する」ため変更せず
		妻飾	虹梁大瓶束（当初豕叉首）	現状維持	
		袴腰	板張（当初漆喰塗）他	現状維持	
西円堂	鎌倉時代（建長二）再建	屋根	軒廻（茅負他）	復原	当初のものに倣い後補材を取替
		柱間装置	外壁腰長押下板張・束	復原	後世のものを撤去
			扉口廻	現状維持	当初は内開きだが変更せず
		補強材	繋貫	現状維持	当初はないが撤去せず
		その他	背面入側柱間繋貫	復原	構造上有効でないため撤去
			基壇（当初八角平面）	復原	再建時の形に変更
			向拝	復原	後世のものを撤去
地蔵堂	室町時代（応安5）	屋根	本瓦葺（当初桧皮葺）	現状維持	「証拠」がないため変更せず
			軒廻（木負・茅負他）	復原	当初のものに倣い後補材を取替
		妻飾	両妻懸魚・向拝桁隠	復原	同時代のものに倣い取付
		柱間装置	蔀戸（正面両脇間他）	復原	創建時の形に変更
			開口部明障子	復原	創建時の形に変更
		その他	廻縁	復原	当初はあったため取付
			向拝（手鋏他）	現状維持	当初形状不明のため変更せず
大講堂	平安時代（正暦元）再建	屋根	軒廻（茅負他）	現状維持	当初形状不明のため変更せず
		妻飾	破風板	復原	同時代のものに倣い変更
			虹梁大瓶束（当初豕叉首）	復原	再建時の形に変更
		柱間装置	正面出入口廻	復原	再建時の形に変更
		内部	天井	復原	再建時の形に変更
		補強材	内陣大梁下柱・組物	復原	当初はないため撤去
			繋貫	復原	当初はないため撤去
		その他	平面（当初桁行八間）	現状維持	「使用上の必要」から変更せず
			床仕上	現状維持	当初形状不明のため変更せず
			間斗束（側通）	復原	再建時の形に変更

※『法隆寺国宝保存工事報告書』（第1～6冊）により作成。
※本表は建物（外観・内観）の「形」に関わる主な変更部分をまとめたものである（小屋組・彩色等は含まない）。

わかるが、例外的に、東院鐘楼修理では「復原を試みんとなしたるも、其外観現存のものと余りに変化するの恐れありたる」（修理工事報告書「序」）という理由のために当初の屋根の形や妻飾りなどが復原されなかった[74]（図7・8）。東院鐘楼は、応保三（一一六三）年に創建された建物に鎌倉時代初期に大修理が施されて、この際古材を一部に用いてほとんど新築されたもので、袴腰付鐘楼の現存最古の例として知られるが[75]、その後慶長時代に屋根の形、小屋組、妻飾りが変更され、寛永時代に袴腰の下方が板張りに改められる（袴腰々板に天明六年墨書があり、袴腰地覆長押に寛永六年墨書がある）[76]など、後世修理によって外観が大きく改造されていた。すなわちこの修理では修理前の外観イメージが復原修理の大枠を制約していたということであり、後章（第四章四節）において詳述するように、こうした制約は修理一般にも敷衍できるものであった。しかし一部にそうした例外があったものの、それを除けば「構造上必要」や「使用上の必要」という理由がないかぎり、創建時の形が明らかにされた部分をもとの状態に戻していると言える。「構造上必要」とは、構造的に有効と判断した後世の補強材についてはは撤去せず、そのまま残すという措置をとったもので、例えば東

図8　東院鐘楼　復原模型

図7　東院鐘楼

大門の腰貫・飛貫はこうした理由から建物に残された。それは建物を「一層丈夫」にすることを修理の目的の一つに掲げていた武田の考え方を示すところであり、食堂の大虹梁上叉首束などは逆に構造上有効でないと判断したために撤去されているし、食堂・細殿修理では叉首棹拝みや足元など様々な部分に補強金物が用いられている。また、西円堂では、背面の二本の内陣柱の間に挿入されていた飛貫が構造的に有効なものではないため撤去されているが、慶長修理で挿入された内外陣を繋ぐ繋貫は構造上有効と判断されたために存置されている。[77][78][79]

一方、「使用上の必要」としては、さきに記したように寺側の要望から大講堂を八間堂に復原しなかったことがあげられるが、そのほかにも西円堂の出入口がある。西円堂の外開きの板扉とその内側の格子戸は、当初は内開きの扉だけであったことが外部腰長押の形状などから明らかであったが、これが復原されなかったのも、おそらく内開き扉を復原すると法要上不都合になるからであろう。

これらの修理では創建時の建物の色も再現されている。修理工事報告書に記載された塗装工事の仕様は、当初から素木造りであった地蔵堂を除く全ての修理で共通しており、それは化粧裏板、裏甲下端などに胡粉塗、虹梁、貫、垂木などの木口に黄土塗、連子格子、欄間などに緑青塗、その他のすべてに「丹土塗（特別製）」を施すというものであった。取替材には、まず下地として墨や煤などで古色塗りを一度施した後（古色の成分の表記は各修理で異なる）、その上に彩色顔料を膠液で溶かしたものを数度塗りするという入念な塗装が施されている。彩色顔料の「丹土塗」の主成分は「丹土」とあるが、鉛丹（四酸化鉛）ではなく、弁柄（酸化第二鉄）である。食堂・細殿の修理工事報告書掲載の「法隆寺建造物塗料の定性分析報告」には、当初のものと考えられる試料に「鉛を含むものを見出し得ず。着色主成分は酸化鉄と考えられる」と報告されており、武田も大阪の工業試験所に調査を依頼した結果「酸化鉄、詰り紅柄であるといふことが分りました。併しその紅柄にも色々の色相がありますので、その色相に従つて作つて貰ひました」と述べている。[80]

武田が当初の建築技法にもとづき創建当初の建物の建築美を再現するという、技法重視の復元主義理念を有していたことは既述の通りである。実際の修理においても、この修理では創建時の技法――具体的には軒の規矩、柱の隅延び・内転び、古代の大工道具――を復原して施工している。

まず、軒の規矩を見ると、後世修理で軒廻りが大きく改変されていた食堂や東大門では、軒反りを創建時の形に戻そうとしていたことがうかがえる。食堂では、小屋組内発見の破風板および茅負の「旧材」断片をもとにそれらを「旧形式に復原」しつつ、その旧材に残された痕跡などにより修理前よりも深い軒の出を復原している[81]（この修理は次項で詳述する）。

東大門は西院の東側を開く奈良時代の建築で、後世（おそらく慶長時代）に行われた改変によって近世的な鈍重な姿にされていたが、昭和修理によって全体的に奈良時代当初の軽快な姿に戻された。たとえば成の低い頭貫を復原し、扉口冠木長押の位置を元に戻しつつ、後世に底部を切り縮めた柱の高さが復原されている（このため昭和修理によって二三〇～二六〇㎜ほど高さを上げていることが現状の柱根継からもうかがえる）。軒廻りについては当初材が残されていなかったため、茅負は「旧制」＝修理直前のものに倣って工作したと記されているものの、軒桁の反りは小屋組内発見の「旧丸桁のうち最も優良の曲線を有」するものに変更したとされており、また、地垂木を当初材と見られるものに倣って新材で統一しつつ、その痕跡から木負の出なども元の状態に戻している[82]（図9・10）。この修理の工事監督であった服部勝吉は、この復原に関して「軒桁の復旧に伴つて、軒の規矩も自然付随して一変すること〻なり（中略）出来るだけ奈良時代の旧趣旧手法に復した」と述べている。[83]

柱の内転び、隅延びについても詳細な調査が行われた。解体修理を行う以上、柱を立て直して再建するのであ

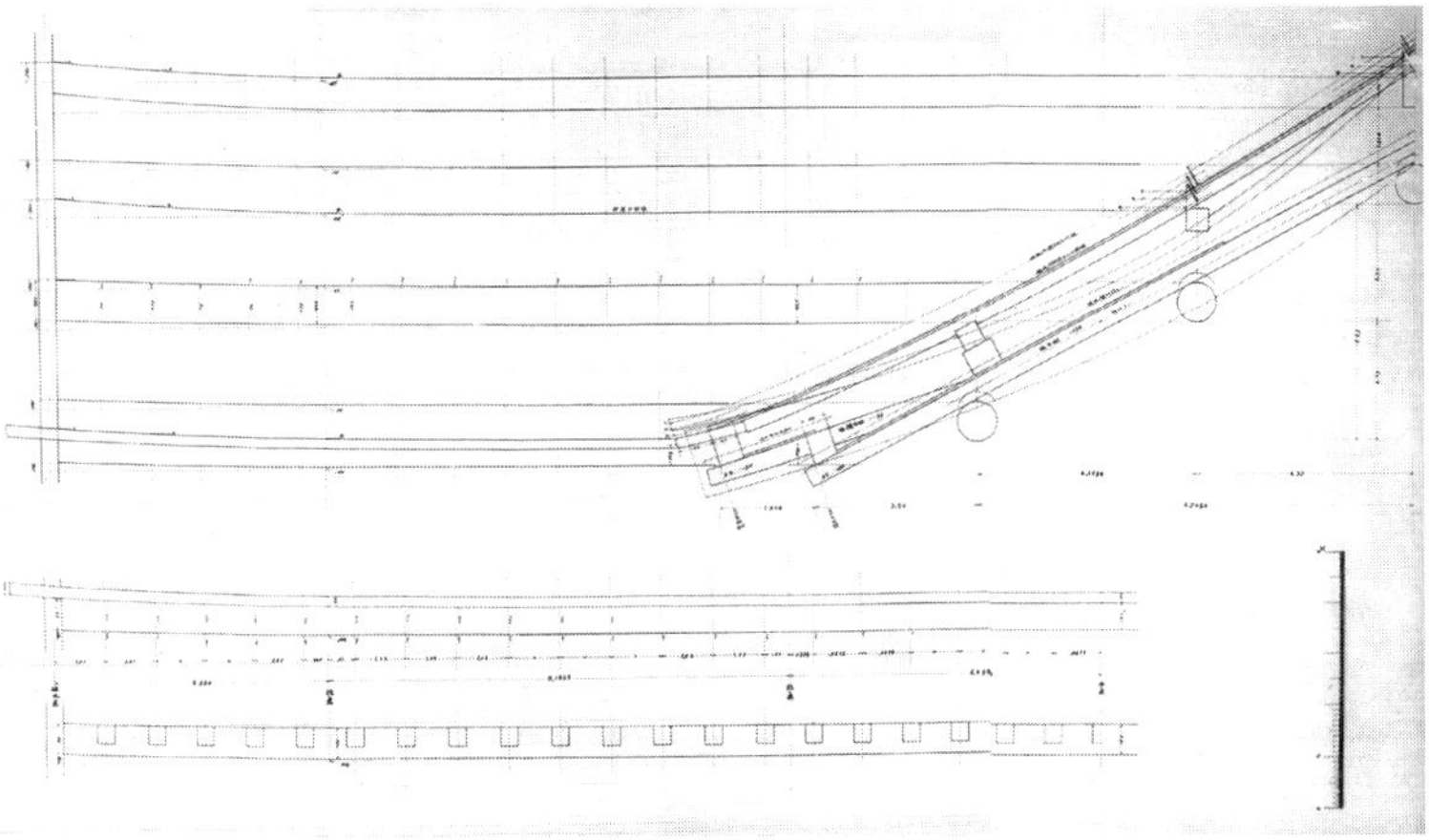

図9　法隆寺東大門　規矩図（昭和修理時に作成されたもの）

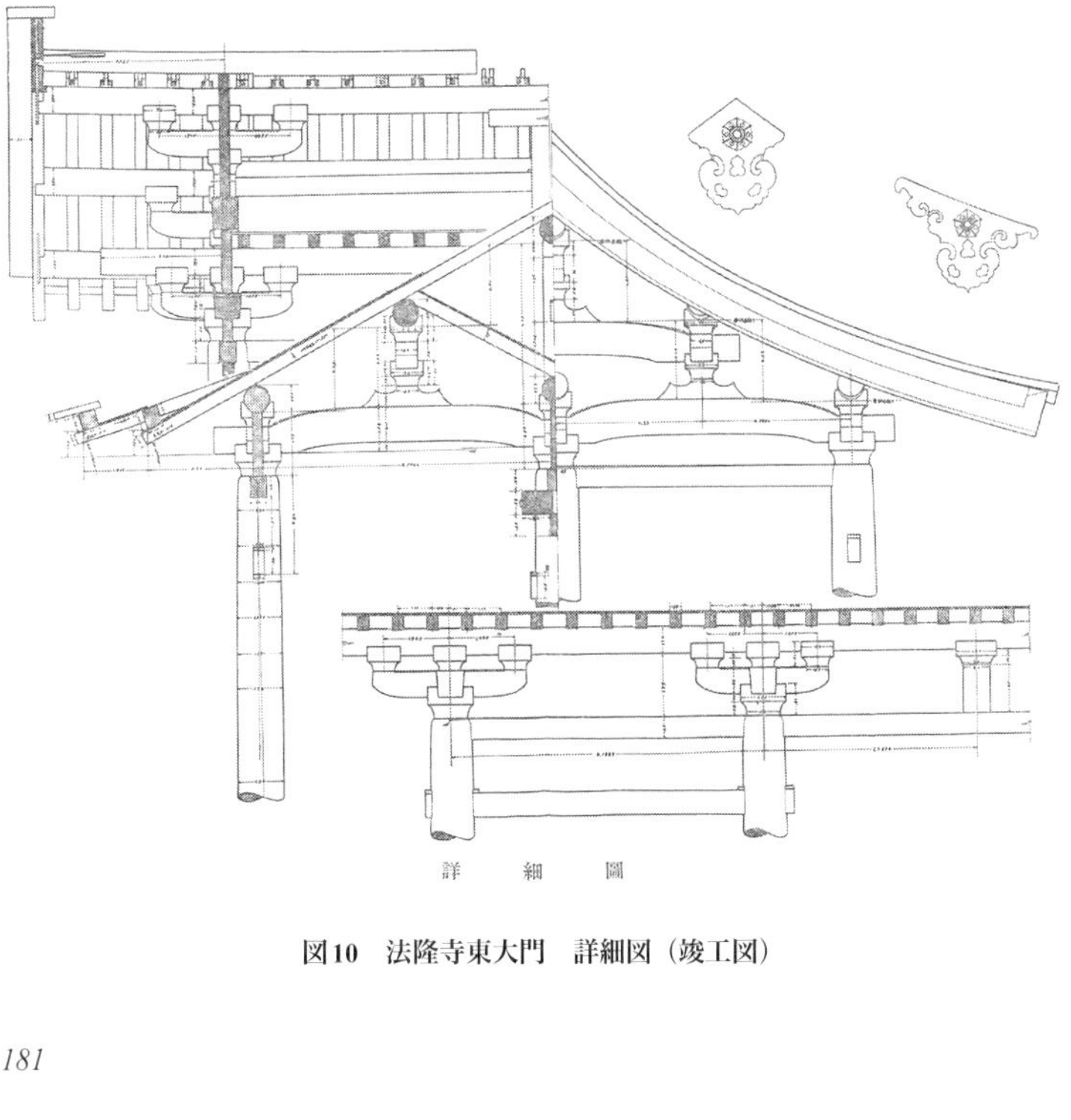

詳　細　圖

図10　法隆寺東大門　詳細図（竣工図）

るから、軒の規矩にも関連するこれらの当初寸法の解明が施工上要請されるのは必然であろう。よく知られているように東大門では柱の内転びが確認されている。この建物には桁行の方向には転びがないが、梁行方向に当初は転びがあったということが修理時の調査で判明し、実際の修理では柱に一〇〇分の一の傾斜を付けて再建している。これに関して監督服部は次のようにいう。

「後世の修理にあたつて（中略）上述の微妙な配慮を無視して虹梁を一間宛に切り放ち、ほゞ水平に治めて了つてゐたのである。柱の転びや柱頭の延びも、屡々の修理に乱れてはつきりしてゐなかつた。修理に際して斯うした点を徹底的に精査し、適確な判断を下して、出来ることならば斯うした技法は是非復旧して置かないと、姑息不徹底な修理が重なるうちには、すつかり判らなくなつて了ふおそれがあるのである。」

（服部勝吉『法隆寺重脩小志』彰国社、一九四六、一九七頁）

柱の隅延びついても、柱の高さや組物の積上高などの調査報告がすべての修理工事報告書（西円堂を除く）に掲載されている。一般に中世以前の建築は、丸桁の増しではなく柱の隅延びや組物の積上高を高くすることで垂木の位置を調整して軒先の反りをつくるから、修理時に創建時の軒反りを再現するには、むろん軒先の形だけではなく、調査結果にもとづき軸部から組み立てていかなければならない。服部がいうように、わずかな柱の傾斜はその目でよく確認しなければ気付くことはできなかったであろうし、それを解明したときに再現＝再建しておかなければ、永遠にこの技法の存在が忘却されてしまう可能性もある。実際、明治・大正期の修理工事では一般に、近世的な軒の規矩により施工したために、多くの建物に残されていたはずの中世の技法が失われてしまったと言

われる。(84)

さらに、東大門の修理では古代の大工道具である槍鉋を「復原」し、それによって見えがかりの木部が仕上げられた（図11）。槍鉋（鉇）の仕上げによれば、中世に出現して近世以降に普及した台鉋（鉋）と比較して部材表面に平滑面をつくるのが困難となるが、それが「一面一種の雅味を有し」ていると当時武田は述べており(85)、法隆寺金堂の柱、貫、組物などの仕上面に残された痕跡から創建当初には四尺余りもある長い槍鉋が使用されたと推測している。しかし東大門の昭和修理で復元された槍鉋はそれよりもかなり短く、この短い槍鉋は、東京帝室博物館・石田茂作の助言により正倉院の槍鉋（図12）を参考にして復元されたものであったことを服部勝吉が後年回顧している(86)。武田はこれについて「到底真の鉇《やりがんな》仕上げの通りのものとなし能はざりしは遺憾であつた」としつつも「将来古社寺建築の修理工事に於て此種の手法の研究を進め、鉇の複製をもなしたきものと思はれる」(87)と、大工道具研究のさらなる深化に意欲的な姿勢を見せていた。この試みは、戦後になって金堂と五重塔の修理工事に結実することになった(88)。

図11　法隆寺東大門修理における槍鉋による仕上げ

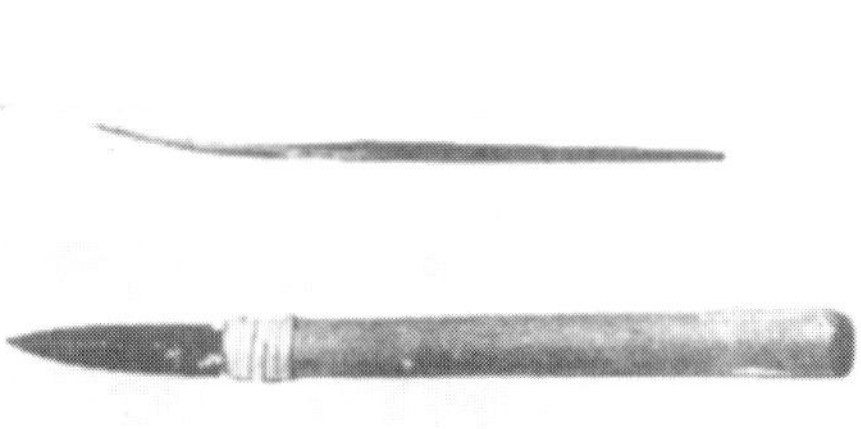

図12　正倉院の槍鉋

◉食堂・細殿修理の計画変更に示された武田五一の保存理念

さきに第二節において食堂・細殿修理が実施に至る経緯を取り上げ、この修理の着工前、大正九年と昭和八年に二つの修理設計書が作成されたということを述べたが、以下では法隆寺昭和大修理初期工事の一つとしてのこの修理工事に焦点を当てつつ、当時の一般修理とは異なるこの事業の修理の特徴や武田の保存理念がよくあらわれている点を指摘したい。

周知のように食堂・細殿は、奈良時代の建築である食堂と、鎌倉時代（文永頃）に再建された細殿の二つの建物が軒を接するように並び建つ双堂の形式を伝える遺構である。食堂は応保二（一一六二）年修理の他、鎌倉時代、室町時代、江戸時代に大小修理が加えられ、細殿は鎌倉時代の再建後、食堂と同じく室町時代、江戸時代に大小修理が加えられている。この修理の計画には、大正期から昭和初期にかけて変更があり、その変更点を見ると右に述べたことがよくわかる。

この修理の着工前における計画を知る資料として、

（一）大正九年作成「法隆寺食堂細殿修理工事設計書」

（二）昭和八年作成「法隆寺食堂及細殿修理工事設計書」

の二つの修理設計書があり[89]、以下では便宜上それぞれを「大正九年修理設計書」、「昭和八年修理設計書」と表記する。実施された修理工事内容は、刊行された修理工事報告書のほか、『法隆寺食堂及細殿工事精算書』[90]（以下「修理精算書」と表記する）によっても詳しく知ることができ、とくに後者には取替材の明細書が掲載されているので、着工前の両設計書との比較・検討が可能である。

修理工事報告書をみると「後世改作の明らかなもの」が列記され、それら「各項目の殆ど全部にわたり復原工作を行つた」ことが述べられているので[91]、この修理では後世改変部分をできるかぎり創建時の形に「復原」するという方針がとられたことは明白である。左に示すように、修理前の二つの修理設計書にもそうした復原方針が明記されているから、この方針自体は計画段階から実施されるまで変化がなかったと言える。

まず、大正九年修理設計書には、修理方針として「後世ノ修理ニ依リ形式ヲ変更サレタルモノ」は「旧形式ヲ確証シ得ルモノニ限リ復原」すると記され、具体的には、食堂背面の扉は「中古修理ノ際取換タルモノニシテ（中略）正面ノ扉ニ倣ヒ復原」し[92]、慶長修理によるものとされる後世補加の繋貫も「全体トノ調和ヲ害スルモノナルニヨリ撤去」すると記されている。一方、昭和八年修理設計書にも「復原ノ途明カナルモノハ旧ニ戻シ」と明記されており、右記の大正九年修理設計書と同様、食堂背面扉の「復原」や繋貫の撤去が指示されている。ただし、大正九年には記載のなかった「大虹梁上叉首束ノ撤去」もここに記されている。大正期においても叉首束が後補なのは明らかであったはずなので、この時点では構造上有効と判断されて残すつもりだったのであろう。実際の修理では、繋貫の撤去は結局行われなかったが、食堂背面扉の「復原」や大虹梁上叉首束の撤去は実施されている[93]。大虹梁上の叉首束を撤去することによって、天井を張らずに虹梁上叉首で棟木を支えるという奈良時代仏堂建築の特徴的な一形式が明瞭に看取されるようになったと言える。後世の繋貫を撤去しなかったのはむろん建物の堅牢性を重視することからとられた措置であり、この堅牢性重視は、前記のように各所に金物補強（表5）を行っていることや、全ての新材を松材から檜材に改めていることからもうかがえる。

表5　法隆寺食堂・細殿修理による軒廻り取替材

<table>
<tr><th colspan="2" rowspan="2">取替材</th><th colspan="3">大正9年設計書</th><th colspan="3">昭和8年設計書</th><th colspan="3">修理費精算書</th></tr>
<tr><th>長サ</th><th>寸法（巾厚）</th><th>員数</th><th>長サ</th><th>寸法（巾厚）</th><th>員数</th><th>長サ</th><th>寸法（巾厚）</th><th>員数</th></tr>
<tr><td rowspan="18">食堂</td><td rowspan="3">地垂木</td><td>22</td><td>0.45×0.22</td><td>64</td><td>22</td><td>0.42角、反増付</td><td>120</td><td>9.5</td><td>0.43×0.41</td><td>132</td></tr>
<tr><td rowspan="2">13</td><td rowspan="2">同上</td><td rowspan="2">100</td><td rowspan="2">22</td><td rowspan="2">同上
(「枝外垂木」)</td><td rowspan="2">24</td><td>23</td><td>同上、反り付</td><td>20</td></tr>
<tr><td>14</td><td>同上、反り付</td><td>144</td></tr>
<tr><td>飛檐垂木</td><td>25</td><td>0.70×0.35</td><td>58</td><td>8</td><td>0.34角、反増付</td><td>70</td><td>5</td><td>0.42×0.34</td><td>50</td></tr>
<tr><td rowspan="2">野垂木</td><td>14</td><td>0.20×0.25</td><td>180</td><td>14</td><td>0.30×0.25</td><td>100</td><td>15</td><td>0.3×0.25</td><td>100</td></tr>
<tr><td>11</td><td>同上</td><td>180</td><td>10</td><td>同上</td><td>100</td><td>10</td><td>同上</td><td>100</td></tr>
<tr><td rowspan="2">箕甲垂木</td><td colspan="3" rowspan="2">（記載なし）</td><td colspan="3" rowspan="2">（記載なし）</td><td>15</td><td>0.25角、反り付</td><td>8</td></tr>
<tr><td>10</td><td>同上、反り付</td><td>8</td></tr>
<tr><td rowspan="3">木負</td><td>14</td><td>0.58×0.42</td><td>8</td><td>22</td><td>0.57×0.42</td><td>4</td><td>21</td><td>0.57×0.40</td><td>4</td></tr>
<tr><td rowspan="2">13</td><td rowspan="2">同上、反り付</td><td rowspan="2">4</td><td>11</td><td>同上</td><td>1</td><td>11</td><td>同上</td><td>2</td></tr>
<tr><td>17</td><td>同上、反増付</td><td>4</td><td>17</td><td>同上、反り付</td><td>4</td></tr>
<tr><td rowspan="3">茅負</td><td>14</td><td>0.50×0.40</td><td>8</td><td>22</td><td>0.47×0.42</td><td>4</td><td>18</td><td>0.42×0.45</td><td>6</td></tr>
<tr><td rowspan="2">14</td><td rowspan="2">同上、反り付</td><td rowspan="2">4</td><td>11</td><td>同上</td><td>1</td><td rowspan="2">18</td><td rowspan="2">同上、反り付</td><td rowspan="2">4</td></tr>
<tr><td>17</td><td>同上、反増付</td><td>4</td></tr>
<tr><td rowspan="3">裏甲</td><td>1.5</td><td colspan="2">厚0.21、延巾100</td><td rowspan="3">1</td><td colspan="2" rowspan="3">巾七八分、厚0.22、
延巾260</td><td>17</td><td>0.80×0.22</td><td>6</td></tr>
<tr><td rowspan="2">1</td><td colspan="2" rowspan="2">厚0.21、延巾170</td><td>17</td><td>同上、反り付</td><td>4</td></tr>
<tr><td>1.2</td><td>0.80×0.27
(「登り裏甲」)</td><td>130</td></tr>
<tr><td>破風</td><td>24.5</td><td>上巾1.6下巾1.4、
厚0.23</td><td>1</td><td>25</td><td>腰巾1.1、厚0.35、
大反増付</td><td>4</td><td>25</td><td>上巾2.4下巾2.1、
厚0.35、反り付</td><td>4</td></tr>
<tr><td rowspan="6">細殿</td><td>地垂木</td><td>13</td><td>0.42×0.30</td><td>150</td><td>13</td><td>0.35×0.30
反増付</td><td>100</td><td>13.7</td><td>0.33×0.30
反り付</td><td>130</td></tr>
<tr><td>野垂木</td><td>13</td><td>0.25×0.17</td><td>160</td><td colspan="3">（記載なし）</td><td>15</td><td>0.30×0.25</td><td>100</td></tr>
<tr><td rowspan="2">茅負</td><td>14</td><td>0.35×0.32</td><td>8</td><td>21</td><td>0.35×0.30</td><td>4</td><td>17</td><td>0.40×0.40</td><td>6</td></tr>
<tr><td>14</td><td>同上、反り付</td><td>4</td><td>17</td><td>0.35×0.22
反増付</td><td>2</td><td>17</td><td>同上、反り付</td><td>4</td></tr>
<tr><td>裏甲</td><td colspan="3">（記載なし）</td><td>15</td><td>0.70×0.18</td><td>15</td><td>14</td><td>巾0.5、厚上0.25
厚下0.22、反り付
(「登り裏甲」)</td><td>4</td></tr>
<tr><td>破風</td><td colspan="3">（記載なし）</td><td>14</td><td>腰巾0.7、厚0.22、
大反増付</td><td>4</td><td>14</td><td>上巾1.0下巾0.8、
厚0.25、反り付</td><td>4</td></tr>
</table>

※『奈良県国宝一件』（奈良県庁文書）、『法隆寺国宝保存工事一件』（奈良県庁文書）、『法隆寺食堂及細殿工事精算書』（大岡實博士文庫資料）により作成。

したがって大局的に見れば、「復原」を行うというこの修理の計画は大正期から一貫していたのであったが、その具体的内容をより仔細にみると両設計書には相違も認められる。それは、昭和八年修理設計書では軒廻りを含む屋根各部の形の「復原」が加わっていることである。大正九年修理設計書には食堂、細殿とも「破風板裏面ノ第一支茅《ママ》棰ハ原形保存の事」と記されているので、修理前の破風および枝外垂木の形は変更しない予定であったことがわかり、事実、破風取替材は食堂一本のみで、細殿にはその記載がなかった。しかし、昭和八年には食堂、細殿ともに破風を四本とも全て取り替えることに変更しているから、この段階で「復原」することに変更したのであろう（表5、図13）。とくに細殿の破風については同書中に「破風ノ変改ニ関スル説明」が付されていて、そのことが明白である。そこでは修理前の「直線式」の破風板は材質が新しく後世のものとされ、軒桁鼻に元々「破風ヲ仕組ンダ」枘があることから、これに合わせて反りを「復原」することが記されている。また、細殿平側の裏甲は、大正九年修理設計書で修理前の通り「裏甲ヲ用ヒズ」施工することが記されていたが、昭和八年にはこれを「復原」することに変更しているし(94)、破風の変更に伴い箕甲を新たにつくり直し、修理前にはなかった降棟も補加するなど、細殿の屋根の形は全体的に「復原」されることになっている。

実際の昭和修理では、解体時に発見された破風および茅負の「旧材」(95)断片などにより、食堂、細殿ともに昭和八年の計画がさらに変更される

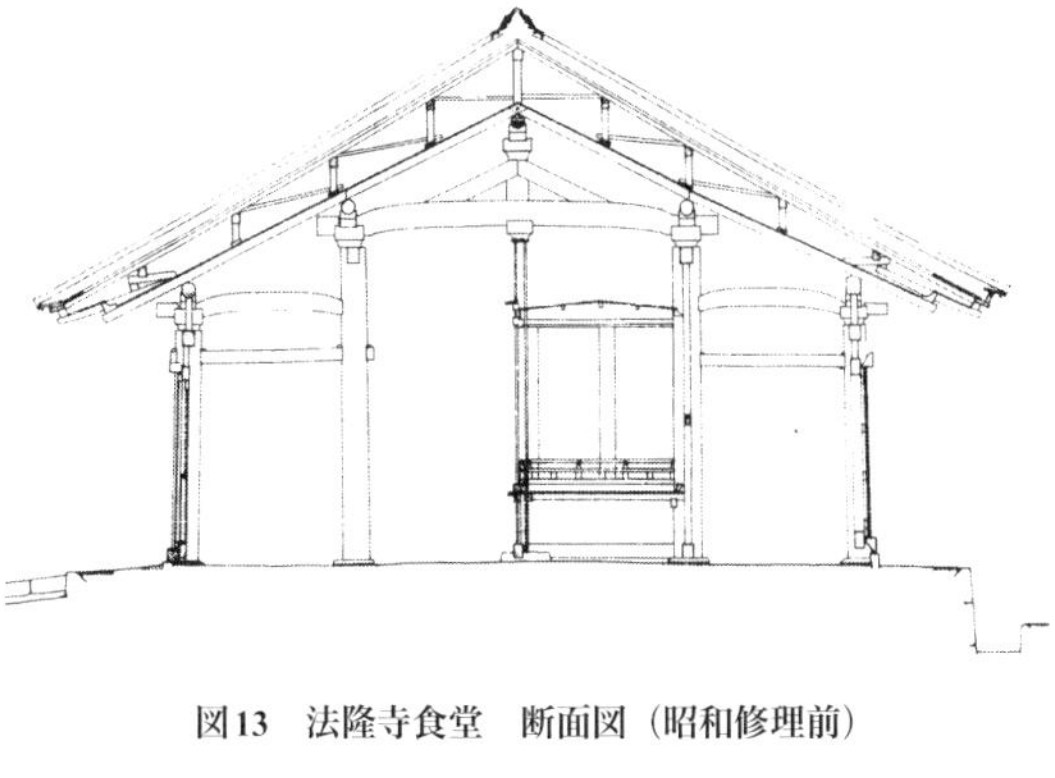

図13　法隆寺食堂　断面図（昭和修理前）

ことになった。たとえば軒の出について見ると、昭和八年修理設計書には「破風拝ミニ於ケル支点ト破風尻ノ高サヲ現状ノ儘」とすると記されており、食堂、細殿とも軒の出の変更を行わないつもりであったことがわかるが（このことは同書中の復原図からも確認できる）、実際の修理では前記発見古材に残された痕跡などにより軒の出を食堂約一寸九分、細殿は約二寸九分、修理前より長くしている。[96]

また、食堂の修理では地垂木についても修理時に設計変更があったと考えられる。昭和八年修理設計書の地垂木取替材は全て二二尺のものであったが、修理後の精算書を見ると九尺五寸および一四尺の二種の材が併記されている（表5）。これは、母屋桁上で継木して屋根曲面をつくる創建時の構法（図14）を「復原」して施工したことによるものであろう。修理工事報告書によれば、修理前にはこの構法による地垂木が部分的に残っており、[97]この修理の調査を担当した杉山信三も当時この当初技法の発見について言及している。[98]つまり、修理終了後には人の目に触れることのないはずの見え隠れの部分にまで「復原」の手が及んでいるのである。ちなみに、地垂木の総数は一六四本で、反りの少ない正背面中央間二〇本はこの構法によらなかったものと見られるので、この修理の際に棟側のもの（九尺五寸）は一一二本の古材を再用し、軒側（一四尺）は全て新材に改めたということが資料から確認できる。

図14　法隆寺食堂　地垂木母屋桁上継手
（古い檜材のもの）

このように昭和初期には、見え隠れの技法を含めて軒廻りを全体的に復原するという設計変更があった。こうした設計変更は、第一章三節で既に述べたように軒廻りの技法が当時全国の修理技術者の最大の関心事であったことをよく示すものであり、大正期の設計書にその変更がなかったということは、逆に大正期の技術者にはその関心が希薄であったことが示唆されている。とりわけこの修理の実施時に、学術的調査にもとづき創建時の地垂木の構法を復原するなど、昭和八年の修理計画がさらに変更されたことには、法隆寺昭和大修理の初期工事の学術重視という特徴を見てもよいだろう。これは、色の復原と合わせて、武田の復元主義の保存理念がよくあらわれている点でもある。

この修理の実施時には塗色方針の変更もあった。着工前の二つの設計書には、塗装工事の仕様として「外部ニ露ハレタル化粧部ニハ古色塗ヲ施スヘキ事」（大正九年）とか「古色塗ハ在来ノ色調ニ倣ヒ（中略）塗立ツベキコト」（昭和八年）とあって、古色塗りが指示されていたが、竣工後の修理精算書には、彩色塗料は「在来ノモノヲ分析シ、コレト同ジ成分ヲ有スルモノ」を用いたと記されている。修理工事報告書に掲載されている供試材リストのなかには食堂の柱と虹梁の「現在の丹土の下に塗られてゐたもの」とあり[99]、層出しによって創建時のものと見られた食堂修理前の塗料を採取・分析した上で復原したことを確認できる。

第五節　武田五一の法隆寺修理への批判

これまで論じてきたように、武田はこの修理において創建当初の建築意匠＝〈建築様式〉の典型性＝建築美を再現することを目指し、後世改変部を創建当初の形に復原しつつ、建物の色も復原するという修理方針をとった。しかし、こうした武田の復元主義に対しては、当時各方面から様々な批判が出されていた。その批判の論者と批判の内容をまとめると左のようになる。

（一）黒板勝美、荻野仲三郎ら日本史学者の修理関係者による批判
……建物の後世改変部にあらわれた歴史性を尊重する立場から、それらを取り去ることに反対した。

（二）足立康、藤島亥治郎ら建築史学者による批判
……当初の建物の色の再現に反対し、古色塗りを施すことを主張した。

◉黒板勝美の「復原」批判

既述のように、黒板、荻野はこの事業の立案・実施の過程において中心的役割を果たしたが、事業開始後も法隆寺国宝保存協議会委員としてこの事業に深く関与していた。同協議会において黒板や荻野は、武田ら現場が提示した原案に対して時に異論を出していた。たとえば東院礼堂の妻飾り等の復原案に反対していたことは先に第三節で述べた通りであるが、黒板のほかに浜田耕作（考古学）、三上参次（日本史学）らもその現状変更について「その当時に加へた変更は必要によって生まれたもので現状に残る形式がその歴史を語ることにもなる」という理由で反対していた[100]。黒板は、大講堂の桁行八間の復原問題に際して「建物ノ保存ヲ主トシ保存ニ差支ヘルモノノミヲ復原スルヨウニシタイ」と、「復原」一般について消極的な意見を述べているし[101]、荻野仲三郎も、地蔵堂

の正面両脇一間および左側面後方一間の白壁であったものを蔀戸と明障子に復原する原案に対して「中古ニ取付ケタ痕跡ハソノママ保存シテ差支ヘナイ」[102]と反対し、後世の修理には「それゞゝ相異つたその時代特有の様式や手法が施されてゐる」と、それに反対する理由を述べていた。[103]黒板の次の記述は、そうした「復原」反対論者たちの意見を代弁するものである。

「私は現状保存論者として意見を述べたい。法隆寺は度々修理を施されてゐる。元禄の修理、足利時代の修理などと、その修理は今日から見れば不完全なものに違ひなからう。しかしその修理には、その時代々々が現れてゐるのであつて、その修理された個所にそれゞゝ歴史的な時代が遺つてゐるのであるから、これは何とかしてそのまゝのこしておいた方がいゝと思ふ」

（黒板勝美「修理に至るまで」『博物館研究』昭和一〇年三月号、九頁）

このように黒板は、後世改変部分を「今日から見れば不完全なもの」としながらも、そこに後世修理が行われた創建後の「時代時代が現れてゐる」という理由から、それを取り去る「復原」行為に異を唱えている。つまり、後世に改変された形を創建時の状態に戻してしまうことにより、創建後の度重なる修理の形跡が建物に付与する歴史の累積＝〈時間の経過〉が失われてしまうというのである。

時期を遡って黒板の明治末期・大正期の論考のなかでも、彼は近世以前の各時代は全て等価値と見なしつつ、原則的に復原行為自体を認めない考え方を表明していたから、[104]明治期以来国宝保存会のなかでこうした批判を一貫して行っていたのであろう。先述のように国宝保存法で「現状変更」を許可制にしたのも黒板の意向によるところが大きかったと考えられるが、この制度の出自も歴史性重視の黒板の保存思想から出たものであったと思われる。ちなみに、黒板の言説には、とるべき塗色方針については明記されておらず、「復旧の際如何なる色料を以て補ふべきやは、専門家苦心の存する所にしてまた最も意を致さゞるべからざる所也[105]」と述べるにとどまっている。

ただし、ここで付言しておくべきことは、黒板も荻野も、ときには「復原」を擁護する側に廻っているということである。黒板は、文化財建造物（当時の「特別保護建造物」）を「現時猶ほ実用せられつゝあるもの」と「たゞ過去の記念物として存せるもの」に分類し、前者は「復旧修繕」してもよいとしているが[106]、それに該当するものが例示されておらず、ここでの「復旧」の指示内容も明確ではないので、黒板の真意は判然としないが、彼が復原に一定の理解を示していたのは明白である。また、荻野も、前掲の東院礼堂の復原案に対する反対者に対し「今度だけは認めようではないか」と武田を擁護する側に立っているし、後のことになるが、伝法堂の復原問題に際しても大岡實の復原案に対して同様の立場をとっていた[107]。こうしたことを考えると、彼らの復元主義批判は、決して明晰な理論に裏付けられたものではなく、建物の外観が一新されるような復原行為に対する、やや感情的な反発にすぎないものであったのではないかと思われてくる。

◉ 建物の色の復原への批判

一方、当時の建築史研究者の間には、この修理で色の復原を行ったことに対する批判が多く見られた。その代表的なものが足立康の意見であった。足立はこの事業への直接的関与はなかったものの、黒板の主宰する日本古文化研究所の理事として法隆寺東院発掘調査の主査を務めるなど[108]、この修理周辺を取り巻く当時の重要な学者の一人であった。

足立は、昭和一三年の論考の中で、それまでに行われた法隆寺昭和大修理の初期工事について厳しく批判して、「かの一知半解な復原的改造を行ったり、妄りに用材を新しく替へたり、また軽薄卑俗な色を塗り立てたりしてその価値を滅却するが如き工事は、絶対に避けねばならぬ。（中略）勿論それは法隆寺の保存ではなく、実にその破壊であるとして、吾々は断乎としてこれを排撃しなければならぬ」と、強い口調でこの工事を摘発し[109]、修理当事者に対して次のように要望している[110]。

一　用明天皇・推古天皇勅建の寺院と云ふ尊き由緒に対し最も敬虔な態度を以て行ふのは勿論のこと、亦法隆寺伽藍の本質に悖《もと》らぬやう最も慎重にして周到なる態度を以て行はれたい。

一　法隆寺建築の様式手法・芸術的価値・歴史的特質を最もよく保存するやう全力を盡されたい。

一　堂塔の現状変更には極めて細心の注意を払ひ、予めその根本方針を確立し、その措置を誤らぬやうに努め、中途半端な改造や一知半解な復原等は断じてこれを行はれぬやうにされたい。

一　堂塔に浮薄卑俗な色を塗り立てるのは失当であつて、絵画や彫刻の修理に於けるが如く妄りに着色しないのが正しい。但し建造物に着色する事は一見保存上有益の如く見えるが、少くとも今日の如き施工では何の益もない。仍て修理後の堂塔には妄りに卑俗な色を塗り立てぬやうにされたい。

ここでの足立の批判の要点をまとめると、（ⅰ）根拠のない「一知半解な復原」を行っていること、（ⅱ）「妄りに用材を新しく」して古材をあまり再用していないこと、(iii)「浮薄卑俗」な色を建物に塗っていることの三点となる。しかし、(i)については、一方で「現状変更には極めて細心の注意を拂ひ（中略）その措置を誤らぬやうに努め」ることを求めているのだから、復原行為自体を否定的に捉えていたわけではなく、「誤り」のない範囲での「復原」にはむしろ肯定的であった[111]。この点において、前記の黒板ら日本史学者の立場とは根本的に異なっていたと言える。(ii)の古材再用については復原を行うと必然的に新材に取り替える部分が多くなり、「復原」肯定とは一見矛盾するようであるが、これは結局程度問題になるから暫く措くとしても、(iii)の色の再現をしてはならない理由については、色の塗り直しが保存上有益とは言えないという点だけで、その根拠が全く示されていない。こうしてみると、足立の批判とは多くの古材が新材に替えられ、なおかつ色も塗り直されたことにより、要するに建物の外見上の「古さ」＝〈時間の経過〉が消されてしまったことに対する、やや情緒的な反発であったと見るのが妥当であろう。つまり、前掲（一）の黒板らの復元主義批判も（二）の足立のそれも、いずれもその根底には〈時間の経過〉を残せという、あまり理論的とは言えない感情的な反発心があったと言えそうである。

建物の色の再現に対する批判は、決して足立だけの話ではなく、次に示すようにこの修理の関係者でもあった伊東忠太や大岡實からも出されていた。後年、藤島亥治郎は「私は法隆寺でのそのような塗色は『皺くちや婆あの厚化粧』とののしつたこともある[112]」と当時の個人的見解を振り返りつつ、一般的にも「法隆寺東大門などが新しく丹塗された時大分非難された[113]」ともいうから、おそらく当時の多くの建築史研究者には否定的に受け取られていたのであろう。

当時の新聞を見ても、法隆寺の彩色復原批判が散見される。たとえば『東京朝日新聞』掲載の「大修繕中の法隆寺を観る」（建築評論家・黒田鵬心による執筆）には「丹塗が新しく冴えて見えるのは、多少の不調和を現している」[114]という批判的記事が掲載されているし、他にも「新築したかと思はれるくらゐでこれが千古の建物であらうとは一寸受け取れぬ更正ぶり」とか「これはあまりにも花やかな再現である」というような、それを揶揄するような記事もよく見られる[115]。こうした批判をみると、当時の一般社会には、「古さ」＝〈時間の経過〉を感じさせるものとして文化財建造物（国宝建造物）を捉えるという通念が存在していたということがよくわかる。

各方面から彩色批判が出されたことを主な要因の一つとして、武田亡きあとの法隆寺修理では塗色方針の変更を余儀なくされた。当時の新聞には、武田の急逝後まもない昭和一三年五月、この修理の塗色方針について議論があったことが報じられており、「『創建当初はこんなに美しかつたのだ』と賛嘆するものや『法隆寺のもつ味が減殺された』と苦々しがるものが相半ばしている」と指摘されている[116]。そこでは、大岡實が色の再現を批判しているのに対し、阪谷良之進や岸熊吉がそれを擁護する立場に立っていた。

大岡實

「飛鳥、奈良時代の朱色と現に使用されつゝある朱色と同じものであつたことは證し得ない、内部に安置する本尊は時代を経たものであるのに柱だけはけばゝゝしい極彩色であるのは奇妙である、修理の際或る程度の着色は必要としてもしつとりとしない色合の朱を塗り立てることは避くべきであらう」

阪谷良之進

「現代人が色褪せた柱を無暗に有難がり現状のまゝで後世に伝へようとするのは間違つた骨董趣味でしかあり得ない、寂びた色とは黴によつてもたらされたものに過ぎない、国宝建造物の修理は出来る得る限り古に復し、しつかりと建築を締め直すのが要諦であるとすれば柱も古への朱に復することが当然である」

その翌年、第一三回法隆寺国宝保存協議会（昭和一四年二月一七日）では、当時修理中であった夢殿の塗色方針について協議されている。この協議会の速記録[117]によれば、伊東忠太が「昔ノ通リニ赤ク塗ルコトハ復原ニナルが実際問題トシテ合理的ナ復原ハ不可能デアル　奈良朝時代ノ建物ヲ修理シテ奈良朝時代ノ赤色ヲ其儘塗ルコトハ到底不可能デ奈良朝時代ノ赤色ガ分析サレ得ナイ　従ツテ完全ナル復原ハ出来ナイ　古代ノ木材ヲ色揚スルコトハ実ニオカシナコトニナル　材木ニ錆ガ出テイル所ヘナマ、、シイ丹ヲ塗ルノハ疑ハシイ」と、色の再現に否定的な見解を示し、荻野、瀧も同じくそれを疑問視する発言をしている。これに対し、工事事務所長に就任して間もない古宇田實は「一層ヨク研究シテ皆様ノ御期待ニ従ヒタイ」と返答している。塗色方針が古色塗りに正式に変更されたのは、続く第一四回協議会（昭和一四年四月一七日）においてであった[118]。

また、同じ第一三回協議会では、武田担当の修理における「復原」方針を疑問視する意見も多く出されていた。荻野は「復原ニ就イテハソウ無闇ニヤツテハイカヌト思フ　近来ハアマリ復原ガスギル」と、それまでの「復原」が行き過ぎであったと発言しており、瀧も「復原ガ諸種ノ事情ヲカマワズ行ワレルノハ困ル」と述べている。武田の死後、工事事務所長に古宇田が就任した後は、たとえば東院南門・四脚門の修理では後世改変が少なくないにもかかわらず、「復原」的現状変更が一つも行われず（第五章第二節）、武田が所長であった時期の修理で推し進められた復元主義の修理方針が弱められたかのように見えるのは、法隆寺国宝保存協議会の内部にこうした批判があったことと無関係ではなかろう。また、第一章六節に詳述した伝法堂復原案に関する議論に示されていたように、古宇田は復原そのものに対して批判的な見解を示しており、彼が担当した修理で「復原」があまり行われなかった理由の一つにはこの点もあったはずである。強力な復原推進者であった武田を失った直後に、はじめてこうした「復原」批判が表面に浮上してきたという事実それ自体、この修理事業における武田の存在の重要性を如実に示すものであった。

第六節　小結

本章では、法隆寺昭和大修理が実施される経緯を明らかにするとともに、法隆寺昭和大修理の初期工事における所長武田五一の保存理念に着目して以下のことを明らかにした。

この修理事業は、そもそも黒板勝美や荻野仲三郎らによって設立された聖徳太子奉賛会が、昭和四年、奈良県とともに立案したものであり、その後奉賛会の政界への積極的な働きかけにより昭和九年に実現した。奉賛会は聖徳太子信仰の宣揚を主旨として大正七年に設立された法隆寺の護持団体で、聖徳太子に関する啓蒙活動とともに法隆寺の保存活動を行ったが、そこには、保存事業が本来的にもつ政治的側面——愛国心を喚起し、国民の文化的統合を促すという側面——を重視し、国民のナショナリズムに訴えかけるかたちで「保存」を行おうとする黒板の保存思想が反映されていた。黒板と荻野は法隆寺国宝保存協議会の委員として事業着工後もこの事業の修理方針の策定に深く関与していた。

武田五一は早くから聖徳太子奉賛会の保存活動に関与しており、法隆寺国宝保存工事事務所長に就任した背景の一つにも同会との強い繋がりがあった。所長としての武田は各工事の担当技術者の意見を取りまとめつつ修理の原案を作成し、修理方針策定のための協議会ではその原案の承認を得るための重要な存在であった。

武田は、法隆寺の建物が各時代の建築様式の特徴をよく示している点を重視し、各建物の後世改変を創建時の状態に戻しつつ、創建当初の建築意匠＝〈建築様式〉の典型性＝建築美を再現することを目指した。武田はそのために創建当初の技術も復原して施工しようとしており、すでに明治末期からそれを重視する考え方を表明していたから、この修理事業において建築技法の調査・復原を重視する方針がとられたのも、彼の意向を少なからず反映したものであったと考えられる。こうした復元主義にもとづく各修理の方針は、大局的にみれば（法隆寺国宝保存協議会内で一部に異論があったものの）ほぼそのままのかたちで修理首脳部に容認されていた。各修理では東院鐘楼を例外とし、構造上・使用上の必要性がないかぎり、創建時の形が明らかにされた後世改変部分を復原しているし、この修理では当時一般的だった古色塗りを施さず、丹塗りなどによって建物の色も再現されている。こうした修理方針は「形」と「色」の二つの要素に還元して「建築」を捉える武田の建築観と表裏一体の関係にあったと考えられる。さらには軒の規矩、大工道具の使用法などの創建当初の技術をできる限り復原し、それにより施工していたことには、〈技術のオーセンティシティ〉を尊重する考え方が示されている。

武田の修理に対して当時出された批判をみると、黒板ら日本史学者は、後世改変された形を創建時のものに変更してしまうことにより、度重なる創建後の修理の形跡が建物に付与する歴史の累積＝〈時間の経過〉が失われてしまうと批判し、足立ら当時の建築史研究者は、建物外見の「古さ」＝〈時間の経過〉を消してしまう色の再現を批判していた。こうした批判は当時の新聞にも散見され、「古さ」を感じさせるものとして国宝建造物を捉える通念が当時の一般社会に存在していたことがうかがえる。つまり、創建当初の建築意匠を完全なかたちで「保存」しようとすると、〈時間の経過〉が失われることになるので、それを尊重するような考え方は武田の保存理念とは本来的に相容れないものであったのである。

武田の急逝後、古宇田實が工事事務所長に就任すると、塗色方針が古色塗りに変更されるとともに、復元主義の修理方針も弱められることとなった。伝法堂の修理方針に関して「復原」批判を展開していた古宇田の見解は第一章六節で述べたが、他面、武田の死後まもなく開催された法隆寺国宝保存協議会で、それまでの復原方針についての批判が各委員から出されたことも、その要因の一つであったと考えられる。つまり、武田の死によってはじめてこうした批判が実際の修理に顕在化されることになったのであり、そのことはこの事業における武田の存在の重要性をよく示している。

註

1　長谷川堯『日本の建築［明治大正昭和］四　議事堂への系譜』三省堂、一九八一、一八七―一八九頁

2　浅野清「武田五一先生と文化財保存」『武田五一・人と作品』博物館明治村編、一九八七、一三五―一三七頁

3　これに続く夢殿・東院回廊の修理は武田の生前の昭和一二年六月に工事着手しているが、武田逝去後に東院回廊の現状変更案が協議されていることなどから、武田の関与が明確ではないので考察対象には含めていない。

4　法隆寺国宝保存事業部『法隆寺国宝保存工事施行規程』（一九三六）所収の職員録によれば、事業開始時の委員は以下の一二名である。三上参次（歴史学者）、伊東忠太（建築史学者）、武田五一（建築家・建築史学者）、塚本靖（建築史学者）、関野貞（建築史学者）、黒板勝美（歴史学者）、瀧精一（美術史学者）、浜田耕作（考古学者）、荻野仲三郎（歴史学者）、下村寿一（文部官僚）、河原春作（文部官僚）、児玉政介（奈良県知事）。

5　浅野清『古寺解体』（学生社、一九六九、七〇-七一頁）。『文化財保護の歩み』（大蔵省印刷局、一九六〇、四九頁）に掲載された国宝保存法施工当時の国宝保存会委員を見ると、法隆寺の協議会委員と重複するものが九名もいる。

6　とりわけ荻野は武田と明治期以来の深い親交があったことが知られ、たとえば明治三六年頃、荻野の仲介により武田は求道会館の設計を依頼されている（『求道会館修理工事報告書』二〇〇二、四五—四六頁）。なお、荻野は法隆寺貫主・佐伯定胤との親交もかなり深かったことが知られている（太田信隆『まほろばの僧　法隆寺佐伯定胤』春秋社、一七七六、一一〇頁）。

7　『大阪朝日奈良版』昭和四年一一月一二日九面、同・昭和四年一一月一四日九面、同・昭和四年一一月二四日九面

8　『特別保護建造物修理設計書』奈良県庁文書S3-96

9　『法隆寺日記（佐伯定胤日記）』（法隆寺蔵）昭和四年一一月一二日条によれば「午後四時より奉讃会協議会開催ニ付準備之事　江崎理事、岸技師、飯田社寺課長、学務部長　二時過ぎ先着之事　三時頃細川会長御入来之事　三時半頃笹井知事、黒板理事、早川内務部長、正木理事、高島理事続々到着之」と記されている。

10　『法隆寺日記（寺務所日記）』法隆寺蔵、昭和五年一月八日条

11　『奈良県国宝一件』奈良県立図書情報館蔵、奈良県庁文書1-T9-65

12　大正九年九月、奈良県が文部省に材料費高騰のため法隆寺西院回廊・鐘楼修理の修理費増額を申請していることは、当時のインフレの影響であろう（『大阪朝日奈良版』大正九年九月三日三面）。

13　『大阪朝日奈良版』昭和二年一月一八日九面、同・昭和五年八月二一日九面

14　『大阪朝日奈良版』昭和八年一月一〇日五面、同・昭和八年一月一五日五面

15　『法隆寺国宝保存工事一件』奈良県立図書情報館蔵、奈良県庁文書1-T9-65

16　『法隆寺事業部史抜粋原稿、他』川崎市立日本民家園蔵大岡實博士文庫資料（大岡資料）6-11-34-68

17　『大阪朝日奈良版』昭和八年四月二三日一三面

18　高田良信『「法隆寺日記」をひらく』（NHKブックス、一九八六、六二―八六頁）、野田俊彦「聖徳太子奉賛会」（黒板博士記念会編『古文化の保存と研究』所収、川瀬印刷、一九五三、二一九―二二八）
19　『大正九年 聖徳太子一千三百年御忌奉賛会書類 生駒群役所文書』奈良県庁文書2・3-T9-7
20　『大正九年 聖徳太子一千三百年御忌奉賛会書類 生駒群役所文書』（前掲）
21　岡倉覚三「法隆寺保存論」『奈良新聞』明治四五年一月一日二面
22　黒板勝美「聖徳太子と大日本の建設」『聖徳太子論纂』平安考古會編、一九二一、五頁
23　『東京朝日新聞』昭和三年九月二三日夕刊一面、同・昭和七年一〇月二八日二面
24　『大阪朝日新聞大和版』（大正九年三月三日三面）など。
25　「第四十一回帝国議会衆議院　帝国博物館完成ニ関スル建議案　委員会議録（速記）第三回」『帝国議会衆議院委員会議録二一　第四一回（四）　大正七・八年』臨川書店、一九八三、三三一-三三三頁
26　『有光次郎日記』楠山三香男編、第一法規出版、一九八九、二三五-二三七頁
27　『大阪朝日奈良版』昭和八年一〇月二〇日五面、同・昭和八年一一月二一日五面
28　『大阪朝日奈良版』昭和八年七月一四日一三面、同・昭和八年一〇月二〇日五面
29　田中琢「遺跡遺物に関する保護原則の確立過程」（『考古学論考』小林行雄博士古稀記念論文集刊行委員会、平凡社、一九八二、七六五-七八三頁）、西村幸夫「『史蹟』保存の理論的枠組みの成立　『歴史的環境』概念の生成史その4」（『日本建築学会計画系論文報告集』一九九三年一〇月、一七七-一八六頁）。
30　黒板勝美「史蹟としての法隆寺（続）」『史蹟名勝天然紀念物』大正八年一〇月号、七四頁
31　黒板勝美「聖徳太子と法隆寺」『仏教史論一　寧楽十六』寧楽発行所、一九三四、七頁
32　『法隆寺防火設備水道工事竣功報告書』法隆寺防火設備水道工事々務所、一九二八、二-三頁
33　黒板は、明治期から、宝物を史蹟の外に持ち出さず、現地の博物館に収蔵・展示するべきと主張していた（「史蹟遺物

保存に関する意見書」『史学雑誌』明治四五年五月号、八四-一一七頁)。奉賛会と奈良県による昭和四年の法隆寺事業計画には、宝物を収蔵・展示するための宝蔵も計画されていたが、これは敷地を変えて昭和一四年に竣工した。法隆寺宝蔵については拙稿「武田五一設計の法隆寺鵤文庫および宝蔵の建築史的価値」(『日本建築学会近畿支部研究報告集計画系』二〇一九年六月、五七三-五七六頁)を参照されたい。

34　黒板勝美「史蹟遺物保存の実行機関と保存思想の養成」(『大阪毎日新聞』大正六年二月初出)、『虚心文集　第四』(吉川弘文館、一九四〇、四五七頁)。

35　黒板勝美「法隆寺の建築と其の宝物に就て」(『朝鮮と建築』大正一三年五月号、一三-一四頁)や、黒板勝美「聖徳太子を中心として推古朝の美術を論ず」(『中央美術』大正八年二月号、五一-五三頁)の中でもパルテノン神殿との比較によって法隆寺の価値が論じられている。

36　下村寿一『文化財保護行政制定前の文化財の保護をめぐる座談会』文化財保護委員会編、一九六〇、一二頁

37　藤懸静也「史蹟・寶物の保護」『古文化の保存と研究：黒板博士の業績を中心として』川瀬印刷、一九五三、一二頁

38　藤懸静也「史蹟・寶物の保護」前掲、一二七-一二八頁

39　『法隆寺防火設備水道工事竣功報告書』(法隆寺防火設備水道工事々務所、一九二八、七一-七六頁)、『武田博士作品集』(武田博士還暦記念事業会、便利堂、一九三三、一-六頁)。

40　武田五一「法隆寺昭和大修理」(『建築雑誌』昭和一一年一月号、三九頁)、黒板勝美「修理に至るまで」『博物館研究』(昭和一〇年三月号、九頁)。なお、この事業の現場人事に関与したことが知られる服部勝吉は、『法隆寺重脩小志』(彰国社、一九四六、四四頁)のなかで、昭和大修理の実施が決定する過程において黒板、荻野が「新たに加はられた武田博士と共に」各方面に働きかけていたと回顧している。

41　武田が配下の技術者と復原方針に関する打ち合わせを行ったという記事は多い。たとえば大講堂の復原方針を審議した第七回協議会(昭和一一年一〇月六日)の直前に武田は大瀧、浅野らと「打合会を開いて大講堂の現状変更につき

臆意なき意見の交換」をしている（『大阪朝日奈良版』昭和一一年一〇月七日五面）。後年、浅野は「武田五一先生と文化財保存」（前掲、一三六頁）のなかで「実務は京大出身の服部勝吉さん以下で取り仕切っていた」としながら、武田が服部の報告を「決裁」していたと述べている。

42　浅野清「武田五一先生と文化財保存」前掲、一三六頁

43　『法隆寺別當次第』の寛喜三（一二三一）年の条に「礼堂木造同十月廿二日棟上」と記載され、『聖徳太子傳私記』（一三世紀）にはその規模が「五間二面」と記されている。

44　「法隆寺国宝保存協議会」『法隆寺国宝保存協議会会議録』大岡資料6-11-34-9

45　『奈良六大寺大観　法隆寺一』岩波書店、一九七二、四九頁（太田博太郎執筆）

46　『七大寺巡礼私記』（一二世紀）や『聖徳太子傳私記』（一三世紀）に「六間四面」と記されているが、慶長修理後の『愚子見記』（第四冊、一六八三）には「九間内西一間庇」と記されている。

47　後年浅野清は、大講堂の八間堂復原案が採用されなかったことで工事事務所の若手技術者の間では武田を責める向きもあったというが、「当時の我々には先生の苦衷は理解できなかったのである」と述懐している（「武田五一と文化財保存」『武田五一・人と作品』前掲、一三七頁）。

48　「法隆寺国宝保存協議会　昭和十一年十月六日」『法隆寺国宝保存協議会記録』大岡資料6-11-34-16

49　「法隆寺国宝保存事業報告書、その他の原稿」大岡資料4-3-11-110

50　鈴木嘉吉「法隆寺修理」『近代日本建築学発達史』丸善、一九七二、一七六九頁

51　たとえば食堂・細殿修理の報告書には「本工事に当つては、夫々実測、調査の結論に従つて破損を復し、事情已むを得ないものを除き、すべて建物の形式、手法は従来のものを厳格に踏襲して施工なしたが、構造上不完全と思はれるものは支障ない範囲にこれを改良し、補強鉄物等をも使用して建物の堅固を計つた。（中略）なほ工事中発見した資料によつて後に述べる如き現状変更を行ひ、又本工事に関連して付帯工事として避雷針装置、自動火災警報設備其他を

施工した」（六頁）とあるが、修理方針に慶長・元禄の修理は言及されていない。西円堂や地蔵堂などの修理方針もほぼ同じである。ただし、修理工事報告書をみる限り、初期工事から後世修理に関する調査は行っているから（東院礼堂の報告書には元禄修理の仕様書の全文が翻刻・転載されている）、それに無関心であったというわけではなく、大講堂修理はその関心が格段に高められたという意味である。食堂の昭和修理時には、貫を補加した修理を元禄時代に当てているが、この貫は慶長時代のものであるから、大講堂修理まで慶長修理の特徴を把握するには至っていなかったことがわかる。

52 昭和九年二月七日の帝国議会衆議院予算委員会における文部省書記官・河原春作の答弁に「法隆寺国宝保存ニ関スル費用ノ増額ハ（中略）国宝臨時保存費ノ中ニ合併サレテ、七万円ダケ認メラレテ居ル」とある（『帝国議会　衆議院委員会議録　昭和篇三八　第六五回議会　昭和八』東京大学出版会、一九九三、四七三頁）。

53 『大阪朝日奈良版』昭和八年一一月二一日五面

54 『大阪朝日奈良版』昭和一二年一月一九日一三面

55 『大阪朝日奈良版』昭和五年八月二一日九面、同・昭和一二年一月一九日一三面

56 足立康「建築の国宝指定について」『茶わん』昭和一六年一月号、七頁

57 『昭和国勢総覧（下）』（東洋経済新報社、一九八〇、二〇三頁）によれば昭和四〜九年の物価指数は一．〇七五から〇．九七〇（昭和九〜一一年を1とする値）である。

58 忍冬会編「法隆寺昭和重修の全貌」『古建築』昭和二九年一二月号、九‐四二頁

59 『大阪朝日奈良版』昭和九年五月二日一三面

60 武田五一「修理計画と工事の経過」『博物館研究』昭和一〇年三月号、一〇頁

61 武田五一「法隆寺の修理に就て」『建築雑誌』臨時増刊、昭和一一年一〇月号、三八頁

62 浅野清『古寺解体』前掲、八〇頁

63　武田五一「建築物の格好に就いて」『建築雑誌』明治三三年六月号、一五九頁

64　武田は『建築装飾及意匠の理論並沿革』（誠文堂、一九三二）のなかで、第一編「建築構成理論」を「形態論」および「色彩論」の二つにより論じているから、昭和期まで一貫した建築の見方を保持していたとわかる。

65　武田五一「法隆寺昭和大修理」『建築雑誌』昭和一一年一月号、三八頁

66　武田五一「奈良京都の古建築略説」『奈良京都の古美術建築案内』萬国工業会議編、一九二九、二〇頁

67　武田五一「古代建築の修理に就て」『京都経済会講演集』大正二年二月、一七五頁

68　武田五一「京都市付近の代表的建築物」『京都日出新聞』大正四年七月一九日一面

69　武田五一「古代建築の修理に就て」前掲、一七九頁

70　第二回協議会についての詳しい記録はなく、そこで行われた議論の詳細はわからない。当時の新聞（『大阪毎日新聞』昭和九年一一月二一日七面）によれば「今回の解体によつて判明した実証にもとづき調査会ができ得る限り創建当時に復元する主旨のもとに現状変更を立案し当代の諸権威の意見一致を見た」とされているから、おそらく原案に対する強い反対もなく、現場事務所が提示したものがほぼそのまま容認されたものと思われる。

71　「法隆寺国宝保存協議会」『法隆寺国宝保存協議会会議録』大岡資料6-11-34-9

72　佐藤佐「法隆寺大修理の諸問題に就いて」（『夢殿』昭和九年一二月号）にも「可能なる範囲内で復原すべきか、その根本的態度は修理事務所でも決定を見ず」（二四五頁）と記されている。

73　『大阪朝日奈良版』昭和一〇年二月二二日五面

74　東院鐘楼の屋根が復原されなかった理由については、鈴木嘉吉「法隆寺修理」（前掲）に「このころは屋根の旧形に自信が持てなかったとともに後世改造の大きな妻飾りの屋根のほうが美観上好ましいとする意見が強」かったためとも記されている（一七六八頁）。また、後年浅野清は、これが「復原」されなかったのは、当時復原修理を批判をしていた工事監督・大瀧正雄の意向によるところが大きかったことを回顧している（「《連載6・聞き書き》建築への遠い道

のり　浅野清が歩いてきた昭和」『建築ジャーナル』一九九〇年一一月号、四三頁）。

75　『奈良六大寺大観　第五巻　法隆寺五』岩波書店、一九七一、二八頁（太田博太郎執筆）

76　『国宝建造物東院礼堂及び東院鐘楼修理工事報告』法隆寺国宝保存事業部、一九三七、一四一頁

77　武田五一「古代建築の修理に就て」前掲、一七五頁

78　『国宝建造物食堂及細殿修理工事報告』法隆寺国宝保存事業部、一九三六、二九‐三〇頁

79　『国宝建造物西円堂修理工事報告』法隆寺国宝保存事業部、一九三八、六五頁

80　武田五一「法隆寺昭和の大修理に就て」『朝鮮と建築』昭和一一年四月号、六頁

81　『国宝建造物食堂及細殿修理工事報告』前掲、八七‐九〇頁

82　『国宝建造物東大門修理工事報告』法隆寺国宝保存事業部、一九三五、一五‐一六頁

83　服部勝吉『法隆寺重脩小志』前掲、二二九頁

84　浅野清「古代建築の修理改造のあり方の歴史的考察」（『橿原考古学研究所論集　第五』吉川弘文館、一九七九、三三九頁）、鈴木嘉吉「法隆寺修理」（前掲、一七六三頁）。

85　武田五一「木材表面工作の史的手法」『寶雲』昭和一〇年一〇月号、一七頁

86　服部勝吉「阪谷良之進先生」『協会通信』昭和六一年一〇月号、二〇頁

87　武田五一「木材表面工作の史的手法」『寶雲』昭和一〇年一〇月号、一九頁

88　西岡常一・青山茂『斑鳩の匠　宮大工三代』徳間書店、一九七七、二一四‐二一九頁

89　『奈良県国宝一件』（奈良県立図書情報館蔵、奈良県庁文書1‐T9‐65）、『法隆寺国宝保存工事一件』（奈良県立図書情報館蔵、奈良県庁文書1‐T9‐65）。

90　『法隆寺食堂及細殿工事精算書』大岡資料6‐11‐31‐2

91　『国宝建造物食堂及細殿修理工事報告』前掲、七五‐七七頁

92　後年浅野清は『法隆寺建築綜観――昭和修理を通じて見た法隆寺建築の研究――』（便利堂、一九五三、二〇五-二〇九頁）のなかで、食堂柱間装置は全て細殿鎌倉再建時以降のものであるとし、古今目録抄（『聖徳太子傳私記』一三世紀）の記述を引きつつ、創建時の食堂正面は開放され（細殿と壁続き）背面両端間は横連子であったことなどを指摘している。

93　『国宝建造物食堂及細殿修理工事報告』前掲、四一-四六頁

94　昭和八年設計書では、細殿平に元来あった裏甲は後世修理で破風板の形を改変した結果撤去されたと判断されている。

95　ただし、この発見古材は修理工事報告書には当初材とは明記されておらず、後年浅野清は「少くも鎌倉時代を遡るもの」としつつも「創立当初のものに擬することは躊躇される」と述べている（『法隆寺建築綜観――昭和修理を通じて見た法隆寺建築の研究――』前掲、二一〇頁）。

96　『国宝建造物食堂及細殿修理工事報告』前掲、八九-九三頁

97　『国宝建造物食堂及細殿修理工事報告』前掲、一五四-一五八頁

98　杉山信三「法隆寺食堂及細殿の構造」『建築と社会』昭和一〇年四月号、六三頁

99　『国宝建造物食堂及細殿修理工事報告』前掲、二三五-二三七頁

100　『大阪朝日奈良版』昭和一〇年二月一二日五面

101　「法隆寺国宝保存協議会　昭和十一年十月六日」『法隆寺国宝保存協議会記録』大岡資料6-11-34-16

102　「法隆寺国宝保存協議会　昭和十二年二月廿日」『法隆寺国宝保存協議会記録　大瀧正雄控』大岡資料6-11-34-16

103　荻野仲三郎「国宝保存の趣旨とその法令（一）」『博物館研究』昭和九年一一月号、五頁

104　黒板勝美「史蹟遺物保存に関する意見書」『史学雑誌』（明治四五年五月号、一一〇-一一三頁）、黒板勝美「史蹟遺物保存に関する研究の概説」（『史蹟名勝天然紀念物』大正四年五月号、三六-三七頁）。

105　黒板勝美「史蹟遺物に関する意見書」前掲、一一七頁

106 黒板勝美「史蹟遺物に関する意見書」前掲、一一四-一一五頁
107 「第十八回　法隆寺国宝保存協議会」『法隆寺国宝保存協議会会議録』大岡資料6-11-34-32
108 『法隆寺東院に於ける発掘調査報告書』国立博物館編、一九四八、「序」
109 足立康「法隆寺を保存せよ—同寺古材売立の不祥事に因みて—」『歴史公論』昭和一三年八月号、三二頁
110 足立康「法隆寺建築の修理に就いて」『以可留我』昭和一三年一一月号、三一-三二頁
111 足立が大正末期に著したとされる「建築美学」のなかでは以下のように記されており、足立の「復原」に対する考え方がうかがえる。「こゝに一言云つて置きたいのは古建築を修理するときの問題である。勿論時代の相違がある以上、全然其時代と同じものが出来る筈はないが、それでも出来るだけ其時代の手法や表現を綿密に研究して、修復した個所や附加した部分が大して不調和の感を醸さないやうにしなければならない。法隆寺金堂に於ける第二層の龍形の支柱の如きは徳川時代に附加せられたものであるが、手法表現共に不調和の極みで、金堂の美しさを妨げてゐるのは遺憾千萬である。一般に古社寺は後代の修繕によつて其美を減ずるが、其主なる原因は手法及び表現の上の不調和にある」（足立康「建築美学」『建築史』昭和一七年三月号、二八-二九頁）
112 藤島亥治郎『韓の建築文化』芸艸堂、一九七六、一九五頁
113 藤島亥治郎「建築復原問題」『建築と社会』昭和一三年八月号、一三頁
114 黒田鵬心「大修繕中の法隆寺を観る（中）」『東京朝日新聞』昭和一〇年六月二五日一三面
115 『大阪朝日奈良版』昭和一〇年九月一〇日一三面、同・昭和一〇年一月一一日五面
116 『大阪朝日奈良版』昭和一三年五月四日五面
117 「第十三回法隆寺国宝保存協議会」『法隆寺国宝保存協議会会議録』大岡資料6-11-34-28
118 『大阪朝日奈良版』（昭和一四年四月一八日五面）。『建築史』昭和一四年一一月号には、夢殿修理について「去る昭和十二年着手された法隆寺夢殿及び廻廊の修理は今回竣工し、天平当時の俤を偲ぶことが出来るやうになつた。吾々が

この堂の修理を見て、特に当局に感謝する事は、これを従来修理された諸建築の如く、あの生々しい赤色に塗られず、現状をそのまゝ保存された点である。修理監督者に敬意を表する」（無記名、九二頁）と報じられている。

第四章　法隆寺金堂・五重塔修理に向けた大岡實と浅野清の基本構想

第一節　緒言

序論でも述べたように、法隆寺昭和大修理は近代保存修理史を扱う既往の論考の中で特筆されてきた。そして、それらの中では、建物の解体時における調査方法の確立と復原調査の学術的向上、あるいは金堂壁画の保存対策をめぐる諸種の実験研究による保存科学の基盤構築など、主に保存修理の技術面における史的貢献の大きさが指摘されてきた。しかし、この事業に示された保存の概念、とりわけ「復原」をめぐる諸問題については、これまでほとんど俎上に載せられてこなかったと言える。本章では、この修理事業のなかでも特に重要視されていた金堂・五重塔の修理（昭和一七〜二九年）を取り上げる（口絵1）。修理中の金堂に火災のあった昭和二四（一九四九）年までにこの修理の指揮官であったのは大岡實（工事事務所長）と浅野清（監督技師）であり、以下本章では彼らの保存理念に焦点を当てながら、諸種の事情により彼らが火災前に樹立した基本構想が完全なかたちでは実現されなかった経緯を明らかにするとともに、さらに問題を掘り下げて、この修理を通して近代的な保存修理が本来的に内在している諸問題について考察を加えたい。

図1　昭和24年焼損直後の法隆寺金堂と佐伯定胤貫主
（朝日新聞社提供）

法隆寺西院伽藍の回廊内に並び立つ金堂と五重塔は、ここで改めて述べるまでもなく、回廊に接続する中門とともに、現存する日本最古の建築群であり、「世界最古の木造建築」として一般によく知られている。七世紀初頭の聖徳太子（厩戸皇子）による創建後、天智九（六七〇）年の火災で両建物とも被災し、敷地を北方に移して再建されたものと現在考えられている。日本建築の中でも群を抜いて古いという点のみならず、創建にまつわる由緒の正しさや、他を圧倒するような厳しさと風格を感じさせる建築の美的価値の高さから、これまであらゆる方面で別格の評価が与えられてきた。昭和大修理事業が開始された昭和九年当初から、金堂と塔の修理は事業期間の終盤に置かれていたが、その理由は、金堂壁画の保存対策法が未決定であったことに加え、特殊な前提条件により難工事が予想されるこの修理の着手前に、現場の技術レベルを向上させておく必要があったからである。つまり、これらの修理は大修理計画当初から事業全体の集大成的意味あいを持たされていたのである。「世界最古の木造建築」と謳われたこれらの建物の歴史文化的ないし建築史的価値の高さ、そしてそれゆえの金堂・五重塔あわせて総工費約七千七百万円、工期一二ヶ年以上という事業規模の大きさ、および同時代の主導的な学者・技術者を集結した修理関係者の陣容、さらには再建非再建論争とも関連したこの修理に対する社会的注目度の高さを考えれば、この修理は既往の文献で指摘されるような保存の技術的側面のみならず、当時の――というより日本近代の――建築保存概念について考察するうえで、きわめて重要な修理であったことが諒解されよう。

　この二棟の修理の工事期間は、五重塔修理が着手された昭和一七年一月から、金堂修理が竣工した昭和二九年一一月までとなる。現場の最高責任者である工事事務所長は、着手時には岸熊吉であったが、昭和二〇年四月に岸から浅野清（所長事務取扱）に、昭和二一年七月には大岡實に交替した。しかし、昭和二四年一月二六日、修理工事の一環で壁画の模写中であった金堂初層に火災が発生したことから（図1）、大岡と浅野はその責を問われるかたちでこの工事から離れることになった。痛ましいこの事件によって工事途中に志なかばで辞任せざるを得なかったという事情もあり、彼らの回顧録等を見ても、火災前のこの修理の具体的方針に関することについては何も語られていない。

大岡實「自分がなんとか永久に保存しようとして始めた壁画の保存事業で、壁画を焼いてしまったことは、ほんとうに今でも胸がしめられる」

（「最終講義『日本古建築の特性と私の半生』」『大岡實先生著述作品目録』一九六六、二七頁）

浅野清「この生々しい記憶は今もそれを筆にする勇気をくじいてしまう。いままでの十数年来の労苦も、工事完了への夢も一瞬にして、色あせて感じられた」

（『古寺解体』学生社、一九六九、一五六頁）

火災から二〇年程を経過した後でも、大岡と浅野はともにこのように心中の苦悩を語っている。

両建物の解体後、組立工事が着手されたのは火災後のことで、昭和二四年一〇月に発足した法隆寺国宝保存委員会によって新たな工事事務所長・竹島卓一（一九〇一-九二）のもとに修理工事が行われたのであったが、以下本章で詳述するように大岡、浅野はすでに在任中に復原調査の全てをほぼ完了し、この修理工事の具体的な基本構想を樹立していたのである。本書の重要な責務の一つは、これまで黙して語られることのなかった彼らの在任中におけるこの修理の理想像を明るみに出し、それをもとに、建築保存の本質やその社会的意義についての考察を深化させることにある。

この修理に関する既往の文献としては、法隆寺金堂・五重塔の修理工事報告書をはじめとする日本建築史・文化財保存の関連書籍、および浅野清や棟梁西岡常一ら修理関係者の論考や回顧録など、非常に多くのものがあげられる。ことに竹島卓一執筆による金堂修理工事報告書(1)の記述内容はきわめて豊富なものがあるが、同書を含めていずれの既往文献もこの修理工事の復原方針と、その方針の修理工事への適用のされ方については十分に記述されていない。もとよりこの修理で多くの復原的現状変更があったことは周知のことであるが、その一方では金堂上層の隅軒下支柱や五重塔五層目の屋根勾配など、後世修理によって付加・改変されて、著しく目立つところも少なからず残されており、一見矛盾するかのようなそうした措置がとられた理由、あるいはその背景にあったはずの「保存」についての考え方についてはこれまでほとんど不問に付されてきたのである(2)。この修理の復原方針がそのように不鮮明であった要因の一つとして、修理担当者が再三交替し、首脳部には多数の専門家が関与していたため、基本方針をいつ、だれが、どのような考えのもとに策定し、そしてそれが実施される過程においてどのような議論があったのかがこれまで十分明らかにされていなかったことがある。

この修理の復原方針が一貫したものではないという批判は、すでに昭和二七年の五重塔修理の竣工直後に各方面から出されていた。たとえば、滝沢真弓は、とりわけ五層目の屋根勾配を創建時のものに戻さなかったことを批判している（図2）。創建時における五層目の屋根が現状より緩勾配であることが判明したにもかかわらず、それを「復原」しなかったのは、露盤部・相輪部に一部不明の点があったためであるという工事事務所の説明に対して、滝沢は次のように反論する。

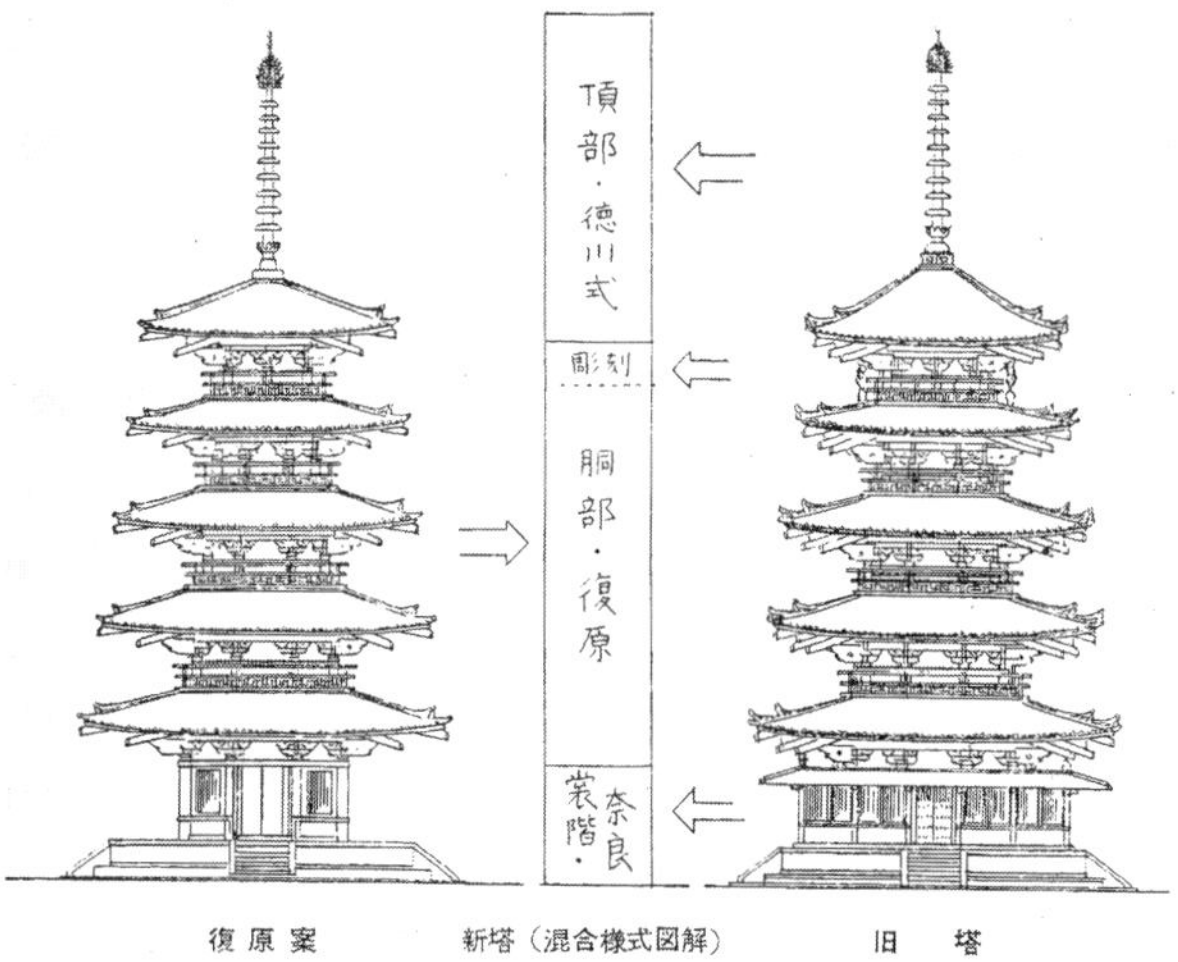

図2　滝沢真弓が批判した法隆寺五重塔の「混合様式」
出典：『建築と社会』昭和27年10月号

「法隆寺の五重塔は重大な問題をはらんだまま復興されてしまつた。『復原』といいたいところだが、あえて『復興』といつたのは真の復原ではないからであり、『されてしまった』といつたのは何だか一杯喰わされたようで後味が悪いという感慨をこめたつもりである。（中略）

法隆寺の塔が四層まで復原し得たというが、然らば四層まではすべての現物資料がそろつていて、そこに何らの推定も行われなかつた、というのであろうか——たとえばあの微妙な軒の曲線の如きに至るまでも——結局資料の有無は比較の問題ではないか。現に五層以上だつて資料が皆無だつたわけではない。いわんやすでに四層までの復原において、大凡復原様式なるものの『全態』は如何なる姿であるかということは、あえていえば函数的に推定されていたはずだ。この推定ができないでは建築家とはいわれない。」

（「法隆寺復興・外論　——そのオーソドックスとパラドックス」『建築と社会』昭和二七年一〇月号、五頁）

滝沢は、昭和二九年の金堂修理竣工直後にも、金堂大棟に鴟尾を上げなかったことについて同じ観点から批判している[3]。すなわち彼は、（一）金堂・五重塔とも当初の計画段階においては存在しなかったとされる裳階を残したこと、（二）五重塔五層隅雲形組物下支柱（力士を彫刻した支柱）、および金堂上層隅尾垂木下支柱（龍の彫刻が付いている支柱）を残したこと——構造上支柱が必要ならば「金属のパイプ」を代置すればよかったと主張する——、（三）五重塔五層目屋根勾配を復原しなかったこと、および金堂大棟に鴟尾を載せなかったことの三つをあげ、修理後の建物には「飛鳥様式」だけではなく近世の異質な様式が混在していることを問題視している。という意味は、近世の様式の無価値を彼は言っているのではなく、あくまで各時代の建築様式に優劣はないとしたうえで、「様式の統一」によって建築の美を創出させることができなかったことを非難していたのである。そして、滝沢のこうした見方は、保存修理を同時代の「主体的行為」と捉える彼の修理観にもとづいている。

「如何に資料が豊富でも、それには限度があり、資料そのものにも変形があろう。それを基として復原するのはあくまで現代建築家の主体的行為だ。いかに忠実に復原を志したにしても、やがて数百年の後に至つて、この昭和という時代が省みられ批判せられるに至れば、昭和の復原に昭和のセンスが看取せられるのは必定であろう。人間の仕事において、一として時代の性格を分有せぬものがあろうか。今までもしばしば耳にした『昭和復原の責任』は、むしろこの意味において積極的な意義があるのではないか。」

（「法隆寺復興・外論　――そのオーソドックスとパラドックス」前掲、七頁、傍点引用者、以下同じ）

滝沢のこの見解は、確かに問題の核心に触れている。文化財の保存修理は、ある側面においては現代の建築行為にも等しいのである。滝沢が前掲引用文の中で述べていたように、究極のところ一〇〇パーセント確実な「復原」などありえず、「復原」にはその作成者の主観的な解釈が介入する余地が常にあるということを考えれば、復原資料の確実性、あるいは「復原」行為そのものの是非を問うよりも、むしろ「復原」により何の「保存」が意図されたか――当事者が修理の中で何を「建築」しようとしたか――を問うほうが、保存修理の本質にずっと近づくはずである。保存修理は、従来皮相に理解されているように「復原」か「現状維持」かの二項対立の図式で捉え切れるものではなく、右のような観点に立てば、一見相反するような考え方であってもその背後には共通する論理的基盤が隠されていることや、同じ基盤の上に立つ両者の本質的な相違点もより明確に見えるようになる。

なお、本論に入る前にこの修理の機構についての概要、および方針策定のプロセスを改めて述べておく必要がある。序論三節に詳述したように、この事業は文部省が法隆寺国宝保存事業部（以下「事業部」とも略記する）を省内に設置して行うという国の直営工事として始められ、この事業部の諮問機関として現状変更の可否等修理方針を決めるための法隆寺国宝保存協議会（以下「協議会」とも略記する）が設けられた。金堂・五重塔修理もこの体制で始められたが、昭和二四年の金堂火災によって修理組織が改められた。すなわち、同年一〇月、工事執行機関として法隆寺国宝保存委員会（以下「委員会」とも略記する）が有光次郎（委員長、一九〇三-九五、文部行政官）、上野直昭、藤島亥治郎、村田治郎、藤田亮策の五名を委員として新設されることとなり、これにより厳密に言えばこの修理は国の直営工事ではなくなった。

ここで重要なのは、新機構では方針策定プロセスにも変化があったことである。すなわち、事業部の時代の修理方針は工事事務所が作成した修理原案の可否を協議会で審議の上決定されていたが、委員会の時代では、委員会の可決事項にもとづき工事事務所が修理原案を作成していた。つまり、機構上、修理方針策定における工事事務所の優位性は明らかに減少していたのである。(4) こうした機構的変化は、おそらく金堂火災の反省から工事責任の所在をより明確化するため、意思決定機関を委員会に集約しようとしたことによるものであろう。さらに、修理原案のうち「現状変更」として国の許可が必要なものは、他の一般の修理と同じく文化財専門審議会第二分科会（以下「審議会」とも略記する）で審議されることになるが、本章でも述べるように、委員会で「保留」のまま審議会にかけるケースとか、委員会の可決事項が審議会で否決されるケースもあったから、審議会はこの修理の実施過程において現状変更案の可否を最終的に判断する重要な役割を担っていたと考えられる。この点において、国宝保存会というよりも法隆寺国宝保存協議会の内部で現状変更案の可否がほぼ決定されていた事業部の時代とは大きく異なっていたと言える。

第二節　全解体修理の決定と基本方針の策定（金堂壁画保存との関連）

◉ 火災以前の工事進捗状況

前記のように、金堂に火災のあった昭和二四年以降、新たな組織によって人事を一新して修理工事が再開されたという特殊な事情もあり、改組以前にどのような方針で修理を行うことになっていたかは、修理工事報告書などの事後的な資料からはほとんど何も知ることができない。もとより五重塔の修理工事報告書にも金堂の修理工事報告書にも(5)、工事の大まかな経過は記されてはいるが、火災前に修理担当者がどのように修理を行うつもりであったかをうかがえる記述はそこには何もない。以下本節に示すように、火災まで所長を務めていた大岡實の残した資料群（大岡資料）をはじめとする当時の諸種の文献から、昭和二四年以前の工事進捗状況を様々な観点から検討すると、昭和二三年、大岡らによってこの修理の基本方針はおよそ策定されていたと考えられる（次頁の年表参照）。

通常、文化財修理の基本方針は建物の解体に伴う復原調査の完了後に確定されるが、大岡、浅野らはこれらの建物の復原調査を昭和二三年までにほぼ完了し、両者とも関係雑誌に復原案を発表している。五重塔の解体作業は初層尾垂木より上部（心柱、裳階を含む）を昭和二〇年までに、残る初層も昭和二三年に解体され、金堂も初層

年表　法隆寺金堂・五重塔昭和修理における方針策定の経緯

昭和14年	6月14日	法隆寺壁画保存調査会第一回総会。大岡實作成の調査要綱にもとづき一連の実験研究の実施が決定する
昭和17年	1月8日	五重塔修理工事着手（所長は岸熊吉）
昭和19年	12月6日	五重塔初重尾垂木以上・心柱の解体を終了
昭和20年	1月〜8月	五重塔・金堂防空対策（金堂初重尾垂木以上解体）
	4月	浅野清が所長事務取扱となる
昭和21年	5月26,27日	第30回協議会。「金堂及五重塔調査に関する中間報告」で工事事務所より各復原資料が提示される
	7月	大岡實が所長となる
	10月13日	第9回壁画保存調査会。五重塔初層壁画取外し成功により工事事務所は金堂壁画取外しの意向を固める
昭和23年	4月	大岡實「法隆寺金堂・塔修理の実情」『科学世界』に五重塔・金堂復原案掲載
	5月27日	第31回協議会。年度予算のうち木工費として五重塔約105万、金堂約79万計上。年度内に五重塔組立工事開始予定
	9月	浅野清『法隆寺』（弘文堂）に五重塔・金堂復原案掲載
昭和24年	1月26日	金堂火災
	3月	大岡、浅野辞職。乾兼松が所長事務取扱となる
	4月1日	金堂修理工事再着手
	5月19,20日	第33回協議会。五重塔高欄・軒廻復原案可決。五層屋根勾配復原・力士形支柱撤去案保留。鉄骨補強案への反論あり
	5月27日	国宝保存会。上記保留事項以外の現状変更可決
	5月28日	五重塔初重柱立開始
	6月	坂静雄、鉄骨補強案を工事事務所に提出
	8月22,23日	第34回協議会。鉄骨補強案を二層以上に採用決定。これに対する反論あり
	10月1日	法隆寺国宝保存委員会発足。竹島卓一が所長となる
	12月12,13日	第5回委員会。鉄骨補強案についての論争あり。五重塔規矩調査委員委嘱
	12月14日	棚橋諒に補強案依頼内定
昭和25年	2月17〜19日	第9回委員会。棚橋案採用。壁画の移動保管決定
昭和26年	2月1日	第2回審議会。棚橋案可決
	3月〜4月	壁画移動
	4月3日	五重塔規矩調査会。最終案作成（5月第16回委員会で報告）
	5月28,29日	第16回委員会。「慶長修理前の姿に復原」という方針策定
	8月20,21日	第19回委員会。五層屋根勾配復原・力士形支柱撤去案保留
	9月18,19日	第5回審議会。五層屋根勾配復原・力士形支柱撤去案否決
昭和27年	3月	五重塔相輪取付完了（5月落慶法要厳修）
	3月7日	第22回委員会。金堂妻飾復原案採用。龍付支柱存置案採用
	7月	棚橋諒・高原道夫「法隆寺金堂構造調査並びに補強に関する意見書」作成（8月第26回委員会に提出）
	9月20日	金堂初重柱立開始
昭和28年	3月24,25日	第13回審議会。金堂野地構造・妻飾・高欄復原案を審議。錣葺案も検討されるが原案通り入母屋案可決
昭和29年	2月26日	第40回委員会。有光委員長により「古式鬼瓦」案採用
	3月18日	第18回審議会。「古式鬼瓦」案否決
	6月23,24日	第19回審議会。懇親会で暫定措置として「古式鬼瓦」採用
	11月2日	金堂修理工事終了（3日落慶法要厳修）

※『法隆寺国宝保存工事報告書』（第13、14冊、法隆寺国宝保存委員會）、『大和タイムス』、『奈良日々新聞』、『国立博物館ニュース』、大岡實博士文庫資料、有光次郎文書、内田祥三資料、江崎政忠資料などにより作成。
※表中、「所長」は法隆寺国宝保存工事事務所所長、「協議会」は法隆寺国宝保存協議会、「委員会」は法隆寺国宝保存委員会、「審議会」は文化財専門審議会第二分科会をさす。また、各会の回数は大岡實博士文庫書類資料、有光次郎文書などによる。

尾垂木より上部（裳階、内陣天井を含む）は防空対策のために戦時中にすでに解体されていた――というのも、壁画保存対策の問題が未解決で、堂内は画家たちによって壁画の模写が進められていたために、金堂は昭和二三年の時点においても全てを解体できなかったのである。金堂初層のみが未解体であったとはいえ、戦時中の解体作業の最中に浅野が綿密な復原調査を行ったことを大岡は後年回顧している。(6)「悲壮な覚悟」をもって調査に臨んでいたと浅野自身が述懐しているように、(7)戦時下の緊迫した社会的背景のもと、現場作業員の確保もままならぬ状況で、ひとり建物を解体しながら金堂の痕跡調査を丹念に行った浅野の努力は並大抵のものではなかったであろう。

戦時下のこうした調査を踏まえて、敗戦後まもない昭和二一年五月二六日の法隆寺国宝保存協議会において「金堂及五重塔調査に関する中間報告(8)」が提出されている。そこでは、建物各部の次のような「復原資料」が浅野ら現場事務所によって提示されている。

三、復原資料

イ、金堂

妻及び屋根、妻の虹梁、大瓶束式なるを叉首組に、屋根を錣葺に改める資料

勾欄復原資料

軒　軒出及軒反り復原資料

仏壇　木造壇床復原資料

裳階　屋根板復原資料

ロ、五重塔
　五重屋根勾配復原資料　付相輪の問題
　勾欄復原資料
　軒　軒出及び軒反り復原資料
　裳階　屋根板復原資料

この時の協議会における議論の詳細は不明ではあるが、この文書に掲げられた各項目からは、当時の工事事務所が「復原」しようとしていた箇所がうかがえる。すなわち、妻飾り、高欄、軒廻り、裳階屋根などがそれであり、それらは結果的には、実施された修理工事の「現状変更」の内容とおおむね一致している。一方で相違点の一つは、ここで金堂の「屋根を錣葺に改める資料」が出されていることであり、この時点において工事事務所は錣《しころ》葺きの屋根を「復原」するつもりであったということが考えられる（後述のように昭和二八年に再び錣葺きの復原について議論があった）。もちろん「中間報告」というこの文書の表題に示されているように、この時点ではまだ復原考察が完全に終了していたわけではなかったのであり、事実、浅野はこの協議会の翌年に発表した論考のなかで、当初の金堂屋根が錣葺きかどうかは「尚研究を要する」と述べている。(9) よく知られているように、当初の金堂の屋根が錣葺きではなかったことは、勾配の異なる小屋垂木と軒垂木を連絡するための細長い逆三角形状の継ぎ材が発見されたことなどによって明らかになったのであるが、(10) この修理の大工棟梁であった西岡常一は、これに関する調査を浅野とともに行い、それにより明らかになった入母屋造り案に対して、藤島亥治郎や村田治郎から異論が出されたということを後年回顧しており、(11) 少なくともこの回顧文から浅野の在任中に入母屋造りであっ

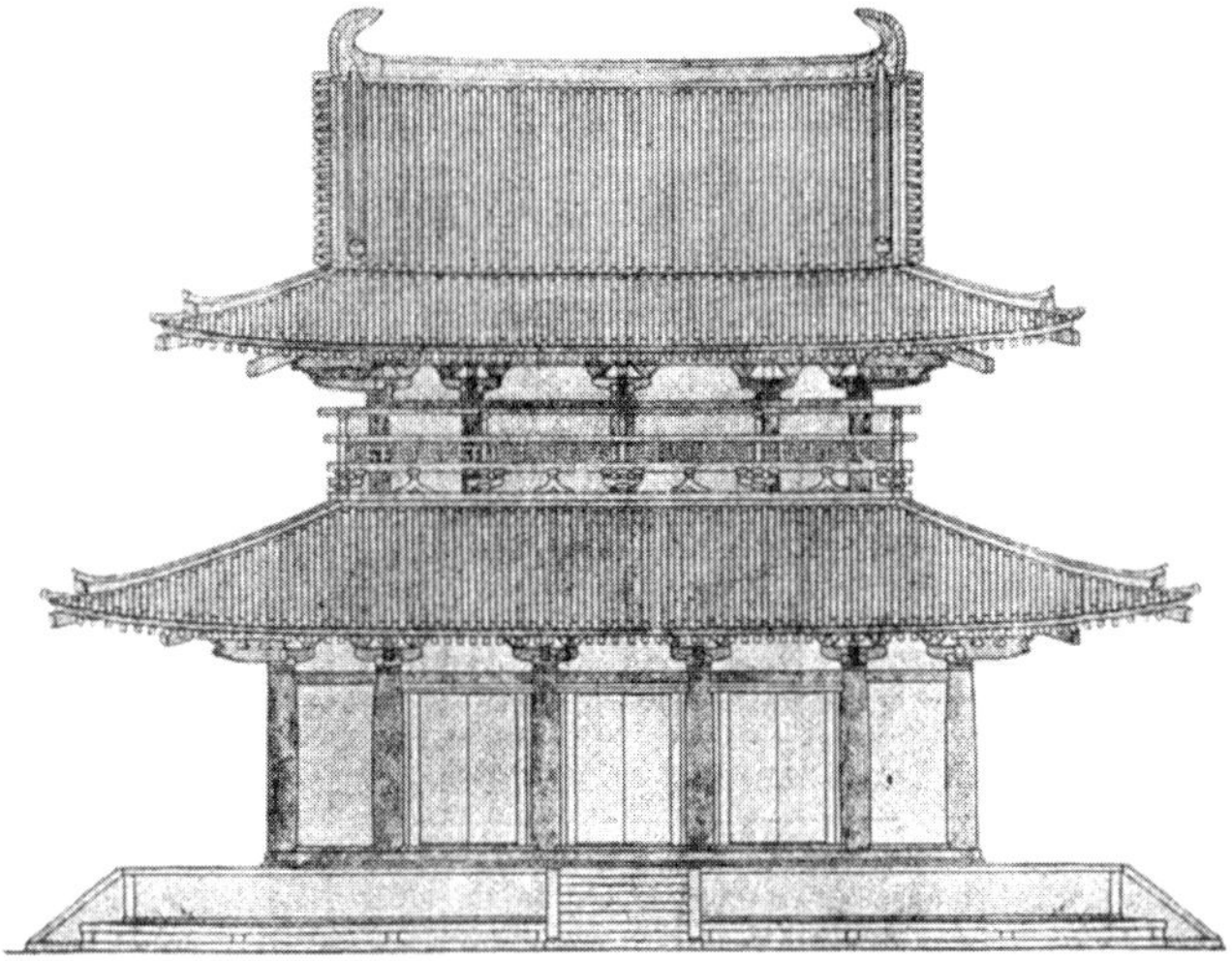

図3　大岡實による法隆寺金堂復原正面図
出典：『科学世界』昭和23年4月号

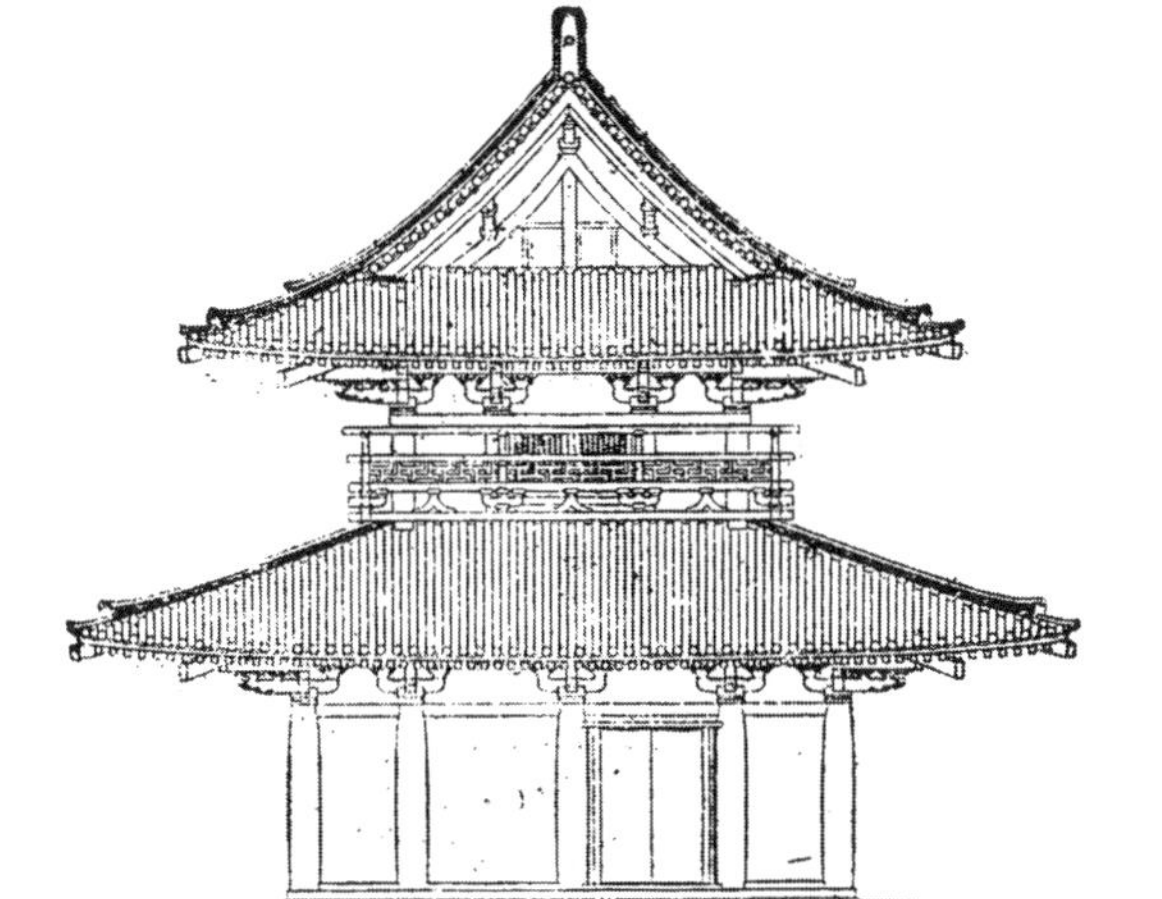

図4　浅野清による法隆寺金堂復原側面図
出典：浅野清『法隆寺』1948

たことが判明したことがわかる。翌二三年に大岡、浅野はともに復原案を発表しているが（図3・4）、両者を比較すると浅野案では金堂の屋根を入母屋造りにしているのに対し、大岡案では錣葺きとしているから、大岡はその継ぎ材の存在を知ったうえでなお、錣葺きの復原案を支持していたのかもしれない[12]。しかし、こうした諸家の見解が異なるところが一部にあったとはいえ、それ以外のところでは、反りの付いた叉首組、総長が縮められた高欄、二重尾垂木等の後世補強材を除いた隅組など、復原案はこの時点においてほとんど完成していたと見てよい。

一方、工事の進捗状況を見ると、戦時中から停滞していた昭和大修理は、いち早く寺の信仰的中心であった聖霊院の修理工事から再開され、五重塔の修理も昭和二三年度中には本格的に動き出していたと見られる。協議会の資料「昭和二十三年度工事予定[13]」には「仮設工事を完成し檜素材の購入製材等を進捗させ五重塔一部の組立てを開始したいと思つてゐる」とある。金堂に火災があったため結局組立開始には至らなかったが、この文書が作成された火災の前年度末には五重塔の組立工事を開始する予定であったことがわかる。つまり、五重塔に関してはまさに着工直前の段階まで来ていたのである。大岡は昭和二二年八月に発表した論考のなかで、昭和二二年から二五年までの工事計画について、

「昭和二二年度は金堂五重塔の調査に専念、多少その部材の製材を始める、但し主要部分の製材は昔通り割り材を使用することとする。二三年度は調査を完了して基礎工事に着手、但し金堂は壁画の処置があるので二三年度に基礎工事着手は困難であらう、しかし壁画模写の仕事は二三年度迄に完了する様にする。其間製材及木造を進める。木造に際しては仕上をやり鉋及平斧を用い昔通りの工法で行ふ。そして五重塔は二四年度の初めより、金堂は終り

頃から実際の建上に着手二五年度に完成する」

（大岡實「法隆寺国宝保存工事について」『建築雑誌』昭和二二年八月号、二二頁）

と述べている。つまり、昭和二三年度には五重塔の基礎工事のほか、五重塔・金堂の製材を開始する予定であった。昭和二三年度の予算案の変遷を見ると同年度中に度々補正されているが、その変遷はこの工事が事実上始動していたことをよく示している（表1）。五重塔修理の予算は前年度末の三九万円が一二月に一二倍以上の約四八一万六千円に増額し（仮設費二〇四万円、基礎費二万八千円、木工費約二七四万八千円）、一方の金堂修理の予算も、前年度末にはなかったものが四月には八三万円となっている（仮設費約三万九千円、木工費約七九万一千円）。こうした増額にはもちろん当時の激しいインフレの影響もあるはずだが、この期間における貨幣価値の変動を勘定に入れても[14]、前年度末における工事計画が同年度中の工事進捗に伴って急激に拡大・補正されていった様子が十分うかがえる。

大戦直後の混乱した社会状況の中、戦後かなり早い時期にこの修理工事がこうして本格的に着工された背景には、大岡、浅野による連合国軍総司令部（GHQ）および大蔵省への積極的な働きかけがあった。昭和二一年、大岡は、浅野とともにGHQ美術担当者やラングトン・ウォーナーにこの事業の重要性を

表1　昭和23年度における法隆寺昭和大修理事業予算案の変遷

作成時期		昭和22年3月	昭和23年4月	昭和23年12月	昭和24年1月
1）保存事務費		1,000,000	1,000,000	1,400,000	1,950,000
2）保存工事費		1,010,000	3,510,000	76,610,000	12,060,000
内訳	五重塔	390,000	1,215,700	4,815,700	4,815,000
	金　堂	0	830,000	830,000	3,347,000
	聖霊院	280,000	300,000	300,000	448,000
	金堂壁画保存	340,000	1,664,300	1,664,300	2,950,000
	伽藍保存施設費	—	—	—	500,000
3）予備費		2,100	—	—	—
総事業費		2,012,100	4,510,000	9,010,000	14,010,000

※『昭和廿二年度国宝保存協議会事務簿』（文化庁蔵資料）、『法隆寺　日名子氏』（文化庁蔵資料）などにより作成。

訴えたことによって次年度から予算が増額されたことを後年回顧しており、[15]実際、昭和二二年度予算は、前年度約四九万円から約一五二万円に一気に三倍以上に増額している。昭和二二年度の事業予算の要求額は約一七〇万であったから、[16]その要求はおおむね当局に認められていたのである。

◉壁画保存調査会と解体修理批判――「科学」か「信仰」か

ところで、そもそも昭和大修理事業の重要な目的の一つには金堂壁画の保存対策があった。世界美術史上のきわめて高い価値が広く認められていた金堂壁画の保存問題は、国による文化財の保存事業が開始された明治期からすでに当局に取り上げられていた。大正五（一九一六）年から八年までに壁画保存方法調査委員会が設置されたものの、[17]根本的な解決策を見いだすには至らず、昭和九年の事業開始時にもこの問題への対応は決まっていなかったので、昭和大修理事業の開始当初の予算総額一八〇万円には、壁画保存費として一二万五千円が見込まれていた。[18]壁画になるべく手を触れずこれを旧位置のまま残すか、あるいは取り外して別の場所に保管するか、もしくは取り外した後に再び金堂の柱間の元の位置に戻すかの決定は、金堂の建物としての工事を初層を残したまま行うか、初層を含めて全て解体して行うかという修理方法の決定に直結する大問題でもあった。仮に初層を残して工事することになれば、修理での復原方針も自ずと変わってくるだろう。そこで、昭和一四年六月には法隆寺国宝保存事業部内に法隆寺壁画保存調査会が設置され、その保存方法の決定に必要な各種の調査が行われることになったのである。のちに所長となる大岡實はこれを機に文部省の法隆寺係としてこの修理事業に直接関与するようになる。[19]

壁画保存調査会の第一回総会（昭和一四年六月一四日）では、大岡が作成した「法隆寺金堂壁画調査要綱」にもとづき、壁画を移動して全解体修理を行うことが果たして可能なのかどうかを見きわめるための一連の実験的研究が行われることが決まり[20]、次の三つの小委員会が組織されることとなった。

第一部小委員会（主任：内田祥三）

①　坂静雄に委嘱し「金堂構造の安定度判定に関する研究」を行う

②　浜田稔に委嘱し「壁体移動の可能性有無の研究」を行う

第二部小委員会（主任：中村清二）

③　桜井高景に委嘱し「壁画ノ剥落防止並ニ壁体硬化ニ関スル研究」を行う

第三部小委員会（主任：瀧精一）

④　四名の画家（それぞれ三名の助手をつける）に委嘱し、十二面の壁画（大壁・小壁）の模写事業を行う

ここで指摘したいのは、①〜③の3つの実験的研究の結果が、金堂初層の解体を行うという工事事務所の最終決定の理論的な裏付けとなったことである。

まず、①の研究を担当した坂静雄は、昭和初期の東大寺南大門修理（昭和四年）の構造補強など[21]当時の文化財修理の構造面を主導した学者として知られる。彼の「金堂構造の安定度判定に関する研究」は、伝統木造建築の構造解析に関する先駆的な研究として知られるものであるが[22]、今日の構造学の一面にも直結するこうした研究が昭和前半期に着手されたのも、金堂壁画の保存方法考案に際して、建物自体の震動特性が壁面に及ぼす影響を科

学的に解明する必要があったためであった。この研究は、昭和一六年三月から昭和一九年一一月までの間に第一〇報まで報告されているが[23]、「暫定的綜合報告」と題された第一〇報（昭和一九年一一月）の結言には次のように記されている。

「以上金堂構造の安定度判定に関する研究の中社寺骨組の力学的研究に就て過去数年実験研究を行つて来た処を綜合して、暫定的に法隆寺金堂の耐震性並に耐風性に就て考察を加へたもので、以上の結果を総括して概要を示すと

1．金堂建物（裳階を除く）総重量は392.651ton と推定された。尚下層頭貫上部の建物総重量は347.814ton と推定された。

2．金堂建物上層部を剛体とし下層柱部のみが傾斜引倒し作用を受けるものとするとき、柱の引倒し抗力の最大値 Hmax=0.86865ton ×28k=24.322ton でその柱頂水平移動56.58mm である。その復原力は抗力よりも小さく、復原力は柱頂推定移動39.1cm 以上となれば喪失するものなることが推定された。

3．金堂建物下層柱部挿入の胴貫の引倒し抗力は挿込長さがその材成に比し小で且つ緩み角が大であると想像され、柱並に壁の抗力に比して小なるものと考えて省略した。

4．金堂下層壁の抗力としては柱頂水平移動7.5cm に於て最大値20.725ton と推定された。復原力について適宜仮定を設けて処理し、壁は最大抗力を示す柱頂水平移動7.5cm 以上にわたつて変形すれば次回から壁の抗力がなくなるものと考へた。

5．柱並に壁の抗力並に復原力は都合により建物全体として東西並に南北両方向とし構造的に同一であつて、一方向のみの抗力並に復原力で耐力が推定し得られた。

6．金堂建物の固有振動周期を推定した結果、一般に加速度の緩い周期の長いもので、特に減衰性が著しく倒壊する虞れがないことを知つた。然し壁画のある下層壁が最大抗力を示して破壊を来す虞れがあることを推定した。

7．金堂建物の耐風性については風圧規準が充分でないが、壁が地震に対して破壊される虞れあるも風速40m/sec迄に対しては壁が最大抗力を示して破壊すると云ふ危険性なきことを推定し得た。以上研究途中で意に満たない点多々あるも、暫定的綜合報告として記す。」

（坂静雄「金堂構造の安定度判定に関する研究（第十報）」昭和一九年一一月、四八-四九頁）

このように金堂の構造の力学的特性に関する7点が指摘されているが、ここで注目されるのは、「2」で指摘されている柱の傾斜復原力と、「4」で指摘されている壁体の抗力とを合わせ、「6」において建物の固有振動周期が長いため「減衰性が著しく倒壊する虞れがない」と結論されていることである。つまり、坂は、金堂の建物としての耐震性に基本的に問題はないと言えるものの、大地震の時には、壁画の描かれている壁が破壊する危険性があると指摘しているのである。壁画の恒久的な保存を考えるならば、こうした結論は、金堂初層にも解体修理を施して壁画を移動・保存する措置を講じることを促すものであることはいうまでもない。

一方、建築工学者・浜田稔による②「壁体移動の可能性有無の研究」、および保存科学者・桜井高景による③「壁画ノ剥落防止並ニ壁体硬化ニ関スル研究」は、その結論が戦後に持ち越されることとなった。昭和二二年一〇月一三日に浜田と桜井の立ち会いのもと、五重塔初層の解体時に発見された壁画を、想定された金堂壁画と同様の方法で取り外すことに成功し[24]、同日に開催された壁画保存調査会では「その結果良好、殆んと損傷なし（金堂の壁画も：引用者註）取外しは不可能にあらず」というように結論されている[25]。所長大岡も「五重塔の壁は（中略）

完全に抜取られたので金堂壁画も抜取る決意をした」と、一〇月二〇日の新聞[26]に語っており（ここで壁画を「抜取る」というのはむろん金堂の全解体を意味する）、それまで信仰上の理由から建物の全解体に難色を示していた法隆寺側、とりわけ佐伯定胤貫主もこれに同意していることが報じられている。[27]つまり、事実上この時に金堂の全解体修理を行うことが決まったのである。

このように金堂の修理方法はその着手直前の昭和二三年一〇月頃にようやくその前提条件が整ったのであり、それは決して火災があったから半ば必然的に決められたというようなものではなかった。[28]しかし、昭和九年に大修理が開始されてから、何故かくも長きにわたって金堂の修理方法が未定のままであったのか。その決定が難航した背景には、壁画を取り外す際に顔料の剥落が不可避的に進行してしまうため、解体修理という近代的修理方法自体を疑問視するような声が当時社会的に広がっていたという事情があった。たとえば『法隆寺の壁画』（鵤故郷舎、昭和一六年二月）掲載の「法隆寺金堂壁画保存に関して諸家に聞く」では三四名の各界の著名人が寄稿しているが、そのうち一九名が解体修理を行うことはやむを得ないと述べているのに対し、一〇名がこれに強い反対意見を表明している。その代表的なものを幾つか拾うと次のようになる。

香取秀眞（帝室技芸員）

「金堂解体に就いて――金堂解体は絶対反対であります。倒壊を防ぐだけに留めて修理したらばよいと思ふ、それは大切な壁画があるからです。解体に従つて種々の発見があらうが問題は別です。」

小場恒吉（東京美術学校教授）

「金堂は古代人の手によつて組み建てられ、力のこもつた堂といふ一個の塊である。それを僅かばかりの理由により解体して、木材を取換へたり、切つたり、接いだりしての修理は、将来を慮つての忠実心からでもあらうが聊か早計である。況して解体することは古代人の労作の消滅となり、いくら形や寸法を昔の通りに遣つたにしても、そこに少しの間違ひなしとも限らず、古い材料を使つて今人の建てた新しい一種の形骸的模造となる虞がある。以上の理由で大破損でもない限りは解体修理は禁物である。」

青木大乗（画家）

「金堂はなるべく解体せず、あのまゝ修理すべきところは修理して――それは徳川期に修理したものに害されず、当初の趣きと、その宗教的内容の魅力を失はない様にして頂きたいものです。」

ここで最後に掲げた青木が「宗教的内容の魅力」の保存を訴えているように、解体修理の実施に反対するものの中には「信仰」を守れという意見が散見される。同様の意見が修理技術者・竹原吉助の見解にも示されていたことは第二章四節で述べた通りであるが、その背景については次に記す通りである。

こうした当時の反対意見を踏まえつつも、法隆寺壁画保存調査会は発足当初より、金堂壁画の恒久的保存のためには解体修理を施して建物を健全な状態に直す必要があると判断し、壁画の価値を損なわずに全解体を実施できるような技術的基盤を築くための一連の実験研究に着手したのである。(29) あくまで全解体修理を最善とする調査会の意向は、調査会幹事・青戸精一（文部省宗教局保存課長）が昭和一七年に「壁画の本質を害はずに壁体を強化し得るやうな適切な方法が求められるならば、それを採用すべきであり、又金堂修理の為には、強化した壁体を一時的に取外すことも拒否すべきではなからう(30)」と述べていることからもうかがえるし、当時の議事録を見る限り、この調査会のなかに壁体の取り外しに明確に反対意見を表明する委員が皆無であったこともそれを裏付ける。

つまり、壁画のさらなる劣化を防ぐためには、建物自体の歪みを是正しつつ、何らかの構造補強を施す必要性があるという認識は、全会で一致していたのである。この調査会の第一回総会で内田祥三は「随分腐朽もし沈下も起きて居るし、それを直さないで放つて置けば建物の修繕といふものは殆ど出来ない。歪みを直すとか不同沈下を直すといふやうなことをやるとすれば現在の儘にして置いて修繕をやれといつてもそれは出来ない。（中略）兎に角一応は外さなければ修繕は出来ない」と、壁画を取り外して解体修理を行うことを強く要望していたが[31]、この発言はこの調査会全体の意向を代弁するものでもあった。

最終的には、この調査会の意向に沿うように、昭和二三年一〇月頃に解体修理を行うことが決まったことは既述の通りである。しかし、その二年後の昭和二四年一月二六日に修理中の金堂に火災があり、かくも長きにわたって議論を重ねてきた壁画そのものが大きく焼損してしまう（図1）。その火災の日からわずか一〇日後の二月初旬に開催された法隆寺国宝保存協議会と法隆寺壁画保存調査会の合同協議会の議事録をみると、その劈頭に法隆寺の佐伯定胤貫主が次のように発言している。

「出火を謝し前後措置に対する協力を要望すると共に、法隆寺は聖徳太子建立以来の信仰を持続する信仰の対象であって、古建築、古美術との観点のみに立つものはないから、博物館の陳列の如く考えられては困る。政府が援助して修理されることは有り難いが、国が単に国宝としてのみ意識して信仰の本義を破損するのであるなら国庫補助に頼らず全国に呼びかけて寺の力を以てもこれをなし遂げたいと考える。この点寺の意向を尊重されたい」

（「昭和二十四年二月五日六日　法隆寺国宝保存協議会議事要領」GHQ／SCAP文書、CIE（C）-06173）[32]

半生を賭して守り続けてきた壁画を失った直後の心中が生々しく感じられるほど、悲愴な意志表明である。遡れば大正中期における壁画硬化法の試験の失敗をめぐる問題や、それに続く金堂解体修理に対する不信、あるいは五重塔心礎下の「秘宝」調査と公開をめぐる一般社会との対立——火災後に再度新聞メディアを騒がせた[33]——などを題材として、保存措置や史的調査といった「科学」を推進させるか、それとも仏教寺院としての「信仰」を守るため、それらの「科学」を脇に置くかという、メディア向けに誇張されて単純化された二者択一の論戦が（むろん佐伯自身「科学」を否定していたわけではなかった）、佐伯定胤を主役として新聞等を舞台に繰り広げられていたのである。[34]「信仰」と「科学」の関係をどう捉えるかというテーマは、近代社会に普遍的な課題の一つとも言えるが、法隆寺保存の近代史を通じて、それが通奏低音のように流れていた。

さきに述べたように、金堂壁画の保存に関連して、近代的修理方法＝「解体修理」に対する社会的な批判があったという点は、とりわけここで注目されてよいだろう。というのも、近代的修理に内在する根本問題が、この壁画問題を契機として明るみに出されたと言えるからである。文部当局および壁画保存調査会は、近代国家日本の威信をかけて、「科学」を拠りどころに、壁画の永久保存を目指していたが、その一方ではその危険性や技術的限界が社会的に糾弾されていた。そして、その両者の裂け目の中に「科学」か「信仰」かという論議が沸き起こる土壌も用意されていたのである。永久保存がそもそも可能なのかという根元的な問題は脇に置いても、近代の保存はとにかくそれを目指す。なぜなら、それが近代的保存のレゾンデートル（存在意義）だからである。その結末として、不幸にも貴重なる壁画を焼損させてしまったが、明治以来の長い経緯を今改めて振り返れば、その悲劇的な結末は、理想と現実があまりにかけ離れていることを直視しないまま、一心不乱に永久保存を目指したことの必然ではなかったか。とすれば、金堂火災は、近代の保存そのものが生み出したものであったと言うこともできよう。しかし、他面において、無謀とも思われるその高い目標に果敢にも立ち向かったからこそ、近代日本の叡智と技術がそこに集結され、膨大な時間と労力がそこに投入されて日本の保存技術が飛躍的に発展したのであり、「保存科学」という学問もこの事業において生まれたのである。こうした保存と学術（科学）の相乗的な相関関係はひとり壁画だけに限らず、建築においても同様であった。

第三節　金堂火災以前の工事事務所の保存理念と、それ以降の後退

◉　大岡實・浅野清の保存理念と基本構想

七世紀に建立された金堂・五重塔は、一七世紀初期と末期、和暦でいえば慶長時代および元禄時代に大修理（金堂一六〇三・一六九六、五重塔一六〇四・一六九六）をうけて創建時の形が改変された部分が少なくなく、また慶長以前においても創建後の早い時期に金堂に裳階が取り付けられたほか、軒廻りについても昭和修理前までに金堂三回、五重塔二回（五層目は三回）の手が加えられたことが知られる。[35] とりわけ軒の出がきわめて大きいにもかかわらず隅行方向にしか斗栱を出さないこの建築様式の軒荷重支持法には構造的な無理があり、慶長修理ではそれを補うために、金堂上下層とも平の各雲肘木下に支柱を入れ、塔でも五層目は平・隅とも、四層以下は隅の雲肘木下に支柱を入れ、それら支柱を立てるために高欄を外側に広げてつくり直していた。金堂上層隅尾垂木下支柱

（龍の彫刻が付いている支柱）、および五重塔五層隅雲形組物下支柱（力士を彫刻した支柱）は元禄修理の際のものであるが、そもそも軒下に支柱がいつからあったのかについては諸説あり、少なくとも慶長以前にはすでに隅軒下の支柱が存在していたと見る点で諸家の見解は一致している。(36) そのほか、慶長修理では金堂内部の柱間に飛貫・繋貫等を挿入したり、金堂の妻飾りを叉首組から二重虹梁大瓶束に変更して屋根の形をつくり変えたり、元禄修理では五重塔の心柱に継木をして五層目の屋根勾配を強くするなどの大きな改造があった。

前節で見たように、昭和一三年には大岡、浅野らによって復原調査はほぼ終了し、修理工事が本格的に動き出していたが、それでは工事の進行に併行して彼らはどのような復原方針を立てていたのだろうか。昭和一三年頃に彼らが雑誌等に発表した記述や当時の一次資料を検討すると、その基本方針は、それらの後世改変部分を、ことごとく創建時の状態に戻そうとするものであったと考えられる。

まず、大岡、浅野は昭和一三年、ともにこの修理の復原方針について次のように当時の関係各誌に発表している。

大岡實「その根本方針は、出来る限りその建物が建造された最初の形態に復することを目的とするのであるが、そこには年代が古いために幾度かの改修があつて、しかもそれがその時々の状況によつて内容的には悪修理のなされた場合が多く、その復原には幾多の困難を含んでいる」

（「法隆寺塔・金堂の解体修理と明らかにされた過去の事実」『科学世界』昭和一三年五月号、三〇頁）

浅野清「今回はこれを始めて解体して根本的に組直すのであるから、これらの過去の精算の機会であつて、実にその活殺の鍵を握らされてゐる訳である。（中略）先の修理に不幸にして破壊的な処置を受けて、旧形式の損はれてしまつたようなものでも、能ふ限りこれを正しい姿に復しておきたいものである。従つてこの際その構造原理に向つて再検討を加へると同時に、その建築形式に対する根本的な理解を基礎にして修理が行はれなければならない」

（「法隆寺修理の意義」『建築雑誌』昭和二三年五月号、四頁）

このように彼らはいずれもこの修理の復原方針として、創建後に改変された部分の創建時の形態を解体時の調査で明らかにし、それをもとにできるかぎり当初の状態に「復原」するということを掲げている。こうした修理方針は、むろん彼らの復元主義の保存理念に立脚するものであった。戦時中の伝法堂修理に示されていた大岡實の復元主義については第一章六節に詳述したが、金堂と塔の修理方針について昭和二一年に大岡は次のように述べている。

「吾々のなすべき仕事は、中世何回かの修理に其時代の技術が採用され改変された跡を研究し、創建当時の眞の飛鳥時代の美しさを再現することである。勿論之は容易な業ではなく非常に困難な難事業であり、又或部分の資料は最早滅失して如何に努力するもこれを判明せしむることは不可能の部分もある。よつて我々が調査した経過を克明に報告し、今回の修理の基礎となつた資料並に考察過程を公表し保存してゆく事であり、更に進んで飛鳥時代の建築技術の基準を此際明らかにすることである。法隆寺金堂、五重塔が根本的解体を受けるのは今回が最初であつて又今後千年近くは解体されないであらう。建物の眞の性質を理解するのは解体修理の時でなければ不可能で、常時外部から眺めたのでは到底細部迄之を知る事は出来ず、技工の細部、更に進んでは意匠の根元をつきとめることは絶対に出来ない、今回は文字通り千載の一遇であつて、従つてその責任は実に重大である。」

（大岡實「法隆寺国宝保存工事について」『建築雑誌』昭和二二年八月号、二三頁）

「眞の飛鳥時代の美しさを再現する」という大岡のこの記述によく示されているように、この修理において彼らは、創建当初の飛鳥様式を統一的に復原することによって生み出される建築美の再現を目指していたと考えられる。大岡の保存理念は戦前から一貫したものであった。すなわち、解体修理の際に行う学術的調査により「建物の眞の性質」、あるいは「意匠の根元」を究明しながら、創建当初の建物が持っていた建築意匠＝〈建築様式〉の本質的なものを解釈し、その解釈にもとづき、すでに失われた、あるいは後世に損なわれたその本質を現在の建築に取り戻そうというのである。そして、大岡がここで当初の「建築技術の基準」を解明することを目的の一つとして掲げているように、こうした保存理念は、当時の技術を「復原」することなしには実現しえない。

一方、浅野の考え方については、記述の年代はやや遅れるが、昭和二九年頃にあった各方面からの「復原」批判に対する浅野の反論によく示されている。この時期に「復原」批判がよく見られたのは、金堂の大棟に鴟尾を載せるかどうかという問題が当時のメディア等に盛んに取り上げられたことに由来するものであったが、そこでの「復原」一般への批判に対して浅野は左のように論駁していた。この時すでに浅野はこの工事から退いていたが、この記述からは浅野の保存理念がよくわかる。

「建築とは一のシステムである。それは一の合理性に貫かれているものである。勿論、屋根面の肉づけのように、或は一部の彫刻的な要素のように、非合理的とも解される部分もないではない。然し人間の認識が一つの型を持つように、偶然的な気まぐれのを組立てて行くことは出来ないのである。（中略）元来合理的な建築は、そのあるべき姿に従つて理解して行く時、始めて元の精神が捉えられ、そこにのみ真の意味の元通りが成立つのではないか。（中略）後世の人が正しく判断するであろうから、今はこのまま修理しておくべきだと云う声をよくきく。これは如何にも慎重に聞えるけれども実は甚だしい破壊行為なのである。良心的にしようと云うのであればそのまま手をつけないでおいて欲しい。少くも屋根葺をして雨漏りを防ぐ程度にとどめておくべきである。一旦解体してしまつた以上、この際以上に今後全体がよく理解の出来る機会は又とないのであるから、全力を尽して精算しなくてはならない。」

（浅野清「法隆寺に於ける復原修理の実例」『建築史研究』昭和二九年一二月号、七頁）

建築とは本来的に合理的なものであるがゆえに、現代人の理性によっても古代人の建てた建築の意匠を解明することが――古代の工匠に共感することが――可能である、と彼は主張している。この見方に従って、浅野は、解体を行う以上は建物の「あるべき姿」＝創建当初の建築意匠を理性によって解釈し、その解釈にもとづき、修理においては「復原」の方針をとるべきと考えるのである。上述の大岡の考えともよく符合しており、両者とも解体修理を行うという近代的修理の方法論的前提を受け入れたうえで、その前提のもとで、復元主義の正当性を主張している点も同様である。こうした主張の根底にあるのは、長い年月を立ち続けてきた建物を全て解体して修理することに対する――当時広く議論された「信仰」よりも「科学」を優先させて解体修理を遂行することに対する――重大な責任感であり、だからこそ「全力を尽して精算しなくてはならない」という浅野の言葉には彼の正義感がよく現れていると思われる。

浅野はこの事業の在任時から、近代の文化財修理とは解体修理を行うことで学術調査を実施し、その成果をもとに「復原」を行うものであるという見解を繰り返し表明していた。(37)そこで彼が解体修理を声高に主張していたのは、前記のように壁画保存の観点から金堂の全解体修理に対する批判が当時広く出されていたからであった。大岡も、昭和二三年に発表した論考「法隆寺金堂・塔修理の実情」の冒頭に全解体修理を行う理由の説明を求められた旨を記し、「最初の健全な姿に返」すためには解体修理で行われる「詳細な調査が必要なのである」と述べている。(38)こうした記述からは、彼らの復元主義が、解体修理という近代的＝科学的な修理方法と不可分の関係にあったということがよく理解される。

しかし、ここで大岡らが重視する創建当初の建築意匠とは、決して事前に用意された自明のものではなく、学術的な復原考察の集積によって自ずと明らかになるものでもなく、修理当事者による解釈行為によって生み出されるものであることを想起する必要がある。その「解釈」は、当然ながら、その建物に加えられた後世修理の仕事に対する評価にも直接的に投影される。というのも、後世修理の仕事の良し悪しは、解釈された当初の建築意匠がどのように継承されたかが主な判断基準となって決められるからであり、翻って今日の修理も未来に対して同様のことが言える。以下では、このような観点から後世修理についての大岡と浅野の見解を見ていきたい。

慶長時代に施された法隆寺金堂と五重塔の修理は、貫や軒下支柱や隅二重尾垂木などを挿入して、各建物の構造補強を一義的に行った修理であったとされる。次に引用するように、彼らは慶長修理によって当初の建築意匠――ここでは「形式」や「原型」と言い表されている――が損なわれたと解釈している。

大岡實「この修理では外観を余り問題にせず、構造上の補強工作に特に意を用いていて、相当手荒いことが行われ、われわれ創建の形式を重んずる者にとつては、手痛い修理なのである」

（「法隆寺金堂・塔修理の実情」『科学世界』昭和二三年四月号、一四頁）

浅野清「そのねらいの第一は構造的な補強であつた。（中略）傾きを復し、不陸を正しておいて、補強用の貫や繋ぎを挿入してこれを固め、先の撤去部分を補つたのであるが、補足部分は多く新材新方式によつて処理されたため、少からず原型を失う結果になつたのである。」

（『法隆寺』弘文堂、昭和二三年、二五頁）

一方、慶長時代の修理からほぼ百年後に行われた元禄時代の修理は、慶長の修理とは異なり、構造補強はあまり必要ではなかったことから、屋根葺替、飾金具の新補、軒下支柱に彫刻を付けるなど、専ら外観を整えるのに意が注がれたものであったとされるが、この修理について彼らは次のように述べている。

大岡實「この修理は大きかつた割合に構造部分の本体にはふれておらず、（中略）結局見えがかりを立派にすることに苦心した修理であつた。」

（「法隆寺金堂・塔修理の実情」『科学世界』昭和二三年四月号、一五頁）

浅野清「屋根替の他は構造主体に深く及ばず（中略）慶長修理の際と異なり、旧形式を大胆に破壊する様なことはしてゐない。」

（「法隆寺修理の実際」『建築と社会』昭和一八年三月号、一三頁）

要するに、元禄修理は建物の主体構造に手を付けたものではなかったため、慶長修理のような「破壊」は行われなかったと述べられている。このように構造補強材の挿入の有無や構造システム改変の有無に着目しつつ、過去に行われた両修理の良し悪しを評価するという彼らの見方には、「構造」を〈建築意匠〉の主要な要素の一つと捉える建築観がよくあらわれている。浅野は昭和二三年刊の著書『法隆寺』のなかで「建築の意匠は軒を支へる構造方式にひどく支配される」とし、一方で軒隅部には構造的な「欠陥」があることを指摘しながらも（それゆえに軒下支柱が必要となった）、軒を支える一連の架構材が「合理的」に組み合わされ、強い胴張りのある柱や彫塑的な雲形組物などが「力の緊張の極み」を生み出していると述べて、法隆寺の構造の合理性、あるいは構造表現の手法を意匠的観点から高く評価している[39]。こうした評価は、構造合理性を重んずる浅野の建築観――こうした建築観が拠って立つのは近代合理主義的な建築思想である――に立脚するものであり、それはさきに見た慶長修理に対する浅野の低い評価と表裏一体の関係にあったのである。

右に見てきたように、金堂火災までの大岡、浅野は、昭和の修理によって後世修理による改変部分を復原し、創建当初の建築意匠＝〈建築様式〉の典型性（と彼らが考えたもの）を再現しようとする基本構想を立てていた。より具体的な修理原案については、工事事務所の意向についての考古学者・石田茂作の問いに対する、左のような浅野の回答からうかがい知ることができる。

「石田　あんた達の今の意向は、復原しようとしているの？
浅野　全面的に復原しようとしています。
石田　裳階はつけておくのだろう？

浅野　それはつける。復原は過激だという人がある。後からの修理が残つた方がいいだろうという意見もある。だがそんな姑息なことは駄目。
石田　塔の露盤は？　覆鉢は保元のもの？　水煙もそうだね。
浅野　覆鉢は元禄。
石田　今度やると塔の支柱は？
浅野　あれは取つてもやれる。それは構造的に他で補強するものです。
石田　取るか。
浅野　取つた方がいい。
石田　とつて支えられるか。
浅野　弱点はある。大体あれは無理なんです。元禄の時には鼻先慶長の時は勾欄の中へ作つた。それから材料として鉄は使わない方がいい。他の材をいためるおそれがある。ステーンレスならいいかしれないが、永年ではどうだろうか。
石田　心柱は下までやるか。
浅野　穴まではやらない。ただ空洞は埋めます。
石田　屋根の勾配の問題は？
浅野　金堂は昔と同じ。塔の方は一番上層は急。
石田　勾配は急の方がいいのか。
浅野　強い方がいいとしている。

石田　他の塔が強くなつたのは、雨のためじやないか。
浅野　今度は高さが三尺位低くなる。塔と金堂は大体構造も釘も同じものを使つていますね。」
（「法隆寺をめぐる問題いろいろ　対談会」『国立博物館ニュース』昭和二三年一月号、四頁）

この修理では結局五重塔五層目の屋根勾配は復原されなかったが、来たるべき昭和修理では勾配を緩くするので「今度は高さが三尺位低くなる」という浅野のこの発言をみると、昭和二三年の時点で彼らがそれを復原しようとしていたことが明確にわかるし、五層目の隅雲形組物下の支柱を撤去しつつ、新たな構造補強を施すということもここに明言されている(40)。

この発言より少し下って金堂火災の直後、昭和二四年五月に作成された「法隆寺現状変更要旨(41)」を次に掲げるが、この文書はまさにこうした浅野らの復原方針を直接的に反映したものであった。

法隆寺五重塔現状変更説明
法隆寺五重塔は、建立以来数度の大小修理を加へていることは、文献その他によつて知り得る。（中略）慶長年間五層の斗栱以上の解体修理、元禄年間に五層の屋根勾配を急にしたことなどが、最も大きな修理である。今回建物解体調査の結果慶長元禄両度の修理に旧形を改変した箇所を明らかになし得たのでこれを旧規に復し（中略）現状変更を行はんとするものである。

一、五層の屋根勾配を緩め総高を減じる

五層の屋根勾配は現在引通し勾配五寸五分であるが、当初は四寸三分勾配であつたことが今回の解体調査によつて知り得た。このように改造されたのは元禄年間のことであつてその証跡明らかであるからこれを旧勾配に復し従つて檫柱《しんばしら》の長さを三尺切縮め現在総高さ一〇七・二尺を一〇四・六尺に改めようとするのである

二、各層の軒出を増し茅負並に瓦を旧規に復し且つ裏甲を撤去する

三、五層並に初層各隅の力士形支柱及各層隅尾垂木上端の添加物を撤去して整備する

隅尾垂木上の添加物は慶長の修理に五層と初層の各隅にある力士形支柱は元禄の修理に各付加されたもので孰れも応急的なものであるから今回の根本的修理によってこれらは不用となるのでこれを撤去する。

四、各層の勾欄を旧規に復する

五、各層の垂木隅木及尾垂木木口の飾金具を透彫金具に改める

六、檫柱に礎石を設け礎石下の空洞に土留石垣を設ける

「一」に記されているように、五層目屋根勾配を慶長修理以前の状態に復原し、「三」に記されているように、初層と五層の隅軒下支柱を撤去する意向であったことがわかる。

ただし、前掲した浅野らの引用文中にもあったように、後世改変部の一つと考えられていた裳階は修理開始当初から存置されることが決まっていたようである。すでに昭和一〇年、岸田日出刀が「壁画がある以上裳階は是非共必要であらう」[42]と述べているように、おそらく金堂壁画を保護する目的で、かなり早い段階で残すことになっていたものと思われる——金堂で裳階を残すのであれば五重塔も同様であろう。裳階が創建時から存在した

かどうかについては諸説あるが[43]、先述のように大岡、浅野はともにそれを当初計画の段階にはなかったものと考えていたので、裳階の存置については彼らの思い通りにはならなかった点であったといえる。浅野は当時裳階に関して「主屋完成に引続いて設けられたものかも知れない」と、創建後のかなり早い時期に付加された可能性を示唆しつつも、「少くも最初から計画されたものとは思われない。その取付は案外早い頃のことかも知れないが、何としても建物と調和していない」と述べているので[44]、本当はこれを撤去したかったのであろう。浅野は論考「法隆寺に於ける復原修理の実例」のなかで「必ずしも常に創立当初の原型に復するのを理想とすると云うのではない。（中略）然し創建の意図が故なくして滅却され、不明瞭にされて、何を保存することとなるであろうか[45]」と、創建時の設計意図を重視する考え方を表明しているが、こうした考え方によれば――初層柱のエンタシスが外観上隠されてしまうから――裳階は当然撤去・復原されるべきものであったはずである。

次に、大岡、浅野らの修理原案について特筆しておくべきことは、創建時の軒反りを復原することが重視されていたと考えられることである。彼らは当時発表した復原案の説明文のなかで、創建時の軒反りの曲線について以下のように述べている。

大岡實「軒の曲線が変つているのがおもな変化で、あとは軒の補強材が取除かれているだけで、これだけ全体の風格が変つてくるのである。」

（「法隆寺塔・金堂の解体修理と明らかにされた過去の事実」『科学世界』昭和二三年五月号、一〇頁）

浅野清「軒の総長が四五十糎延び、近世の改造になる反りの大きい誇張的な軒反りが、穏やかではあるが、先端に鋭さを見せるものに改つている」

（『法隆寺』弘文堂、昭和二三年、三一頁）

修理前の茅負は主に慶長材であったから、彼らは慶長修理によって創建時の軒反りが変更されたと解釈し、昭和の修理でそれを創建時の形に戻そうとしていたのである。これらの引用文からも、この部分の復原を彼らが重要視していたことが十分うかがえる。先に掲げた昭和二一年五月の協議会で「軒出及軒反り復原資料」が提示され、さらに彼らの辞任直後の昭和二四年五月の協議会で「各層軒出を増し且つ茅負並に瓦を旧規に復し裏甲を撤去する件」が可決されていることから推察して[46]、軒廻り各部の復原考察は彼らの在任中に完了していたと考えられる。いうまでもなく軒反りはこれら各部の変更に付随するものであるから、彼らは創建時の軒反りを再現するつもりであったと見てよいだろう。第一章三節で述べたように、軒反り復原の重視は、同時代の修理の一般的特徴であったから、この復原方針にも時代に共有された保存概念がよく映されていたと言える。

ただし、法隆寺の軒反りについては、浅野は在任中（昭和二三年）の論考の中で、一般に「軒反りの復原は外観上最も重要なもの」と述べつつ、五重塔小屋内で発見された当初材と見られる茅負について「この反りの二十分の一の型が玉虫厨子のものと一致することが判つたのも機縁である。勿論これは狂いも持つた一断片にすぎないし、隅に於ける総反りの寸法が不明で（中略）これだけの資料では尚不充分であるが、これによつて大体の見当がとれることだけは幸である」と述べている[47]。創建当初の規矩に関する技術的調査は浅野らの辞任後も継続して行われ、昭和二四年一〇月から二六年四月までに改めて詳細調査が行われたという事情もあり、それに関する彼らの在任中の復原考察には不明な点が多い。五重塔の修理工事報告書によれば、修理直前の茅負下端曲線の性質は慶長材とほぼ同じであるとされ、かつ隅木先端部の復原結果を考慮したうえでその構法も慶長修理において創建時のものが踏襲されたと理解されている(48)。ともに五重塔で発見された旧茅負材をもとに当初の曲線の性質を考察しているのであるが、上記浅野らの見解とは相違している。おそらく実際に再建するに際して技術的考察がより深められ、火災後の調査で従前の規矩の復原考察に修正があったのであろう(49)。

◉昭和二四年以降における保存理念の後退

昭和二四年以降は大岡、浅野ともに工事を離れるが、以下に示すように、その後の法隆寺国宝保存委員会の機構のもとでは、「飛鳥時代」の建築意匠＝〈建築様式〉の典型性の再現を目指すという大岡らの保存理念は後退し、「慶長修理前の姿に復原」という基本方針に修正されたと考えられる。さきに見たように、大岡らは、一七世紀に施された慶長修理により、飛鳥時代の様式に近世的様式が混入されて、その原型が「破壊」されたと解釈していた。それゆえに昭和修理において慶長修理の改変部を当初の状態に復原すべく奮闘していたのであったが、翻って考えてみれば、七世紀の創建から一七世紀の慶長修理までの大きな変更点の一つであった裳階は昭和修理の早い段階から存置されることが決まっていたことなどを思い起こすと、修理機構の改組前後で、復原して戻す時代が修正されたとは言え、「現状変更」にかかわる修理方針そのものにはあまり変化がなかったとも見える。この点を再検討するうえで重要になってくるのは、「創建時の姿」と「慶長修理前の姿」では一体どこが異なるのかということである。たとえ結果として両者が一見同じように見えるとしても、以下に示すように、大岡らが推進していた復元主義理念の後退はさまざまなかたちでこの修理に現れているのである。

金堂火災後に立てられた修理方針については、金堂の修理工事報告書に掲載されている「法隆寺国宝保存委員会審議事項表」（四一‐四二頁）に記されており、そこには昭和二六年五月二八日の委員会で「慶長修理前の姿に復原」という方針に決定された旨が記されている。つまり、創建の時点に戻そうとするのではなく、あくまでも慶長修理の直前に戻すことが、この修理における「復原」の原則とされているのである。しかし、修理工事報告書の本文に、この修理で「復原」を目指した年代が創建時点ではなく慶長修理直前であったことが明瞭にわかるような記述は一つも見出せない。復原方針が修理自体にどのように適用されたのか――どのように修理の復原行為を規定していたのか――を十分に検討しないまま、その一文をもって修理当事者の意向を容易に推し量るわけにはいかないであろう。

そこで、こうした視点に立って当時の資料群を再読すると、この方針の存在をうかがえるところが見えてくる。その第一の点は、さきに掲げた昭和二四年五月に作成された「法隆寺現状変更要旨」の内容に示されていた。そこに掲げられていたのは、慶長修理で改変されたという五層目の屋根勾配の復原、慶長修理で加えられたという隅尾垂木の添加材の撤去・復原、慶長修理で取り替えられた茅負旧材をもとにした軒の出と軒反りの復原、慶長修理で改造されたという各層の高欄であり、心柱に礎石を設けるという「復原」に関係しない現状変更以外は、結果的にはどれを取っても慶長修理直前の状態に復原するという変更であった。

また、第二の点は、金堂の屋根の復原が協議された昭和二八年三月の文化財専門審議会第二分科会において、関野克（審議会幹事）が「原案は創建復原ではなく、慶長以前の中古への復原と考えられる。鍰案が合理性をもっているが、現在の資料に忠実な態度をとつてこの原案とした」と述べていることである。(50)つまり、この審議会において、法隆寺国宝保存委員会は創建時の屋根が錣葺きであったという可能性が残ることを認めつつも、慶長以前の中古の屋根を「復原」するという修理原案を提示していたのである。ただし、すでにこの時点では当初は錣葺きではなかったという結論が出されていたはずなので[51]、この記述の解釈にやや混乱を来すが、関野のこの発言は復原資料の解釈の違いによるものと思われ、少なくともそこに「慶長以前の中古への復原」という方針が明記されている点はここで注目されてよい。このときの審議会の議論の中の「今ある垂木が新しいものだと考えれば錣葺は充分成立する」という服部勝吉の発言から、当初はやはり錣葺きなのではないかと考える委員は少なくなかったようであるが、逆に錣葺きであったという具体的な証拠がないため、修理では工事事務所の「原案」、すなわち慶長修理直前の屋根の形の復原に止めることになったらしく、堀口捨己や藤島亥治郎などの復原推進派の委員もその案にしぶしぶ同意していた[52]。

第三の点は、金堂大棟の鴟尾の復原についてである。これに関しては委員会内で大論争があり、またそれは社会的にも当時広く注目されたが、この問題についての委員会での議論の中にも「慶長修理前」への復原方針の存在がうかがえるところがある。この復原問題の経緯については金堂の修理工事報告書にかなり詳しく記されているが、ここで有光次郎文書（国立国会図書館憲政資料室蔵）や『古建築』掲載の関連記事[53]をもとに事実関係を補足しながらその経過を以下にまとめておこう。

鴟尾に関する復原調査は昭和二八年五月二一日に開始された。金堂初重の柱を立て始めて暫く経った後のことである。同年八月一七日の法隆寺国宝保存委員会において現場が提示した鴟尾の復原案に対しては幾つかの反対意見が出されたが、九月一六日の委員会でいちおう原寸大の鴟尾一対を試作することが承認されている。しかし、それと同時に（鴟尾案が否決された場合に備えて）「古式鬼瓦」（図5）の作製も開始されているから、この時には鴟尾を載せることが確定的ではなかったことがわかる。この「古式鬼瓦」とは所長竹島卓一の提案によるもので、金堂隅棟等の復原鬼瓦の周囲に東大寺出土鬼瓦に倣い無文の帯を付けて、大棟の飾りとして納まるように恣意的に

試作鴟尾

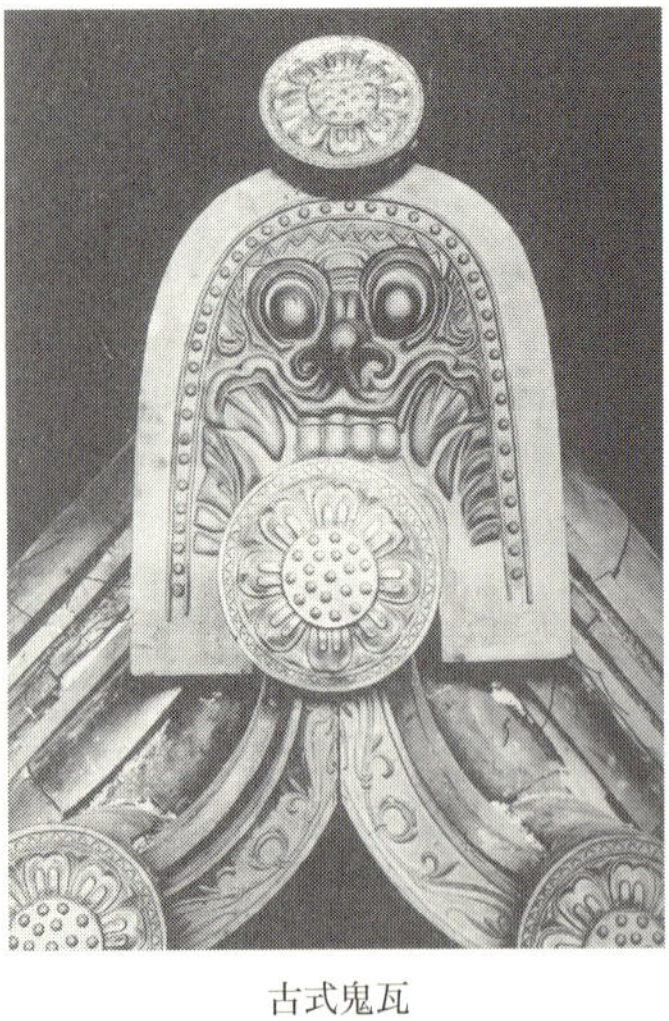

古式鬼瓦

慶長鬼瓦

図5　法隆寺金堂　大棟飾

拡大したものであった。竹島自身がいうように、それは「根拠薄弱であることは免れ得ぬ」ものであったが[54]、竹島が有光宛の書簡のなかで述べているように[55]、これは金堂大棟を慶長修理前の状態の成の低いものに復原して施工していたために、この時点においては、すでに昭和修理直前の慶長の鬼瓦を載せると納まらないということから急遽つくり出されたものに過ぎなかった。逆にいえば、金堂大棟の高さは鴟尾に合うように施工されていたのであるから、少なくとも着工の段階では、慶長の鬼瓦ではなく、鴟尾を上げるつもりであったことになる。復原した鴟尾を大棟に載せるかどうかについては、その後の委員会で再三議論されるが結局結論が出るには至らず、昭和二九年二月二六日の委員会では、やむを得ず「古式鬼瓦」が委員長裁決により一旦可決された。しかし、翌三月一八日の文化財専門審議会第二分科会においてそれが根拠薄弱という理由で否決されてしまう。委員会よりも機構的に上位の審議会で否決された以上、委員会では逆に鴟尾案がすでに否決されているので、残る選択肢は修理前の慶長の鬼瓦を載せるほかに無くなったことになるが、前記した施工上の理由でそれは既に不可能であった。結果的に打つ手がなくなり、そのままでは工事を進められないから、同年六月二四日の審議会で懇親会を開催し、修理の竣工を目前に控えていることを考慮して、暫定的に今回の修理では「古式鬼瓦」を載せることが承認された。それが実施されて、その暫定的措置のまま今日に至っているのである（口絵2・3）。

昭和二九年二月の法隆寺国宝保存委員会において委員長・有光次郎により、「古式鬼瓦」の採用が一旦決められた時の文書には左のように記されている。

「金堂は創建当初鴟尾を大棟に上げていたことは公算大であると考えられる。（中略）鴟尾は早い時期に失われ、中古は鬼瓦に代替され、慶長年間現状に改変されたと想像するに難くない。即ち、法隆寺金堂の屋蓋の現状変更は少くも中古以前に改める原則に立てば、鴟尾、鬼瓦二様の途があることは否めない。しかし、いづれを採るかについては今日遽に決定出来ない。そこで一挙に鴟尾に復原するより現状変更を最小限度に止める立場から鬼瓦を採用するのが妥当であると考えられる。」

（『委員会資料　昭和二九年二月二六日』国会図書館憲政資料室蔵・有光次郎文書865）

この記述からは、委員会において、慶長以前の「中古」に鴟尾であったか鬼瓦であったかが最終的な争点となっていたことがわかる。ここで鴟尾の復原を主張していた村田治郎は「鴟尾説の論理」（『建築史研究』昭和二九年一二月号）のなかで「天平初年以降の平城京時代の金堂には何があつたかが問題になる」と述べたうえで、大講堂に鴟尾が載っていたと考えられるのだから、金堂にも鴟尾が載っていたと考えるのが自然であると述べている。つまり、前に引用した委員会文書にも明記されていたように「中古以前に改める原則」＝慶長修理前の姿に戻すという復原方針が委員会内部の了解事項として存在していたために、創建時に鴟尾であったかどうかということよりも（創建時に鴟尾であったことは復原反対者も認めていた）、慶長修理直前に何が載っていたかが重要な問題となっていたのである。

それにしても、「現状変更を最小限度に止める」ためという古式鬼瓦決定の論理はあまりに消極的である。金堂大棟に「古式鬼瓦」が載っていたという根拠は一つとして存在しない。「創建時」から「慶長修理前」へという法隆寺国宝保存委員会による方針修正は、一面において、資料がより確実なところで「復原」を止めるという学術的で客観的な姿勢のあらわれとも受け取れるが、他面において、創建当初の建築意匠を再現しようとする保存の理念の後退を思わせる。

なお、このような委員会の方針修正は工事事務所長であった竹島の意向とも無関係ではないであろう。金堂の鴟尾問題に関して、さきに見たように「古式鬼瓦」の提案者は竹島であった。修理機構の改正後は、修理方針策定上の工事事務所の役割はかなり限定的なものになっていたことは既述の通りであるが、そのことを勘案しても、所長の意向はやはり修理方針策定に小さくない影響力を持っていたはずである。それは保存修理の担当者が「保存」という行為の主体的存在として常に重要な位置にあったということをよく示しているとも言える。五重塔の復原方針に関しても、昭和二六年八月の法隆寺国宝保存委員会における工事事務所からの配布資料[56]には「五重塔最上層屋根勾配及び相輪支柱は現状通り修理したい」と記され、工事事務所として五重塔の屋根勾配の復原には消極的であったことがうかがえるし、この案は、後述するようにこの委員会において「保留」とされ（委員会で賛否両論があった）、そのまま文化財専門審議会第二分科会にかけられそこで否決となったのであるが、この審議会で竹島は「百％の資料が出てもまだ軽々にすべきでないと思う」[57]と、屋根復原案に対する反対意見を表明していたのである。付言すれば、竹島は金堂火災後に突如文化財修理工事に初めて携わることになった学者であったから[58]、経験不足に起因する保存思想の欠如もやむを得なかったのかもしれない。

そもそも「慶長修理前の姿に復原」という方針は、大講堂修理以来、この修理事業全体を通底する復原方針であったことは第三章第三節で述べた通りである。その事業方針は、慶長修理によって創建当初の建築意匠が「破壊」されたという当事者の解釈の上に立つものであったが、火災後の改組後に実施された金堂・五重塔修理では、いわばその既定方針が自己目的化されるとともに、方針を支えていた「理念」が忘却されている。まさしく本末転倒である。「慶長以前」では話が納まらないほど建物の年代が古かったという事情もあるだろう。むろん、右に見たように修理関係者の中に「理念」が全く不在であったわけではなかったが、ここでクリティカルであったのは、修理工事事務所の意向が従前の復元主義理念から遠いものであったということであり、さらには機構上工事事務所の発言力が弱まったという点にあったと思われる。「復原」を巡って複雑に捻れ、絡み合った関係者の思惑が、この修理の復原方針を見えにくいものにしている。

第四節　法隆寺の価値の「保存」と復原方針の背反性

前節までに述べたように大岡、浅野の在任中に立てられた復原の基本方針は、その後修正を経ながらも基本的には昭和二四年以降の工事の新体制にも受け継がれた。しかし、修理工事が終わっても、五重塔五層目の屋根勾配とか、軒下の彫刻付支柱とかの著しく目立つ後世改変部が未だ残されていることも周知の事実である。つまり大岡らの保存理念は、結局のところ、完全なかたちでは実現されなかったのである。

この修理工事の組立開始は金堂火災後、大岡らがこの修理を離れた後のことであった。だが、大岡、浅野不在のなか、修理工事の実施過程において、建物の特殊な事情から様々な問題が噴出しはじめた。火災後の新機構は旧機構で立てられた基本方針におおむね沿うかたちで修理原案を作成していたものの、それら諸々の問題への対応のため、その原案を部分的に変更することを余儀なくされていったのである。しかし、そもそもの始めから、この修理には当初の建築意匠＝〈建築様式〉の典型性＝建築美を再現するという保存理念と矛盾しあう複数の残すべきものが伏在していたのであり、それらは着工前には頭角を現しつつも潜在していたのであったが、着工後の工事進行とともにその全貌を明るみに出すに至ったとも言えるのである。

工事の実施過程で浮上してきたその諸問題とは、法隆寺金堂・五重塔の左記のような特殊性に起因している。

（1）金堂内部に美術史的価値の高い壁画があったこと

（2）創建時の建物に構造上の問題があるとされたこと

（3）建物の外観イメージが国民に共有されるほど有名であったこと

本節では、この3点がどのようにして創建時の建築意匠の完全再現を阻んだのかについて、順次見ていきたい。

◉金堂壁画の保存問題と裳階の存置

周知のように、金堂の内部には「世界美術の至宝」とされた貴重な壁画が描かれていた。この修理は、美術的価値がきわめて高く、しかも表面の顔料が刻一刻と剥落していくという非常に危険な状態にあった壁画五〇面を恒久的に保存しながら、それと一緒に建物自体をどのように修理するかという大きな問題を抱えていた。大岡らは壁画を一度取り外し、建物・壁画とも健全かつ安全な状態にした上で、金堂内部に壁画を戻すという方針を立てていた。金堂火災という不慮の事故があった関係から、損傷した壁画は金堂内部には結局戻されず、移動後に硬化処理が施されて、境内に新築された収蔵庫[59]（一九五二）に保管されることになった。壁画が金堂内に戻されなかったのは、一面においては火災事件が引き起こした必然的な帰結であったともいえよう。しかし、そもそも壁画を永久保存するという企図に付随して生じる様々な問題、とりわけ創建当初の建築意匠を重視する大岡らの考え方とは元来相容れないものを重視せよという外部からの要請は、大岡が所長を務めていた時期においても既に様々なかたちで出されていた。

まず、壁画の保存方法をめぐる戦前からの議論のなかで、解体修理という修理方法に対する批判が出されていたことがあげられる。前記のように、それは、解体修理を行うと不可避的に壁画の劣化が進み、壁画の価値を損なわせてしまうという危機感によるものであったが、その意見に対して大岡と浅野は、解体修理を行い、学術的な「復原」を行うことによって、その原型を再現することこそ「近代修理」のあるべき姿なのだという壁画保存とは別の論理を再三主張していた。こうした解体修理＝復原修理という観点に立てば、こと法隆寺金堂に関する限り、創建当初の意匠と壁画の価値は同時には「保存」し得ないものであったといえる。両者の矛盾を埋め合わせるために——科学の力によって解体修理と壁画保存を同時に完全遂行すべく——壁画保存調査会は各種の実験研究を行い、壁画にダメージを与えずに解体修理を行う方策を考案したのであった。一般に解体修理は、壁画に限らず必然的に建物の壁体を、下地を含めて失わせてしまうものであるから、この壁画問題によって近代的修理方法自体に内在する重要な問題の一つが図らずも俎上に載せられることになったのである。

また、壁画の保存問題は、この修理で裳階を存置せざるを得なかったことにも関連する。というのも、この修理で裳階を残すことになったのは、修正会や寺役などの金堂で執行される法要上裳階は必要であるという法隆寺の要望や、裳階と一体化している下層軒下支柱の構造的な必要性があったが、それ以上に初層の壁画を物理的に保護する点からの必然性が大きかったものと思われる。もともと創建後まもなく裳階が付けられた理由の一つも、壁画を保護する目的からであったと指摘されており、竹島卓一も「金堂の裳階がいつ、どういう目的で、附加されたかという問題に対しては、内部の壁画を保護するため、後からつけたものとする説が一般に行われていた」と述べつつ、その説に首肯している。(60)

なお、前記のように大岡らの在任中は壁画を金堂内に戻すという方針であったが、その際には地震時の柱の動きによる壁画の損傷を防ぐために、正確には壁画は柱間には戻さず、新しい壁体の表面に貼り付ける、もしくは前面に取り付けるという計画になっていた。(61)火災があってから一〇日後の昭和二四年二月五・六日に法隆寺国宝保存協議会および法隆寺壁画保存調査会の合同協議会が開催されたが、その議事録をみると、壁画を「原則として再建の際原位置に帰すこと」と明記され、「壁体を新にしてこれに壁画の表面層をはりつける方法又は表面層を適当に強化して新壁体の前面に置くこと等が論せられたが、更に研究の上決定することとする」と記されているから、火災前後まで何らかの方法で壁画を柱間に戻すという案が真剣に検討されていたことがわかる。(62)

これら二案は、いうまでもなく前記した坂静雄の研究の結論にもとづく保存措置であったが、仮に前者の試みが成功し、壁画を正確に柱間に戻せたとしても、解体修理に伴う壁体移動工作によって壁体と柱とを連絡する間渡しなどが切断されることになるため、当初の壁下地工法や軸組の構造は改変せざるを得なかったはずである。一方、後者の場合にも、必然的に金堂内部の空間は意匠的にも大きく変化してしまうことになっていたと考えられるから、(63)結局のところ、壁画の堂内存置と解体修理の実施を両立させるようとすると、それに付随して様々なものを失わせることになってしまうのである。

◉ 構造と技術の保存

次に、金堂も五重塔も、創建時の建物の軒の支持方法に構造的な「欠陥」があると見なされていたことがあげられる。その「欠陥」ゆえに、創建後昭和修理に至るまでに四隅軒下の彫刻付きの支柱や、平の各雲肘木下の支柱が入れられ、隅尾垂木の上には二重尾垂木が挿入されていたのである。したがって、それら補強材を撤去して創建時の姿を復原しようとすると、当然ながら、それにかわる構造補強策を講じる必要性が出てくる。五重塔の修理工事報告書を見ると、昭和二四年八月、構造補強担当者であった坂静雄によってその具体的補強案が一度は提示されたものの、翌年、棚橋諒に担当者が交替することとなったということが記されている。(64) しかし、同書には、その交替の理由として、補強の前提条件が「初重に於ては支柱を撤去するなどの現状変更を行わないこと」に変わったということと、「部材の損傷や加工を最小限に止める」べきという要望があったことがあげられているものの、それ以上の詳しいことは書かれていない。構造補強担当者が交替した時期は、ちょうど法隆寺国宝保存委員会の発足直後のことであったから、その交替には、火災前の事業部とは異なる委員会の意向が反映されている可能性があるとも考えられる。次に示すように、構造補強方法が棚橋案に決定される経緯を詳しく見ると、そもそもの構造に「欠陥」があるとされたこれらの建物の場合、創建時の建築意匠を再現——ここでは後世補強材の撤去を意味する——しようとすると、〈技術のオーセンティシティ（真実性）〉を保持できなくなるという重大な問題が生じていたということがわかる。

五重塔の修理工事報告書によれば、坂静雄の補強案は図6のように、初層、二層、三層の力肘木および隅尾垂木の内部に鉄骨を挿入するというもので、隅側柱上に取付ける鉄材支柱を支点として尾垂木尻をボルトで下方に

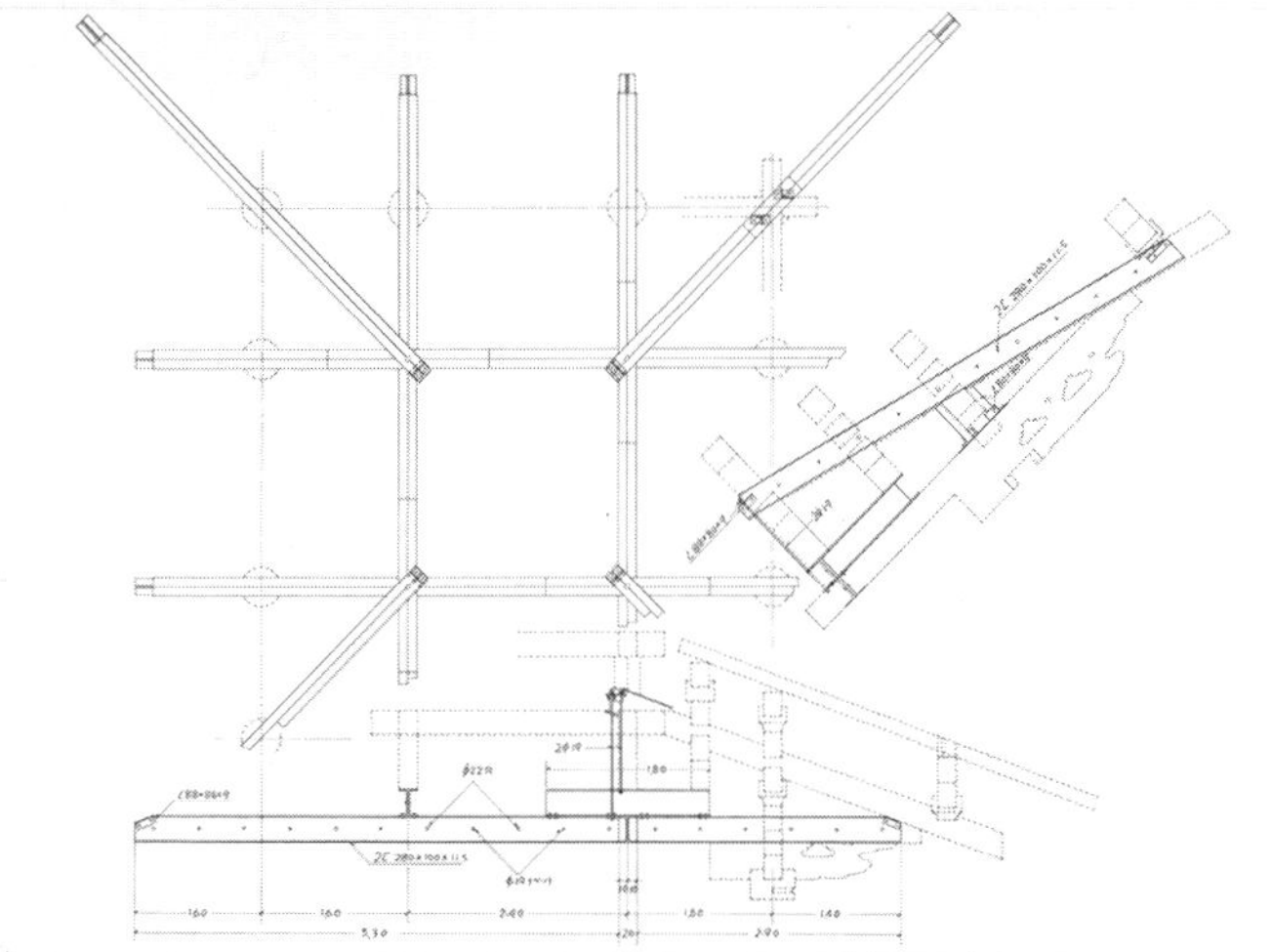

図6　坂静雄による法隆寺五重塔構造補強計画案

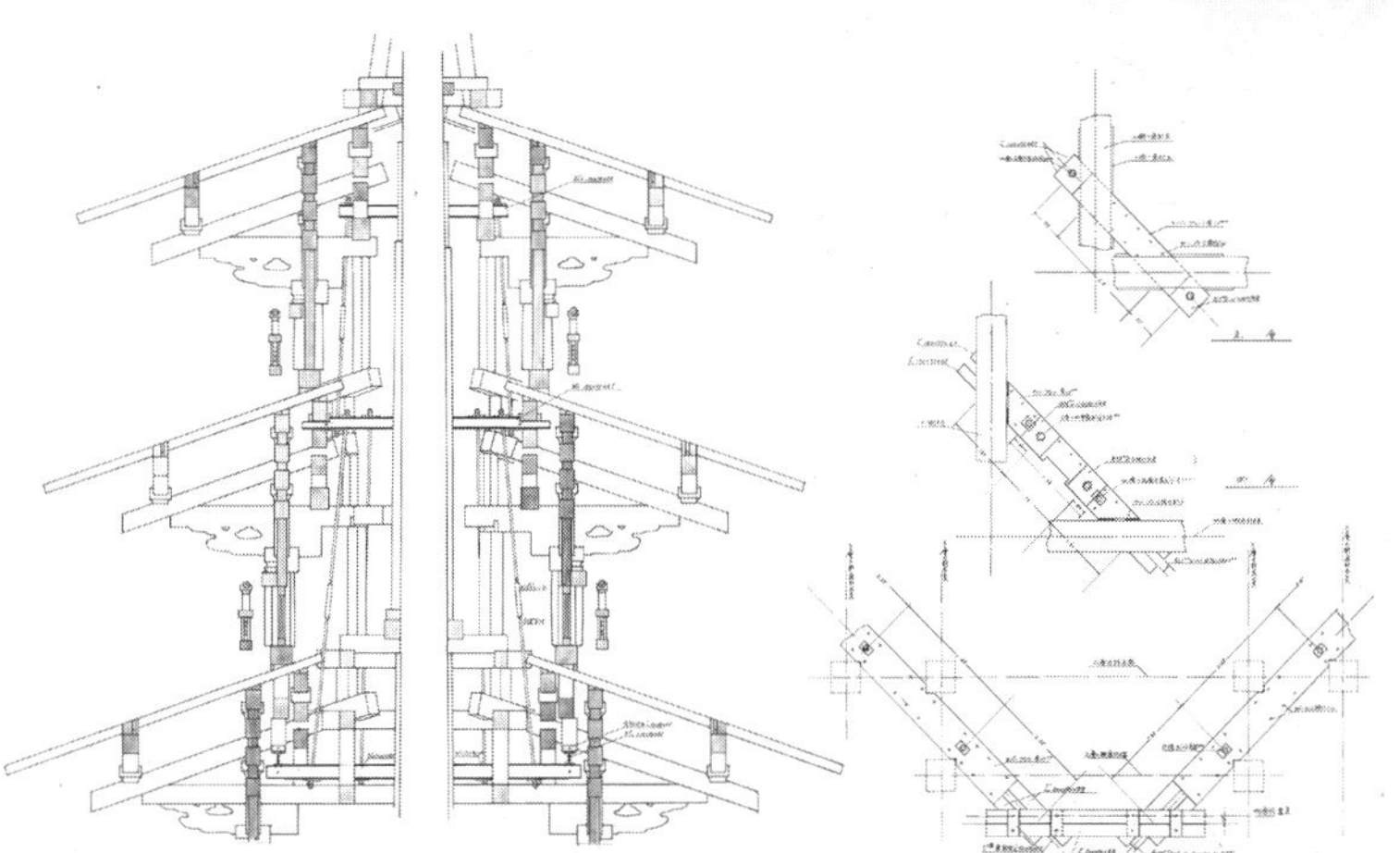

図7　棚橋諒による法隆寺五重塔構造補強実施案

引張ることにより軒荷重を支持しようとするものであった。ただし、報告書にはこの案が「塔の総ての支柱を撤去し、屋根の荷重も総て創建当初の形態に復することを前提として設計されたもの」（四〇頁）であると記されているが、四、五層にはもともと力肘木がないので両層の補強方法については判然としない。とりわけ五層目の隅軒下支柱を撤去しようとすれば、五層にも何らかの補強策を講じる必要が出てくるはずである。当時の文献を見ると、昭和二四年八月二二、二三日の協議会で「二層以上」のすべての層に鉄骨補強を施すことが決定されたと報ずるものが複数見られることから、四、五層にもおそらく何らかの補強がされることになっていたのであろう(65)。

しかし、当時の新聞によれば、この時の協議会において、次のようなこの案に対する批判が出されていた。

「五重塔四隅の尾垂木、力肘木に鉄骨、鉄板で補強することについては坂博士から『鉄骨使用は現状から見て不可欠のもので議論の余地なし』との説明に対し、鉄骨使用のため用材を切断せねばならぬ場合があること、工事が相当長期間にわたること、千年以前の日本建築の構造を保存するため鉄骨使用不可とする意見があったが結論に達せず」

（『大和タイムス』昭和二四年八月二四日二面）

この記事からは、まず、この補強案を適用すると「鉄骨使用のため用材を切断せねばならぬ」ことになるという点から反対意見が出ていたことがわかる。修理工事報告書によればこの補強案は、鉄骨を挿入する尾垂木、力肘木の「旧木材を剖いて鉄骨の外面に貼付けるようなことをしなければならない」ないものであったとされているが、これらの部材はいうまでもなく全てが当初材である。一方、修理工事報告書に記載された棚橋による構造補強（図7）の仕様を見ると、「旧材は殆どその大部分を再用し、しかもその仕口・継手等には一切加工しないで組上げることを方針とした」（三三頁）と記されているから、古材再用とともに、〈技術のオーセンティシティ〉――ここでは継手・仕口を意味する――を尊重するものであったといえる。こうした変更後の補強方針から逆に変更前の補強方法に対する当事者の問題認識を推測すれば、坂の補強案は、鉄骨に置き換える各部材の継手や仕口を失わせてしまうという点に問題があると見られていたと考えられる。また、前掲の記事であげられている「千年以前の日本建築の構造を保存するため」という理由は、「構造」の保存を重視する立場からの批判――「世界最古の木造建築」を軒支持部材だけとは言え、鉄骨の建物にしてはならないとの意見――であろう。つまり、この補強案に対する反対意見とは、総じて〈技術のオーセンティシティ〉重視の立場から出されたものであったと考えてよい。そのことは、昭和二四年一二月の国宝保存委員会において下記のような論争があったことを考えれば一層明瞭となる。

「一、五重塔の柱（尾垂木、力肘木の誤記と考えられる：引用者註）の内部に鉄骨を入れる　二、各層の過重軽減のため支柱を用いる　三、各層の隅木を新しくするの三点を中心に討議されたが塔永久の保存上鉄骨を主要部分に挿入して補強すべしと藤島、坂両博士は強調したのにたいし、村田博士は鉄骨使用は必ずしも良策ならず鉄と木材との接触部分から強度を減殺する懸念があるとのべ意見が対立」

（『奈良日々新聞』昭和二四年一二月一三日二面）

新聞記事なので記述の精度には自ずから限界があるが、少なくともこの記述からは、藤島亥治郎が支柱を取るために坂の補強案の採用に積極的だったのに対し、村田治郎は木部との接合部に不安があることから鉄骨使用に難色を示していたということがわかる。ここであげられている選択肢を見ると、「一」は鉄骨補強案を採用すべきという提案で、「二」はその補強方策を施さずに支柱をそのまま残すべきという提案で、「三」はおそらくは野隅木と化粧隅木を新材で一体的につくり出し、その強度を増加させようとする提案であったと見うけられるが、「三」については、実際の修理でも隅木を新たにつくり出しているが結局金堂の支柱を取れなかったわけだから、この方法だけで隅軒下の支柱が撤去できるとも思われない。いずれにしてもこの時点においては、鉄骨を使用しない場合、すべての支柱を撤去することは不可能であったはずなので、この議論のなかで村田は、たとえ一部に支柱を残すことになってもこの鉄骨補強案に反対していたのであろう。同年五月の協議会でも村田治郎は「古い飛鳥の手法で地震に耐えてきたのだから、その手法技術はできるだけ残すべき」[66]という理由で鉄骨補強案に反対していたので、彼は〈技術のオーセンティシティ〉重視の立場からこれに反対していたと考えてよいだろう。

村田はのちの金堂鴟尾復原問題の際には「当初のデザインだけが完全に統一のとれた姿であるから、それに近いものほど上等とすべき」と、創建当初の「デザイン」（建築意匠）を重視する立場から鴟尾説を擁護していた。[67]それにもかかわらず、五重塔の支柱をめぐっては、創建時の意匠の再現よりも〈技術のオーセンティシティ〉の保持を優先させていたのである。一方、鉄骨補強案を擁護していた藤島亥治郎は「維持復原の問題は建築の外形に限らず、内部構造の面にまで厳密に考えて来つつあることは、建築を単なる美術的な作品と見ず、構造体としての美的存在と認めるようになった昭和初年以来の過程に於て喜ぶべき進歩である」[68]と、建物の外形のみならず「構造体」も重視するようになったことを修理技術の「進歩」と評価していたが、それにもかかわらず、ここでは「外形」の再現をそれよりも優先させていたのである。つまり、村田も藤島も、創建時の建物の意匠を、〈技術のオーセンティシティ〉とともに重視するという保存の理念において共通していたのであるが――それが当時の一般的な修理技術者の考え方でもあったことは第一章で指摘した通りである――、この建物のように創建当初の技術、とりわけ当初の「構造」に欠陥があるとされた場合には、両者を同時に「保存」することができず、どちらを優先させるかで意見が分かれていたのである。つまり、ここで意見が対立した二者はじつは共通の地盤の上に立って議論していたという点に留意されたい。

続けて行われた昭和二五年二月一八日の法隆寺国宝保存委員会では、棚橋による補強案の概略が紹介されている。当時の議事録(69)を見ると、これより前の議論（昭和二四年八月および一二月の協議会・委員会のこと）において前記のように鉄骨補強案に対する反対意見が多く出されたことから、あらかじめ鉄骨を使用しない補強案の作成を棚橋諒に依頼していたことがわかる（この委員会の冒頭で棚橋は「五重塔の構造調査を初めたのは昨年末からでありますので結論は出ていません」と述べている）。この時点における棚橋案の具体的なことは資料からわからないが、ここでの棚橋の提案に対し、藤島が「これによつて剛構造の組方にならないですか」と改めて問い直していることなどから推察して、棚橋案は既存の木構造（柔構造）を全面的には鉄骨＝「剛構造」に置き換えないことを前提に依頼されたものであったことは明らかである。この委員会においては古材保存の観点からも棚橋の新案への賛成者が多く、事実上この席上で同案の採用が決定することとなった。

この議論の中で関野克が「支柱を入れなくてもよいと云ふ結論が出ていますか」と棚橋に念を押して確認しているように、軒下支柱を撤去して創建当初の姿を再現できるか否かは、とりわけ建築史家たちにとって重要なポイントの一つであった。この質疑に棚橋は支柱の撤去は可能であることを説明した上で、中古の補強工作の有効性にも一定の評価を与えつつ、「止むを得ない場合には隅だけ支柱を入れゝばよいと思つている」と回答している。服部勝吉も「少々支柱を建てゝも古材其の侭の形で残したい」と述べているが、関野は改めて「元禄の修理を再現することは現代としてあまりに芸がなさすぎると思はれるから棚橋さんの案が支柱を取りはずす可能ありとすればこれにさんせい」すると述べている。

しかし、ここでの棚橋の真意は支柱を残すか残さないかという建築史家たちの関心とは別のところにあった。というのも、次のような棚橋の発言をみると、彼は木造建築の構造をそのまま残すことこそ最も重要と考えていたことがうかがえるからである。

「木造建築は経験で発達したものでありますからこう云ふものをもとの形で保存することを望むものでありまして木材の部分にこういふやうに力を懸けた侭でおいて古材が一千三百年もの間もつかどうかを知らしめるによい『サンプル』でありますからこの侭でもたせる方がよいではないかと思ふのです」

（『国宝保存委員会　壁画保存委員会　議事録』所収、法隆寺蔵資料、Aア－下段－10－1）

前記のように、坂の鉄骨補強案に対する批判は〈技術のオーセンティシティ〉重視の立場から出されたものであり、それも特に創建時の「構造システム」（荷重の伝達経路）を改変してしまうことに対するものであったと考えられる。このことは、坂の補強案と棚橋の補強案の相違点をよく見るとわかる（図6・7）。坂の補強案は全ての軒荷重を補強用鉄材で支持しようとするもので、これにより出桁から雲形肘木にかけての一連の架構材には荷重がかからないことになる。さきに引用した「日本建築の構造を保存するため鉄骨使用不可とする意見」とは、まさにそのようにして構造システムを改変してしまうことを危惧して出された反対意見であったと思われる。一方、この鉄骨補強案にかわって採用された棚橋の補強案を見ると、図7に示したように、四、五層の隅尾垂木尻上に鉄骨を火打に架けて、ターンバックルを付けた鋼材を用いて、三層井桁枠内に設置した補強枠組とそれを緊結することによって隅尾垂木尻の揚力を抑え、同時に内部井桁枠と隅雲肘木にも補強を施すというものであったが(70)、棚橋はこの案の主旨について次のように述べている。

「当初の構造方式をその儘の形に於て残すと共に、当初の構造方式の持つ欠陥を是正する手段を明瞭に附け加える事に依つて偽構造をさけ且つ之等附加物のなかつた当初の状況を明瞭に観取し得る様にした」

（棚橋諒・高原道夫「塔婆の構造と補強」『建築と社会』昭和二六年一〇月号、一六頁）

この記述から、棚橋の補強案の主眼は「当初の構造方式」、すなわち構造システムを残すことであったということが諒解される。「偽構造」になるのを避けたと彼がいうのは、やや穿った見方をすれば、おそらく従前の鉄骨補強案を念頭に置いての言葉であろう。なお、既存の構造体に鉄材を付加することによって補強するというこの補強案の主旨は、既存部と付加部の識別可能性、および補強工作の可逆性という点において、一九六四年のヴェニス憲章で提示された西洋の保存における「オーセンティシティ」概念ときわめてよく似ている。近代日本の保存事業史の中で、西洋の概念を借りるのではなく、日本は独自に「オーセンティシティ」概念を生み出していたという点は注目に値するだろう。

しかし、こうした補強方針では金堂の上層隅尾垂木下支柱（龍の彫刻が付いている支柱）は撤去できなかったと考えられる。図8に示すように金堂の構造補強も、構造システム保存という点で五重塔の補強と同様の主旨によるもので、上層平尾垂木下面に取付けた鋼製フラットバーの尻を対面するものとターンバックルを用いた鋼材により緊結するものであったが、棚橋は竣工直後に発表した論考「法隆寺五重塔及び金堂の構造補強[71]」のなかで「この方法の補強を用いても外観上過大なフラットバーを用いねばならないので、在来の隅棟上の支柱を用いるのが外観上はともかく、最も容易且つ信頼できる構造である」と述べており、後年西岡常一も同じ理由でこの支柱を存置することが決まったことを記している[72]。金堂の尾垂木の配置を考えれば、隅では平とは違う補強方法が考案されなければならないはずであるが、棚橋のいう「外観上過大のフラットバー」の案というものがどういうものかはこの際明らかではない。しかし、いずれにしても、棚橋の弁に従えば、法隆寺金堂の場合、創建時の構造システムを保持しようとすると、創建時の姿を再現すること――支柱を撤去すること――が不可能になっ

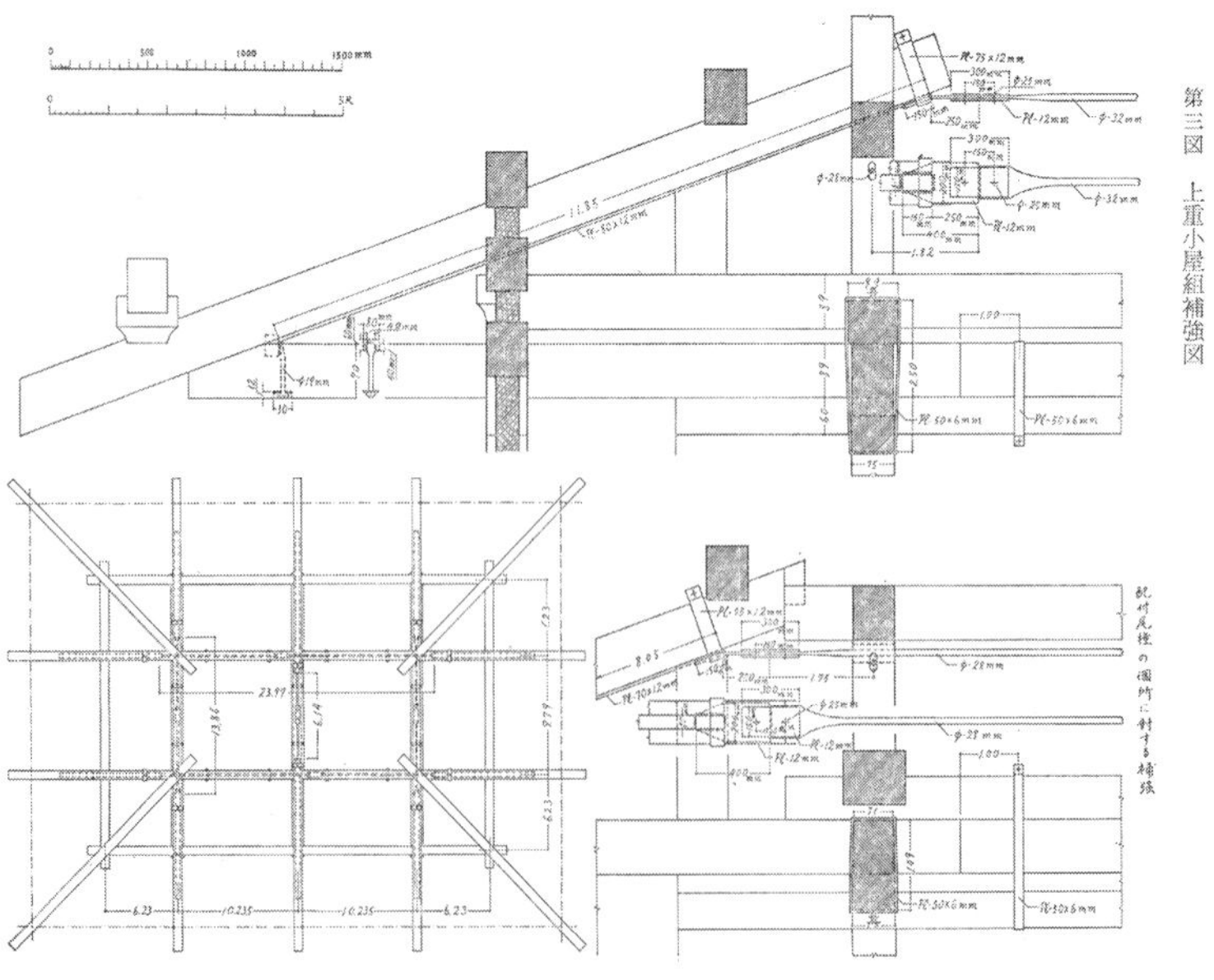

図8　棚橋諒による法隆寺金堂構造補強実施案

てしまうということであった点が重要である。また、この修理の竣工直後、藤島も「金堂のあれ（支柱のこと：引用者註）は棚橋君にもいろいろ研究してもらつたのですが、どうしても取れないのです[73]」と述べている。つまり、当時の修理関係者はこの支柱を積極的な理由で残したのではなく、撤去しようとして結果的にできなかったのである（口絵4）。

一方、五重塔の五層隅雲形組物下支柱（力士を彫刻した支柱）については金堂とは異なり、棚橋は、この補強法によれば「外観上体裁のよくない支柱を必要としなくなる」と上記の記事のなかで述べているから理論上は撤去可能であった。実際、昭和二六年九月一八、一九日の文化財専門審議会第二分科会ではこの補強案にもとづく支柱撤去の現状変更案が審議されているのでそれを裏付けるが、この案はこの時の審議会において、次に述べる屋根勾配の復原案とともに否決されることになった[74]。

◉　五重塔五層目屋根勾配の問題

昭和修理の当時から法隆寺金堂・五重塔は一般社会でもよく知られている建物であった。たとえば、当時の尋常小学校の国定教科書（第六期、昭和一八年改訂）には西院伽藍の俯瞰写真が掲載され、昭和五年から戦後にかけての百円紙幣にも両建物の図案が描かれていた。国民にそのイメージが広く共有されていた両建物の外観は、修理関係者の意識の根底において、この修理工事の復原方針を制約していたのではないかと考えられる。前節で見た鴟尾復原などをめぐる問題に対する当事者の不可解な対応はそのことをよく示していると言える――しかし、改めて考えてみれば、日本を代表するような有名建築である法隆寺に限らずとも、一般の保存修理でこうした制約が全くないとは言い切れないであろう。とりわけこの事業における五重塔の五層屋根勾配や金堂の大棟鴟尾の復原問題は、いずれも建物の外観イメージを決定付けるほど重要な部分の改変に関わるものであり、だからこそこの問題は新聞等のメディアにも取り上げられて社会的にも大きな議論を呼んだのである。それらを復原することが工事当初に計画されていながらも、施工する直前で急遽見合わせることとなったことの事業内の経緯とか社会的背景とかを検討すると、既存の建物の外観イメージが、確かにこの復原修理を制約するものとして作用していたことがよくわかるのである。なお、付言すれば、日本の文化財修理、とりわけ法隆寺の修理事業に対する当時の国民の関心の高さは、昭和二六年九月八日の講和条約締結によって日本の「独立」が回復されるとともに、伝統的なものを排除しようとする敗戦直後の反動的傾向が影を潜め、「日本的なもの」を希求する社会的な動きが台頭してくることとも無関係ではないだろう。そうした当時の社会的状況は、この修理の方針策定過程における当事者の判断にも、意識的にせよ無意識的にせよ、少なからず影響を及ぼしていたと思われる。

先述のように五重塔五層屋根勾配の復原案については、昭和二六年八月二〇・二一日の法隆寺国宝保存委員会において「保留」とされた。もとの屋根勾配が緩かったということは判明したものの、露盤や伏鉢は復原資料がないために全くの推定になってしまうことから、所長竹島が現状維持を提案したのに対して、同委員会において村田、藤島、関野がともに「屋根をもどすことは合理的」（関野）とそれを復原することを主張し、委員長・有光も「もとがゆるかったのが技術上だんだん急になって来たものが今技術的に可能となって旧にもどすのもよいと思う」と、それに同意していた。しかし、結局、翌月に予定されている「専門審議委員会にまかせようじゃないか、そこで通れば変更だし通らなければ現状だから」（上野直昭）ということで、審議会委員を兼務していた村田と藤島が次の審議会において詳細を説明することとなった(75)。

表2　法隆寺五重塔五層屋根勾配復原案についての審議会委員の発言内容

委員	任期	発言内容	
内田祥三	昭和25～26年	反対	「現在の法隆寺は美しい　この様に世界に知られたものを変えるのにはよくせきの事がなければならぬ　前の案が数年後には変えられる所をみるとよほど慎重にせねばならぬ　屋根勾配がゆるかつた事は想像がつくが相輪のとりつき具合に至つては明らかでない　やはり元の様にしておいて研究の結果は書くばかりでなく模型にして保存しておくべきである。」
大熊喜邦	昭和25～26年	反対	「現状維持がよいと思う」
岸熊吉	昭和25～28年	—	欠席
岸田日出刀	昭和25～41年	反対	「元通りの急勾配にして悪い理由が分らぬ　これは論文や模型にすればよいのであつて施工するのはどうか、結論はもとのまゝでやるべきである　若しゆるくする時には支持をとつてもらいたい。」
下村寿一	昭和25～39年	—	記述なし
田辺泰	昭和25～55年	—	「何れにしても記録にはつきりさせておくことが大切である」
谷口吉郎	昭和25～43年	—	「金堂屋根との釣合を考えねばならぬのでにわかにきめ難い」
藤島亥治郎	昭和25～55年	賛成	「長い間ゆるい勾配であつて二五〇年前迄きたのを補強して今迄にないものを作つたのであるから現在の構造法を適用したならば元にもどしてしかるべきと思う　下からずつと慶長を標準にしてきたのに屋根だけ元禄ではおかしい」
福山敏男	昭和25～61年	反対	「現状でゆくがよい」
堀口捨己	昭和25～51年	賛成	「元禄以前の勾配がゆるければ復した方が正しいと思う　理論的に無理がなければやるべきである　大事をとるのは結構だが江戸時代のものを勇敢にとるべきである　新薬師寺の例にならうべきだ」
村田治郎	昭和25～51年	—	「隅木が発見されても元の構造が分らぬのでまよつている」

※本表は、昭和26年9月18,19日の第5回文化財専門審議会第二分科会における、法隆寺五重塔五層屋根勾配の復原案に対する全出席者の発言をまとめたものである。

※各委員の任期は『建造物要覧』（文化庁文化財保護部建造物課、1990）により、発言内容は『文化財専門審議会第2分科会資料 第5回』（大岡資料6-12-11-5）による。

こうしてこの復原案は昭和二六年九月一八・一九日の文化財専門審議会第二分科会にかけられることになり、そこでこの案は否決された。その直接的な理由の一つとして、修理直前の建物の外観イメージを変えたくないという意見が多く出されたことがあった。表2は、当時の審議会の陣容、および各委員のこの復原案についての発言をまとめたものであるが、この時の議事録によれば、堀口捨己と藤島亥治郎が強く復原を主張していたのに対し、内田祥三、大熊喜邦、岸田日出刀、福山敏男が反対意見を表明していた。田辺泰や谷口吉郎らは態度を保留していた。堀口捨己は昭和二四年五月一九・二〇日の法隆寺国宝保存協議会においても藤島亥治郎とともに、前記した塔の鉄骨補強案を擁護していたから、創建時の姿の再現を何よりも最優先させる復元主義者であったのだろう[76]。当時岸田日出刀は、この審議会において「現状変更を否とするもの過半数[77]」であったために否決されたという旨のことを後日述べている[78]。この審議会の議事録から、この復原案が否決された理由をまとめると、

1　「野隅木」が新たに発見され屋根勾配は「前案」（大岡・浅野案のこと：引用者註）より強いということが判明し、一部の委員がこの復原そのものの信憑性を疑問視するようになったこと

2　たとえ当初の勾配が判明しても露盤・相輪部が不明であること

3　屋根勾配を変えることによる建物外観への大きな影響が危惧されたこと

の3点になる。とりわけ「3」の理由が大きかったことは、この審議会において、内田祥三が「現在の法隆寺は美しいこの様に世界に知られたものを変えるのにはよくせきの事がなければならぬ」という理由を殊更にあげて復原案に反対していたことや、また当時の新聞に「塔は現在のまゝで美しいので変更しても美しさが保てるかど

うか」が疑問視されたためこの案が否決されたということが報じられていることからうかがえる。[79]この議論に参加していた岸田日出刀は次のように、この決定に対して煮え切らない自らの心情を吐露している。

「百パーセント正しい建築復原などは到底できるものではない。一パーセントでもちがつてゐたら、それは正しい復原とはいへないだらう。この論法に拠ると、前に記したやうな五重塔のいろんな部分の復原的改変もみんないけないといふことになるが、それは事物の軽重によることで、五重の屋根勾配を変へるのはいけない、勾欄の出はちぢめてもいいといふわたくしの考へに、わたくし自身はあまり憧着を感じてはゐない。（中略）現状変更論者の論旨をきけば、またなるほどと肯けもする。だが旧のままの急勾配の五重の屋根をもつ新しい法隆寺五重塔を仰いで、緩やかにすればもつと美しくなつただらうなあなどとは、わたくしは決して思はないだらう。」

（岸田日出刀「再建法隆寺の塔」『芸術新潮』昭和二七年八月号、四八頁）

およそ論理的とは言えない見解であり、理性と感情の裂け目の中に「保存」の本質があったことを端的に示す貴重な証言でもある。岸田はここで自らの感情を独り言のように話しているに過ぎず、こうした曖昧な感情こそが、この修理の最終局面において決定的に作用していたのである。この修理の方針の一貫性の無さが、後年糾弾されたとしても怪しむに足りない。

ちなみに、前掲「1」の理由については補足説明が必要であろう。議事録には「野隅木」の新発見により屋根勾配が大岡・浅野案よりも強いことがわかったとされているが、浅野らの在任中にこの「野隅木」の存在が知られていなかったとは思われない。そもそも創建の時点では野隅木はなかったはずなので、この「野隅木」とは、おそらく修理工事報告書に記されている「旧慶長野隅木」(80)＝慶長修理直後の野隅木のことであろう。つまり、審議会のこの段で議論されているのは創建時の屋根勾配ではなく、慶長修理後の屋根勾配であったと思われる。図9は報告書に掲載された五層目屋根構造の慶長修理直後における復原図であるが、この図に示されているように、土居に転用された慶長時の野隅木、および旧覆鉢を取り付けたと見られる心柱の痕跡から、慶長時の屋根勾配が四寸五分で、元禄修理により現在の六寸二分五厘に強められたということが明らかにされている。しかし、報告書には創建時の屋根の構造についてはほとんど何も書かれておらず、その勾配に関する工事事務所の見解についても判然としない。

　この点に関して浅野は当時、法隆寺五重塔の五層目屋根構造について次のように記している。

「然らば五層でも元々直接棰の上に瓦が葺かれてゐたかと云ふに、四層以下は勾欄を復原すると棰の上に直

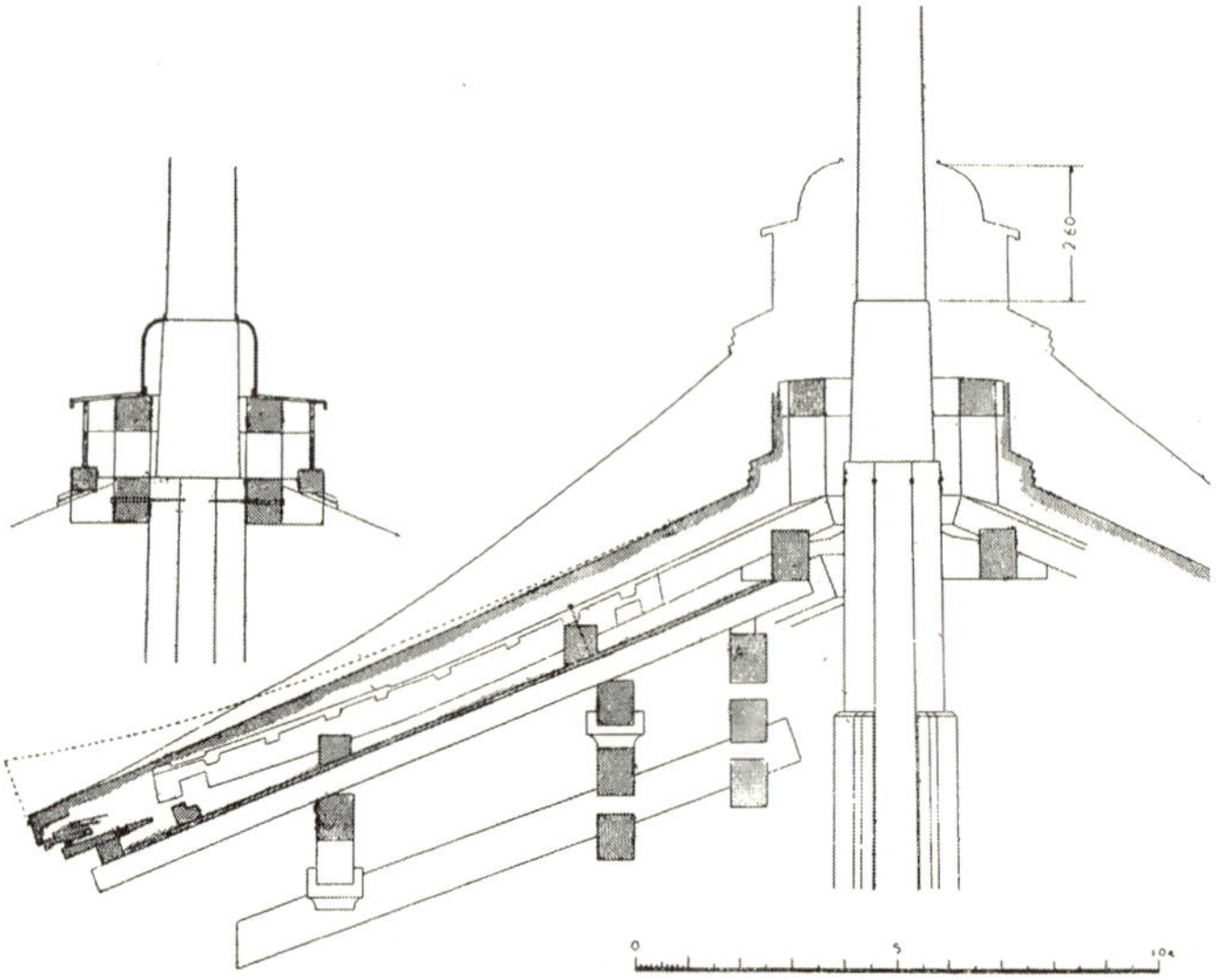

図9　法隆寺五重塔　五層目屋根構造復原図（慶長修理後）

接瓦を葺き得るのであるが、五層のみは 檫《しんばしら》 の現状と照合すると、そうはならないのである。檫の上部相輪の嵌る部分では八角のものが丸く仕上げられてをり、八角の終る所から下に露盤を受ける枠を釘づけしたと見られる取付型と釘穴等があり、その角から丸に移る境目が露盤の下に当るものと考へられる。然るにそこに露盤をおいてみると棰との間に一尺四五寸の開きを生ずるのである。尤もこの檫は下方の地中に埋つてゐた部分が腐つたのであるから、その際石を挿入してこれを受けたり、枠を組んで檫の荷を建物にかけたりしてゐて、若干の移動があつた虞もないではないが、何れの点から考へても、これが一尺以上も上へ押し上げられる筈はないから、この開きの全部が後の修理のために生じたものとはなし難い。そうすれば始めからのものと見なければならないが、これは恐らく塔の垂下が檫の沈下より遙かに大きかつたことに基くものと思はれる。何しろ横材を幾重にも組んで重ねるのであるから、そのための圧縮、部材の乾燥による収縮等を考へるとこれ位の垂下はむしろ当然で、そうした偶発事のため、実際は最上層では棰と露盤の間が隙くこと〻なり、棰上更に棰を重ね、ためにその勾配が多少強くなつたものと考へられるのである。」

（浅野清「法起寺および法輪寺三重塔に関する復原考」『建築史論叢』村田治郎編、一九四七、一〇－一一頁）

つまり、浅野のこの見解によれば、創建時の屋根は垂木・野地板の上に直接瓦を葺くというものであり、垂木を二重に重ねたのは、創建後しばらく経って軸部の材の圧縮・収縮などによって心柱と垂木の接続部に段差が生じたためである。この記述は昭和二一年七月一二日に校了したと文末に記されている。また、昭和一八年の論考の中でも、奈良時代にはまだ野屋根はなく「元は最上層と雖も化粧棰の上へ屋根を葺いたものと考えられる」(81)と述べられているし、昭和二八年の『法隆寺建築綜観』（便利堂）の中でも、五重塔五層屋根構造に関して「恐らく桔木や母屋、野垂木の如きものからなる所謂野屋根も存在しなかつたものと思われる」（一〇九頁）と述べられているから、浅野はこの修理の在任中から一貫して五重塔の創建時に野屋根はなかったものと見ていた。上記の議論のなかで言及されている浅野らの「前案」というものの詳細が不明であるから、あくまでも推測にすぎないが、この「前案」が野隅木のある慶長修理後の屋根勾配よりも緩いものだったとされていることを勘案すれば、浅野らは垂木・野地板上に直接瓦を葺いた創建時点の屋根勾配を「復原」しようとしていたのかもしれない。

図10　法隆寺金堂鴟尾復原資料

◉　金堂鴟尾の問題

次に、金堂大棟の鴟尾の復原問題に際しても、右にみた五重塔五層屋根勾配の問題ときわめて近い議論があった。すなわち、建物の外観意匠を決定付けるほどよく目立つ大棟の鴟尾を「復原」できなかったことの背後にも、修理前の外観イメージを保持しようとする当事者の思惑があったと思われるのである。

当時の文献によれば、法隆寺国宝保存委員会では藤島亥治郎と村田治郎が鴟尾を載せることに賛成していたのに対し、藤田亮策と上野直昭がこれに強く反対していた。修理工事報告書によれば、藤田と上野がそれに反対していた理由は「建立当時は恐らく鴟尾であったであろう。そうして鴟尾をあげれば形が整い、立派に見えること

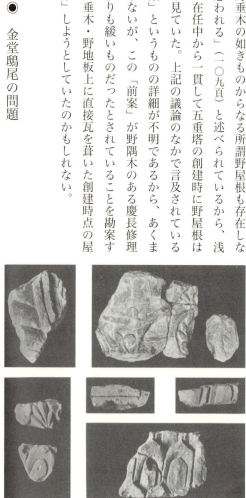

であろう。併し、今の建築に現実に鴟尾がのっていた証拠が何一つ発見されていない。鴟尾を止めた釘痕が棟木に遺っているとか、圧痕が認められるとかいうのであればよいが、そうしたものが一切ないのに、鬼瓦を鴟尾に代えるような重大な変更は、修理の段階に於てはなすべきではない」（一一二頁）というもので、要するに彼らは確定的な復原資料がないことから、復原案に納得し切れなかったわけである（図10）。確かに、試作した鴟尾について村田治郎は後年次のように回顧している。

「かつて法隆寺金堂にあげる鴟尾を試作するために、玉虫厨子の鴟尾の輪郭をまねたものを造り、金堂の大棟くらいの高さに置いて見たことがあるが、どうも頂上の部分の内がわ曲線が、横になりすぎて垂れ下ったようで弱くみえる、ここは四天王寺の古式鴟尾を参考にして、頂上を少し立てるべきだと、関係者一同が言ったことを記憶する。その結果できたのが法隆寺の収蔵庫に納めてある瓦製鴟尾であるが、これは形の美しさを中心にしたもので、金堂の年代に合うか否かの様式的な検討までした結果の作とは言えなかった。」

図11　金堂鴟尾試作（西院鐘楼に設置）

図12　鴟尾文様復原案（小場恒吉）

（村田治郎「玉虫厨子続考」『仏教芸術』昭和四三年四月号、一四頁）

この記述は、おそらく昭和二九年一月二七日、試作した鴟尾を西院鐘楼に仮に取り付けて形を検討した時のことを述べたものである[82]（図11）。こうした記述をみると、この試作鴟尾の全体形態は、学術的な客観性の高い復元案であったというよりも、むしろ「かたちの美しさ」を重視してつくられたものであったことがわかる（ちなみにここで参照したとされる玉虫厨子の鴟尾は、当初のものを踏襲したものといわれるが大正二年に新造されたものであった[83]）。この復元作業の完了後、昭和二九年五・六月には金堂附近から鴟尾断片が出土して精度が幾分上がったとはいえ、それでもやはり資料が断片的であることには変わりなく（図10）、事実、出土したものからは全体の形や大きさを決定するには至らなかったと修理工事報告書にも記されている。

また、鴟尾の表面の突帯や文様についても、出土資料はやはり断片的なものに過ぎなかったから同様のことが言える。のちに奈良国立文化財研究所による一九八〇年の調査[84]によって、試作鴟尾の下部にある六花弁を等間隔に配した横帯と忍冬唐草文は、横帯ではなく二条の縦帯で、そのため唐草文の配置も異なるものであったことが指摘された[85]。とはいえ、昭和修理の報告書の中で、この唐草文様について「多くの資料中、法隆寺出土のものに見られる文様の性質や技法の優秀さは、殆ど他に類を絶する」（四二八頁）と記されているように、修理関係者は、この唐草文が全国で出土した他の鴟尾資料と比較しても格別に高い美的価値を持つものと考えていたのである。そのため、文様学の権威であり図案家でもあった小場恒吉に復元図案の作成を依頼し、小場が推敲した図案をもとにそれを復元している（図12）。金堂試作鴟尾は、今となっては確かに学術的客観性が十分ではないものとなったが、他方では昭和修理の関係者による価値判断と多くの調査検討を重ねた創造物であったという点で、近・

代の建築史的ないし美術史的な価値が付与されているとも思われる。

昭和修理でこの復元鴟尾を実際に大棟に載せるかどうかという委員会の判断をめぐっては、当時の記録をみる限り、右にみた資料不足の問題よりも、むしろ鴟尾を上げることによる外観上の変化の有無が議論の的になっていた。つまり、鴟尾を載せる案に反対していた藤田や上野の見解は、たとえ資料が十分であるとしても、鴟尾の大棟飾りを「復原」すべきではないというもので、彼らはそこで「復原」行為それ自体の是非を問うていたのである。たとえば、藤田は以下のように述べている（以下の記述は、同委員会の席上で委員長・有光次郎が速記したものである）。

「『シビ』ハ金堂ノ事ナレバアツタト思フガ、何時迄アツタカハ不明ニシテ『シビ』ガノツテイタトスレバ、棟ノ形等ハソレデヨイガ、ソウマデシテ外観ヲカヘル事ヲヤル必要アリヤ、ナルベク昔ノ形ニシテオイテヨイデハナイカ、『モコシ』ヲトルカ否カト同様ニ大問題ナリ。『シビ』ガ乗ツテヰタ形デ指定シタワケデモナイ、ソウスル事ニヨリ価値ガエラク下ルノナラ別ダガ、瓦ハカワツテヰルカラ、大シタ問題デハナイ、シビガ不可トイフニアラズ、ソノ必要ガワカラヌ、『シビ』ヲアゲテナクテモ修理デキヨウ」

（『委員会関係資料　昭和二八年九月一六日』・有光次郎文書856）

一方、上野も、上記藤田と同様、委員会内で「『シビ』ハ外形ニ関スル事大ナリ」としつつ「大担ナ事ハシタクナイ、鬼ガノツテイタカラ鬼ニシタイ」のように述べている[86]。鴟尾問題の経緯は前節で述べたのでここで繰り返さないが、結局委員長有光の裁決によって鴟尾の復原が見送られ、最終的に「古式鬼瓦」が金堂大棟に載せられることになった。委員会でこの「復原」に反対していた両氏の見解を見ると、こうした顛末に至った背景に、鴟尾を載せることで金堂の外観が大きく変わってしまうことに対する関係者の大きな危惧の念があったということがよくわかる。

＊

これまで述べてきたように、この修理が実施される過程においては壁画、構造、建物外観に関するさまざまな問題点が提起されていた。その結果、大岡、浅野らの立てた復原方針は彼らの辞任後に修正することを余儀なくされ、結局、大岡らの理想像は完全なかたちでは実現されなかった。それは一面においては、改組後の法隆寺国宝保存委員会が大岡らのような強い保存理念を持たなかったことにも起因するものと思われるが、それよりも重要なことは、その議論の過程において、金堂壁画の美術的価値とか、〈技術のオーセンティシティ〉とか、修理前の外観イメージといった、創建当初の建築意匠＝〈建築様式〉の典型性とともに「保存」し得ないさまざまなものを残すことが要請されていたということである。むろんそうした要請は、大岡らの在任中からこの修理に潜していたはずであり、彼らの辞任後に実際的な組立工事が開始された関係上、着工後に次々と明るみに出されたにすぎない。本来的に両立しえない複数のものの「保存」が求められるというこの状況は、法隆寺に限らず、保存修理に常に見られるものであり、そもそも創建当初の意匠を完全に「保存」し得たといえる修理など、近代を通じて一つとして存在しなかったとも言える。法隆寺金堂と五重塔の修理は、建物の特殊性から保存修理が本来的にもつ矛盾点や問題点が一般の修理よりも明瞭に示されることになったのであり、修理後によく批判されることになった金堂大棟の鬼瓦とか龍の彫刻が巻き付いた支柱（口絵4）には、その矛盾が拭いがたく刻印されているのである。

第五節　小結

本章では、法隆寺金堂・五重塔昭和修理の方針策定の過程を検討し、昭和二四年までこの修理の指揮官であった大岡實、浅野清による基本構想、およびそれが立脚する保存理念に関して以下のことを明らかにした。

この修理工事の基本構想は、法隆寺金堂に火災のあった昭和二四年一月二六日以前、すでに昭和二三年頃に法隆寺国宝保存工事事務所長・大岡實、監督技師・浅野清らによって樹立されていた。同年には解体に伴う復原調査をほぼ完了し、事実上この修理工事が開始されていたということが当時の諸種の文献から知られる。金堂壁画の保存の難しさから全解体で行う修理方法に対しては当時広く各分野から批判が出されていたが、大岡、浅野らは、近代の修理は全解体を行いつつ、創建当初の建築意匠を再現するものであるという考え方にもとづき、慶長時代の大修理など後世修理による改変部を（解体に伴う調査をもとに）できる限り創建時の形に戻すという基本方針を立てていた。その方針は、当初の建築意匠＝〈建築様式〉の典型性＝建築美が慶長修理によって「破壊」されたという彼らの解釈に立脚するものであり、具体的にはすべての軒下支柱を撤去し、五重塔五層目の屋根勾配を復原し、金堂大棟に鴟尾を載せようとするものであった。また、彼らは軒反りを意匠上の重要な要素と捉えつつ、慶長修理によってこれらの建物の軒反りも乱されたものと解釈し、創建時の曲線を再現しようとしていた。それは、まさしく昭和前半期の復元主義にもとづく修理方針であったと言える。

しかし、彼らが工事を離れた昭和二四年以降、法隆寺国宝保存委員会においては、当初の建築美を再現しようとする復元主義の保存理念が後退し、創建当初というよりも「慶長修理前の姿に復原」するという復原方針が改めて立てられた。当初の建築と慶長修理に対する大岡らの上述のような解釈、および裳階が工事の初期段階で残すことに決まっていたらしいことから、この修正は「現状変更」方針に大きな影響を及ぼすものではなかったと言えるものの、保存理念のこうした後退は、工事の実施過程における現状変更案の紆余曲折とも無関係ではなかったと考えられる。また、昭和二四年一〇月に発足した法隆寺国宝保存委員会では、工事事務所長の役割が機構上制限されていたとはいえ、保存行為の主体というべき工事事務所の所長竹島卓一が「復原」に対して批判的であったこととも、それは無関係ではないと思われる。

昭和二四年以降、大岡と浅野の基本構想におおよそ沿うかたちで作成された修理原案の実施過程において、これらの建物の特殊事情により様々な問題が提起された結果、その部分的な変更を余儀なくされていった。その部分的な変更には、前述の保存理念の後退が眼に見えないかたちで影響を及ぼしていたと考えられるのである。まず第一に、金堂内部に美術史的価値の高い壁画があったという問題があり、この修理で結局壁画が金堂内部に戻されなかったのは大岡らの基本方針がその後の議論によって変更されたというよりも、むしろ火災による必然的な帰結であったと言うこともできるが、全解体修理＝復原修理という大岡、浅野らの「修理」観によれば、壁画の保存は――解体は不可避的に顔料を剥落させるので――創建当初の意匠の再現とは本来的には相容れないものであった。第二に、創建時の建物には構造的欠陥があると見なされていたことがあり、これらの建物に後世付加されたすべての支柱を撤去・復原しようとすると、元来の構造的問題が露呈してしまうから、そのかわり何らかの補強手段を講じなければならないが、昭和二四年に提示された坂静雄による鉄骨補強案では創建時の構造システム（荷重の伝達経路）が改変されることになるため採用されず、それを保持できる棚橋諒の補強案が坂案にかわって採用されることになった。しかし、その方法では金堂上層隅尾垂木下支柱を結局撤去することができなかった。それにもかかわらずこの補強案を採用したことには、〈技術のオーセンティシティ〉を創建時の姿よりも重視するという修理当事者の考え方が反映されていた。第三に、建物の外観が国民によく知られていたことがあり、有名な建物の外観のイメージはこの修理工事を根底において制約していたと考えられる。たとえば五重塔五層屋根勾配と金堂大棟の鴟尾はどちらも建物の外観上重要な部分であったが、修理実施の過程でそれらの復原が急遽見合わされることになった背後には、それらの復原を行うことで建物外観が大きく変わってしまうことに対する修理関係者の危惧の念があった。

右に述べたように、この修理が実施される過程において大岡、浅野らの立てた基本構想は修正に修正を重ねられ、結局大岡らが抱いていたこの修理の理想像は完全なかたちでは実現されなかった。なぜなら、その過程において、当初の建築意匠とともに「保存」し得ない多くのものを残すことが要請されていたからである。こうした状況は保存修理に常に見られるものであり、特殊事情から様々な問題が提起されたこの修理には、通常よりもそのことが明瞭に示されているに過ぎない。とりわけ後に批判されることが多い金堂大棟の鬼瓦とか龍の彫刻が巻き付いた支柱には、「保存」行為に本質的に含まれる矛盾が眼に見えるかたちで顕在化しているのである。

註

1 『国宝法隆寺金堂修理工事報告』法隆寺国宝保存委員会、一九六二

2 たとえば金堂の軒下支柱が存置された理由には諸説あり、修理工事報告書（六八頁）には構造上の理由からやむを得ず残したとあるし、支柱が「元禄修理の事跡を物語る」ために残したという記述もある（服部文雄「建造物の保存と修理」『仏教芸術』一九八一年一一月号、九二頁）。修理工事報告書には一応この修理の基本方針が記されているが、必ずしも明確なものではなく、それは「在来の形式を踏襲するのを原則としたが、創立後修理を受けて形式の変更が行われていた個所も多く、それらの内、姑息な変更で旧状の判明した部分については、夫々手続を経て若干の変更を行った」（三七頁）という歯切れの悪いものであった。そこには「旧状」がどの時代の状態を指すのかが明確にされていないし、「姑息な変更」がどういうものを指すのかも明示されていない。五重塔の修理工事報告書（七頁）記載の復原方針も大同小異である。

3 滝沢真弓「明日香乙女に高島田」『建築史研究』昭和二九年一二月号、一六-一九頁

4 「法隆寺国宝保存委員会規定」（昭和二四年九月三〇日決定）第二十条には「所長は、委員会に対し、工事の方針、現状変更その他工事の実施に必要な事項について意見を述べることができる」と、所長は修理方針の策定に関して委員会に上申できるのみであることが明記されている（東京都公文書館蔵内田祥三資料、U709・2-ほ-4319）。工事事務所長の竹島卓一自身も「所長は修理上の方針の決定には何らの権限を与えられていない」と述べている（「文化財技術者の集い 文化財の修理と復原の問題 文化財保存技術者の身分について語る」『古建築』昭和二九年八月号、四頁）。

5 『国宝法隆寺五重塔修理工事報告』法隆寺国宝保存委員会、一九五五

6 「座談会・法隆寺」『建築雑誌』昭和三〇年四月号、四〇頁

7 浅野清「大岡さんと私」『建築史学』一九八八年三月号、一三八頁

8 『法隆寺国宝保存協議会会議録』川崎市立日本民家園蔵大岡實博士文庫資料（大岡資料）6-11-34-50

9　浅野清「法隆寺の金堂と塔」『史林』昭和二二年一二月号、一〇頁

10　浅野清『法隆寺建築綜観――昭和修理を通じて見た法隆寺建築の研究――』便利堂、一九五三、一一九-一二〇頁

11　西岡常一・中村昌生「飛鳥に生きる」『聞き書・日本建築の手わざ第一巻堂宮の職人』平凡社、一九八五、八四-八五頁

12　ちなみに、後年の大岡の著作『日本の建築』(中央公論美術出版、一九六七、一八頁)掲載の法隆寺金堂復原図でも錣葺きの屋根になっている。急勾配の切妻と緩勾配の寄棟を組み合わせた錣葺きは、造形的な「屹立性」、つまり「そそり立つ」感じがよいとして大岡が好んだ屋根の形式であり、彼の設計した建築作品にはその好みがよく現れている。拙著『建築史家・大岡實の建築――鉄筋コンクリート造による伝統表現の試み』(二〇一三、川崎市立日本民家園)を参照されたい。

13　『法隆寺保存工事関係書類』大岡資料6-11-31-15

14　『昭和国勢総覧(下)』(東洋経済新報社、一九八〇、二〇三頁)によれば、昭和二三年三月から一二月にかけての物価指数は八六・六八から一八七・二(昭和九～一一年を1とする値)に変化している。

15　「最終講義『日本古建築の特質と私の半生』」(『大岡實先生著述作品目録』大岡實先生定年退官記念事業会、昭和四一年、三二-三四頁)、浅野清『古寺解体』(学生社、一九六九、一五五頁)。この一件は文部次官・山崎匡輔の指示によるものと述べられているから、これが山崎の在職期間の昭和二一年一月から二二年二月の間の出来事であったことがわかる。

16　『国宝並ニ重要美術品(建造物)応急修理五カ年計画 昭和二十二年度予算並年度割表』大岡資料6-11-21-31

17　『法隆寺壁画保存方法調査報告』文部省、一九二〇

18　『昭和九年度概算書(法隆寺保存ニ要スル経費)』大岡資料6-11-34-3

19　大岡實・江本義理「柴田雄次先生をしのんで」『古文化財の科学』昭和五五年一二月号、一一一-一一二頁

20　『法隆寺壁画保存調査会総会速記録』(法隆寺国宝保存事業部、内田祥三資料、U709・2-ほ-721)、『昭和一四年六月法

隆寺壁画保存調査会・資料』大阪市立中央図書館蔵江崎政忠資料

21 『東大寺南大門史及昭和修理要録』東大寺南大門修理工事事務所、一九三〇

22 西澤英和「構造学者の散歩道　建築養生訓　第六話　知られざる国宝法隆寺の耐震実験」『建築ジャーナル』二〇〇七年一月号、六三頁

23 坂静雄「金堂構造の安定度判定に関する研究（第十報）」大岡實博士文庫蔵書S 524－コ－10

同研究の第一報から第一〇報までの表題と作成年月は次の通りである。

第一報　斗の圧縮試験（昭和一六年三月）

第二報　新古檜材の強度試験（昭和一六年三月）

第三報　社寺骨組の力学的研究（第一部 柱の安定復原力）（昭和一七年三月）

第四報　社寺骨組の力学的研究（第二部 貫の耐力）（昭和一七年三月）

第五報　新古檜材の葡匐に関する第一次試験（昭和一七年三月）

第六報　壁土強度試験第一部（昭和一八年三月）

第七報　社寺骨組の力学的研究 第三部 真壁水平抗力試験報告（昭和一九年二月）

第八報　社寺骨組の力学的研究 第四部 法隆寺金堂内陣架構1／2模型の引倒し抗力及復原力（昭和一九年四月）

第九報　社寺骨組の力学的研究　第二部　柱傾斜に対する胴貫抵抗の新算定式（昭和一九年一一月）

第一〇報　社寺骨組の力学的研究 第五部（暫定的綜合報告）法隆寺金堂の耐震耐風性に就て（昭和一九年一一月）

24 「科学の力で動く法隆寺壁画」『朝日新聞（全国版）』（昭和二二年一〇月一四日）に五重塔壁画移動中の写真が掲載されている。火災直後に開催された協議会の報告記事によれば、五重塔壁画の移動は「丈夫なセロファンで両面をはさみ、押え板で締めつけたまゝ抜取り、レールにのせて運ぶ方法」であった（「法隆寺金堂および壁画緊急対策協議会の記録」『佛教藝術』昭和二四年三月号、一二六頁）。

25 「壁画保存調査会　昭和二十三年十月十三日」『法隆寺金堂壁画保存調査会会議録』大岡資料6-11-32-31

26 『大和タイムス』（昭和二三年一〇月二〇日二面）。また、山崎一雄「［資料］法隆寺金堂壁画調査の回顧（続）」（『古文化財の科学』一九八六年一二月号、五八-六一頁）掲載の大岡への書簡からもこのことがうかがえる。

27 『大和タイムス』昭和二四年一月二二日二面

28 金堂修理工事報告書には「このような（解体修理か否かという：引用者註）難問題は、焼けたということによって一掃されて了った」（一七頁）と、あたかも火災直後に解体修理方針が決定したかのように書かれているが、これは火災直後（昭和二四年二月五日・六日）の法隆寺国宝保存協議会の議事録に、金堂の全解体を行うこと、解体に際して焼損材を樹脂で硬化することが明記されていることによるものと思われる（執筆者竹島卓一自身は火災の時点では修理関係者ではなかったので報告書のこの部分は議事録をもとに執筆したのであろう）。前後の状況を考えると、これらの決定事項は、この時点で既決定であったものを火災後に改めて確認したものにすぎなかったと見られる。同じ議事録によれば、壁画硬化にアクリル樹脂を用いることの決定は「保留」とされているが、これは、それまで焼損材に使用する前提ではなかったため当然であろう（国立国会図書館憲政資料室蔵ＧＨＱ／ＳＣＡＰ文書ＣＩＥ（Ｃ）-６６１７３）。

29 拙稿「法隆寺金堂壁画保存事業における『防災』の理念と手法」（『歴史都市防災論文集』二〇一七、一七-二四頁）を参照されたい。

30 青戸精一『随筆保存』昭和図書、一九四二、一九一頁

31 『法隆寺壁画保存調査会総会速記録』前掲、二七-二八頁

32 なお、本文に掲げた記述は佐伯定胤の発言の要旨であるが、『佛教藝術』（昭和二四年三月号、一一六頁）に佐伯のより生の発言が記録されている。

33 この問題は「公開は信仰乱す　佐伯貫主と一問一答　法隆寺秘宝問題」『朝日新聞（全国版）』（昭和二四年九月一九

日）などの同年九月の全国紙で大きく取り上げられた。秘宝調査の経緯については『法隆寺五重塔秘宝の調査』（法隆寺、一九五四）に詳しい。

34 太田信隆『まほろばの僧　法隆寺・佐伯定胤』（春秋社、一九七六、一五一―一八七頁）、上野直昭「法隆寺を想ふ（追想と空想）」（『大和の古文化』近畿日本鉄道株式会社、一九六〇、一―三四頁）。

35 『奈良六大寺大観 法隆寺一』岩波書店、一九七二、二三頁、三一頁、（鈴木嘉吉執筆）

36 村田治郎「支那建築史より見たる法隆寺系建築様式の年代」『寶雲』昭和一一年四月号、三〇頁

37 浅野清「法隆寺の金堂と塔」前掲、三頁

38 大岡實「法隆寺金堂・塔修理の実情」『科学世界』昭和二三年四月号、一二―一三頁

39 浅野清『法隆寺』前掲、四〇―四二頁

40 一方、金堂に関しては、その修理原案がうかがえるような記述は見いだせなかったが、いまだ壁画模写中であったという工事進捗状況を考えれば、おそらくこの時点では具体的な修理原案を作成するに至ってなかったものと思われる。しかし、金堂と五重塔が同一の建築様式で、同じような修理履歴をもつ以上、金堂修理でも五重塔修理の方針に準ずる「復原」方針がとられることになっていたことは想像に難くない。当時協議会委員であり、戦前にはこの修理の工事事務所長でもあった岸熊吉は、昭和二四年三月に「後世改変を加えられた部分で、今回の根本修理に依り資料の明らかなものは裳階を除きすべて復原されるはずであるから、完成の暁はさらに飛鳥式特色を発揮されるであろう。主に慶長、元禄両度の大修理の際施された補強工作、すなわち一重を補加した隅の尾棰、上層の支柱（龍の彫刻も）裳階の隅屋根の獅子等、また理由の明らかでない屋根妻飾の手法や瓦当文様や棟の鴟尾、鬼瓦等すべて復原されることになつている」と述べている（岸熊吉「法隆寺の建築」『図説法隆寺』昭和二四年三月、朝日新聞社、二八頁）。

41 「法隆寺現状変更要旨」法隆寺蔵資料Cオ-6-1-14

42 岸田日出刀「意匠上より見たる法隆寺伽藍建築」『夢殿』昭和一〇年一一月号、一三頁

43　五重塔については裳階繋虹梁の側柱への胴付部に丹塗の痕跡がなかったことが知られており、修理工事報告書では、これに関して裳階は「恐らくは当初からその計画があつた」という見解が示されている（一八一頁）。一方、金堂の裳階について浅野は、昭和二三年、裳階繋虹梁と側柱との取付部の仕口の仕事が粗いことから、後に補加されたものであると指摘している（「法隆寺の金堂と塔」前掲、九頁）。一般に五重塔の裳階は主屋の建設時に付加されたもので、金堂の裳階は建設後まもなく付加されたものと考えられている。

44　浅野清「法隆寺金堂並に塔の復原」（『建築雑誌』昭和二四年九月号、六頁）、浅野清『法隆寺』（弘文堂、一九四八、二八頁）。

45　浅野清「法隆寺に於ける復原修理の実例」『建築史研究』昭和二九年一二月号、四頁

46　「法隆寺五重塔（特に軒先）調査に関する報告　昭和廿六年五月廿九日」法隆寺五重塔工事々務所、内田祥三資料U709・2-ほ-4319

47　浅野清「法隆寺の金堂と塔」前掲、一〇-一一頁

48　『国宝法隆寺五重塔修理工事報告』前掲、一三二-一四九頁

49　規矩の復原考察の修正は、おそらく浅野・大岡の辞任後の技術的調査により隅木の上げ越しの技法が発見されたことによるものと考えられる。創建時の組み立ての際に隅木の尻を正常の位置よりも下げ、先端を上げ越して施工するというこの技法は、軒先の垂下を予防するためのものと考察されているが（『国宝法隆寺五重塔修理工事報告』一四八頁）、この技法により修理前の茅負は通常よりも大きく反り上げて納められていたとされている（『国宝法隆寺金堂修理工事報告』三七四頁）。浅野らの在任中にこの技法の存在可能性を検討していたかどうかはわからないが、もし検討していなかったとすれば、両者の解釈の相違は説明が付く。なお、昭和二五年五月の国宝保存委員会では、浅野案が「真反りである」点についてその後の復原考察で修正されたことに関して協議されている（「法隆寺国宝保存委員会要点手記録　法隆寺国宝保存工事々務所」法隆寺蔵資料Cオ-6-1-13）

50　「文化財専門審議会第十三回第二分科会審議報告」『文化財専門審議会第二分科会資料 第一三回』大岡資料6-12-11-13

51　西岡常一・中村昌生「飛鳥に生きる」前掲、八四頁

52　「文化財保護委員会専門審議会第二分科会（法隆寺金堂）現状変更審議速記録」法隆寺蔵資料Oタ-1

53　古西生「現状変更と様式の復原　附法隆寺金堂大棟飾りの問題」（『古建築』昭和二九年五月号、二九-三五頁）、古西生「法隆寺金堂大棟飾りの問題 その落着」（『古建築』昭和二九年八月号、三七-四二頁）。

54　『国宝法隆寺金堂修理工事報告』前掲、一二二頁

55　『法隆寺国宝保存委員会　昭和二九年二月一〇日』有光次郎文書864

56　「法隆寺国宝保存委員会」『法隆寺国宝保存委員会資料（1）昭和二六年八月』有光次郎文書833

57　『文化財審議会第二分科会資料　第五回』大岡資料6-12-11-5

58　竹島卓一『建築技法から見た法隆寺金堂の諸問題』中央公論美術出版、一九七五、一三頁

59　拙稿「法隆寺壁画収蔵庫の設計経緯と建築的特徴」（『日本建築学会近畿支部研究報告集　計画系』二〇一八年六月、五四五-五四八頁）を参照されたい。

60　竹島卓一『建築技法から見た法隆寺金堂の諸問題』前掲、四二〇-四二六頁

61　「昭和二十四年二月五日六日　法隆寺国宝保存協議会議事要領」GHQ／SCAP文書、CIE（C）-06173

62　当時の報告記事によれば、「結局（壁画を：引用者注）元へ戻すことを前提として、それにはスサの痛んだ壁から表層の画面を剥ぎ取つて新たに作つた丈夫な心壁に張りつけるという大岡所長の方針が支持された」と記されている（「法隆寺金堂および壁画緊急対策協議会の記録」『佛教藝術』昭和二四年三月号、一二六頁）。

63　『国宝法隆寺金堂修理工事報告』（前掲、一七頁）。昭和四三年、これに近い方法で金堂壁画が再現された際、竹島卓一は、壁画パネルの額縁により壁体取付部の柱エンタシスの曲線が変化してしまうことなどによって「空間に致命的な

変更」が加えられたと批判していた（「法隆寺金堂の喪失」『芸術新潮』昭和四四年一月号、八三-八六頁）。

64　『国宝法隆寺五重塔修理工事報告』前掲、三九-四一頁

65　たとえば「塔組物尾垂木、肘木を鉄骨で補強することについては、初層のみは鉄骨を使用せず裳階、支柱によつて補強し、二層以上に坂博士案の鉄骨、プレートを使用するという関野博士の折衷案に一同賛成」（『大和タイムス』昭和二四年八月二四日二面）とか、「坂氏案鋼材使用は二層以上に応用する。初層は裳階を利用する支柱によつて補強を計る」（「五重塔問題を中心に　今後の対策を協議」『国立博物館ニュース』昭和二四年一〇月号、四頁）といった記述がそれである。

なお、奈良県庁蔵の文書「法隆寺五重塔現状変更願」（『昭和二十四年度　法隆寺修理一件　文化財保存課』所収）には「昭和二十四年九月二十日」と日付があり、そこには「現本塔の補強は尾垂木、肘木雲肘木等簡単な部材の構成で深い軒の全荷重を支へてゐるが部材の断面に比し荷重が大き過ぎるので尾垂木力肘木雲肘木共其の先端が甚しく垂下変形し中には折損したものもある。之等の変形破損を防ぎ軒の荷重を完全に支持する為に二層三層は力肘木並に隅尾垂木部に四層は全尾垂木部に夫々鉄骨を挿入して補強せんとするのである」と、四層目にも鉄骨補強を施すということが記されている。ただし、この文書は正式な書式に則ったものではなく、こうした現状変更の行政的手続きが実際に取られたとは思われない。この文書を見ても、やはり五層目の補強方法は不明である。

66　『大和タイムス』昭和二四年五月二一日二面

67　村田治郎「鴟尾説の論理」『建築史研究』昭和二九年一二月号、一四頁

68　藤島亥治郎「古建築の修理について」『建築史研究』昭和二九年一二月号、一一頁

69　「法隆寺国宝保存委員会」法隆寺蔵資料Cオ-4-2-1-18

70　西澤英和・金多潔「層塔の構造形式に関する力学的な考察――鉄骨による構造補強を巡って――」『建築史学』一九八九年九月号、五一-七五頁

71　棚橋諒・高原道夫「法隆寺五重塔及び金堂の構造補強」『建築雑誌』昭和三〇年四月号、一二頁
72　西岡常一・青山茂『斑鳩の匠 宮大工三代』徳間書店、一九七七、八八頁
73　「座談会・法隆寺昭和修理」『建築雑誌』昭和三〇年四月号、四四頁
74　同審議会で支柱の撤去が否決された理由は議事録からは分からない。ただ、修理前の支柱は元禄時のものであるが、支柱そのものは慶長以前には加えられていたとされるので、支柱を残すという意味においては慶長修理直前に戻すという方針と矛盾しないという点を付記しておきたい。
75　「法隆寺国宝保存委員会要点等記録　法隆寺国宝保存工事々務所」法隆寺蔵資料C7-1段-1
76　堀口捨己の保存理念は、法隆寺金堂修理の妻飾りの復原に関する岸田日出刀との間に交わされた次のような堀口の言葉にもよく示されている。「とにかく妻をかえてしまつて、大瓶束か何か使つてあつたでしよう。ああいうものをみなとつちやつて、複原《ママ》的なものをやつた以上、もう元にもどすことはできないよ。しかし大瓶束をつくつたということは、あなたのお説からいうと、そのまま残すということになるけれども、それは冒涜だと思う。そういう修理というものは（中略）飛鳥時代のよさをこわしちゃって……葵の紋をつけた瓦などを使って、大瓶束をつけるということは、飛鳥時代のよさというものが分かっていないから」（「日本建築・座談会」『芸術新潮』昭和二九年六月号、一一八頁）
77　岸田日出刀「再建法隆寺の塔」『芸術新潮』昭和二七年八月号、四八頁
78　修理竣工直後に滝沢真弓らが指摘していたように、この決定には内田祥三ら「審議会の最高権威筋の趣味」が大きく作用していたように思われる。滝沢真弓は「法隆寺復興・外論」（『建築と社会』昭和二七年一〇月号、七頁）のなかで、「『要するに、この新しい塔の様式は、文体でいわば万葉調に候文を交えたというべき形、人ならば明日香乙女に文金の高島田といつた姿、というわけですね』というと、側から洋装女史がコウ然として『高島田なら美しいぢやないの』と抗議を申込んできた。私は、話が少々ヤヤコシくなつたな、と面喰つた。が、実はこうしたヤヤコシさが審

議会の最高権威筋の趣味でもあつた」と述べている。

79　『大和タイムス』昭和二六年九月二三日第二面

80　『国宝法隆寺五重塔修理工事報告』前掲、一五九頁

81　浅野清「奈良時代に於ける屋根構造の復原的研究」『建築学会論文集』昭和一八年五月、九頁

82　古西生「現状変更と様式の復原　附法隆寺金堂大棟飾りの問題」『古建築』昭和二九年五月号、三二頁

83　『奈良六大寺大観　法隆寺五』岩波書店、一九七一、三七頁（林良一執筆）

84　奈良国立文化財研究所『日本古代の鴟尾』（飛鳥資料館図録第七冊）、一九八〇、六八頁

85　大脇潔『日本の美術　鴟尾』至文堂、一九九九年一月、六二-六三頁

86　『委員会資料 昭和二九年二月一〇日』（有光次郎文書864）、『委員会資料　昭和二九年二月二六日』（有光次郎文書865）。

第五章　昭和前半期における建築保存概念の形成過程
――〈建築様式〉の解釈と再現

第一節　近代保存修理史における法隆寺昭和大修理の象徴性

　これまで昭和前半期の中心的な修理事業であった法隆寺昭和大修理に焦点を当てながら、同時代の保存理念を論じてきた。それは法隆寺昭和大修理が同時代を代表する典型的な修理事例であったと言えるからであったが、ここで問題となるのは、この修理事業が当時の保存事業全体のなかでどのように位置づけられるかである。というのも、この事業の修理機構の特殊性とか、事業規模の大きさとか、あるいは建物の外観イメージが国民に共有されうるほどよく知られた建築であったことといった前提条件を考えると、この修理事業を無批判に同時代の一般修理と同列に扱うことはできないからである。そこで以下ではまず、保存行政面における法隆寺昭和大修理の特殊性について検討を加え、この修理が、保存事業そのものが持つ政治性――国家が主体的に自国の歴史的建築を「保存」するということの持つ政治的意味――を象徴的に示すものであったということを指摘したい。それが示唆しているのは、この事業がこの時代のみならず、近代の保存修理史を俯瞰的に考察するうえで、避けては通れない重要な事例の一つであったということである。

◉保存行政面における法隆寺昭和大修理の特殊性と政治的背景

国宝保存法適用下の保存行政における法隆寺昭和大修理の特殊性は、まず第一に、修理の機構がほかの一般の修理とかなり異なっていたということにある。昭和九（一九三四）年に開始されたこの事業は、翌一〇年からの姫路城の大修理に先立ち、国の直轄工事として行われた近代で最初の修理事業であり、とりわけ工事執行機関であった法隆寺国宝保存事業部が文部省の要職にあるものによって組織された点（事業部長には文部次官、理事には保存行政の担当部局である宗教局長と同局会計課長、幹事には同局保存課長をあてた）、および技師を二名も新設して現地の工事事務所の体制を整備した点（元国宝監査官・服部勝吉、元文部技手・大瀧正雄が就任した）において、同じく国の直轄工事であった姫路城の工事組織とは比較にならない扱いで[1]、修理機構の面から文部省がこれを重要な事業と捉えていたことをよく示している。

第二には、当時のほかの修理と比較して事業の規模が大きかったことがあげられる。この事業は、西院伽藍中枢部のみならず東院を含む境内全域の建造物合計一六件二二棟をまとめて修理するもので、着工時の総事業費一八〇万円[2]（事業開始当初は年間事業費一二万円、一五ケ年計画）という大規模なものであった。このため国庫から臨時費（年間七万円）が支出されたが、それで不足する分（四万円）を国宝保存経常費から充当しており、この経常費は国宝保存法の規定によれば二〇万円が上限であったから、寺負担一万円を含めて合計一二万円ということは、全国のほかの修理にあてる全費用（一六万円）にかなり匹敵する額をこの事業だけに見込んでいたことになる。表1

表1　全国の保存事業費に占める法隆寺昭和大修理事業費の割合の年度別推移

年度	全国の保存修理事業費（a）	法隆寺修理事業費（b）	全国における 法隆寺の割合（b/a）
昭和9年	270,398.33円 （災）68,500.000円	110,951.26円	32.7%
昭和10年	259,230.00円 （災）194,800.00円	103,793.10円	22.8%
昭和11年	266,271.66円 （災）203,220.660円	104,418.07円	22.2%
昭和12年	337,645.47円 （災）72,853.000円	185,688.57円	45.2%
昭和13年	290,007.00円	157,558.15円	54.3%
昭和14年	285,172.00円	131,832.30円	46.2%
昭和15年	285,085.00円	139,951.43円	49.0%
昭和16年	282,948.00円	126,116.19円	44.5%
昭和17年	281,012.00円	130,876.74円	46.5%
昭和18年	284,886.00円	129,482.02円	45.4%
昭和19年	288,326.00円	125,000.00円	43.3%
昭和20年	300,510.00円	77,010.00円	25.6%
昭和21年	1,655,000.00円	483,590.00円	29.2%
昭和22年	4,496,000.00円	1,405,000.00円	31.2%
昭和23年	31,150,000.00円	13,577,997.98円	43.5%
昭和24年	92,250,000.00円	26,689,813.71円	28.9%
昭和25年	147,000,000.00円 （災）35,000.00円	32,471,476.45円	22.0%
昭和26年	205,000,000.00円 （災）63,274.00円	43,339,083.40円	21.1%
昭和27年	248,860,000.00円 （災）5,936.00円	52,160,250.00円	20.9%
昭和28年	286,668,000.00円 （災）10,235.00円	45,415,000.00円	15.8%
昭和29年	265,100,000.00円 （災）12,535.00円	43,139,000.00円	16.2%

※昭和24年度までの保存事業費は、宝物を含まない建造物修理事業費のみの決算額（災害復旧費も含む）であり、文化財保護委員会編『文化財保護の歩み』（大蔵省印刷局、1960、p.39）掲載の第三表による。「災害復旧」は「(災)」と表示した。
※昭和25年度以降の保存事業費は、『建造物要覧』（文化庁文化財保護部建造物課、1990、p.14）掲載の表「建造物関係補助金（予算額）年度別推移」のうち「保存修理」および「災害復旧」欄の合計値とした（「防災施設等」を除いた）。「災害復旧」は「(災)」と表示した。
※法隆寺昭和大修理年間事業費は、忍冬会編「法隆寺昭和重修の全貌」（『古建築』昭和29年12月号、p.16）掲載の「重修に要した費用の一覧表」のうち「工事費」と「事務費」の合計額をさし、昭和24年まではこの額から寺院負担額である1万円を差し引いた。

をみると、実際に数字の上で、同時代の修理事業のなかでこの事業がかなり多くを占めていたことがわかる。この表は各年度における全国の修理事業費（経常費と臨時費の合計）と法隆寺の事業費を示したものであるが、昭和九年度から昭和二九年度までの法隆寺の事業費がそこに占める割合を平均すると三三・六％にもなり、同じ期間の修理工事は総数三八九件[3]にも上ることを考えれば、この事業にあてられた費用が相対的にかなり高いものであったことが十分わかるし、またその推移をみても昭和九年度から一二年度までの二〇％以上という数字も十分に高いが、昭和一三年度から一九年度までの戦時下においては押し並べて五〇％近くの高い数字を示している[4]。

この事業に対するこうした特別措置には、当時の政治的状況が色濃く反映されていたと考えられる。この大規模な事業計画が実現する過程では、日本史学者・黒板勝美ら聖徳太子奉賛会のメンバーが当時の保存課長・有光次郎とともに政界に積極的に働きかけていたが（第三章二節）、昭和八年一〇月、文部大臣・鳩山一郎が聖徳太子奉賛会の斡旋で法隆寺を視察した際、この事業計画について「何分国民精神作興の教育が叫ばれてゐるのだから案としても時機を得ている[5]」という見解を示していた。ここで鳩山がいう「国民精神作興の教育」は当時の文部省が重点的に取り組んでいた国家的課題であり、鳩山が同寺を視察した時は、あたかも「国民精神作興ニ関スル詔書」渙発十周年記念の全国的キャンペーンの真最中であった[6]。大正一二（一九二三）年一一月一〇日に発布された「国民精神作興ニ関スル詔書」は教育勅語、戊申詔書とともに明治・大正期の国民教化に関する三大詔勅の一つとされるものであるが[7]、昭和八年という時期のこうしたキャンペーンは、同年三月に国際連盟脱退を表明した日本が孤立化しつつある国際情勢のなか、国内で活発化していた社会主義運動を抑えつつ、天皇制の精神的基盤を強化しようという政策的意図から出たものであったことはいうまでもない。

高木博志は「立憲制成立期の文化財保護」（一九九七）のなかで、古社寺保存法制定の過程で中心的な役割を果たした九鬼隆一の保存思想に焦点を当てながら、日本の国民国家形成期に文化財保存事業が有していた「天皇制の文化的統合機能」について論じている。[8] 法隆寺の保存事業が「国民精神の作興」に寄与するという右にみた鳩山の言葉にも、国民統合機能の一端を担う文化財保存事業の政治性がよくあらわれていると言えよう。ここで一般建築界に目を転ずると、昭和一二年一〇月の鉄鋼工作物築造許可規制（軍需工業用建物のほかは鋼材五〇トンを限度とする規制）、昭和一四年一一月の木造建物建築統制規則（一〇〇㎡以上の住宅の禁止的制限）など、昭和一二年の日中戦争開戦から相次ぐ資材統制があったが、次第に窮迫していく当時の状況下において保存事業も縮小傾向にあったとはいえ、各年度予算が減額されることもなく、戦中・戦後を通じて継続されていたということをここで看過してはならないだろう。[9]

◉ 昭和初期における法隆寺の国家的ないし政治的な重要性

法隆寺の修理に対する諸々の特別措置は、この修理が保存事業の政治的側面――すなわち国家が自国の記念碑《モニュメント》を「保存」することにより国民の愛国心を喚起し、国民の文化的統合を促すという側面――からみて有効であるという認識が、文部当局の中に存在していたことを示していると考えられる。法隆寺の日本史上・建築史上に占める高い価値は今更改めて指摘するまでもないが、それでは、有識者や一般市民ではなく、当時の為政者によって法隆寺の価値はどのように認識されていたのであろうか。次に述べるように、この事業を推し進めた政治家や一部の学者は、法隆寺を日本文化の「象徴」と捉え、同寺と皇室との関わりを強調しつつ、それが「世界的」な価値をもつということを盛んに称揚していたのである。

まず、法隆寺に残された数多くの歴史的建築は、いずれも古代から近世までの各時代の「模範」的な建築様式を示すものと考えられていた。たとえば鳩山一郎は、帝国議会衆議院委員会（昭和九年三月六日）で、この事業への国費支弁について答弁し、「法隆寺ハ我国往古ノ文化ヲ象徴スベキ多数ノ建造物及宝物類ヲ有シテ居リマス」(10)（傍点引用者、以下同じ）と述べているし、この事業計画の推進者であった武田五一や黒板勝美も同様のことを述べていたことは第三章で述べた通りである。

法隆寺金堂・五重塔が「世界最古の木造建築」であるということは現在「定説」となっているが、昭和初期においてこのことが盛んに強調されていたという点は、右記の文脈において注目される。建築界において法隆寺が世界最古の木造建築であると主張する最も早いものは、おそらく明治三八（一九〇五）年の関野貞「法隆寺金堂塔婆及中門非再建論」（『建築雑誌』明治三八年二月号）であろう。そこには、「我国に於て最古の建造物たるのみならず木造建築としては其年代に於て恐らくは世界無比なるべし」とあるが、これは明治三五年の関野の韓国新羅時代の遺跡調査(11)、および同年の伊東忠太の中国華北地方の調査結果を踏まえたうえでの発言で、そこでの「恐らくは」という留保も、これが（持論の非再建論を主張するうえでの）仮説にすぎなかったことを示している。明治・大正期では、管見の限り「世界最古の木造建築」説に言及するものは関野ら一部の学者(12)を除くと殆ど見られず、昭和初期になると一転して新聞・雑誌等にも数多く見られるようになるから(13)、この定説の当否はさておいても、この時期にこの説が一般社会に流布して「定説」となっていったことがわかる。その要因の一つとして、昭和初期に高揚した国民のナショナリズムを考慮しなければならないが、他面においては、為政者もこの説に大きな意味を見出していたであろうことは想像するに難くない。そのことは当時の歴史教科書の法隆寺に関する記述に、きわめて分かりやすいかたちで示されている。大正期から昭和戦前期にかけて四回の改訂が行われた尋常小学校国定教科書では、一貫して法隆寺が「聖徳太子」による創建のままであり、なおかつ「最古」の建物であることが特筆されているが、とりわけ昭和一五年の改訂では、「わが国で一ばん古い建物」という記述が「世界でも一番古くて美しい木造の建物」と書き変えられ、さらに昭和一八年にはそこに「日本の誇り」という文言が加わり、その世界的な価値が一層強調されている。(14)

そして、その「世界最古」は、しばしば法隆寺と皇室の関係とともに言及されていた。たとえば武田五一は、法隆寺に「世界最古の木造建築」があることについて「原因に就ては色々ありませうが、日本の国体に於いて皇室を尊ぶ皇室がもつたいないものであるといふ根本的思想があつたことが最大原因と思ひます(15)」と述べつつ、用明天皇の御遺願を奉じた厩戸皇子（聖徳太子）と推古天皇が建立したという法隆寺創建にまつわる由緒の正しさをその理由にあげていたし、同様のことは足立康や太田博太郎の著作のなかでも述べられていた。(16)付言すれば、こうした社会的見方の広がりは、第三章二節で述べた聖徳太子奉賛会の精力的な啓蒙活動の賜物でもあった。(17)

右記のことからも推察されるように、金堂・五重塔の修理は、この事業全体のなかでも特に重要視されていた。それらが同寺西院伽藍の中枢部にある最古の建物である以上、そのことは当然でもあるが、次に述べるこの事業の工程計画あるいはその変更を見ると、当時の政府がその重要性を明確に認識していたことが十分うかがえる。まず、事業開始当初から金堂・五重塔修理は事業期間の終盤に置かれていたが（その理由には金堂壁画の保存方法がまだ決定していなかったことや、現場技術者の調査・施工技術を向上させる必要があったことがあげられていた）、当時法隆寺国宝保存工事事務所の技師であった大瀧正雄は、この工程が政府（大蔵省）に途中で予算を削減されないための方策でもあったと後年回顧している。(18)つまり金堂・五重塔の修理が後ろに控えていれば、政府が事業予算を削減、または中断することはないという文部当局の判断がそこにあったのである。逆に言えば、これらの建物はそれほど国から重要視されていたということであろう。また、五重塔修理が着手された昭和一七年一月はあたかも太平洋戦争勃発の約一ヶ月後のことであったが、そうした事情を考えると、それは決して偶然ではなかったと思われる。五重塔修理の開始は、昭和一六年一二月一九日開催の法隆寺国宝保存協議会において、着工を目前に控えていた聖霊院修理に入れ替えるかたちで急遽決定されたのであったが（そこでは突然の計画変更の理由として壁画保存の同年度予算が余ったことなどがあげられている）[19]、これは戦争により国家財政がいずれ窮迫することを見越した苦肉の策だったのではなかろうか。五重塔修理の着工時、所長岸熊吉は当時の新聞に「国家未曾有の非常時の最中に、世界最古唯一の塔に根本修理が加へられんとしてゐる。我国上代文化の保存事業を通じて、余裕綽々たる国威を海外に示す好機である」[20]と、この修理の国家的重要性を空虚なまでに強調していた。

第二節　修理技術者の保存理念――〈建築様式〉の建築技術史的解釈と再現

本節では法隆寺昭和大修理に焦点を当てつつ、この時代の建築保存の概念について俯瞰的な視点で考察する。この事業の各工事において数々の「復原」的現状変更が行われたことは修理工事報告書などから知られるが、その一方で、後世改変の事実が明らかにされながら「復原」しなかったところも決して少なくはないから、各修理担当者がそこで建物の何を「保存」することを意図していたかが問題となってくる。序論でも述べたように、修理工事に主体的に関わる修理技術者たちが個々の修理で「保存」しようとしたものの総体が、建築保存の概念を構成する最も重要な要素になると考えられるし、また一方で、時代の概念は、それを実体化する同時代の技術とも無関係ではあり得ないから、この事業が修理の技術面を大きく進展させたという既知の事実を、当時の概念形成との関係から捉え直す必要もある。

以下では、そうした観点から法隆寺の修理を再検討することにより、（i）当時の修理技術者は、〈建築様式〉を建築技術史的に解釈し、その解釈にもとづき、その原型を再現するという保存理念を持ち、それゆえに実際の修理工事では〈技術のオーセンティシティ（真実性）〉を尊重していたということ、および（ii）それは工事実務とともに学術調査――この時代においては特に建築技法を含めた復原的調査――を行うという「修理技術者」の職能がこの時代に形成されたということと表裏一体の関係にあったということを指摘したい。

◉　法隆寺昭和大修理に示された保存の概念

本書を通して述べてきたように、法隆寺昭和大修理に従事した修理技術者たちがこの事業全体を通じて「保存」しようとしていたものとは、〈建築様式〉の典型性であり、当初の「建築意匠」であった。そして、それは当初の「建築意匠」を当初の技術と一体的なものと捉える建築の見方に立脚しており、そうした建築技術史的なものの見方は明治・大正期には見られず、昭和初期になってはじめて広く見られるようになるものであった。これまで再三指摘してきたように、この修理では「当初の技術」を残すことが重視され、必要に応じてその「復原」まで目指されていたが、それは建物の「建築意匠」に対する彼らの技術史的な解釈と、それを再現しようとする彼らの「保存」の理念にもとづくものであったと考えられる。

まず第一にここで確認したいことは、法隆寺昭和大修理の修理担当者は総じて当初の〈建築様式〉の再現を目指していたと言えることであり、それを示す一つの証左は、この事業を大局的にみれば、一貫して「復原」の方針がとられていたことである。むろん修理で行われた「復原」的現状変更のみをあげて、それが重視されていたというのは早計であるが、それは少なくとも各建物のその部分においては創建当初の状態を重視していたことを示しており、いずれの例でも、失われた部分の当初の状態は既成の〈建築様式〉から演繹されて、当初の建築様式が統一的に再現されている。この事業の全一六件の修理のうち一四件で何らかの「復原」的現状変更があったということは特筆すべきであろう（表2）。初期工事（昭和九～一三年）の工事事務所長であった武田五一は「永い年月に構造の一部に随分はげしい変化が加へられてゐるのもあるがこれらに対し現代科学の粋を以つて復興ししかも築造の最初の原形に復することが使命である」[21]と、復元主義の修理方針を強く打ち出していたし、昭和一〇年にこの修理を実見した建築評論家・黒田鵬心も武田らの考え方を「原形を保存する主義」と言い表していた[22]。しかし、武田逝去の後、古宇田實が所長であった時期（昭和一四～一六年）には、東院南門・四脚門修理などで後世改変部があるにもかかわらず現状変更が一つも行われず、なかには慶長・元禄修理による改造部分もそのまま残したところもあり[23]、その復元主義が弱められたかに見える。その要因としては、武田所長時代の復原修理に対して各方面から批判があったことや、古宇田自身が復元主義に対して批判的であったことなどがあげられるが、それも一時的なものにすぎず、大岡實、浅野清らが首脳部に加わった昭和一六年（伝法堂修理の途中）以降の修理では「復原」的現状変更の数が再び多くなる。

こうした復元主義の修理方針が、創建当初の〈建築様式〉の典型性を重視する各担当者の考え方に立脚するものであったことは、法隆寺諸建造物の「復原」の鍵であった慶長時代の修理（一六〇三-〇四）に対する当事者の見解をみるとよくわかる。同寺伽藍内の多くの建物に手を加えた慶長修理は、粗悪な材料による貫の補加等の構造補強を一義的な目的とし、それに付随して軒廻り、屋根、造作等も大きく改造した修理であったとされるが、武田はこの修理について「極めて不注意なる修繕の結果折角美しいものが一部分破壊されて居る[24]」と、創建当初の〈建築様式〉（建築美）の「破壊」行為であったと述べているし、また浅野も、昭和一八年にそれまでの法隆寺修理を振り返り「今回の修理に当り、苦心惨憺たる研究の結果、主として慶長の修理に破壊されたものを一部取戻して復原修理をなしつゝある[25]」と述べている。総じて見れば――とりわけ大講堂修理で新たな調査手法が確立されて以降の――現場の技術者は一貫して各建物を慶長修理前の状態に「復原」するという目的意識をもって取り組んでいたのである。ただ、ここで注意しなければならないのは、慶長以前の状態は必ずしも創建時の状態を意味しないということである。この点に関して浅野は次のようにいう。

「必ずしも常に創立当初の原型に復するのを理想とすると云うのではない。後に附加された一切のものを清癖にぬぐい去ろうと云うのでもない。然し創建の意図が故なくして滅却され、不明瞭にされて、何を保存することとなるであろうか。統一体としての、人間意図の表現としての建築が、創立の原形を離れて理解される筈はないからである。（中略）伝法堂では、慶長の修理を全部抹殺し、それ以前のものでも、物置を作るための間仕切や、中古の或期間のみ存在していた窓形式等を採らなかつたことは勿論である。然し中世のある時期に一部の梁や斗栱の材を取り替えたものなどは、それが甚だしく醜悪で全体を乱す程のものでない限り（室町時代以降のものはこの部類に属する。これは建築的手法と云う名に値しないもので、時代によるまずさではなく、粗悪な間に合わせ仕事であった）、強いてこれをすべて当初の形式に統一するようなことはしなかつた。」

	伝法堂 1）内部仏壇及後補の間仕切の一部（内陣両側壁及内陣後方五間の内両端各一間の壁）を撤去し、仏壇下並に東側後方三間の土間なるを床板張になさんとす 2）後補貫を撤去し、扉、窓、床ノ構造及内法長押、腰長押の制を復し、外廻り柱間装置を左の如く復旧せんとす（表省略） 3）背面の一軒なるを二軒とし、飛檐榱を奈良時代に復し、且破風懸魚及小屋構造を改めんとす
東院南門・四脚門	（なし）
北室院本堂・表門	北室院本堂 1）背面軒下の附加物を撤去し、縁を設けた。 2）背面中央小脇板附開口なるを板扉に、両脇間開放なるを真壁に、両側面後端間各引違戸なるを真壁とし、両側面前方各二間の引違戸の形式を改めた。 3）屋根の瓦仮葺なるを檜皮葺とし、妻の立て所を改め、妻飾を整備した。 4）内部天井の二重折上部分を旧規に復し、同時に前方に移動した。 5）東廂を左記に依り整備した。イ、平面を整へた。ロ、軒廻及び軸部を復舊し、且屋根の瓦仮葺なるを板葺に改めた。ハ、内部棹縁天井なるを化粧屋根裏に改め、北半面に板天井を設けた。ニ、南側広縁の南端に透垣を、広縁の東に落縁を設けた。 表門 （なし）
宗源寺四脚門	1）唐居敷の幅及び厚を変更した。 2）本柱と控柱とを繋ぐ腰貫の脊を変更し、飛貫を撤去した。
五重塔	1）屋根瓦を旧形式により新補し隅棟の形式を改めた 2）榱の出を加え茅負を旧形に復し裏甲を撤去した 3）隅の組物を旧規に復した 4）新構想に基き補強を更新し後世附加された補強材を撤去するに努めた 5）勾欄を旧規に復した 6）隅木尾榱榱勾欄木口の金具を透彫金具に改めた 7）上成基壇四隅の額束を撤去し石組を旧規に復した 8）裳階の扉を旧位置に戻し肘木の形式を金堂のものに倣ひ復原すると共に隅の持送りを撤去した又屋根を大和葺に復しそれに伴い細部の形式を整備した
聖霊院	1）正面破風の復旧 2）向拝の復旧　イ 捨斗手挟付三斗を平三斗に改めた。ロ 向拝柱下礎盤を撤去した。 3）広廂両妻戸口装置の復旧 4）亀腹の復旧 5）間仕切装置の復旧　イ 内外陣境の鴨居を下げて格子戸を低め、欄間の高さを増した。ロ 外陣脇陣境に襖及び欄間を設け、この部分に存した板小壁を撤去した。 6）内陣内部及び仏壇厨子の復旧　イ 内陣天井下盲連子欄間並に天井長押を撤去し、天井全体を下げた。ロ 仏壇の高さを低め、正面階段及び登勾欄を旧規に復した。ハ 仏壇及び厨子を前方に移動した。ニ 厨子背面に押入を設けた。ホ 内陣両脇後端の柱間及び背面内側（厨子内部）並に背面外側（後陣南側）に、各内法長押を復旧した。ヘ 厨子内部天井並に内法廻りの復旧。 7）随所に打たれた飾金具の内、後補のものを撤去した
金堂	1）屋根瓦を旧形式により新補し隅棟の形式を改め妻の降棟を廃した 2）上重の野地構造を復旧し屋垂みを増した 3）榱の出を加え茅負を旧形に復し裏甲を撤去した 4）上重の妻飾を復旧した 5）隅の組物を旧規に復した 6）新構想に基く鉄骨の補強を加え上重雲形肘木下の支柱を撤去した 7）勾欄を旧規に復した 8）隅木尾榱木口の金具を透彫金具に改め榱勾欄木口等後世附加された飾金具の類は撤去した 9）内陣柱間の飛貫及び内外陣柱間の繋貫を撤去した 10）内陣柱上斗栱間に渡された二条の繋梁を撤去した 11）裳階屋根を大和葺に復しそれに伴い細部の形式を整備した 12）裳階隅の雲形肘木及び持送りを撤去した 13）裳階の腰羽目板を漆喰仕上の壁に復した 14）裳階長押地覆等の鉄製飾金具を撤去した
新堂	1）小屋組を変更し、桟瓦葺を杮葺に改める。 2）北面中央の間の蔀戸を撤去し土壁に改める。 3）北面縁側の継足部分を撤去しそれに伴う形式上の整備をする。 4）背面柱筋の土臺を撤去し他の部分と同様の形式に改める。

※『法隆寺国宝保存工事報告書』（法隆寺国宝保存事業部、第1～11冊）、同（法隆寺国宝保存委員会、第12～15冊）、「国宝建造物現状変更説明」（『清交』昭和16年2月号）をもとに作成。

表2　法隆寺昭和大修理で行われた「現状変更」

建造物名称	現状変更
食堂・細殿	食堂 1）基壇石垣積ハ石材ノ不規則ナル沈下ニヨリ柱礎石高ク露出セルヲ以テコレヲ築キ直セリ 2）背面中央一間ノ唐戸ヲ前面ノモノニ倣ヒ新造セリ 3）内部須弥壇ノ正面及ビ側面ニ於ケル後補ノ扉及ビ側面一部ノ板壁ヲ撤去セリ 4）内部大虹梁上ノ叉首束ヲ撤去セリ 5）破風板及ビ茅負ノ形状ヲ小屋組中ヨリ発見セル旧破風板断片ヲ参考トシテ変更セリ 6）両妻ニ桁隠ヲ附加セリ 7）切縮メラレアリシ棰ヲ復原シ軒出ヲ深メタリ 細殿 1）基壇石垣積ハ石材ノ不規則ナル沈下ヨリ柱礎石高ク露出セルヲ以テ之ヲ築キ直セリ 2）両側面大壁下地貫ニ接シテ不規則ナル附加物アリシヲ撤去セリ 3）破風板及ビ茅負ノ形状ヲ食堂小屋組中ヨリ発見セル旧破風板断片ヲ参考トシテ変更セリ 4）切縮メラレアリシ棰ヲ復原シ軒出ヲ深メタリ
東大門	1）軒桁ハ後補ノ為メ断面矩形面取ナリシヲ断面円形ニ統一復旧セリ。 2）痕跡ニヨリ当初ノ如ク扉口冠木長押ノ位置ヲ下ゲ、之レニ伴ヒテ柱ヲ長クセリ。 3）親柱筋両脇ノ間ニ於ケル腰羽目ヲ撤去シテ真壁トシ、同所ノ脇戸口ヲ南側築地塀中ニ移セリ。 4）側柱筋ノ頭貫断面ノ大サヲ親柱筋ノモノニ統一復旧セリ。 5）唐居敷、方立、蹴放ノ位置及ビ大サヲ復旧セリ。
東院礼堂	1）内部中央ノ間床板ナキ通路ハ明治初年ノ工作ニナリシモノナレバ、コレヲ復原シテ床板張トシ、コレニ伴ヒ前後ニ落縁ヲ通じ、中央正面ニ石階ヲ設ケタリ 2）軒廻リ構造及ビ妻飾ハ近世ノ改変ニナルモノナルヲ以テ、コレヲ復旧シ、コレニ伴ヒ軒出ヲ増シ、破風板ヲ取替ヘ、大棟ノ高サヲ低メタリ
東院鐘楼	（なし）
大講堂	1）妻飾ノ三斗虹梁太瓶束ナルヲ扠首組ニ改メ、軒出及軒反ヲ変更シ、之ニ伴ヒ屋根ノ形ヲ調整セリ 2）化粧棰間ノ板張ナルヲ漆喰塗ニ改メタリ 3）外周間斗束両側ノ添木ヲ除去セリ 4）後補ノ貫及長押ヲ撤去セリ 5）建具装置ヲ左記ノ如ク変更セリ（イ）正面中央五間及背面左右各一間ノ扉構ノ高サヲ増シ、地長押ヲ地覆ニ改メ、扉建込方式ヲ変更セリ（ロ）両側面及背面中央各一間ノ扉釣方式ヲ改メタリ（ハ）正面両端ヨリ各二間ノ蔀戸ナルヲ扉構ニ改メタリ 6）内陣大虹梁下方中央ニ補入セル三所ノ柱・斗栱及貫ヲ撤去セリ 7）木造佛壇（勾欄附）及来迎壁正面ノ板張ヲ撤去セリ 8）前二項ニ随伴シ桁行六間梁間二間ノ内陣天井及同所ノ斗栱ヲ復旧セリ 9）内部後方両隅方一間ノ物置ヲ撤去セリ
西円堂	1）石基壇ハ向拝及ビ香水舎ノ附加ニヨリ前面ニ延長シアリシガ、之ヲ復舊シテ八角トシ、正面ニハ側面ノモノニ倣ヒ石階三級ヲ設ケタリ。因ミニ向拝ハ本建物ト絶橡シテ新タニ改造附加シ、香水舎ハ西側ニ引離シ何レモ基壇下ニ設ケタリ。 2）内外腰長押下ノ板張リ、内部腰長押ノ一部及ビ外部腰長押下ノ束ハ何レモ近世ノ補加ニナルモノナレバ、コレヲ復旧シテ元ノ如ク板張、束及ビ腰長押ノ一部ヲ撤去シテ白壁トナシタリ。
地蔵堂	1）地盤低キ為建物保存上位置ヲ一尺内外高メタリ 2）亡失セル妻懸魚及ビ向拝桁隠ヲ補加セリ 3）背面ニ仮設シアリシ竈ヲ撤去セリ 4）左記ノ如く建具ヲ復旧セリ（イ）正面両端各一間及ビ左側面後方一間ノ白壁ナリシヲ蔀戸トセリ（ロ）背面中央一間ノ開放ナリシヲ扉構ヘトセリ（ハ）新旧開口部ニ明障子ヲ設ケタリ 5）背面両端各一間ノ開放ナリシヲ白壁トセリ 6）廻縁及ビ正面木階ヲ設ケタリ 7）須弥壇勾欄ノ親柱ニ擬宝珠ヲ補加セリ
東院夢殿・回廊	夢殿 （なし） 回廊 1）西回廊西側面中央一間ノ開放ナリシヲ扉装置ニ改ム 2）西回廊南隅ニ於ケル隅虹梁下方ノ実肘木ヲ撤去シ同所ノ大斗ヲ整備ス 3）東回廊南隅ニ於ケル隅虹梁ノ形ヲ改ム
舎利殿絵殿・伝法堂	舎利殿絵殿 1）舎利殿及絵殿正面石階ノ大サヲ改メ、之ニ伴ヒ勾欄ヲ整ヘントス 2）絵殿内陣ノ仏壇ヲ徹シ、内陣後壁ノ一部凹入セルヲ一平面ニ改メ、且木部随所ノ彩色ヲ廃セントス 3）絵殿西側面後端間ノ連子窓ナルヲ白壁ニ改メントス

（浅野清「法隆寺に於ける復原修理の実例」『建築史研究』昭和二九年一二月号、四―六頁）

この記述には「創建の意図」を重視する浅野の考え方がよく示されており、その意図に反しないような後世改変部は、しいて「復原」しなかったと述べられているのである。つまり、彼らの目的は、あくまで当初の設計者の意図＝〈建築様式〉の典型性を再現することにあったのであり、それゆえにこの修理では慶長修理でその原型が「破壊」されたと解釈した部分の「復原」に心血が注がれていたのである。あれほど復原方針を前面に打ち出した伝法堂修理であっても、「墨書があって由緒も明瞭であった」(26)という東南隅の一室（応永二四年）は「創建の意図」に反するものではないと判断され、それゆえそのまま残されているという点に留意されたい。

次に確認すべき第二の点は、法隆寺昭和大修理では〈技術のオーセンティシティ（真実性）〉が尊重されていたということである。このことは、創建時の技法調査を重点的に行ったという従来からよく指摘されていることからもうかがえるが、重要なのは、調査のみならず必要に応じて技術的なものの「復原」までも行われていたということである。たとえば、武田が担当した初期工事以降継続して軒の規矩や柱の隅延び、内転びなどの各種の建築技法が重点的に調査されて、実際の修理ではそれが「応用」（武田の言）＝再現されていたし、東大門修理で着手された古代の大工道具（槍鉋・鍁）の復元は、戦後になって金堂と五重塔の修理工事での木部仕上げに結実することになった（第三章四節）。

また、この事業では、見え隠れにある技術的なものを残すことも重視されており、たとえば五重塔修理では軒下支柱を撤去するために鉄骨を用いた補強法が提案されたが、この案は見え隠れにおいて建物の構造を大きく改変する――構造システム（荷重の伝達経路）や継手・仕口の改変を伴う――ものであったことを主な理由として採用されなかったという顛末は、第四章四節で詳しく述べた通りである。

この点、昭和一五年頃に作成された文部省の内部文書[27]は、「現状変更」の許可申請が必要となる変更を例示して説明するものであったが、そのなかには壁の下地手法など見え隠れの技術的なものの変更も含まれていた（第一章二節）。管見の限りでは、そうした見え隠れでの変更を「現状変更」という行政的手続きをとって行ったものはこの時代の全国の修理にほとんど見られなかったが、この文書は、技術的なものを重視する考え方が昭和一五年頃に修理技術者の間で共有されはじめていたことを示している。ここで「共有されはじめた」という意味は、法隆寺昭和大修理の初期工事を見る限り、昭和一五年頃まではその姿勢がまだ希薄であったと思われるからである。たとえば西円堂は、図1に示すように、修理前の小屋組に創建（再建）当初のものがよく残されていたと見られるが[28]、昭和修理の際に、桔木の先端を茅負まで達するように変更しつつ側柱筋に桔木枕を新設し、なおかつ各桔木の尻を緊結した上に心束を置いて、その構造システムが大きく変更されている。また、地蔵堂の修理でも、ほぼ当初のままと見られていた小屋組を、西円堂と同様、桔木先端を茅負まで延ばすなど、構造上有利になるように諸々の変更が行われているし、食堂、東院礼堂、東院鐘楼、大講堂は後世に小屋組が大きく改変されていたので上述の西円堂や地蔵堂とは

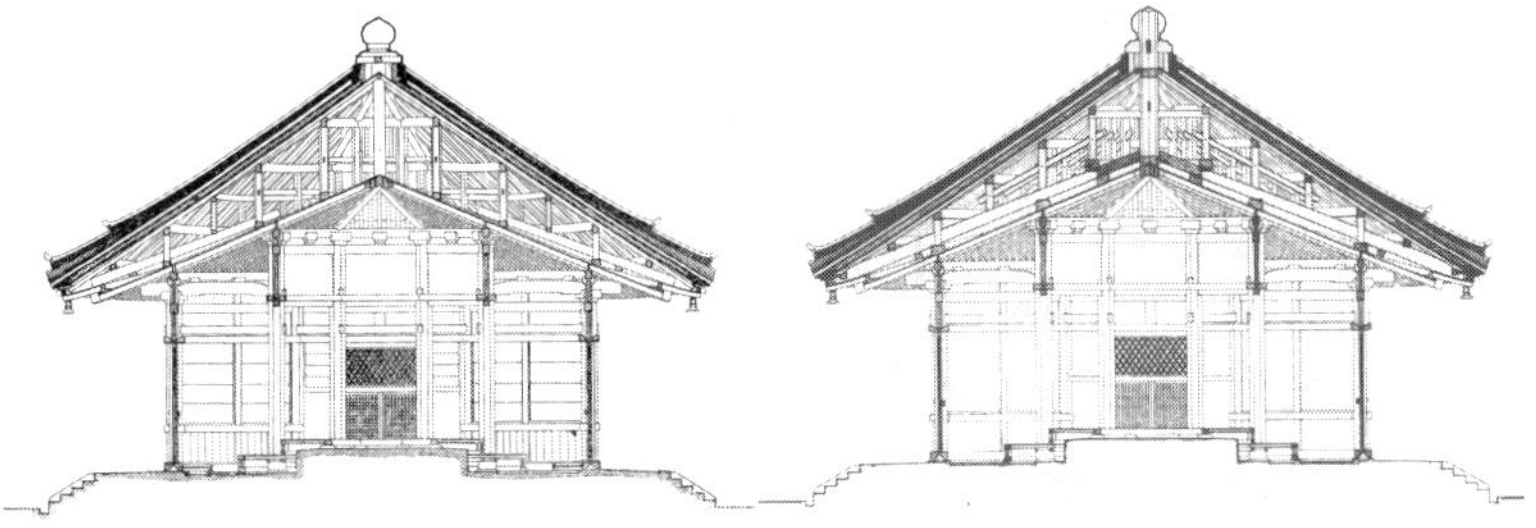

修理前　　修理後

図1　法隆寺西円堂　断面図

同列に扱えないが、それらの修理でもやはり中古の小屋組が大きく改変されている。昭和一五年、藤原義一は雑誌『清交』(昭和一五年七月号)に「見えぬ部分の構造手法の保存」と題する記事を寄稿し、それまでの修理で小屋組は「唯だ屋根の荷重を完全に支へればよいといふ位の考へで、新しい材をもつて元の形とは無関係な構造を以て処理してしまふといふことが往々あつた」としつつ、小屋組には「木造日本建築の発展と特色とを示す数々の要素が埋もれてゐる」としてこれを改変しないようにすることを提言しており、当時法隆寺の現場技師であった大瀧正雄が同誌上でこの意見に賛同していた[29]。

第三に指摘したいのは、当初技術の解明と再現を目指すこうした修理観が、第一に掲げた〈建築様式〉の理解を変容させていたということである。第二章で述べた「唐様」仏堂の昭和修理に示されていたように、法隆寺修理を中心とする昭和初期の修理技術者たちは、明治・大正期とは異なり、〈建築様式〉を建築技術史的に解釈するようになっていた。それを示す今一つの例をあげれば、第一章六節で詳述した法隆寺伝法堂の屋根の復原も、下記のように、修理担当者であった大岡實と浅野清による奈良時代の〈建築様式〉の技術史的解釈にもとづくものであったと言える。浅野は奈良時代の建築様式について「構造と意匠が分離せず、直截に処理されて、極めて筋が通っている(中略)この時代の建築は秩序あり、調和したものである」[30]と捉えつつ、垂木で直接屋根を支えて野屋根のない構造によるこの時代の屋根の形が、「軽快な感じ」(浅野)とか「重苦しさを感じさせない」(大岡)というような意匠的性格を生んでいることを指摘していた。この修理における屋根の復原に対する彼らの強いこだわりは、この建築に対するこうした技術史的意匠理解にもとづくものであったと考えてよい。意匠と技術を一体的なものと捉える修理技術者たちの見方は、同時代の建築史学の動向とも併行する現象であり、むしろ法隆寺の修理は、当時新しい学問として開拓されつつあった建築技術史の最先端の知見を、たえず学界に提供していたの

である。(31)

建築意匠の技術史的解釈という新しいものの見方は、軒の規矩を建築意匠の重要なものと捉える修理技術者の見方にも示されている。武田所長時代の修理をはじめ、伝法堂や金堂・五重塔の修理など、この事業ではいずれの修理でも、意匠的見地から規矩の調査と再現が重視されたということは本書の中で度々触れてきた通りである。そもそも軒の規矩への関心は、大正期に阪谷良之進（昭和四年から文部技師）が、ある修理工事の現場で軒反りの修正を命じたが、すでに隅木加工後であったためそれが不可能であると大工に教えられたことであったといわれている。(32)そこで彼は古建築の表面的な形だけを見ていたのでは修理工事はままならず、その形を背後で裏打ちしている技術への理解が不可欠であることを悟ったというのである。

建築技術に対するこうした見方は明治・大正期には見られないものであったと考えられる。そのことを示す一つの例をあげれば、法隆寺の意匠に関する伊東忠太の言説の変化である。昭和一〇年、伊東忠太は法隆寺修理にあたる技術者に対して次のように要望していた。

「元来法隆寺建築の貴重なる所以は、其日本最初の古建築であり、其様式の特殊にしてしかも一種端正崇高の美を備へ、而して其の材料の仕上げが工具と工作の技術に由つて一種の素朴純真なる趣味を生ずるに由る。今重修施工が如何に堅牢に如何に精巧に成就するとも、若も夫れが古雅素朴の味を失つたならば、重修の功は之が為に全然失はれる。即ち作業の工匠は一三〇〇年前の人に為り、推古時代の精神を以て、当時の工具を使用し当時の技術を以て施工しなければ真の重修の目的は達せられぬ。（中略）例へば垂木割などでも、厳密に割方を定めて分厘の差なく、垂木の大さも一々厘毛の差なきが如きは、現代の工匠の心事としては当然の事ならんも、若も之を法隆寺に適用すれば全然古代趣味を失ふのである。結果形は法隆寺に酷似して味は全く之に異なるものとなるのである。元来古への工匠は天真無垢にして素朴な仕事を為したが故に粗と雖も純であつた。今の工匠がことさらに素朴な仕事を為した結果は粗にして不純なものになる傾向があると思ふ。」

（伊東忠太「法隆寺問題の今昔」『建築と社会』昭和一〇年四月号、二五―二六頁）

このように伊東は、法隆寺の「古代趣味」、すなわち古拙をその建築意匠の本質的な要素と捉えつつ、それを「保存」するには創建当初の技術を用いて修理しなければならないと説いている。しかし、伊東はその古拙に関する点では、明治期にこれと対照的な見方をしていた。たとえば「元禄年間に於ける法隆寺伽藍修繕の真相」（『建築雑誌』明治三〇年一二月号）のなかでは、「柱の形の古拙（纎巧に対して云ふ、秀美に対して云ふに非ず）」という理由をあげて長野宇平治が主張した法隆寺元禄再建説に反論していたが、ここでの「古拙」はその意匠を評価するものではなく、法隆寺の古さを証明するための一つの根拠とされていたに過ぎなかった。(33)

◉「修理技術者」の職能形成において法隆寺修理が果たした役割

〈技術のオーセンティシティ〉を保持しつつ、そのことを通じて原型の再現を目指す、というこの時代の修理技術者に共有されていた保存理念は、「修理技術者」という職能の形成と表裏一体の関係にあったと考えられる。「修理技術者」の職務内容は工事管理と解体調査に大別され、両方を同時にこなすことが今日でも修理技術者の任務であるが、ここで後者の役割を重視すれば、その職能はこの時代において確立されたと見てよい。その主な要因の一つとして、国宝保存法により「現状変更」が許可制になったことがあげられる。というのも、第一章二節で詳述したように、現状変更案を審議する国宝保存会に提示する資料作成のため、当時の文部省の技術者は現場で調査指導を積極的に行っており（この新たな職務のため国宝保存法制定に伴い文部省職員が増員された）、こうした指導を通して修理技術者の職能が徐々に形成されていったと考えられるからである。左に掲げる大岡實の記述は、昭和初期において現場技術者がいまだ単独に学術的調査を行う技能を有していなかったことを示している。

「一面之等の技法を真に研究する便宜を与へられてゐる人々は現場に直接関係してゐる技術者であるが、現場の仕事は主として、仕事の段取り、材料の購入等、非理論的な事が多く、我々初め、現場事務に従事してゐると全く不思議に頭が杜撰になるものである。従つて、日本古建築が日本文化史上に有する重大なる意義に對する認識に乏しく又、殊に科学的調査研究の習練をする機会の与へられなかつた現場技術者にとつては、かゝる調査研究の如きは、全く余分な、閑仕事として疎ずるのも無理なく、又たとひ興味を持つた場合でも調査方法に於て充分でない場合が少なくない。」

（大岡實「茅負に於ける特殊なる技法」『建築史』昭和一五年五月号、四九頁）

法隆寺昭和大修理の工事組織は（序論図2・3参照）、解体時に科学的・学術的調査を行うという修理技術者の職能の確立を主な眼目としたものであったと考えられる。この点においてこの事業はまさに画期的であった。法隆寺国宝保存工事事務所の体制は、文部省の技術者の直接的な指導のもと若手技術者の調査技能、それも特に建築技法に関する調査技能を養成するという主旨で整備されたものであったと理解できる。当時の一般の修理には文

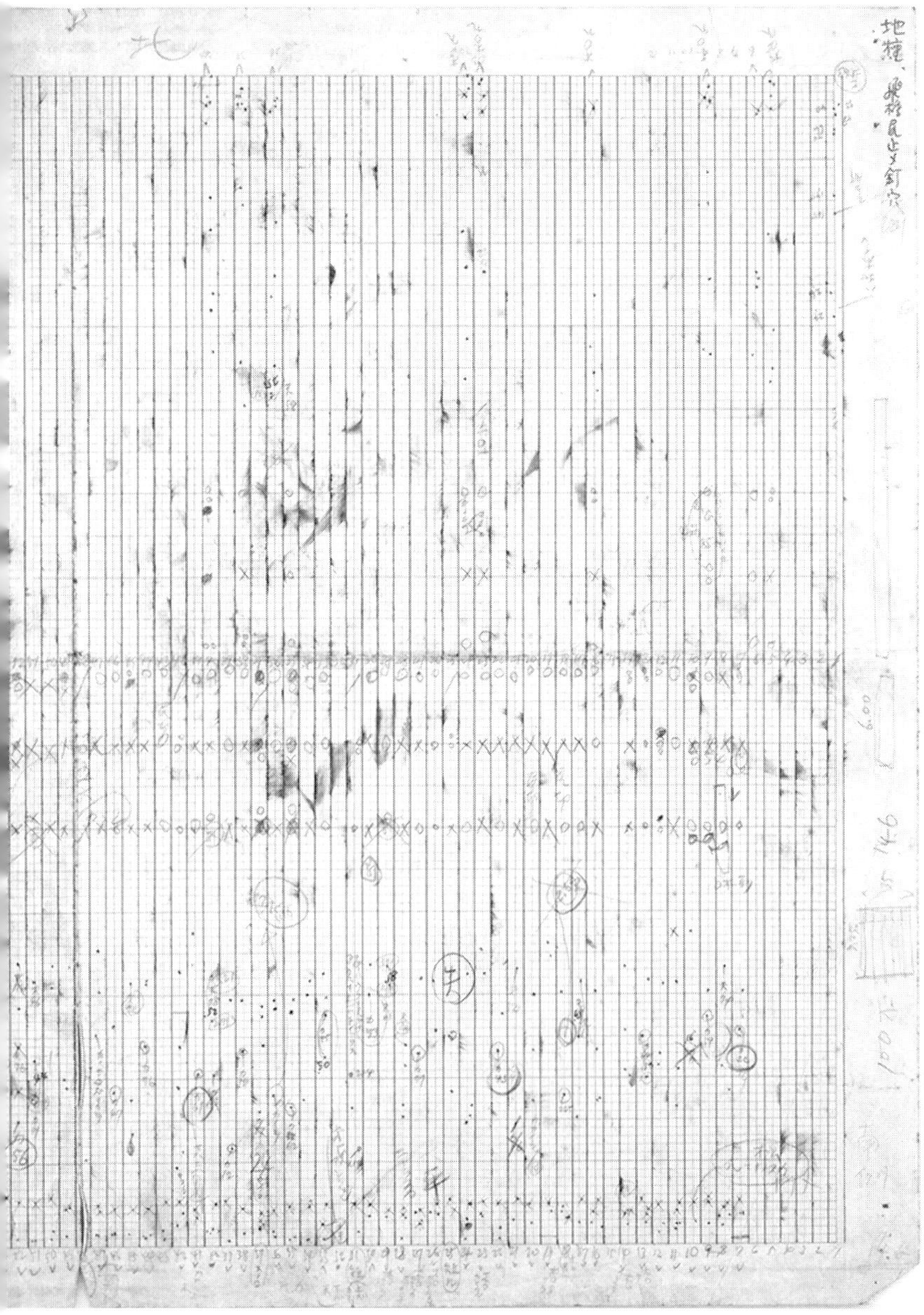

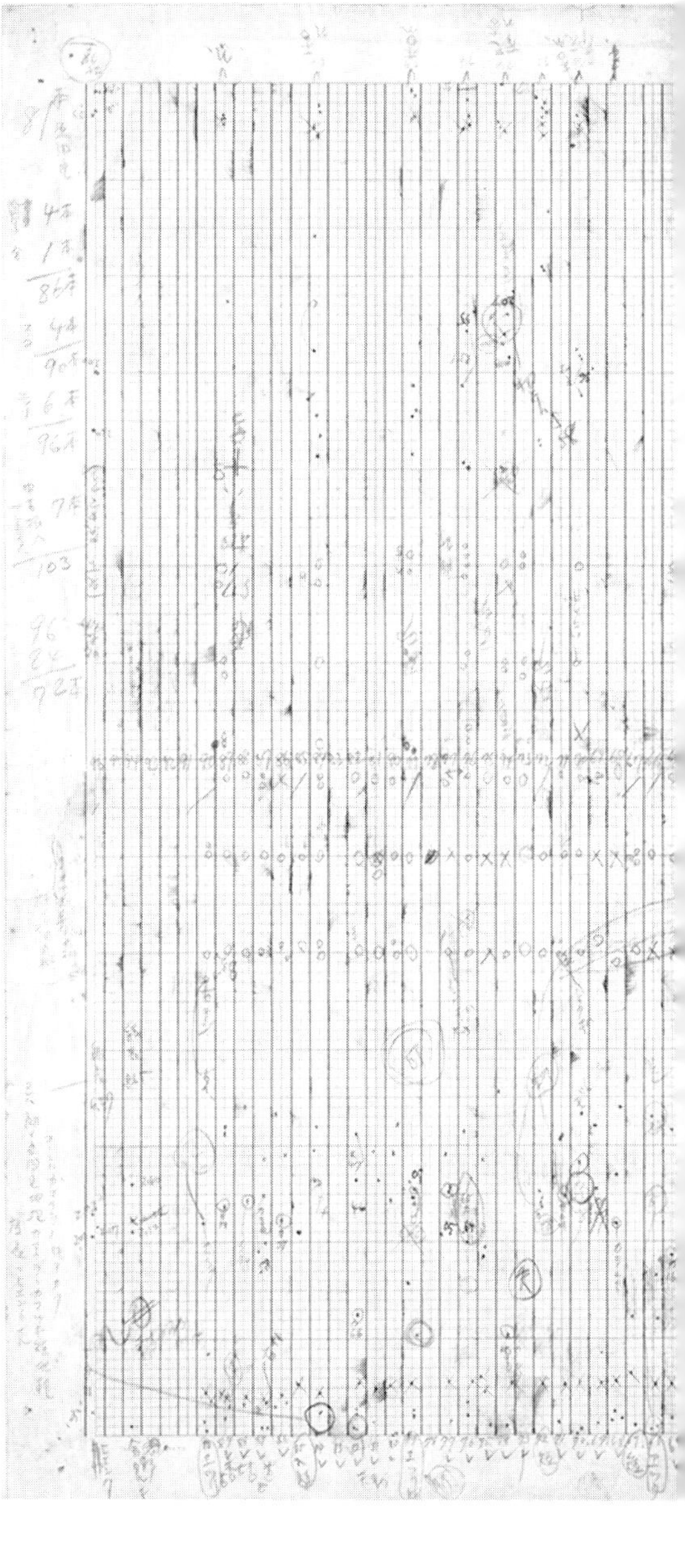

図2　法隆寺伝法堂
垂木釘穴調査野帳

部省の技術者は常駐しなかったが、この修理では例外的に文部省から派遣された服部勝吉[34]（総務部技師）、大瀧正雄（工務部技師）の技師二名を常駐させて、同時進行する三件――二年目から二件に縮小されるが――の修理工事を監督させるという体制になっていた。また、当時の修理現場には学校出の技術者はほとんどいなかったと言われるが[35]、この修理の現場助手には学校出の若手技術者が多数起用され、調査担当者として各工事に一名、杉山信三（昭和四年京都高等工芸学校卒）、鈴木義孝（昭和八年京都帝国大学卒）、浅野清（大正一五年名古屋高等工業学校卒）が抜擢された。そして、この事業の全ての修理で詳細かつ学術性の高い修理工事報告書が刊行され（これより前にはわずかに東大寺南大門の報告書しかなかった）、そのことを通じて、現在に至る解体調査方法の基礎がつくられたということを考え合わせれば、こうした体制で臨んだこの事業は、結果的に見ても、解体調査を行うという現場技術者の職能が確立されるうえで、きわめて重要な役割を果たしたといえるであろう。伝法堂修理の方針策定過程において背面一軒を二軒に戻す復原案に対して首脳部から反対意見があり、これに対応するため現場調査員の浅野が、垂木に残された釘穴の位置や形状をもとに綿密な屋根形状復原調査を行ったということは今日でも伝説的に語られるが、このエピソードは科学的実証性をもつ調査方法が解体現場において生み出された瞬間の出来事でもあった（図2）。

法隆寺の修理技術者が行った各種の調査のなかでも、特に重視されていたのが軒の規矩に関する調査であったことは既述の通りである。それぞれの現場主任には吉田種次郎、竹原吉助、園田新造が就任したが、吉田と竹原は規矩術に詳しい技術者として当時から筆頭にあげられるものであり[36]、園田の詳しい経歴はわからないが、当時すでに七十歳をこえていたというから相当な熟練者であったはずである。つまり若手技術者は、年配の熟練技能者から古建築の施工技術についての指南を受けつつ、高度な建築技法の学術調査を行えるという体制になってい

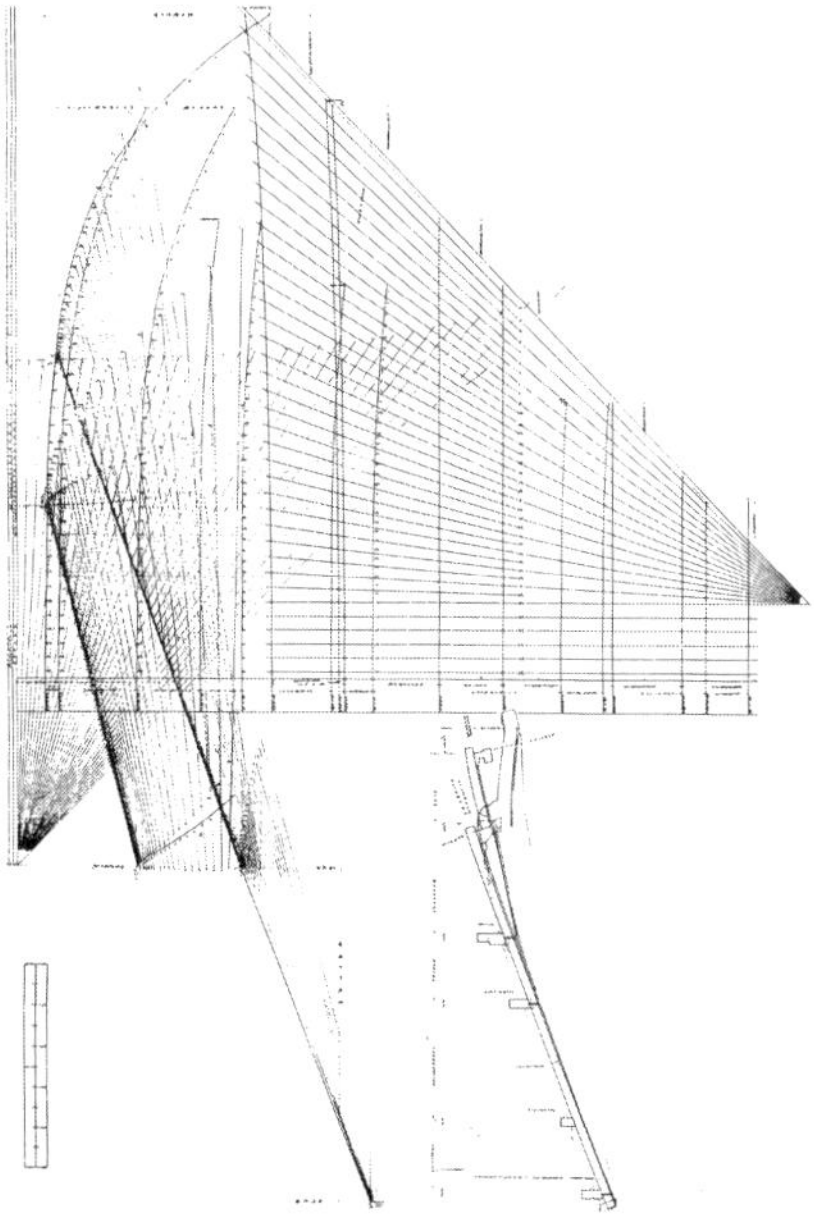

図3　正福寺地蔵堂　規矩図

たわけである。

ところで、軒の規矩に関する調査の重視は、法隆寺の修理に限らず、昭和初期の修理一般に共通する特徴でもあった。たとえば修理技術者・杢正夫は、法隆寺に先立つ正福寺地蔵堂修理（昭和八年）の最中に――当時この修理は法隆寺修理の前哨戦と位置づけられていた[37]――、茅負が隅木と取り付く位置が茅負の投げ勾配による通常の出よりも大きいという、近世の規矩には見られない技法の「発見」があったことに言及し、阪谷良之進、岡正夫、上田虎介ら文部省の技術者とともにそれについての活発な議論を交わしたということを後年回顧している[38]（図3）。そこでは、算盤、対数表、原寸図という異なる計算方法を用いてその出が比較検討されており、この種の調査方法がいまだ確立されていなかったことをうかがわせる（杢によれば、同時期の鑁阿寺修理で三桁の対数表計算を五桁で計算し直すことを阪谷から一時指示されたらしい）。また、修理技術者・廣瀬沸は、昭和八年、丹生都比売神社楼門修理について文部省技術陣と打ち合わせを行った際に「解体建物の旧規を知る軒規矩の整理ができなければ助手から現場主任には何年経っても昇級できないこと」を告げられたと回顧しているが[39]、それほどまでにこの技法に習熟することが当時の修理技術者の間で重視されていたのである。

第三節　近代的建築保存方法論の確立

これまで述べてきたように、昭和初期の保存事業では〈技術のオーセンティシティ〉の概念が出現し、修理担当者はそれを尊重しながら、創建当初の〈建築様式〉を再現しようとしていた。〈建築様式〉の主体的解釈とその再現をめざす保存理念のことを本書では「復元主義」と呼んできたが、そもそも新薬師寺本堂修理（明治三一年）をはじめとして保存事業開始とともに復元主義の修理は行われており、それ以来個別の修理の「復原」案に対しては、しばしば批判が出されていた。批判するものの多くは修理工事に直接的には関与しない立場にあったこともあり、実効性のある代替案をそこで提示するものは皆無であり、その内容も保存事業開始直後に出された「復原」批判の内容を繰り返したものに過ぎなかったが、繰り返される批判はじつは保存修理そのものに内在する問題を暗示していると考えるべきである。

本節では、明治・大正期の「復原」批判を視野に入れつつ、昭和前半期の「復原」批判を同時代の修理事業の

年表　国宝保存法時代の建造物保存概念の形成過程

明治30年	古社寺保存法制定	近代の保存修理が開始される。
明治31年　4月	新薬師寺本堂修理竣工	復原修理が行われる（正面礼堂・内部天井撤去など）。
明治32年　5月	高山林次郎「古社寺及び古美術の保存を論ず」	復原修理に対する諸家の論争がある。
明治33年　7月	水谷仙次「古社寺保存について」	
明治34年　2月	辻善之助「古社寺保存の方法についての世評を論ず」	
明治40年	阪谷良之進、古社寺保存計画調査嘱託	阪谷が関野貞から論治垂木についての教示をうける（と阪谷自身がいう）。
明治44年　4月	武田五一「古代建築の修理に就て」（講演）	保存修理で、創建時の軒の規矩を変更してしまうことを危惧し、創建時の技法を解明することを主張する。
明治45年　5月	黒板勝美「史蹟遺物保存に関する意見書」	復原修理に対する批判を行うとともに、復原修理をするならば創建当初の技術の「復原」を要望する。
大正7年	清白寺修理（監督・阪谷良之進）	大規模な復原修理を行う。
大正10年	阪谷良之進、京都帝国大学講師嘱託	美術工芸史に関する講義のなかで軒の規矩に関して服部勝吉らに教示する。
昭和4年	国宝保存法制定 阪谷良之進、文部技師任官	「現状変更」が許可制となる。
昭和5年　4月	滋賀県から文部省宛「國寶ノ維持修理ニ関スル疑義」（21日）	「現状変更」の内容に関する疑問が出される。
昭和8年　2月	正福寺地蔵堂修理着工	法隆寺昭和大修理を念頭に、建築技法の調査が重点的に行われる。
昭和9年　4月	法隆寺昭和大修理開始	服部らにより、工事事務所長・武田五一のもと建築技法の調査を重点的に行うという修理体制が整備される。
昭和10年　2月	法隆寺食堂・細殿、東大門修理竣工	武田五一ら工事事務所の意向を反映し、色の再現を含む復原修理が行われる。
3月	黒板勝美「修理に至るまで」	復原を批判し、現状維持の修理方針を主張する。
昭和13年　2月	武田五一逝去（5日）	同年12月、古宇田實、法隆寺国宝保存工事事務所長就任。
11月	法隆寺大講堂修理竣工	浅野清により創建時の状態だけではなく後世改変の変遷が明らかにされる。
	法隆寺東院伝法堂修理着手	この頃、大岡實が文部省嘱託の法隆寺係になる。
昭和14年　2月	法隆寺国宝保存協議会開催（17日）	武田所長時代の復原修理に対する批判があり、色の再現を止め古色塗り方針に変更される。
6月	法隆寺壁画保存調査会設置	法隆寺金堂の修理方法に関する議論のなかで解体修理に対する批判が出されるが、内田祥三、大岡實が解体修理の実施を主張する。
昭和15年　5月	法隆寺国宝保存協議会開催（9日）	この頃、古宇田らから伝法堂背面二軒復原案に対する批判があり、浅野らが垂木の釘穴等痕跡調査を行う。
3月	「國寶建造物維持修理要項」文部次官決定	「復原」を行う理由が「建造物ノ構造意匠又ハ形式手法ノ保存上特ニ復舊ノ必要アル場合」と明文化される。
10月	法隆寺国宝保存協議会開催（25日）	法隆寺東院伝法堂の修理方針について古宇田實、大瀧正雄らが現状維持を主張するが、大岡實らが主張した復原案が可決される。
12月	大岡實、文部技師任官	
昭和16年　6月	法隆寺東院伝法堂修理着工	この頃、古宇田實が所長を辞任し、大瀧正雄が奈良県技師へ転出し、所長・岸熊吉、工事監督・浅野清となる

※『文化財保護の歩み』（文化財保護委員会編、大蔵省印刷局、1960）、『新建築学大系50　歴史的建造物の保存』（彰国社、1999）、『清交』、『古建築』、大岡實博士文庫資料、内田祥三資料、国立公文書館蔵資料、修理工事報告書、『大阪朝日新聞奈良版』などをもとに作成。

実態とともに再検討することにより、(ⅰ)近代の保存修理に通底する「復原」批判は、総じて〈時間の経過〉を尊重する立場から出されたものであり、それは結局、解体修理という近代的修理方法の問題に帰着するということ、(ⅱ)そもそも修理工事における〈建築様式〉の再現と〈技術のオーセンティシティ〉の尊重とは、じつは同じものの両面に過ぎず、いずれも解体修理という方法から必然的に導き出されるものであったということを指摘したい(年表参照)。

◉〈時間の経過〉重視の「復原」批判、およびそれに付随する解体修理批判

法隆寺昭和大修理の復元主義に対しては当時各方面から批判が出されていた。それら批判の論点を見ると、「復原」の根拠が十分ではないというもの――あるいはそもそも「復原」の絶対性を疑うもの――と、後世改変にも歴史的価値を認めるものの二つがあったが(第三章五節)、前者のほうは復原資料が十分と見なされた場合にはその擁護に転じやすく、「復原」行為そのものを全面的に否定するものではなかったから、本質的には後者だけが「復原」に対立するものであったといえる。これら二つの見解は一人の論者のなかに併存しているのが常であったが、とくに後者の点を強く主張していたのは黒板勝美ら日本史学者であり、その主張とは「法隆寺は度々修理を施されてゐる。(中略)その修理には、その時代々々が現れてゐるのであつて、その修理された個所にそれ〴〵歴史的な時代が遺つてゐるのであるから、これは何とかしてそのまゝのこしておいた方がいゝ」[40]というものであった。後世修理による改変部分にも残すべき歴史的価値があると見るこうした黒板の考え方は、後世修理の学術資料としての価値の有無を脇に置くと――文化財は学術資料としてだけ存在するわけではなく、復元主義者もそれ

を踏まえた上で復原をめざしていた――、度重なる後世修理の形跡が建造物に付与する〈時間の経過〉を重視し、それを「保存」しようとするものであり、この点において後世改変部を取り除いて原型を再現しようとする復元主義の理念と本質的に相容れないものであった。黒板は明治末期にも同様の主張を行っていたから[41]、こうした批判はすでに古社寺保存法の時代からあったのであり、明治期の修理批判としてよく知られる水谷仙次の「古社寺保存について」（『中央公論』明治三三年七月号）のなかにも、後世改変部について「其同時代の手工を見、また意匠を察する点に於て、決して興味なき者にあらず」という同様の見解を示すような記述がある。

歴史的建築のもつ〈時間の経過〉を尊重する見方が日本の保存事業に通底して見られるものであったことは、「古色塗り」（修理で取り替えた新材を旧材と調和させるべく古びた色をつける手法）が明治中期以来一般的に行われていたという事実によく示されている[42]。明治三二年に高山林次郎（樗牛）は、古色塗りを「美学上所謂時間の崇美に本《（ママ）》づく」ものと捉えつつ、「通常世の人の所謂古社寺保存の主脳とする所、実は是の古色の保存に存する」と述べ、いわゆる「古色」を保存する手法の一つとされる「古色塗り」の背景に〈時間の経過〉を尊重する一般社会の感覚的嗜好があるという見解を示していた[43]。それは昭和初期においても同様で、服部勝吉は「所謂古色塗が修理に附きものとなつて来てゐる一つの原因も、この『古さ』への信仰[44]」があると、高山に近い見解を示している。建物の色を再現した法隆寺の初期工事に対する新聞各紙の情緒的な反発は（第三章五節）、そうした通念が当時の社会に存在していたことを明瞭に示している。

しかし、〈時間の経過〉を尊重するこの見方は、保存修理そのものの存在意義を否定することに繋がる危険性を胚胎している。文芸評論家・亀井勝一郎は、今日でも版を重ねている『大和古寺風物誌』（天理時報社、一九四三）のなかで、法隆寺の修理事業を批判して以下のようにいう。

「『古典の復活』時代であるから、誰しも法隆寺を口にする。法隆寺は当代の人気を得てゐる。法隆寺の方では、その声に応じるがごとくすべてがアトラクション的になる。（中略）古寺の美しさは、それが荒廃のまゝまさに崩れんとして行くところにあるといふのは真実だ。荒廃を悲しむ心は誰にでもある。保存や再建を思ふのは当然であろう。だがそれに手を加えることの重大さを我々はつい忘れ易い」

（五九－六〇頁）

このように亀井は、古色を現す究極の姿として廃墟を賛美するロマン主義的心情を吐露しつつ、保存修理そのものを危険視するような発言をしている。また、昭和一五年に、修理技術者・日名子元雄は「ある文学批評家」が同様の見解を示していることを紹介しているが、日名子はそうした「保存事業に対する完全な無理解」を嘆きつつ、「廃墟の美」とは「軒は波うち、柱は傾き、壁は剥げ、煤が一ぱいついてゐるその極めて皮相的な古さ」の賛美にすぎないと断じている(45)。日名子がいうように、木造建築を「保存」＝維持するには不断に修理を行う必要があり、「廃墟」のような状態のままに「保存」を行える西欧的なやり方は日本で成立しないに相違ない。文学者によって出された修理批判がどんなに皮相な見解であるかは自ずから明らかであろう。

こうした文学者の修理批判は、究極のところ、近代の保存修理で一般的にとられる解体修理という方法の問題に帰着する。なぜなら、解体修理という方法は、建物の部材を一つ一つ取り外し、腐朽材を取り替え、建物の歪みを是正した後、再び組み立てるという点で「建築」行為としての側面を有し、この方法をとる限り、軒は波打ち云々という「廃墟」のような姿は必然的に失われるからである。第一章四節で見たように、解体を行わず支柱補加など「姑息的修理」によれば、より多くの古材が残るという意見が当時見られたことはこの点で示唆的である。そもそも近代の保存修理が解体修理という特異な、しかし別の意味では伝統的な修理方法で開始されたことの背景や是非は本書の範囲をこえるので論じないが、その方法の採用は腐朽部材の取り替えとか、建物の歪みの是正とか、見え隠れでの構造補強とか、建物を「維持」＝永久保存するという観点から説明されることが多く[46]、少なくともそれが解体修理に対する当時の一般的な認識であった。永久保存を目指すのが近代的保存の存在意義《レゾンデートル》であったとすれば（第四章二節）、壊れかけ、滅びゆく建物の姿を賛美する文学者らによる復原批判は、復元主義という思想に向けられたものではなく、永久保存を眼目としたこの解体修理という近代的方法自体に向けられていたのである。

◉〈技術のオーセンティシティ〉の出現にともなう建築保存の概念形成

これまでの議論をまとめると、修理において創建当初の建築意匠＝〈建築様式〉の典型性を重視して、その原型の再現を目指すという復元主義に対する当時の批判は、いずれも〈時間の経過〉を尊重する考え方に立脚し、それは解体修理という近代的修理方法自体への批判に直結するものでもあった。このことが示唆することは、復元主義が、じつは解体修理という修理方法自体と一体的なものであったということである。

法隆寺金堂の修理方法をめぐる当時の議論をみると、そのことがよくわかる。第四章二節で見たように、この修理では、初層内部にある壁画の保存問題から、修理工事を初層を残したまま行うか（半解体修理）、あるいは全てを解体して行うかという議論があったが、当時、全解体を行うと壁画を取り外す際に顔料の剥落が進行してしまうことから全解体修理に対する批判が広く出されていた。こうした批判に対して、修理現場の指導的立場にいた大岡實と浅野清は、全解体を行い、「復原」方針をとることこそが近代の保存修理のあるべき姿であると繰り返し反論していた[47]。また、修理技術者・竹原吉助も『清交』誌上でこの修理を取り上げて、（1）全解体修理による「復原修理」、（2）半解体修理による「一部復原修理」、（3）半解体修理による「現状維持修理」の3つの選択肢をあげてこの修理の方針について提言していたが[48]、こうした提言をみると、当時の修理技術者の間には解体修理＝復原修理という基本認識が共有されていたことがうかがえる。そして、その認識は、解体修理の次の2つの側面から出てくるものであった。

（1）解体修理を行うと、後世修理の際に（部材の経年変化等により）建物が歪んだままの状態で改造・付加したものを再度組み立てることが不合理となる。

（2）解体修理は、建物部材の精密な痕跡調査を可能とし、これにより創建当初の建築意匠を解明できる可能性が高まる（この時以外にそれができる機会はない）。

いずれも法隆寺金堂を全解体して修理することを擁護するなかで大岡と浅野が論拠としていたものであったが（第四章三節）、戦後の修理において「復原」方針を主張する中でしばしば持ち出されたものでもあった。

一方、〈技術のオーセンティシティ〉という概念も、〈建築様式〉という保存概念と同様、ある程度の必然性をもって「解体修理」から導き出される。なぜなら、〈建築様式〉を解体修理によって再現するには、創建当初の技術を「復原」して施工することが必然的に要請されるからである。さきに引用した伊東忠太の論考は、法隆寺修理で「古代趣味」を残すために創建当初の技術を用いることを要望したものであったが、当初の施工技術の特性から本来的に建物の歪みや仕事斑が大きい古代建築の解体修理においては、当然ながら当初の施工寸法を厳密に踏襲しながら再建する必要があるわけで、事実、法隆寺五重塔の修理関係者は、当初からの仕事斑を一々踏襲しない限り「あらゆる部分」に加工を施すことになるという苦心を次のように述べていた。

「木造りに当つては各部材が夫々その位置に於て固有の歪や寸法を保ちながら組合されている関係上、取替えるべきそのものの寸法形状に倣うよう充分の注意を払つた。即ち旧部材の断面長さ等の寸法を踏襲するは勿論、仕口の形状やその偏位に至るまで総て踏襲する必要があり、規格的な寸法によることは全々出来なかつた。（中略）それらの仕事むらを踏襲してゆかない限り、他の造作材や取付材の仕口や当りが総て合わなくなり、あらゆる部分に加工を施さねばならなくなる怖れが多分にあつた。」

（『国宝法隆寺五重塔修理工事報告』法隆寺国宝保存委員会、一九五五、三三三頁）

ところで、黒板勝美はすでに明治末期において、創建時の技術を「復原」することを修理関係者に要求していたから、〈技術のオーセンティシティ〉という概念の根源は、明治・大正期まで辿りうるものであったと考えられる。たとえば「史蹟遺物保存に関する意見書」（『史学雑誌』明治四五年五月号）のなかで黒板は、古社寺保存法そのものが復原修理を前提としていると見なしつつ、「その建設製作当時の方法により復旧に用ふる器具をはじめ、その工人等また身をその当時に置きて事を従ふを要す」と、復原修理を行う場合には創建時の技術を「復原」することを要求している。同じ文章のなかで、そもそも現代において古い技術を「復原」することは本質的に不可能であると述べつつ、復原修理を非難していたが、それにもかかわらず、場合によって「復原」するのもよいとし、その際にはできるかぎり技術を「復原」すべきと主張していたのである。(49) また、武田五一や阪谷良之進も、すでに明治末頃から大正期にかけて、保存修理において建築技法を重視すべきことを説いていたことは既述の通りである。(50)

〈技術のオーセンティシティ〉を尊重すべきという要請は、そもそも解体修理という方法自体に内在するものであったから、すでに古社寺保存法の時代に潜在していたと考えるのが妥当であろう。しかし、前記のように、修理関係者の間にそれが共有されるようになるのは昭和初期の国宝保存法の時代においてであり、その出現には、同時代の建築界において意匠と技術を一体的なものと捉える建築観が形成されることを待たなければならなかった。その建築観にもとづき、建築技術史的観点を重視する古建築の新たな解釈が生まれ、その解釈がそれまでの〈建築様式〉概念を変容させることになり、その一方で、それは古建築の修理工事において〈技術のオーセンティシティ〉を尊重することを要請し、その要請に応じて「修理技術者」という職能集団が生み出された。換言すれば、この時代に〈技術のオーセンティシティ〉が〈建築様式〉と有機的に結合したことによって、国宝保存法時代における建築保存の概念が成立し、明治中期以来の復元主義の保存理念がようやく完成されたのである。それは、近代日本の建築保存方法論が確立されたことを意味していた。

註

1　姫路城の修理工事は文部省宗教局保存課によって行われ、姫路城国宝保存工事事務所には事務主任・河野喜一（文部事務官）と現場主任・柳田菊造（嘱託）が配置されたが、法隆寺昭和大修理のように工事執行機関を特設したわけではなかった（『国宝　重要文化財　姫路城保存修理工事報告書Ⅰ』文化財保護委員会、一九六五、一七−一九頁）。

2　この総事業費には、建造物修理費のほかにも金堂壁画保存費一二万五千円が含まれている。

3　この総数は『建造物要覧』（文化庁文化財保護部建造物課、一九九〇）掲載の昭和九年から二九年までに行われた修理工事（解体、半解体、屋根葺替）の合計である。

4　なお、戦後においても法隆寺の修理が全国の修理のなかでかなり高い割合を占めるという傾向に変化はない。昭和二一年、文部省は連合国軍総司令部（ＧＨＱ）の指示により約四千万円で全国の一八六棟の修理を五年間かけて行う「応急修理五カ年計画予算書」を作成したが、これと同時に法隆寺金堂・五重塔の修理（金堂壁画保存を含む）を四年間で完了する計画書も作成されており、その総工費は五八二万円であった（「応急修理五カ年計画予算書」、「法隆寺五重塔、金堂、金堂壁画保存、概算要求書」『国宝並ニ重要美術品（建造物）応急修理五カ年計画 昭和二十二年度予算並年度割表』川崎市立日本民家園蔵大岡實博士文庫資料、6-11-21-31）。

5　『大阪朝日新聞奈良版』昭和八年一〇月二〇日五面

6　『日本帝国文部省年報　第六一年報』（文部省編、宣文堂、一九七四）に掲載された鳩山による巻頭言には、「昭和八年十一月十日国民精神作興ニ関スル 詔書渙発満十年記念日ニ当リ社会教育諸団体ニ対シ 御下賜金ノ恩命ヲ蒙リタリ 聖旨優渥感激ニ堪エス依テ之カ奉体ノ徹底ヲ図リタリコレ本年度ニ於ケル省務ノ中最モ較著ナル事項トス」（一頁）と、これが同年度の文部省の最重要課題であることが明記されている。このキャンペーンについては『東京朝日新聞』（昭和八年一一月一〇日）などの新聞で大きく報じられている。

7　『日本近代教育史事典』（日本近代教育史事典編集委員会、平凡社、一九七一、一五頁）、『日本近代教育史』（仲新監修、講談社、一九七三、第六章）。

8　高木博志「立憲制成立期の文化財保護」『近代天皇制の文化史的研究』校倉書房、一九九七、二八四―三〇八頁

9　『昭和国勢総覧（下）』（東洋経済新報社、一九八〇、二〇三頁）によれば、昭和一一年から昭和二〇年にかけての物価指数（昭和九～一一年を1とする値）は、一．〇三六から三．五〇三となっている。しかし、『文化財保護の歩み』（大蔵省印刷局、一九六〇、三九頁）に掲載された「保存金・補助金年度別一覧表（決算額）」によれば、同じ期間の建造物補助金は二五万ないし三〇万円（臨時費を含む）で、ほとんど変化がなかったから、保存事業の縮小は主として物価変動によるものであったと考えられる。『建造物要覧』（前掲）によれば、太平洋戦争開始後であっても、少なくとも一九件（昭和一七年度から二〇年度までの解体、半解体、屋根葺替の総数）の修理が着工されている。

10　『帝国議会　衆議院委員会議録　昭和篇三八　第六五回議会　昭和八』東京大学出版会、一九九三、四四二頁

11　関野貞『韓国建築調査報告』（東京帝国大学工科学術報告第六号、東京帝国大学工科大学、一九〇四）では、「新羅時代ノ建築的遺物ハ今日多少ノ残影ヲ留ムルノ外殆ト悉ク烏有ニ帰シタリシ」（七三頁）と、法隆寺ほど古い建築的遺構がほとんどないことが述べられている。

12　大正期には関野のほかにも黒板勝美や荻野仲三郎ら聖徳太子奉賛会のメンバーがこれを主張していた。

13　昭和初期における法隆寺に関する新聞記事には必ずといってよいほど「世界最古の木造建築」というように法隆寺が紹介されているし、同様の記述がある専門的書籍・雑誌記事は、著者の調べた限りで少なくとも二一件ある。

14　大正期から昭和戦前期にかけての歴史教科書における法隆寺に関する記述を引用すると、以下のようになる（「国定尋常小学日本歴史」『日本教科書体系 近代編』講談社）。

・大正九年改訂（第三期）「太子の建てたまひし寺の中にて最も名高きは、大和の法隆寺にして、其のおもなる建物は昔のまゝなりといはれ、わが国にて最も古き建物なり。」（第一九巻、一九六三、六二九頁）

・昭和九年改訂（第四期）「太子のお建てになつた寺の中で名高いのは、大和の法隆寺で、そのおもな建物は、今も

昔のまゝであるといはれ、わが国で一ばん古い建物である。」（第二〇巻、一九七八、一五頁）

・昭和一五年改訂（第五期）「当時建てられた寺の中で、名高いのは大和の法隆寺で、そのおもな建物は今も昔のまゝであるといはれてゐる。わが国はもとより、世界でも一番古くて美しい木造の建物である。」（同上、一三四-一三五頁）

・昭和一八年改訂（第六期）「法隆寺の堂塔は、木造の建物として世界で最も古く、最も美しいものの一つです。これを今に伝へてゐることには、世界の国々も、おどろいてゐます。まことに、法隆寺は日本の誇りであります。」（同上、一一六〇頁）

15　武田五一「法隆寺の修理に就て」『建築雑誌』臨時増刊、昭和一一年一〇月号、三五頁

16　足立康「小学国語読本『法隆寺』の誤謬――文部当局に――」（『歴史公論』昭和一三年九月号、八二頁）、太田博太郎『法隆寺建築』（彰国社、一九四三、三頁）。

17　聖徳太子奉賛会による啓蒙活動のなかで黒板勝美らは、聖徳太子の業績として仏教を「日本化」しつつ採用したことや憲法十七条制定などをあげ、それらが「皇室中心主義」に立脚しているという主張を行っていた（黒板勝美「聖徳太子と大日本の建設」『聖徳太子論纂』平安考古会編、一九二一、一-一八頁、黒板勝美「聖徳太子を中心として推古朝の美術を論ず」『中央美術』大正八年二月号、四八―五五頁）。ちなみに黒板は、聖徳太子と明治天皇の政治的理念が類似しているという見解を繰り返し主張しており、大正一五年二月、臨時御歴代史実考査委員会委員であった黒板が画家・磯部忠一に百円紙幣の聖徳太子像を明治天皇に似せるように助言したことが知られている（植村峻『紙幣肖像の歴史』一九八九、東京美術、一四〇頁）。

18　大瀧正雄は「座談会・法隆寺昭和修理」（『建築雑誌』昭和三〇年四月号、三七頁）のなかで、「大蔵省はこれを一〇年間の継続事業として認めないのです。やはり一年一年願書を出して一年一年金をもらう、だからいつ尻切とんぼになるかわからないという状態だつたのです。どうしても継続してもらはなければならないというので金堂、五重塔な

ら大蔵省もどんなことをしても金を出すだろう、ほかの東大門などが最後に残つたら予算を削られてしまうから金堂、五重塔を最後に残しておこうという政策的な面もあつたわけです」と回顧している。

19 「法隆寺国宝保存工事昭和拾六年度予定表」・「法隆寺国宝保存工事 昭和十六年度設計変更説明書」『法隆寺国宝保存事業部会及び協議会資料綴』大岡資料6‐11‐31‐7

20 岸熊吉「大宝庫の維持 法隆寺五重塔の修理に就いて（上）」『大阪朝日奈良版』昭和一七年一一月一四日四面

21 『大阪朝日奈良版』昭和九年五月二日一三面

22 黒田鵬心「大修繕中の法隆寺を観る」『博物館研究』昭和一〇年一一月号、二‐三頁

23 東院四脚門は慶長修理の改変が大きく、昭和修理で復原されなかったのは旧状がよく分からなかったという理由もあるが、夢殿では元禄修理の高欄や垂木鼻の飾金具などが残されている（『国宝建造物法隆寺夢殿及東院廻廊修理工事報告』一九四三、四一頁、五一頁）。また、東院南門では茅負・破風・懸魚など屋根各部が慶長修理で改造されていたことが判明し、その大要も痕跡等により推定可能であったが、昭和修理では復原されなかった（『国宝建造物法隆寺東院南門及四脚門修理工事報告』一九四二、一三頁）。

24 武田五一「法隆寺昭和大修理」『建築雑誌』昭和一一年一月号、三八頁

25 浅野清「法隆寺修理の実際」『建築と社会』昭和一八年三月号、一三頁

26 浅野清「法隆寺に於ける復原修理の実例」『建築史研究』昭和二九年一二月号、六頁

27 『国宝等保存に係る法規類』大岡資料6‐11‐5‐3

28 澤村仁「法隆寺西円堂」『日本建築史基礎資料集成四　仏堂Ⅰ』太田博太郎編、中央公論美術出版、一九八一、六四頁

29 大瀧正雄「無意識にやつたものを真似るべからず」『清交』昭和一七年二月号、一二‐一八頁

30 浅野清『文化財講座　日本の建築1古代1』第一法規出版、一九七七、二五‐二九頁

31　法隆寺の修理技術者による論考の数をみると、浅野、大岡による建築技術史関連の多くの論考をはじめ、鈴木義孝も『建築学研究』（昭和八年一〇月号）に「日本封建社会における建築生産」等の建築技術史に関する一連の論考を発表していたし、服部勝吉も「技術史的な雰囲気の濃いもの」を目指したと服部自身がいう日本建築史の通史書『日本古建築史』第一〜三冊（田中平安堂、一九二六〜二八）を著していた。

32　浅野清『古寺解体』（学生社、一九六九、七三頁）、鈴木嘉吉「法隆寺修理」（『近代日本建築学発達史』丸善、一九七二、一七六五頁）。阪谷自身は、明治四〇年に関野貞から示唆されたのが規矩への関心の契機となったと述べている（「官吏としての関野先生」『建築雑誌』昭和一〇年一一月号、一三九八頁）。

33　関野貞も「美術史上に於ける法隆寺の位置を論ず（其二）」（『建築世界』明治四四年九月号、三-五頁）のなかで、法隆寺の構造などが「簡撲幼稚の点は有る」と、その古い技術に対しては冷淡であり、その「幼稚」さとは対比的に、建物のプロポーションなど「外形」が優れていることを論じている。

34　服部勝吉が所長武田五一のもとで修理工事の実務面における重要な役割を果たしていたことは、浅野清が「実務は京大出身の服部勝吉さん以下で取り仕切っていた」（「武田五一先生と文化財保存」『武田五一・人と作品』博物館明治村編集、一九八七、一三六頁）と回顧していることからうかがえる。服部は当時、主として各修理工事の体制整備に関して活躍していた。たとえば浅野清や太田博太郎は、そもそも服部の勧めで保存修理に携わるようになったと述べている（浅野清「《連載5・聞き書き》建築への遠い道のり　浅野清が歩いてきた昭和」『建築ジャーナル』一九九〇年一〇月号、四三頁、太田博太郎「若き日の出会い」『協会通信』特集号、一九九〇年一二月号、一四-一六頁）。また、服部は法隆寺、姫路城の昭和大修理を企画・推進したともいわれるが（有光次郎「弔辞」『協会通信』一九九〇年一二月号、二頁）、法隆寺の大修理の構想はすでに昭和四年から聖徳太子奉賛会と奈良県により取り上げられていることを考えれば、そこでの服部の役割はむしろ調査重視の体制を整えたことにあったように思われる。

35　太田博太郎「若き日の出会い」『協会通信』一九九〇年一二月号、一四-一六頁

36　吉田種次郎は昭和三〇年二月に規矩術で紫綬褒章を受賞した宮大工出身の技術者で、阪谷良之進がとくに信頼する技術者であったといわれる。服部勝吉、上田虎介、村上義雄、古西武彦ら当時の多くの修理技術者が吉田から規矩術を学んだことを回顧している。竹原吉助も大正期には阪谷の監督のもとでいくつかの現場主任を務めており、後に古代規矩の建造物修理関係選定保存技術者となっている。園田新造に関する記述は、管見の限りでは本文で述べた浅野清『古寺解体』（学生社、一九六九、一三頁）の記述しかない。

37　正福寺地蔵堂修理について後年服部勝吉は、法隆寺昭和大修理を念頭にこの修理の計画を立案し、阪谷とともに現場の陣容を整えたことを回顧している（服部勝吉「阪谷良之進先生」『協会通信』一九八六年一〇月号、一四-一六頁）。事実、その修理関係者をみると工事監督・大瀧正雄、現場主任・吉田種次郎、助手・高端政雄など、この修理の直後に法隆寺修理に異動するものが散見される。

38　李正夫「歴史的建造物の修理をかえりみて」（『文建協通信』一九九四年一〇月号、一九-二二頁）。李は、同記事のなかで「その理由については結論が出なかった」と述べている。

39　廣瀬沸「受けた恩を追求して大岡先生を悼む」『協会通信』一九八八年二月号、二五頁

40　黒板勝美「修理に至るまで」『博物館研究』昭和一〇年三月号、四〇頁

41　黒板勝美「史蹟遺物保存に関する意見書」『史学雑誌』明治四五年五月号、一一〇-一一三頁

42　藤岡洋保・平賀あまな「大江新太郎の日光東照宮修理」（『日本建築学会計画系論文集』二〇〇〇年五月、二五一-二五八頁）、窪寺茂「塗装修理に関する考え方」・同「古色塗り」（『木造建造物の保存修理のあり方と手法』奈良文化財研究所、二〇〇三、九二-一〇五頁、一〇八-一一二頁）。

43　高山林次郎「古社寺及び古美術の保存を論ず」（『太陽』明治三二年五月号、五八頁）。高山は創建時の「形式」を重視する立場から原寸大の復原模型（レプリカ）による再現を提案したが、その提案の背景にも「古色」を尊ぶという一般社会の感覚的嗜好があったことが同記事からうかがえる。

44 服部勝吉『法隆寺重脩小志』彰国社、一九四六、二五九頁
45 日名子元雄「廃墟の美」『清交』昭和一五年一月号、六〇-六四頁
46 法隆寺国宝保存事業部『法隆寺壁画保存調査会総会速記録』、内田資料U709・2-ほ-721、二七-二八頁
47 浅野清「法隆寺の金堂と塔」（『史林』昭和二二年一二月号、三頁）、大岡實「法隆寺金堂・塔修理の実情」（『科学世界』昭和二三年四月号、一二-一五頁）。
48 竹原吉助「法隆寺金堂の修理に就て」『清交』昭和一三年四月号、三二-三七頁
49 黒板は、歴史的建造物を「現時猶ほ実用せられつゝあるもの」と「たゞ過去の記念物として存せるもの」に区別しつつ前者を「復旧」可としているが、両者ともに該当するものが例示されておらず、その真意は不明瞭である。おそらくこうした曖昧さは、日本の歴史的建造物が「持久力」が少ないとされる木造建築であるという点で、西欧とは異なると黒板が考えていたことに関係するのだろう。つまり、木造建築を「維持」するには解体修理という方法が有効であり、解体修理は必然的に「復原」的行為を伴うという認識が、一方で西欧の保存のあり方に理想的なものを見ていた黒板の考えに齟齬を来したものと思われる。
50 武田五一「古代建築の修理に就て」（『京都経済会講演集第二号』大正二年二月、一七四-一八四頁）。阪谷の軒の規矩という建築技法への関心が高まる時期は、関係者の回顧から大正後期のことと思われる。（河井幸七「思ひ出すまゝ」『清交』昭和一七年一一月号、一九七頁、服部勝吉「阪谷良之進先生」『協会通信』一九八六年一〇月号、一二頁）。

終章

本書では、日本近代の文化財保存事業史の中でも、主として国宝保存法が適用されていた昭和時代前半期の建造物修理に焦点をあて、歴史的建築の形や色の「復原」のみならず、工事施工や調査技法などの修理工事の技術的側面を含めてその実態を解明しつつ、当時の修理技術者たちの「復原」をめぐる保存思想について論じてきた。そして、昭和九（一九三四）年に開始された法隆寺昭和大修理の現場を中心として、この時代に日本近代の保存修理の方法論が確立されたことを指摘しつつ、さらに論を進めて、建築を保存するという行為そのものに内在している本質的な問題について考察した。最後に、改めて各章の概要を示すとともに、本書で述べた内容が、現代の保存修理に何を示唆するかについての考察を加えたい。

第一節　昭和前半期の修理事業における建築保存方法論

第一部では、この時代に行われた修理事業全体を俯瞰する視点から、文部省に所属する技術者をはじめとする「修理技術者」の職能形成過程を踏まえつつ、同時代に共有された建築保存概念を解明し、法隆寺昭和大修理の工事現場を中心に、その方法論が構築されたことを明らかにした。

第一章「昭和前半期の建造物修理に示された保存概念」では、国宝保存法が適用されていた昭和四年から二五年に行われた六五件の保存修理を取り上げ、この時代の修理事業全体を俯瞰的に検討した。また、当時の行政文書をもとに、新たな制度であった「現状変更」の概念規定や、文部省技術者の職務内容を分析することで「修理技術者」の職能形成過程の一端を明らかにした。そして、文部省宗教局保存課が作成した公文書や、修理技術者の同業者組織として昭和一二年に結成された「忍冬会」の機関誌『清交』や『古建築』の分析を通して、当時の修理技術者たちの修理観や保存理念について考察し、修理の際には〈技術のオーセンティシティ（真実性）〉を尊重しつつ、創建後に加えられた改造の形跡を元の形に戻して、創建当初の〈建築様式〉の典型性を「復原」＝再現すべきという復元主義が当時支配的であったことを指摘した。

法隆寺伝法堂修理（昭和一三〜一八年、口絵6）は、同時代においてとりわけ重要な修理工事であった。この修理の現状変更案の審議過程で見られた「復原」論争にかかわる文部省・大岡實の取り組みは、同時代の保存概念の確立に大きく寄与したものと考えられる。昭和前半期の復元主義は、この修理における大岡の主張のなかに端的に表明されていた。法隆寺昭和大修理は、その事業の特殊性から例外的な修理例であったわけではなく、同時代の修理事業を牽引する典型的な修理工事であったと言える。

第二章「昭和初期における様式概念の変容と修理方針——禅宗様（唐様）仏堂の復原修理を通して」では、明治・大正期から戦後にかけて行われた「唐様」（禅宗様）仏堂修理二〇件における復原方針を、同時代の「唐様」概念との関連において考察し、昭和初期に「唐様」という様式は建築技術史的側面を含めて捉えられるようになったこと、およびその様式概念の変容に対応して復原修理の行われ方も変化していたことを明らかにした。定光寺本堂の修理（昭和一四年、口絵8）は、そのことを示す象徴的な修理事例であった。正福寺地蔵堂修理（昭和八年、口絵7）をはじめとする昭和初年代の唐様仏堂修理は、目前に控える国家的大事業であった法隆寺昭和大修理の前哨戦と位置づけられており、唐様仏堂の修理方針や修理手法は、昭和九年に開始される法隆寺修理に引き継がれた。

昭和前半期の建築保存の概念は、創建当初の建築意匠＝〈建築様式〉の典型性に保存すべき価値を見るというものであった。したがって、修理の際の価値判断は、同時代に共有されていた〈建築様式〉概念の上に立つものであり、歴史的建築の修理方針も同時代の様式概念との関係において捉え直すことができる。この意味において、昭和初期の建築界に浸透し始める近代合理主義思想は保存の世界においても無縁ではなく、その新思想は従前の様式概念を変化させていたのである。明治中期に開始された日本近代の建築保存の方法論は、「技術」（下部構造）を、「様式（意匠）」（上部構造）を規定するものと捉える唯物史観に裏付けられた近代合理主義にもとづき、昭和初期を待って確立される必然性があったと言える。

第二節　法隆寺昭和大修理の建築保存理念

第二部では、法隆寺昭和大修理に考察の対象を絞り、この大修理において建築保存の近代的方法論が確立されていく過程を解明し、さらに、この修理事業が「保存」という近代的行為に内在する矛盾を象徴的に示す修理事例であったことを指摘した。

第三章「法隆寺昭和大修理初期工事における武田五一の理念と手法」では、昭和九年に法隆寺の修理事業が実施されるまでの経緯を時代背景とともに詳述した上で、その初期工事七件を担当した武田五一の修理方針について考察した。武田は修理において各建物の〈建築様式〉の典型性を重視しつつ、他面において建築技法の調査研究を重点的に行って当初の技術の再現を試み、建物の原型を、色を含めて再現することを目指していた。一方、武田配下にあった浅野清ら現場技術者たちは、法隆寺境内全域に施された慶長時代の大修理（一七世紀初頭）によって各建物の原型＝様式美が破壊されたと解釈し、慶長修理以前の状態を「復原」するという昭和大修理の全体的方針を固めていった。その方針を固める足がかりとなったのは大講堂修理（昭和一三年、口絵5）であり、建物に残された痕跡をもとに創建後の建物の変遷を解明し、遡って当初の姿を究明するという画期的な調査手法がとられて、これ以降「修理技術者」の調査能力を飛躍的に高めることになった。

技法再現を含めた復元主義は、すでに明治末期以来武田が主張し続けていたもので、その先見性は保存修理史上注目に値する。昭和時代の保存修理を主導すべく立ち上げられた法隆寺昭和大修理の指導者となった武田は、この時代における保存理念形成の強力な推進者となった。東院鐘楼の屋根や八間堂の大講堂など、結果的にはその原型を再現できなかったものもあったが、科学的学術性を重視しつつ、軒反りなどの建物各部の繊細な曲線の再現や、建築の色の塗り直しを行った修理は、武田固有の建築観に裏打ちされており、彼の保存理念は事業初期の修理工事に色濃く反映している。

第四章「法隆寺金堂・五重塔修理に向けた大岡實と浅野清の基本構想」では、大修理事業のハイライトであった法隆寺金堂と五重塔の修理方針の策定過程について、その時代背景を含めて詳細に検討しつつ、金堂火災のあった昭和二四年までの修理担当者であった大岡實と浅野清の樹立した基本構想と、そこに示された保存思想を論じた。金堂火災によって修理の途中で現場を離れることになったため、彼らの立てた基本構想の内容は従来ほとんど知られていなかったが、火災前に彼らは、近代修理とは全解体を行い、創建当初の〈建築様式〉を再現するものであるという修理観のもと、後世修理の改変部を（解体時の学術調査をもとに）できる限り「復原」し、その原型を再現するという修理方針を立て、具体的な復原案を作成していた。彼らの保存理念は、前記武田の理念を正しく継承したものであり、そこに近代修理に対する洞察を加えて、より普遍性を持つ方法論として組み立てられたものにほかならなかった。

金堂火災の責を問われて大岡らが辞任した後は、この修理の現場技術者の保存理念が後退し、創建当初ではなく「慶長修理前の姿に復原」するという基本方針に修正された。それは資料が確実なところで復原を止めようとする客観的態度の現れでもあったが、そこでは戦前の法隆寺修理の目標であった慶長修理以前の状態に戻すという方針が自己目的化され、後世に破壊された〈建築様式〉の典型性（建築美）を再現しようとする火災までの復元主義理念は明らかに弱められていた。その消極性が、結果的には、五重塔屋根勾配や金堂鴟尾の復原是非論争を誘因することになり、両建物の修理はともに最終局面において首尾一貫した方針を取らなかったものとして各方面から批判を浴びることになった。

しかし、そもそもこれらの建物は、経年劣化で危険な状態にあった金堂壁画や、構造的問題を抱えた当初の屋根構造や、国民に共有されうるほど有名であった建物外観など、その原型とは同時に保存できない貴重な価値を複数併存させていたのである。そうした観点から見れば、この修理は互いに相容れない様々な価値が併存するのが常態であるという保存修理一般の問題を顕在化させたものとして、近代修理史上の象徴的な修理事例であった

図1　法隆寺金堂　大棟鬼瓦（2019年撮影）

と言うことができる。金堂大棟の鬼瓦（図1）や龍の彫刻が巻き付いた支柱（口絵4）には、「保存」の本質的な矛盾が顕在化されているのである。

第五章「昭和前半期における建築保存概念の形成過程――〈建築様式〉の解釈と再現」では、これまでの議論に加えて、昭和戦前期の政治的・社会的背景を踏まえて法隆寺昭和大修理の全体像を描き出しつつ、この事業の近代修理史上に占める重要性を明らかにした。また、法隆寺昭和大修理が「修理技術者」という職能の形成に寄与するところが大きかったことを指摘しつつ、各章で述べた修理技術者たちの保存思想、および復原批判論者の主張を、同時代の保存概念の形成との関係において捉え直した。

総じて見れば、昭和初期の修理技術者がとりわけ重視した〈技術のオーセンティシティ〉とは、そもそも「解体修理」という近代的修理方法に内在していた保存概念であり、この概念が、昭和初期において、建築技術史的側面が重視されることで変容した〈建築様式〉概念と不可分に結び付くことによって、日本の近代的保存修理の方法論は確立したと言うことができる。

第三節　歴史的建築の保存修理に内在する矛盾と文化的意義

以上本書を通して論じてきたように、昭和前半期の保存修理においては、〈建築様式〉の典型性を重視し、その原型を保存＝再現しようとする復元主義の保存理念のもと、解体修理という修理手法に依拠した建築保存方法論が模索され構築されたのであったが、このことは一体現代の文化財保存に何を示唆するのだろうか。

まず、ここで想起すべきことは、〈建築様式〉とは本来固定的なものではなく、見る者の解釈の所産にほかならないということである。それゆえ「復原」という解釈行為には、同時代に共有された建築観や歴史観、または学術調査の技術水準などの時代固有の要素が避けがたく介在することになる。修理において創建時の形が完全に判明することはあり得ず、復原資料は常に断片的である。したがって、修理竣工後の建物の姿は、それがどんなに高度な学術的考証にもとづいて復原されたものであっても——むろん復原解釈は、建築史学的洞察より導き出されるものであるから、いわゆる「創作」と同一視するわけにはいかないが——、究極のところでは、昭和時代の「創造物」であったということに相違ない。

第二章で見た「唐様」修理に示されていたように、そもそも保存修理と〈建築様式〉概念は相互依存の関係にあった。今一つの例として、ここで法隆寺金堂に対する建築史家の「飛鳥様式」解釈を見てみよう。

昭和修理が行われる以前、法隆寺金堂の当初の屋根は入母屋造りではなく、錣葺きであったと考えられていた。この当初の屋根について、明治四三（一九一〇）年に天沼俊一は、金堂の復原図（図2）を示しつつ、上層屋根勾配について「其勾配を急峻に過ぎ、妻の破風も亦勾配高きに失す」と、この建物現状の強い屋根勾配に対して意匠的観点から負の評価を与え、緩い勾配の錣葺き屋根を復原していた（『建築雑誌』一九一〇年五月号）。その後、昭和修理の際に、当初から入母屋造りであったこと、および棟高も当初のままであったことが判明し、結果的に金堂の屋根は、強い屋垂みを持ち、破風の幅が小さく、妻飾りは叉首組で、その叉首棹にも反りがあることがわかった（口絵2・3）。その調査を担当した浅野清は「飛鳥様式」について「類例を絶した強いたるみの屋根となる（中略）この高く鋭い感じを、妻飾叉首の反りと、この入母屋屋根の異常な撓みが巧みに強調している」と、屋根の屋垂みが叉首棹の反りと紐帯で結合されて「崇高で、力の緊張の極み」という芸術的性格を生み出していると主張した（『法隆寺』弘文堂、一九四八）。つまり、さきの天沼による様式評価を覆して、新たな「飛鳥様式」の見方を提示したのである。

この例は、再現すべきものとされた〈建築様式〉は、修理に伴って行われる学術調査によって左右されうるものであり、それは固定的な修理の目標点であるというよりも、修理当事者によって発見された新たな価値を身に纏った「創造物」と言うべきものであったと

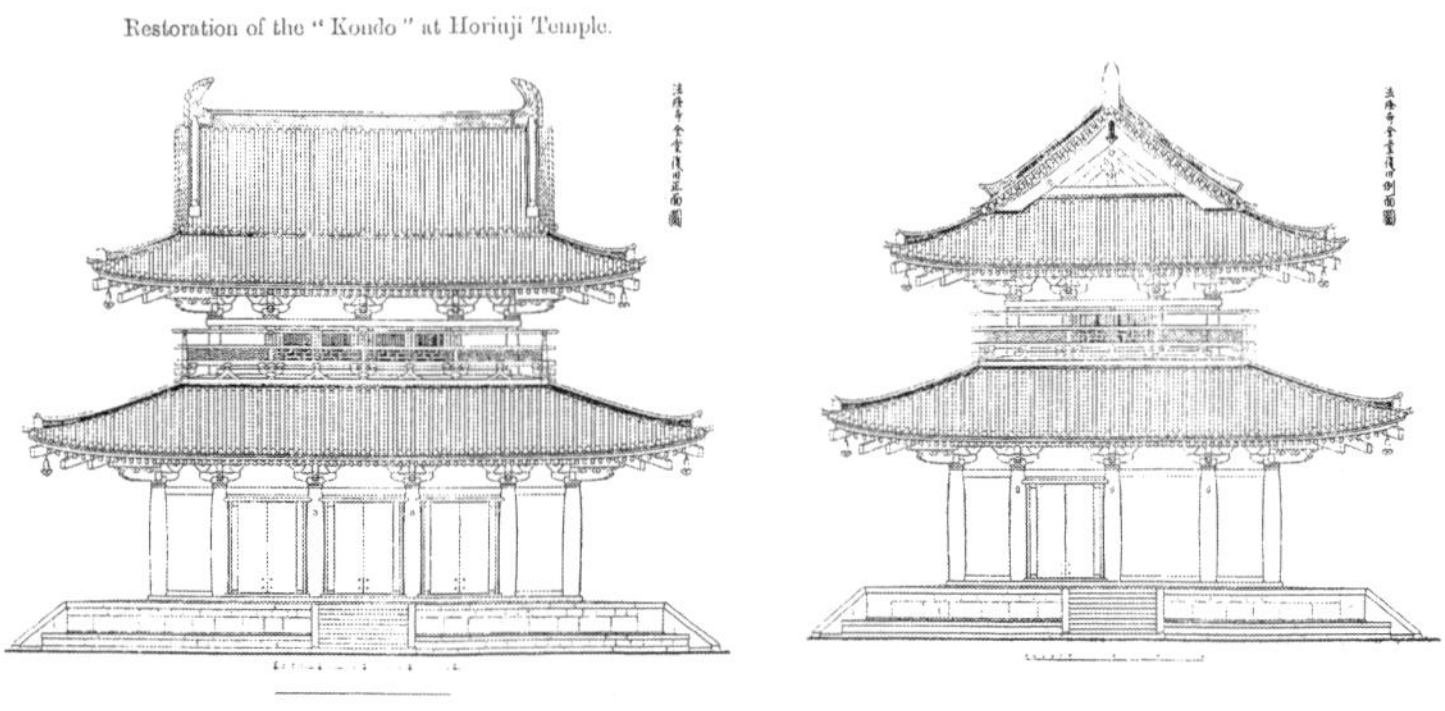

図2　天沼俊一による法隆寺金堂復原案（明治43年）

いうことをよく示している。

　とすれば、復元主義とは、本来虚構であるはずの建物の原型を（近代的科学を適用して）ある一定の正統性をもつものとして再創造し、模擬的に原点回帰させるものであったと見ることもできよう。建物の構成材を全て解体し、建物の敷地を一度更地にした上で、古材を使いながら組み立て直すという「解体修理」は、「復原」の問題を脇に置いても、古材を用いた建築的行為というべきものであった。文化財に指定された建築は、この解体修理が行われる度に、原型の再解釈と原点回帰を繰り返し、そのことによって建築主《クライアント》（近代においては国家）の正統性を持続的に担保しながら、同時にその副産物として文化＝伝統が創造され、継承される。解体修理＝復原修理という近代が生み出した制度には、三島由紀夫が「文化防衛論」（一九六八）の中で指摘した、伊勢神宮の式年造替に代表される「再帰性」という日本文化の根源的性格の一つがよく現れていると考えられる。

図3　法隆寺伝法堂（修理竣工後）

しかし、復元主義が原型への模擬的な回帰をめざすものであったとすれば、保存行為の主体である修理技術者は、創建当初の創造者と「同一化」される必要がある。その契機がなければ、解体修理というリスクの大きい制度の妥当性は保証されないであろう。このことがよく理解される具体例をあげれば、法隆寺伝法堂修理において浅野清が、破風の復原考察を進めながら、その微妙な曲線の形を決定したプロセスについて後年左のように述べていることである（図3）。

「それにしてもいざ具体的に形をつくるとなると、細部の決定では造形的に大変な苦労があった。妻の木組ができてから、そこに原寸大の型枠をあてて、大岡さんと二人で修正に修正を加えて決定したのであるが、曲線というものは、一ミリや二ミリのけずり取りによって、形がころりと変わって見えてくるのには当事者であるわれわれも驚いたのである。」

（浅野清『古寺解体』学生社、一九六九、一三五頁）

つまり、たとえ学術調査によって部材の曲線の五点が定まり、大体の曲線の性質が明らかにされても、曲線の詳細までを決定するには至らず、「一ミリや二ミリのけずり取り」を行うような細かい修正には、当事者の美的感覚が避けがたく介在するのである。そして、その一ミリの修正こそ、修理竣工後の建物の印象を決定付けるものにもなり得るのである。こうしてみると、「復原」とは、修理担当者が主体的にその建築を解釈しつつ、当初の創造者に共感し、同一化することによってはじめて成立するものであることが理解されよう。修理技術者は、解体修理を行う限り、「保存」＝建築行為の傍観者ではあり得ないのである。

その一方で、序論一節でも述べたように、文化財修理事業には、国家が自らの正統性保持のために由緒正しい歴史的建築の「保存」を企図するという政治的側面があった。そうした保存の内包する政治的空間の広がりを考えれば、ひとりの技術者の思想など取るに足らぬもののようにも思えてくる。だが、むしろそうした政治的要請によって完全遂行を阻まれた集合的個人の理想像の結末にこそ、近代の保存修理の本質と矛盾が刻印されているという点を忘れてはならない。

近代国家の成立基盤としての「国民」の文化的統合を促すために、「文化財」は古びて見えてこそ、分かり易くその存在意義をアピールできる。それゆえ原型を再現する復元主義に対しては、古社寺保存法が制定された明治三〇年以来、近代の修理事業を通じて繰り返し批判があったことは本書で詳述した通りである。「復原」批判者は、後世改変部にも残すべき価値があると主張するものも含めて〈時間の経過〉を尊重する立場から、原点回帰すると不可避的に消去されてしまう「古さ」を残すことを主張しており、それは一種の批判様式と呼べるような論理の——というより感情の——一つの型であった。むろん復元主義者であっても後世改変部を無価値と考えるものは存在せず、彼らは文化財を単なる歴史資料としてだけではなく、それ以上の意義を持つ社会的存在と見ていたから、事の軽重を計って原型再現を優先させていたのである。伝法堂修理に対する大岡實の意見書に示されていたように（第一章六節）、伝法堂を奈良時代の姿に復原するときの価値と、慶長時代の修理の痕跡（建物の歴史性）を残すときの価値を秤にかけ、そのどちらが社会にとってより有益かを判断しなければならないのであり、それには建築史学の正しい知識を持つことはいうまでもなく、建築の良し悪しを評価できる意匠的な能力や、一般歴史学その他の周辺領域についての広範な知識が要求される。この「事の軽重を計る」ためのバランス感覚と高度な判断能力こそ、「修理技術者」という職能集団に求められるものでもあった。

解体修理＝復原修理という復元主義の論理に対抗しうる別の論理は結局生まれなかったから、一〇〇年という長きにわたって、事ある度に同様の批判が繰り返された。後世改変部を残しつつ古材（当初材に限らず後世材も含む）を再用せよとか、修理で取り替えられた新材に古色塗りを施せといった主張をみると、「復原」批判者が望んでいたのは究極的には建物の外見上の「古さ」にすぎなかったことがよくわかる。「古色塗り」は建物の色を〈建築様式〉から注意深く排除することにより、両者の対立を調停しようとするものであったと捉えることができるが、原型再現と〈時間の経過〉保存の間——換言すれば理性と感情の間——に横たわる矛盾は、そうした表層的な手法で済まされないほど本質的なものであった。明治中期以来、現在に至るまで呆れるほど議論が進展しない「復原」是非問題の背後には、この本質的な「矛盾」の存在があったのである。

他方、原型の再現は、建物の「維持」＝永久保存を目指すという近代修理の存在意義《レゾンデートル》ともしばしば対立する。なぜなら、〈建築様式〉と不可分の関係に位置づけられた創建当初の「技術」は、建物維持の観点から不完全なものと見られることが多いからである。そのことを示す好個の例が法隆寺金堂・五重塔であった。当初の構造に「欠陥」があるとされたこれらの建物で、原型を再現しようとすると、そもそもの構造的「欠陥」が露呈してしまうから、そのかわりに何らかの構造補強を講じなければならない。そこで、鉄骨で補強する案が提示されたが、それによると創建時の構造システム（荷重の伝達経路）が改変され、当初の〈建築様式〉の重要な技術的基盤が失われることになってしまう。昭和初期には「技術」という保存すべき新たな価値が「発見」され、それが保存科学の進展を裏で支えたが、その「発見」は保存修理に新たな矛盾を生み出す結果にもなったのである。

＊

しかし、こうした矛盾の存在は、建築を保存することの社会的意義を決して損なうものではなく、むしろ「保存」という行為の本質を明るみに出し、その社会的意義の大きさを再認識させてくれる。

元来、一時代における一社会の有する文化概念は、その社会の中の既存の文化的事象から価値あるものが選択され、再構成され、ときには大きく変革されたりしながら形成されていくものであるが、その過程においては、主体的な意志を有する個人の存在が不可欠であり、そうした個人の総体こそが文化社会の母胎となる。というのも、「文化」の発信源としての「文化財」に対峙する個人個人が、ただ受動的に過去の「文化」を傍観している限り、いずれ文化の生命は失われるから、一つの社会のなかに本物の「文化」が形成されるには、個人個人が能動的に文化的事象に関わりを持つ必要があるからである。すなわち、主体なくして「文化」は生まれないのである。文化概念は、社会を構成する個人が既存の「文化」を解釈し、それを再現しつつ、実践することを通して、社会のなかに醸成されていくものであり、必然的にそれは同時代に支配的なものの見方とか、生活水準とか、感覚的嗜好とかの時代的特性を映し出す。だから「文化」とは常に流動的である。

むろん建築の保存も、こうした文化創造の営みの一つである。ここで文化財保護法第一条（一九五〇）に「文化財を保存し、且つ、その活用を図り、もつて国民の文化的向上に資する」（傍点引用者）と記されていることを想起されたい。「文化財」に指定された歴史的建築は、歴史資料としてだけ社会の中に存在するのではなく、そこから社会構成員が——近代的文化財においては「国民」が、現代的文化財においては「市民」が——その社会の文化＝伝統を感じ取り、それを同時代に継承し、実践するための古典となるべきものである。「文化財」がそのように存在してこそ、それは「国民の文化的向上に資する」ものとなり得るのである。

しかし、文化概念はたえず変容するから、歴史的建築の持つ文化的価値が時代とともに変化するのは必然である。したがって、残しておくべき完璧な状態のままで過去の建物が存在することはあり得ず、保存という行為はある程度の現状の変革を必ず伴うこととなる。見る人の感性や思想や立場によって歴史的建築の解釈は多様であり、それが多様であればあるほど、「保存」は難しい問題を抱え込むことになる。「保存」というと、いかにも現状をそのままの状態で凍結的に残すことのように聞こえるけれども、そうすることは必ずしもその建物の価値を維持することにはならないのである。むしろ逆に「保存」という行為の現場においては、新たな価値が必ず発見されているということを忘れてはならない。

歴史的建築を「保存」するという行為は、時代に即した新たな文化価値をその建物の中に発見しつつ、その建物の建築意匠＝〈建築様式〉を解釈し、その解釈にもとづき、その文化価値が社会の中で最大限に発揮されるように再現することである。

建築の保存修理におけるそうした解釈と再現は、いうまでもなく「保存」行為の主体である修理技術者（修復建築家）によって行われる。本書で明らかにしたように、昭和前半期の修理技術者たちは、歴史的建築に内在する当初の建築意匠＝〈建築様式〉の典型性に価値を見出し、後世にそれが破壊されたところを当初の状態に「復原」しつつ、それを実体化しようとしていたが、修理で実際に「復原」の方針がとられたか否かという問題は、じつはさほど重要ではない。むしろ、どのような修理方針であっても、彼らがその建物の原型を主体的に解釈し、再現しようとしていたということのほうが、はるかに重要である。もとより歴史的建築の保存修理には前述のような本質的な矛盾が内在しているから、彼らの理想は決して完全なかたちでは実現されることはないであろう。しかし、それにもかかわらず、それは目指されなければならない。なぜなら、その主体的意志の存在こそが、「文化」を創造的に継承するうえで不可欠の契機となるからである。

資料編

資料1　国宝保存法（昭和四年三月二十八日法律第十七号）

第一条　建造物、宝物其ノ他ノ物件ニシテ特ニ歴史ノ証徴又ハ美術ノ模範ト為ルベキモノハ主務大臣国宝保存会ニ諮問シ之ヲ国宝トシテ指定スルコトヲ得

第二条　主務大臣前条ノ規定ニ依ル指定ヲ為シタルトキハ其ノ旨ヲ官報ヲ以テ告示シ且当該物件ノ所有者ニ通知ス

第三条　国宝ハ之ヲ輸出又ハ移出スルコトヲ得ズ但シ主務大臣ノ許可ヲ受ケタルトキハ此ノ限ニ在ラズ

第四条　国宝ノ現状ヲ変更セントスルトキハ主務大臣ノ許可ヲ受クベシ但シ維持修理ヲ為スハ此ノ限ニ在ラズ

第五条　主務大臣前二条ノ規定ニ依ル許可ヲ為サントスルトキハ国宝保存会ニ諮問スベシ

第六条　国宝ノ所有者ニ変更アリタルトキハ命令ノ定ムル所ニ依リ所有者ヨリ主務大臣ニ届出ヲ為スベシ国宝滅失又ハ毀損シタルトキ亦同ジ

第七条　国宝ノ所有者ハ主務大臣ノ命令ニ依リ一年内ノ期間ヲ限リ帝室、官立又ハ公立ノ博物館又ハ美術館ニ其ノ国宝ヲ出陳スル義務アルモノトス但シ祭祀法用又ハ公務執行ノ為必要アルトキ其ノ他已ムコトヲ得ザル事由アルトキハ此ノ限ニ在ラズ前項ノ命令ニ対シテ不服アル者ハ訴願ヲ為スコトヲ得

第八条　前条ノ規定ニ依リテ国宝ヲ出陳シタル者ニ対シテ命令ノ定ムル所ニ依リ国庫ヨリ補給金ヲ交付ス

第九条　第七条ノ規定ニ依リテ出陳シタル国宝其ノ出陳中滅失又ハ毀損シタルトキハ命令ノ定ムル所ニ依リ国庫ヨリ其ノ所有者ニ対シ通常生ズベキ損害ヲ補償ス但シ不可抗力ニ因リタル場合ハ此ノ限ニ在ラズ

前項ノ損害補償額ハ主務大臣之ヲ決定ス其ノ決定ニ対シテ不服アル者ハ決定通知ノ日ヨリ三月内ニ通常裁判所ニ出訴スルコトヲ得

第十条　第七条ノ規定ニ依リテ出陳シタル国宝ニ付其ノ出陳中所有者ノ変更アリタルトキハ新所有者ハ当該国宝ニ関シ本法ニ規定スル旧所有者ノ権利義務ヲ承継ス

第十一条　公益上其ノ他特殊ノ事由ニ依リ必要アルトキハ主務大臣国宝保存会ニ諮問シ国宝ノ指定解除ヲ為スコトヲ得主務大臣前項ノ規定ニ依ル指定解除ヲ為シタルトキハ其ノ旨ヲ官報ヲ以テ告示シ且当該物件ノ所有者ニ通知ス

第十二条　神社又ハ寺院（佛堂ヲ含ム以下同ジ）ノ所有ニ属スル国宝ハ神社ニ在リテハ神職（官国幣社ニ在リテハ宮司、府県郷社ニ在リテハ社司、村社以下ニ在リテハ社掌）、寺院ニ在リテハ住職（佛堂ニ在リテハ受持僧侶）之ヲ管理ス但シ主務大臣ノ許可ヲ受ケ別ニ管理者ヲ定ムルコトヲ得

第十三条　神社又ハ寺院ノ所有ニ属スル国宝ハ之ヲ処分シ、担保ニ供シ又ハ差押フルコトヲ得ズ但シ主務大臣ノ許可ヲ受ケ処分シ又ハ担保ニ供スルハ此ノ限ニ在ラズ主務大臣前項ノ規定ニ依ル許可ヲ為サントスルトキハ国宝保存会ニ諮問スベシ主務大臣ノ許可ヲ受ケズシテ神社又ハ寺院ノ所有ニ属スル国宝ハ之ヲ処分シ又ハ担保ニ供シタルトキハ之ヲ無効トス

第十四条　神社又ハ寺院其ノ所有ニ属スル国宝ヲ維持修理スルコト能ハザルトキハ主務大臣国宝保存会ニ諮問シ之ニ対シ補助金ヲ交付スルコトヲ得特ニ必要アルトキハ神社又ハ寺院以外ノモノノ所有ニ属スル国宝ニ付前項ノ規定ヲ準用ス

第十五条　補助金ハ予算額ヲ以テ之ヲ交付スルコトヲ得此ノ場合ニ於テ精算ノ上剰余アルトキハ之ヲ還付セシムルコトヲ得

第十六条　補助金及補給金トシテ国庫ヨリ支出スベキ金額ハ毎年度十五万円以上二十万円以下トス前項ノ金額ノ外特ニ必要アルトキハ予算ノ定ムル所ニ依リ臨時ニ補助金又ハ補給金ヲ支出スルコトヲ得

第十七条　国宝保存会ノ組織及権限ニ関スル事項ハ本法ニ規定スルモノノ外勅令ヲ以テ之ヲ定ム

第十八条　神社又ハ寺院ノ所有ニ属スル国宝ノ管理ニ関スル事項ハ命令ヲ以テ之ヲ定ム

第十九条　国ノ所有ニ属スル国宝ニ関シテハ勅令ヲ以テ別段ノ定ヲ為スコトヲ得

第二十条　主務大臣ノ許可ナクシテ国宝ヲ輸出又ハ移出シタル者ハ五年以下ノ懲役若ハ禁錮又ハ二千円以下ノ罰金ニ処ス

第二十一条　国宝ヲ損壊、毀棄又ハ隠匿シタル者ハ五年以下ノ懲役若ハ禁錮又ハ五百円以下ノ罰金ニ処ス

前項ノ国宝自己ノ所有ニ係ルトキハ二年以下ノ懲役若ハ禁錮又ハ二百円以下ノ罰金若ハ科料ニ処ス

第二十二条　第四条ノ規定ニ違反シ許可ヲ受クベキ者之ヲ受ケズシテ国宝ノ現状ヲ変更シタルトキハ五百円以下ノ過料ニ処ス

第二十三条　第六条ノ規定ニ違反シ届出ヲ為サザル者ハ百円以下ノ過料ニ処ス

第二十四条　第七条ノ規定ニ依リテ出陳シタル国宝ノ管理者又ハ神社若ハ寺院ノ所有ニ属スル国宝ノ管理者怠慢ニ因リ其ノ管理スル国宝ヲ滅失又ハ毀損スルニ至ラシメタルトキハ五百円以下ノ過料ニ処ス

第二十五条　非訟事件手続法第二百六条乃至第二百八条ノ規定ハ本法ニ規定スル過料ニ付之ヲ準用ス

附則（略）

資料2　「国宝建造物維持修理要項」（昭和十五年三月七日文部次官決定）

（『国宝保存総規・重要美術品等保存総規』国立公文書館蔵、3A-032-07・昭59文部02534100）

第一　維持修理ノ意義

国宝建造物ノ維持修理トハ国宝建造物ノ保存ノ為当該建造物ヲ修繕シ尚之ニ附随シテ必要ナル保存施設（防火施設、避雷施設、排水施設、防虫施設、保護柵、覆屋、標識、注意札等）ヲ講ズルコトヲ謂フ

第二　維持修理ノ方針

（一）維持修理ニ於テハ建造物ノ腐朽破損ノ修繕ヲ主トシ従前ノ構造意匠及形式手法ヲ維持スルト共ニ努メテ古材ヲ使用スルコト

（二）維持修理ニ於テハ左ノ場合ニ限リ現状変更ヲ認ムルコト

イ、建造物自体ノ保存上已ムヲ得ザル場合

ロ、建造物ノ構造意匠又ハ形式手法ノ保存上特ニ復旧ノ必要アル場合

（三）維持修理ニ於テハ調書、写眞、摺拓本、図面ニ依ル記録ヲ調製保存スルコト尚特ニ必要アリト認メラルルトキハ模型、模写等ヲモ作成保存スルコト

（四）維持修理、現状変更等ノ際発見セラレタル佛像、経文、器物、銘文、棟札、埋蔵物ノ類ハ特別ノ事由アル場合ノ外旧状ノ通之ヲ保存スルコト

（五）維持修理ニ際シ使用不能トナリタル古材ニシテ學術上又ハ由緒上保存スベキ価値アリト認メラルルモノハ適当ナル方法ニ依リ之ヲ保存スルコト

第三　維持修理ノ種別

維持修理ハ建造物ノ維持修理ヲ必要トスル程度ニ應ジ凡ソ左ノ三種ニ区分スルコト

イ、甲種

軸部ノ腐朽破損、弛緩、傾倚等ヲ来シタルモノノ維持修理ニシテ建造物ノ解体ヲ必要トスル程度ノモノヲ謂フ

ロ、乙種

軒廻、椽廻、床廻等腐朽破損シ軸部ニ腐朽破損ノ及バントスルモノノ維持修理ニシテ建造物ノ部分的解体ヲ必要トスル程度ノモノヲ謂フ

ハ、丙種

屋根腐朽破損シ小屋組、軒廻等ニ腐朽破損ノ及バントスルモノノ維持修理ニシテ屋根葺替ヲ必要トスル程度ノモノヲ謂フ

第四　維持修理ノ計画

一、維持修理計画ノ順序

（一）保存状況ノ調査

文部省ニ於テ全国国宝建造物ノ保存状況ヲ調査スルコト

（二）要維持修理物件ノ選定及指示

保存状況ノ調査ニ基キ維持修理ノ必要アリト認メラルル建造物ヲ選定シ其ノ所有者ヲシテ維持修理費、維持修理設計等ニ関シ必要ナル準備ヲ為サシムルヤウ指示スルコト

(三) 維持修理設計書ノ作成

文部省又ハ専任ノ技術職員ヲ常駐シタル道府県ニ於テハ所有者ノ委嘱アルトキハ維持修理設計調査ヲ行ヒ維持修理設計書ヲ作成スルコト

(四) 補助金交付申請書ノ提出及所有者ノ負担能力ノ調査

イ、補助金交付ヲ受ケ維持修理ヲ為サントスル所有者ヲシテ維持修理設計書ヲ添ヘ申請書ヲ提出セシムルコト

ロ、補助金交付申請書ノ提出アリタルモノニ付其ノ所有者ノ負担能力ヲ調査スルコト負担能力ノ調査ニ付テハ別ニ定ムル所ニ依ルコト

(五) 補助金交付見込建造物及交付見込額ノ決定

イ、負担能力ノ調査ニ基キ補助金交付ニ依リ維持修理ヲ為スベキ見込ノ建造物及其補助金交付見込額ヲ決定スルコト

ロ、補助金交付ニ依リ維持修理ヲ為スベキ見込ノ建造物ノ決定ハ左ノ順位ニ依ルコト

(甲) 物件ニ依ル順位

(イ) 維持修理ノ急ヲ要スルモノ

(ロ) 建造物トシテノ価値高キモノ

(乙) 所有者ニ依ル順位

(イ) 社寺有ノモノ

(ロ) 公共団体有ノモノ及個人有ノモノ

ハ、補助金交付見込額算出標準ニ付テハ別ニ定ムル所ニ依ルコト

二、毎年度維持修理計画ノ樹立

毎年度維持修理計画ハ凡ソ左ノ各項ニ付前年度末迄ニ之ヲ樹立スルコト

(一) 保存状況ノ調査

(二) 補助金交付見込建造物及補助金交付見込額ノ決定

(三) 次年度維持修理見込建造物ニ関スル補助金交付申請書ノ提出及所有者負担能力ノ調査

(四) 第三年度維持修理見込建造物ニ関スル要維持修理物件ノ選定及指示並ニ維持修理設計書ノ作成

第五 維持修理ノ施行

一、維持修理ノ委託

(一) 補助金交付ニ依ル維持修理ノ施行ハ文部省ニ於テ適当ト認ムル者ニ之ヲ委託セシムルコト

但シ丙種ニ属スルモノ又ハ所有者ニシテ施行ノ能力アリト認メラルルモノニ在リテハ之ヲ委託セシメザル場合アルベキコト

(二) 自費ニ依ル維持修理ノ施行ニシテ所有者ノ委嘱アルトキハ文部省ニ於テ適当ト認ムル者ニ之ヲ委託セシムル場合アルベキコト

二、維持修理施行ノ手順

（一）補助金交付ニ依ル維持修理ノ施行ニ関スル手続ニ付テハ別ニ定ムル所ニ依ルコト

（二）自費ニ依ル維持修理ハ着手及竣成ノ際工事概要ヲ具シ文部省ニ届出デシムルコト尚必要アルトキハ写眞及図面等ヲ添付セシムルコト

三、維持修理ノ現場職員

（一）委託ニ依ル維持修理ノ現場職員ハ文部省ニ於テ之ヲ推薦スルコト

（二）委託ニ依ル維持修理ノ中甲種又ハ乙種ニ属スルモノノ現場職員ハ修理主任一名及修理助手若干名トスルコト但シ工事ノ性質上必要アルトキハ修理監督一名ヲ置クコト

（三）委託ニ依ラザル維持修理ノ現場職員ハ所有者ノ委嘱アルトキハ文部省ニ於テ之ヲ推薦スル場合アルベキコト

第六　維持修理ノ監督

一、補助金交付ニ依ル維持修理ノ監督

（一）補助金交付ニ依ル維持修理ハ特別ノ事情アル場合ヲ除クノ外其ノ監督ノ権限ヲ地方長官ニ委任スルコト

（二）補助金交付ニ依ル維持修理ノ監督ハ概ネ左ノ方法ニ依ルコト

イ、維持修理ノ監督ノ権限ヲ地方長官ニ委任セザル場合ノ監督
文部省ニ於テ現場ニ就キ指導監督ヲ為シ尚随時文書等ニ依リ指示スルコト

ロ、維持修理ノ監督ノ権限ヲ地方長官ニ委任シタル場合ノ監督

（甲）専任技術職員ヲ常置シタル道府県ノ場合
当該道府県ニ於テ其ノ監督方法ヲ適当ニ決定セシムルコト但シ必要アリト認メタルトキハ文部省ニ於テ現場ニ就キ指導監督ヲ為シ又ハ文書等ニ依リ指示スルコト

（乙）専任技術職員ヲ常置セザル道府県ノ場合
当該道府県ニ於テ其ノ監督方法ヲ適当ニ決定セシムルモ甲種又ハ乙種ニ属スル維持修理ニ在リテハ文部省ニ於テ凡ソ左ノ場合ニ現場ニ就キ指導監督ヲ為シ尚随時文書等ニ依リ指示スルコト

（イ）維持修理着手ノトキ

（ロ）建造物解放ノトキ

（ハ）實施設計樹立ノトキ

（ニ）維持修理竣成ノトキ

二、自費ニ依ル維持修理ノ指導

（一）委託ニ依ル維持修理ニ付テハ文部省ニ於テ技術上ノ指導ヲ為スコト

（二）委託ニ依ラザル維持修理ニ付テハ所有者ノ委嘱アルトキハ文部省ニ於テ技術上ノ指導ヲ為スコト

資料3　古宇田實「法隆寺東院伝法堂ノ修理ニ就テ」（昭和一五年）

（『法隆寺大講堂、伝法堂復原関係資料』所収、大岡實博士文庫書類資料、川崎市立日本民家園蔵、6‐11‐31‐3）

伝法堂ノ修理ニ就テハ解体調査ト部材発見等ニ依テ大体左ノ二ツノ異ル手段ガ考慮サレル

（一）復原資料完備セルモノトシテ伝法堂創建当初ノ奈良時代形式ニ徹底的復原ヲ至当トナスモノ

右方針ニ依ル現状変更案大要左ノ通リ

（イ）戸口、窓、長押ノ位置及構造ノ復原変更、貫類ノ撤去、斗栱桁等ノ形式復原

（ロ）内部間仕切壁及来迎壁ノ一部撤去

（ハ）床構造ノ復旧、佛壇ノ撤去等

（ニ）北側ノ一ト軒ヲ二タ軒ニ復原、破風板懸魚等の推想復原等

（二）復原資料未ダ充分備ハツテ居ラヌト認メ且ツ工費ノ大増額ト工期々間ノ相当延長ヲ要スルカラコレヲ現状維持程度ニ止メ構造其ノ他止ムヲ得ザル場合ニハ復原資料ニ基キ部分的復旧ヲナスベキモノトスルモノ。

而シテ前者（一）ヲ主張スルモノモ若シ徹底的ニ復原シ得ラレザル場合ハ中途半端ナ復原ハコレヲ避ケ寧ロ後者ノ方法ニ依ルヲ至当トス、尚前者ノ主張理由ヲ擧ゲレバ

（一）徹底的復原ヲ主張スル理由

（イ）旧構造形式ノ保存ヲ必要トス

今回発見ノ旧構造形式ニ対スル資料ハ殆ント完備セルニ付之ニ依テ復原スル時ハ良ク伝法堂創建当初ノ俤ヲ彷彿スルコトガ出来ル、コノ種遺構ノ尠キ折カラ此復原ハ貴重ナルモノデアル

（発見セル資料ニハ文献ヲ伴フモノナク或ハ一人単獨ノ調査ニ基キ他ノ人ハソノ所説ヲ■テ判断セルモノガ多イ、又現在建造物ノ維持ヨリモ形式保存ニ重キヲ置クモノトナリ多量ノ新材ト変ハルカラ寧ロ国宝価値ヲ滅スルヤノ疑ガ生スル）

（ロ）現在ノ構造形式ハ旧構造形式ノ破壊デアルカラ当然復原セヨ

現在ノ構造形式ハ主トシテ慶長ノ修理ニヨツテ創建当初ノ形式ガ破壊サレタモノデアルカラコレヲ元ノ状態ニ復スルコトガ修理上当然デアル

（ハ）汚点ヲ去ルベシ

伝法堂ハ創建以来幾多変遷シテ居ルガ元ノ状態ヨリ良クナツテ居ル処ハ少シモナク、立派ナモノニ汚点ヲ印セラレタ状態デアルカラ修理ノ機会ニコレ等汚点ヲ拭ヒ去ツテ元ノ立派ナ状態ニ復スルコトハ当然ナスベキ事柄デアル。

（後世ノ修理ニ当テハ自然当時ノ社会情勢ヤ経済事情ガ関係スルカラ或ル程度ニソノ時ノ歴史的価値ガ伴ハル、モノデアロウ、コレヲ簡単ニ（ロ）（ハ）ノ如ク破壊ダ汚点ダト排除スルワケニ行カヌモノモアロウ殊ニ慶長ノ時トソレ以前ノモノトガ混入シテ区別判然セヌ部分モアロウカラ■テ慎重ノ考慮ヲ必要トスル。原状ニ戻ストナレバ塗装

ニ於テ当然当初ノ如ク全部新シク塗リ直サネバ意義ヲナサヌコトニ思ハレル）

（ニ）伝法堂ハ奈良時代ノ建物デアルカラ其時代ノモノニモドセ

伝法堂ハ奈良時代ノ構造形式ヲ保有スル処ニ価値ガアルノデアツテコノ構造形式ノ保存ニ主力ヲ注グベキモノデアル、従ツテ之レガ為メニハ慶長修理ノ形式ハ捨テ去ツテモ惜シクナイモノデアル

（コレニ対シテハ反対ヲ主張スル理由ヲモ対比スルコトガ必要ダガ若シコノ主張ヲ納ル、トスレバ、金堂、ノ如キ更ニ重要ナルモノニ於テハ裳階上四隅ノ鬼、上層四隅龍ノ支柱ノ如キハ議論ノ余地ナク排除スベキモノトナリ、或ハ裳階其物ノ保存モ問題トナル恐レガアル）

（ホ）証拠湮滅ノ恐レアリ

今ニシテ復原セザレバ将来復原スルコト不可能トナルヤモ知レズ、資料最モ完備セル際ニ復原スベキデアル

（事務所ニ於テ会議ノ結果ハ資料ニ尚ホ不備アルモノト認メ殊ニ何等文献ノ伴ハヌノヲ遺憾トシテ居ル、又資料トナル取換材モ其儘■■保存出来レバヨロシイガ時ノ経過ト共ニ失ノ恐レモアリ殊ニ修理ニ利用スレバ、ソノ部分ハ新材ト更ハリ取換ヘラレタル旧材ハ姿ヲ消シ反テ証拠隠滅ノ恐レガアル。建物其物ハ形式コソ復原サレルガ新シキ部材ガ多量トナリテ国宝価値ヲ■■スル様ニ思ハレル反之証拠資料ヲ整理保存スレバ将来コレニ依テ復原スルコトモ可能デアルガ反対ニ些カタリトモ疑問ノ存スル復原ヲナス時若シ将来更ニ反対ノ資料ヤ文献ガ出タ時ハ取リカヘシノツカヌコトニナル）

（二）復原反対ヲ主張スル理由

（イ）旧構造形式ノ保存ハ他ノ方法ニ依ル方ガ完全デアル

現在ノ建物ヲ奈良時代ノ創建当時ノ形式ニ復原スル場合ハ古材再用ノ都合ト工費ノ増大工事期間ノ延長関係等モアツテ夫等ノ■肘ヲ受クル為メニ発見セル資料ヲ全部活用シテ徹底的ニ復原スルコトハ実際問題トシテ不可能デアル、況ンヤ資料ニハ何等文献ガ伴ハズ、資料其物ニモ尚ホ些カ不備ノ点モアルカラ徹底的復原ハ疑問デアルコレニ反シ模型ニ依ル時ハ徹底的復原ハ勿論、必要ニ応ジテハ二通リモ三通リモ変ツタ復原モ出来ル

今回発見ノ資料ニヨリ少クモ左ノ二ツノ模型ヲ作ル必要ガアロウ

（1）創建当初ノ七間堂復原全体模型　縮尺二十分一

（2）右七間堂戸口、窓、床構造部分模型　縮尺五分一

尚ホ出来レバ別ニ推定五間堂復原模型（伝法堂前身建物）

（ロ）国宝ノ保存ハ形式ノミノ保存デハナイ筈デアル

現在ノ伝法堂ハ創建以来幾変遷ノ歴史ヲ持ツ建物デアルカラ、現在ノ構造形式ガ旧構造形式ノ破壊デアルトカ汚点デアルトカイウコトハ出来ナイ従ツテコレ等ノ歴史ヲ抹殺シ古材ヲ取リ外シテ新材ヲ以テ旧形式ニ復原スルコトハ形式偏重ノ保存トナル

（ハ）伝法堂ニ二種類ハ無イ

創建当初（五間堂ヲ移シテ七間堂ニ改造セルモノ）ノ奈良時代ノ構造形式ヲ持ツ伝法堂ト慶長修理ノ形式ノ加ハツタ伝法堂トガ假リニ二種類存在スルトスレバ前者ヨリモ後者ノ方ガ保存価値少ナイト云フコトガ出来ルカモ知レヌガ現存ノモノハ慶長修理ニヨツテ変

更サレタ伝法堂ノミデ又ソレガ本体デアルカラ、ソノ形式ノミヲ復原シタ修■伝法堂トノ比較ハ形式ノ上ダケデ全体価値ヲ簡単ニ定メルコトハ出来ナイ従ツテ慶長修理ノ形式ハ捨テ去ツテモ惜シクナイト云ヒキルコトハ不都合デアル。

（ニ）■挙ヲ慎ム

今回発見ノ旧構造形式ハ綿密周到ノ調査ニ依ツタモノデアルカラ其大綱ニ於テハ正鵠ヲ得タモノト認メテ差支ナイガ尚ホ完全ナリト認メ得ザル点モアリ細部ニ至リテハ未ダ不明ノ点モアリ現在モ尚新材料ノ発見モアル位デ、将来新事実及文献等ノ発見ニヨリ再変更ヲ余儀ナクサレル点無キヲ保シ難イトスレバ暫ク貸スニ時ヲ以テシ■挙ヲ慎ム意味ニ於テモ建物ハ現状ノ形式ノ儘保存スルコトヲ適当且ツ■切ト認メル

（ホ）証拠湮滅ノ度ハ同ジデアル

建物ヲ復原シテモセナクトモ復原資料又ハ証拠ノ湮滅スル度合ハ同ジデアツテ新材ヲ以テ復原シタ部材ハ証拠ニハナラナイ

（ヘ）国宝建造物維持修理要項

昭和十五年三月七日文部次官裁定ノ標記要項中現状変更ハ左ノ場合ニ限ルコトガ明記サレテアル即チ

（イ）建造物自体ノ保存上已ムヲ得ザル場合。

（ロ）建造物ノ構造意匠又ハ形式手法ノ保存上特ニ復原ノ必要アル場合

右ニ依レバ（イ）ニ該当シテハ現在ノ建造物自体ノ保存上ニハ現状ノ儘ニテ支障ガ無ク。又（ロ）ニ関シテハ現建物ノ構造意匠又ハ形式手法ニ就テ見ルニ今回ノ発見資料ハ貴重ナルモノデアルガコレガ保存ニハ模型其他ノ方法ニ依ルヲ至当ト思フ、特ニ現状ヲ変更シテ復原シテモ他ノ関係ガアツテ純粋ナ徹底的ノ構造形式ノ保存ニハナラナイカラ、復原スル必要モナイ

（ト）部分的部材ノ整備ハ必要デアル

現状ノ形式ヲ保存スル場合デモ部分的ニハ多少ノ変更ニヨル復旧モ必要トナル

以上ハ現状変更要否ノ対立主張ノ大要デアルガ更ニ工事々務所主脳部ガ数回調査ト討議研究ニ基キ所長トシテノ所感ヲ述ベテ見様、

我邦現下ノ非常時局ニ際シ各所ノ資材不足、消費増大ハ国力上眞ニ患フベキモノガアルノデ政府当局ガ軍需品ヲ含ム生産力擴充ノ急務ト消費ノ節約不急不用物件ノ製作禁止又ハ延期ガ唱ヘラレソレニツキ国民ノ強大ナル協力ト深甚ナル考慮トガ要求セラレテヲル、シカモ物資制限割当配給漸ク序ニ就イテ来タニモ係ラズ尚ホ建設材料等ニ於ケル不足一層甚ダシク国策推進ノ上ニモ實力ノ及バヌ状態ニアル此ノ時ニ当ツテ我等国家ノ命ヲ奉ジテ国宝保存事業ニ従ウモノ亦相当苦慮サセラル、モノガアル。伝法堂修理工事ニ就テモ現在其資材ヲ得ルコト非常ニ困難デ大工、請工人、人夫等ノ轉■、離反等甚ダシク是等施工要素ノ欲乏ト現時ノ国策トニ鑑ミ自然消極的ナラザルヲ得ヌ状態ニアル

此ノ時ニ当テ修理技術者間ノ一部ニハ伝法堂ノ如キ優秀ナル奈良時代建造物修理ニ当リテ慶長以後ノ修理ノ如キハ奈良時代形式ヲ

冒潰破壊スルモノトシテ創建当初ノ形式ニ復シ以テ奈良時代形式ノ模範ヲ示シ歴史上カラ又美術上カラモ社会ヲ指導教育ノ資ニ供スベキガ国宝修理ノ眞目的デアルトノ主張モアルガ。一面修理工事ノ原則方針ト現時ノ国策情勢カラハ事務所ノ業務ノトシテハ到底右ノ所謂理想的ノ修理ヲ施シ得ザル憾ミガアル、ソコデ結局伝法堂ノ修理ハ到底コレヲ徹底的ニ復原シ得ザルヲ以テツトメテ現状ニ依存シ復原資料ノ整備ト模型トヲ■シ暫ク時ヲ■シ其間尚資料ノ蒐集ニツトメテ次ノ大修理ニ際シテソノ完璧ヲ期スルコトガ至当ト信ズルニ至ツタ次第デアルガ、若シ社会教育ノ見地ヨリ事業本部ガ徹底的復原ヲ必要トスルナレバ別ニ予算ノ増額ト工事ノ延長トヲ講シテ部長又ハ上司ノ命アレバコレニ最善ノ努力ヲスベキモノト思フ。

昭和十五年九月二十三日

古宇田　實

資料4　大岡實「伝法堂現状変更ニ関スル大岡嘱託ノ意見（保存課長宛書面ヨリ抜萃）」（昭和一五年）

（『法隆寺大講堂、伝法堂復原関係資料』所収、大岡實博士文庫書類資料、川崎市立日本民家園蔵、6-11-31-3）

小生の考への根底をなす処を申上べく候

一、国宝建造物が有する凡ての価値を出来る限りの程度に於て価値を伝へんとするが根底と相成り候

一、国宝建造物の価値とは

（一）材料

（二）形式

（三）建物の歴史

等に分類し得るかと存じ候

一、然し材料、形式、歴史、各項に準じて其価値は或建物については各軽重有之候

○材料については創建材最も貴重次に年代古き重要なる修理時の材たるは申す迄も無之候

○形式につきても創建の形式最も重要。重要なる修理時の形式之に次ぎ候

○歴史は修理の軽重（其の建物の由緒にも関連致すべく候）等により自ら差を生ずべく候

一、然し乍ら之等の価値を保存するについては常に大なる矛盾を生じ申候之れ小生の悩みと申す事に御座候

●創建材を保存せんとするも腐朽其他により構造上保存し得ざる場合

●殊に形式の保存については

△現在の形式

△痕跡によつて判明せる形式（創建時のもの　中古修理時のもの）

△発見廃材によつて判明せる形式（創建時のもの　中古修理時のもの）

等により一ヶ所に数箇の形式判明せる時之を同時に保存する事は不可能に候

●歴史を保存せんとする場合

建物の沿革を保存せんとするには凡ての修理の形式を保存せざるべからざるも

△材料腐朽により新材に取替へるときは後世より見る時何時の修理の形式なりや不明となる事

△痕跡、発見古材等により発見されたる形式は復原せざれば保存し得ざる事（此の場合は後世の修理の歴史は犠牲にせざるべからず）

然も痕跡は日にゝゝ薄れゆき且材料が変へらるゝため次回の解体の時は現在より遙かに不明となる事

以上述べたるが如く古建築修理は吾人の保存の理想に対して互に相反する幾多の事實を有し居り候此処に於て当然考へらるゝ事は

◎最も価値高きものを取捨選択して当の建造物に於て保存する事

之に次ぐ価値のものを模形、記録等に拠る事たるは議論なき事に候べし

今回の現状変更は

一、資料の確実なる事

二、発見せられたる形式が創建の形式なる事

三、取除かれ亡びゆくものは慶長の修理なること

四、勿論現状変更する事により創建の材料及形式を破壊する惧れ少くもなき事

等を考え候時結局

○慶長の修理を保存するか発見せられたる創建形式を保存するかの点に帰着致候　慶長の修理が寧ろ伝法堂に対する破壊的修理にして決して良好なるものに非ざる事を考へる時その取捨は問題なき事と愚考致し候唯今日迄慎重を期したるは資料の判定を誤らざらんか為めに候ひき

以上意見を申述べ候　叙述の形式頗る雑然たる感有之候も大体は■了解■下候べきかと存じ候

法隆寺伝法堂現状変更ニ就テ

◎今回解体調査完了ノ結果次ノ諸点ヲ明カニスルヲ得タ

一、伝法堂ハ現在七間、四面デアルガ五間四面ノ既存建物ヲ他ヨリ移シ更ニ両妻ヲ各一間宛増シ七間、四面トシテ現在ノ所ニ建立サレタモノデアルコトガ判明シタ

二、其ノ後伝法堂ノ平面ハ次ノ如ク変遷シタト考ヘラレル

（一）側廻リ周壁装置

イ、正面右ヨリ第一間ハ当初壁デアツタガ中世（室町頃）窓トナリ更ニ慶長頃現在ノ如ク戸口トナツタ

ロ、正面右ヨリ第二間ハ当初窓デアツタガ中世（室町頃）ヨリ現在ノ如ク戸口トナツタ

ハ、背面左端ノ間ハ当初壁デアツタガ現在ノ如ク戸口ヲ慶長ノ修理ニ設ケタ

（二）内部間仕切及来迎壁

イ、来迎壁ヲ設置シタノハ当初カ否カハ疑問トスルモ相当初期ニ於テ中央三間ノミニ設ケ慶長頃更ニ両端各一間宛延長シタ

ロ、建物四隅共柱間一間宛ヲ区画シ室ヲ設ケタ而シテ行信室ト伝ヘル東南隅ノ一画ノミ現存スルモノデアルガ之ハ應永年間設置シタコトガ墨書ニ依リ明カトナツタ

ハ、来迎壁前方両眼ノ脇壁ハ凡ソ慶長前後ニ設置シタモノデアルガ既存ノ東方ノモノハ元禄ノ設置デアルコトガ判明シタ

三、現在ノ窓、戸口、構造ハ慶長頃ノモノデアルガ当初ノ窓及戸口部材ノ断片ト認メラレルモノガ発見サレタシカモ之ヲ資料トシテ完全ナル旧構造ヲ知ルコトガ出来ル

四、当初ノ床構造ガ判明シタ夫ト共ニ現在ノモノガ慶長頃ノ改造デ有ルコトヲ確メ得タ

五、屋根軒ノ変遷ヲ明カニスルヲ得タ

現在ノ軒ハ正面二タ軒、背面一軒トナツテキルガ当初ハ正背両面共二タ軒デアリ其後平安末期又ハ鎌倉頃飛檐椎ノ出ヲ延シ更ニ慶長頃背面飛檐椎ヲ徹シテ一軒トシ正面飛檐椎ノ出ヲ再ビ延シタコトガ判明シタ尚破風懸魚共現在ノモノハ室町末期又ハ慶長頃ノモノト認メテ差支ヘナイ

六、後世補強貫ガ入レラレタ

本建物ハ創建後解体修理ヲシタコトガナイト判定出来ルト共ニ中世筋違デ補強シ（鎌倉末頃）更ニ慶長頃筋違ヲ撤去シ繋貫、腰貫、足固貫等ニ依リ補強シタコトガ判明シタ

以上ヲ要約スレバ伝法堂ハ天平ノ頃既存建物ニ更ニ一部ヲ補加シテ今ノ地ニ建立シ其後内部間仕切ノ変更或ハ部分的修理ヲ加ヘタトハ云ヘ大体当初ノ姿ヲ保持シテ慶長頃マデ保存サレタガ建物漸ク腐朽スルニツレ此ノ時補強材トシテ貫ヲ多ク加ヘ細部ニ於テモ戸口、窓、床構造ヲ現在ノ如ク変更シタモノト思考サレル而シテ破風及懸魚等ヲ除キ創建当時ノ構造及形式手法ヲ殆ド全ク明確ニスルコトヲ得タコトハ奈良時代ノ此ノ種遺構ノ極メテ少ナキ今日貴重且ツ大ナル発見ト云フベキデアル

◎今回発見ノ資料ニ依リ現状変更ヲナス可キカ又ハ現状ノ儘ノ修理ニ止ム可キカ其ノ二途ノ場合ニ於ケル各々ノ得失ヲ列記スレバ次ノ如ク考ヘラレル

一、現状変更ニ依リ始メテ保存セラル、特徴

（一）奈良時代ノ講堂ノ平面ヲ完全ニ残ス稀有ノ實例トナル

（二）扉構ヘ窓等ノ奈良時代形式手法ヲ示ス稀有ノ實例トナル

（三）奈良時代ノ佛殿建築ニ床構造ヲ有スル唯一ノ實例トナルト同時ニ当時ノ床ト軸部トノ構造法ヲ保存シ床構造発達史上ノ空間ヲ充ス貴重ナル遺構トナル（床板ヲ従来ノモノヲ用ヒ一部ニ復原的形式ヲ残スモ可）

（四）奈良時代飛檐椎ノ形式ヲ残ス稀有ノ實例トナル

（五）建物本来ノ整備ヲ全ウスルト共ニ今後ノ保存条件ニモ有利トナル

二、現状変更ニ依リ失ハレル点

（一）本建築ガ創建以来今日マデニ幾多ノ事情ニ依リ補修ヲ加ヘラレ

テ来タ其ノ歴史特ニ慶長ノ修理事実ヲ全ク失ツテシマウ

(二) 慶長頃ノ破風懸魚ヲ撤去シ之ヲ推定復原スルコト

(三) 未ダ其ノ一部ハ再用出来得ル慶長頃修理ノ部材ヲ取替ネバナラヌ従テ修理費ノ増加トモナル

三、現状ノ儘修理ヲ行フ場合ノ得失

此ノ場合ハ現変ノ場合ト全ク正反対デ失ハル可キモノハ得ラレルモ貴重ナル奈良時代建築ノ美ハ遂ニ吾等カラ去ルノデアル即チ其ノ際現存資料ヲ完全ニ将来ニ伝ヘルコトハ不可能デ其ノ大部分ハ滅失スルト考ヘナケレバナラヌ然モ慶長頃ノ手法ニナル修理部分ト雖モ建物全体ガ其ノ時代ノ意匠ニヨリ建立サレタモノト異リ建物ノ部分的修理デアル以上既存部材ノ構造ニ■肘サレ建築的ニ見テ其ノ当時ノ完全ナル遺構トハ余程其ノ価値ノ降ルモノガアル譯デ特ニ伝法堂ノ實情ニ於テハ其感ノ深イモノガアルノヲ認メラレル又努メテ現状其儘保存スルト云フコトハ建物ガ幾度カノ部分的修理ヲ経テ軸部モ漸ク弛緩シ柱モ種々ナル事情ニヨリ不同沈下ヲ生ジタ時（慶長頃）ニ於テ建物ヲ解体組直スコトナク其ノ儘適当ニ補強材トシテノ貫ヲ設ケ之ニ準拠シテ窓、戸口等ヲ改造シタモノデアルカラ今回ノ如ク根本的修理ヲナス必要ニ迫ラレテキル場合シカモ猶ホ柱ノ不同沈下建物ノ傾倚弛緩等ヲ其ノ儘ニ修理スルコトトナリ然モ腐朽破損材ハ取替ナケレバナラナイト云フ譯デ建築的ニハ殆ド其ノ何ヲ意味スルカ詳ラナイ却ツテ後世ヲ誤ラシメル所多キ修理トナルデアラウモシ夫レ柱ノ不同沈下建物ノ傾倚弛緩ヲ矯正スルトスレバ建物ノ変形セル当時適当ニ通リ良ク取設ケタ部材ハ逆ニ不揃トナルハ当然デ然モ之ヲ整理スルコトハ戸締リ等ノ為メ今回ノ修理ニ際シテハ絶対ニ必要デアル果シテ其ノ結果ハ如何ニナルデアラウカ全ク所期シナイ資料湮滅ト一種ノ現状変更ノ結果ヲ見ルニ至ラナイデ済ムデアラウカ

結語

以上有スル点ヲ総合的ニ考察スルトキ伝法堂ヲ解体修理スル際前述ノ如キ幾多ノ貴重ナル資料ヲ得タル結果ハ例ヘ破風懸魚ヲ新作シ歴史的価値トモ見ラレル慶長ノモノヲ除去スルトモ現状変更スルコトニ依リ復原保存ノ完全ヲ計ルベキモノデハナカラウカ

或ハ以上何レノ場合モ之等ノ資料ハ模型、記録、資料トナル可キ部材ノ保存等ニヨリ保存スレバ良ク変更ヲ出来得ル限リ避ル可シトノ主張アランモソハ全ク建築的組成ノ実体ニ対スル了解ヲ缺ク一方的議論デアツテ然モ之等ノ方法ハ何レモ二次的保存方法デアツテ先ヅ第一ニハ伝法堂其ノ物ノ内容ヲ如何ニ多分ニ且ツ有意義ニ保存シ得ルカヲ考究ノ上最善ノ道ヲ選ブ可キデアラウ其ノ結果ハ此ノ際発見研究サレタ資料ニ依リ伝法堂ヲ東院創建当時ノ姿態ニ帰シ伝法堂現在ノモノガ持ツ本来ノ価値ヲ充分表現発揚セシメルコトニアルト思考ス。

昭和十五年九月廿一日 以上

資料5　国宝保存法時代の修理工事の「現状変更」一覧

※本表に掲載した修理工事は、昭和4年度以降に着手され、昭和24年度以前に竣工した修理のうち、一項目以上の「現状変更」があり、かつ実施された「現状変更」全項目が判明した修理である。
※各工事の竣工年、および工事名称は『建造物要覧』（文化庁文化財保護部建造物課、1990）による。
※「現状変更」各項目は原則として出典文献の引用文であるが、各項目の漢数字をアラビア数字に改めるなど体裁上の若干の変更を行った。

竣工年（昭和）	建造物名称	所在府県	現状変更	出　典
6	本山寺本堂	岡山	1）本堂脇陣及び後陣の間仕切装置の撤去 2）内外陣の丹土塗及び須弥壇漆喰の復旧	『重要文化財本山寺本堂保存修理工事報告書』重要文化財本山寺本堂修理委員会、昭和43年、p.17
7	国分寺三重塔	長野	1）基壇及基礎築造 2）初重廻縁ノ改造 3）初重軸部ニ縁長押及腰長押ヲ増加 4）各層軸部中央間ニ板扉装置ノ補加 5）初重二重ノ屋根勾配ヲ変更シ二重三重廻縁ニ腰組ヲ補加シ勾欄ノ新補 6）屋根葺方ヲ杮葺ニ変更 7）各層小屋構造ノ変更	『国分寺 長野県文化財修理工事報告書9』長野県教育委員会、昭和36年、pp.39-40
8	正福寺地蔵堂	東京	1）内部内陣背面ニ仮設セラレタル仏間装置ヲ撤去ス 2）須弥壇後壁ノ格子網戸ナルヲ板嵌ニ改ム 3）須弥壇ニ勾欄ヲ設ク 4）正面及背面中央一間ノ扉軸受装置ノ上下長押打ナルヲ、藁座トス 5）正面両脇ノ間、各一間ノ揚蔀ナルヲ華燈付桟唐戸トス。 6）正面両端ノ間各一間、両側面各前方ヨリ第三、第四間ノ嵌板壁ニ華燈窓ヲ開ク 7）両側面各前方ヨリ第二ノ間ノ格子窓ナルヲ、華燈口付桟唐戸トス 8）上層屋根ノ茅葺ナルヲ杮葺トス 9）上層ノ屋根勾配ヲ緩ニス 10）妻飾ノ形ヲ改メ且ツ其位置ヲ移動ス イ、虹梁受ノ斗栱ノ出三斗、実肘木ナリシヲ、大斗拮斗組ニ復旧ス ロ、虹梁下蟇股ヲ除去復旧ス ハ、妻飾ノ位置ヲ内方下部ニ移動ス ニ、破風板及懸魚ノ形ヲ変更ス 11）大棟ノ位置ヲ低下シ、箱棟鬼板装置トス 12）上層入母屋破風ニ於ケル螻羽ノ出ヲ増ス 13）下層屋根厚板葺ノ二段葺ナルヲ、通葺目板打トス	『国宝正福寺地蔵堂修理工事報告書』東京都東村山市史編纂委員会、昭和43年、pp.3-5
8	鞆淵八幡神社本殿・大日堂	和歌山	1）桁行三間、梁行三間、切妻造、正面総向拝附ナルヲ梁間二間ノ三間社流造正面一間階隠附ニ改メントス 2）現在梁間三間ニ架セン二重虹梁太瓶束ノ妻組ヲ梁間二間ノ太瓶束ニ改ムルコト 3）現在正面一間通リ格天井ノ外陣ナルヲ、前面ノ柱高サヲ下ゲ身舎ヨリ葺下シノ化粧屋根裏ニ改メ流造ノ形式ヲ整ヘルコト 4）現在正面総向拝ナルヲ一間ノ階隠シニ改ムルコト	『重要文化財 鞆淵八幡神社本殿・大日堂修理工事報告書』和歌山県文化財センター、平成9年、p.47
9	鑁阿寺本堂	栃木	1）柱間装置を復原した 2）左右脇仏壇と西脇陣仏壇を撤去した 3）内陣両側面の羽目を撤去し、また東脇陣の障子間仕切を撤去した 4）庇の繋虹梁上の補強繋梁を撤去した 5）側廻り斗栱の構造を当初に復した 6）軒形式を旧に復した。修理前の軒廻りは安政四年屋根修理時に組替えられたものであるが、解体調査の結果、小屋裏より茅負・木負・化粧隅木・軒桁等の旧材を発見し、旧軒構造の性質と曲線を明らかにすることができた 7）妻飾の細部を旧に復し、その位置を旧位置に復した 8）大棟の位置を低くした 9）縁束と縁葛の大きさを増し、縁葛受の請斗を撤去した	『日本建築史基礎資料集成 七 仏堂IV』太田博太郎編、昭和50年、中央公論美術出版、p.48

竣工年（昭和）	建造物名称	所在府県	現状変更	出　典
9	法隆寺食堂・細殿	奈良	［食堂］ 1）基壇石垣積ハ石材ノ不規則ナル沈下ニヨリ柱礎石高ク露出セルヲ以テコレヲ築キ直セリ 2）背面中央一間ノ唐戸ヲ前面ノモノニ倣ヒ新造セリ 3）内部須弥壇ノ正面及ビ側面ニ於ケル後補ノ扉及ビ側面一部ノ板壁ヲ撤去セリ 4）内部大虹梁上ノ叉首束ヲ撤去セリ 5）破風板及ビ茅負ノ形状ヲ小屋組中ヨリ発見セル旧破風板断片ヲ参考トシテ変更セリ 6）両妻ニ桁隠ヲ附加セリ 7）切縮メラレアリシ棰ヲ復原シ軒出ヲ深メタリ ［細殿］ 1）基壇石垣積ハ石材ノ不規則ナル沈下ヨリ柱礎石高ク露出セルヲ以テ之ヲ築キ直セリ 2）両側面大壁下地貫ニ接シテ不規則ナル附加物アリシヲ撤去セリ 3）破風板及ビ茅負ノ形状ヲ食堂小屋組中ヨリ発見セル旧破風板断片ヲ参考トシテ変更セリ 4）切縮メラレアリシ棰ヲ復原シ軒出ヲ深メタリ	『法隆寺国宝保存工事報告書　第二冊　国宝建造物食堂及細殿修理工事報告』法隆寺国宝保存事業部、昭和11年、pp.42-43、pp.46-47
9	法隆寺東大門	奈良	1）軒桁ハ後補ノ為メ断面矩形面取ナリシヲ断面圓形ニ統一復旧セリ 2）痕跡ニヨリ当初ノ如ク扉口冠木長押ノ位置ヲ下ゲ、之レニ伴ヒテ柱ヲ長クセリ 3）親柱筋両脇ノ間ニ於ケル腰羽目ヲ撤去シテ眞壁トシ、同所ノ脇戸口ヲ南側築地塀中ニ移セリ 4）側柱筋ノ頭貫断面ノ大サヲ親柱筋ノモノニ統一復旧セリ 5）唐居敷、方立、蹴放ノ位置及ビ大サヲ復旧セリ	『法隆寺国宝保存工事報告書　第一冊　国宝建造物東大門修理工事報告』法隆寺国宝保存事業部、昭和10年、pp.22-23
10	玉村八幡宮本殿	群馬	1）本殿雨落葛石内側の地盤を高さ6寸（18cm）築上げた 2）茅負及び飛檐垂木の形状寸法を変更した 3）正面木階の木口を延長し、登高欄を設けた 4）屋根亜鉛引鉄板葺きを銅板葺きに変更した	『重要文化財 玉村八幡宮本殿保存修理工事報告書』財団法人文化財建造物保存技術協会、平成11年、pp.13-14
10	法華経寺法華堂・四足門	千葉	［四足門］ 1）後補ノ（明治初年?）飛檐棰ヲ法華堂ノモノニ倣ッテ全部新補シ 2）破風板尻ノ継ギヲ正シクシテ軒反リヲ整ヘ 3）唐戸ハ肘壺釣リヲ軸廻シ装置ニ復原シタ	『重要文化財法華経寺四足門保存修理工事報告書』財団法人文化財建造物保存技術協会、昭和53年、p.9
10	江沼神社長流亭	石川	1）東面南端一間の引違板戸を明障子に復し、その外側に雨戸を建て戸袋をつくり小庇を設けた 2）内部上の間床脇棚及び西入側竹ノ節欄間に羽目板の小穴の痕跡があるがその材料・形式等不明につき現状のままに痕跡を存置した 3）南面高窓下の杉皮張りは近年の仮設により、痕跡の通り北及び西面と同じ簓子下見板に復旧した 4）玄関入口の欄間格子及び建具は近年の仮設につき撤去し開放とし、新たに柵を仮設した 5）地盤は建物周囲地表と高低の差が少なく、保存上好ましくないので雨落葛石をめぐらした	『重要文化財 江沼神社長流亭修理工事報告書』財団法人文化財建造物保存技術協会、昭和53年、pp.14-15
10	崇福寺大雄宝殿・護法堂・鐘鼓楼	長崎	［護法堂］ 1）両側面軒下ヲ四半石敷ニ変更 2）右側面第四間丸窓内側ニ扉ヲ設ク 3）左側第四間丸窓及其内側ニ扉ヲ設ク	『重要文化財 崇福寺護法堂(関帝堂又観音堂)修理工事報告書』財団法人文化財建造物保存技術協会、昭和60年、p.75
10	長弓寺本堂	奈良	1）向拝斗栱上部の実肘木を撤去して、斗栱に直接丸桁をかませた。また向拝虹梁を頭貫に復し、虹梁鼻持送の絵様肘木を通常の斗栱に改め、向拝柱下の石製礎盤を撤去した 2）妻破風の懸魚および向拝縋破風の桁隠等の形状を同時代の例に倣って改めた 3）廻縁高欄の一部欠如を復旧した 4）内陣前面三間の双折縦格子扉、および内陣側面前側二間の障子引違を格子戸引違に復し、内外陣境の鴨居の高さを低めた	『日本建築史基礎資料集成 七 仏堂IV』太田博太郎編、昭和50年、中央公論美術出版、p.17

竣工年(昭和)	建造物名称	所在府県	現状変更	出　典
10	法隆寺東院礼堂	奈良	1）内部中央ノ間床板ナキ通路ハ明治初年ノ工作ニナリシモノナレバ、コレヲ復原シテ床板張トシ、コレニ伴ヒ前後ニ落椽ヲ通ジ、中央正面ニ石階ヲ設ケタリ 2）軒廻リ構造及ビ妻飾ハ近世ノ改変ニナルモノナルヲ以テ、コレヲ復旧シ、コレニ伴ヒ軒出ヲ増シ、破風板ヲ取替ヘ、大棟ノ高サヲ低メタリ	『法隆寺国宝保存工事報告書　第三冊　国宝建造物東院禮堂及び東院鐘楼修理工事報告』法隆寺国宝保存事業部、昭和12年、p.28
11	都久夫須麻神社本殿	滋賀	1）向拝手挟は牡丹の籠彫なりしを浮彫に改めた 2）平面を左の通り変更した イ、両側面前より第二間目桟唐戸なりしを板嵌に ロ、身舎正面三間蔀戸なりしを中央の間は桟唐戸に。両脇間各一間を彫刻付板嵌に ハ、身舎正面筋の両端庇の間各一間彫刻付板嵌なりしを彫刻物を除去し板嵌に ニ、身舎背面中央間板嵌なりしを桟唐戸に ホ、身舎両側面前端間各一間開放なりしを板嵌に ヘ、身舎床の後半部一段高かりしを低きに倣ひ一平面床に改めた	『国宝都久布須麻神社本殿修理工事報告書』国宝都久布須麻神社境内出張所、昭和12年、p.30
11	南明寺本堂	奈良	1）本建物地盤ハ敷地面ト等高ニシテ床下ニ雨水ノ侵入シ常ニ湿気ヲ帯ヒシヲ以テ建物保存ノ目的ノタメニ一尺ノ盛土地揚ケヲ行ヘリ 2）東面南第一間板戸引違西面南第一真壁、同第二間真壁片引戸、背面中央一間真壁ナリシヲ何レモ柱及楣蹴放シニ小脇穴、方立穴、藁座ノ痕跡等ヲ遺存セシヲ以テ夫々扉構ニ改変セリ 3）正面中央三間ノ扉形式ハ後補仮設的ノモノニシテ材料工法共ニ粗雑ナリシヲ以テ醍醐寺経蔵扉ヲ参酌シ建物ニ調和セル様調製建合セタリ尚前項復原ノ扉構ノ形式モ之レト同形式ニ新調建合セタリ 4）東面南第二間連子窓片引戸背面東端ノ間真壁片引戸ナリシヲ真壁ニ改メタリ 5）正面西端一間及西面南二間ノ打レ曲リ縁ノ欠失セルヲ復原セリ	『南明寺国宝建造物本堂修理工事報告書』、昭和12年、p.29
11	松生院本堂	和歌山	1）地盤を排水のため三尺高めた 2）平面を復原整備した 3）一軒を二軒に改め、縁の出を増し、高欄を撤去した 4）屋根を入母屋造に改め、妻飾を二重虹梁大瓶束に復した	『日本建築史基礎資料集成 七 仏堂IV』太田博太郎編、昭和50年、中央公論美術出版、p.35
11	法隆寺西円堂	奈良	1）石基壇ハ向拝及ビ香水舎ノ附加ニヨリ前面ニ延長シアリシガ、之ヲ復旧シテ八角トシ、正面ニハ側面ノモノニ倣ヒ石階三級ヲ設ケタリ。因ミニ向拝ハ本建物ト絶縁シテ新タニ改造附加シ、香水舎ハ西側ニ引離シ何レモ基壇下ニ設ケタリ 2）内外腰長押下ノ板張リ、内部腰長押ノ一部及ビ外部腰長押下ノ束ハ何レモ近世ノ補加ニナルモノナレバ、コレヲ復旧シテ元ノ如ク板張、束及ビ腰長押ノ一部ヲ撤去シテ白壁トナシタリ	『法隆寺国宝保存工事報告書　第四冊　国宝建造物法隆寺西圓堂修理工事報告』法隆寺国宝保存事業部、昭和13年、pp.35-36
12	瑞竜寺法堂・仏殿・総門	富山	［法堂］ 1）向拝屋根の杮葺なるを杮板形銅板葺に変更した 2）左側面より背面に折れ曲つた落縁を撤去した 3）背面右端より第一間の真壁中、右寄りに出入口・枠組・襖障子二枚建としてあるのを、板戸二枚明障子一枚建に変更した 4）背面右端より第四間の中敷居の上下共真壁で外側が下見板張りであるのを、中敷居上板戸二枚明障子一枚建に変更した 5）背面右端より第五及び第六間が共に帯戸二枚建であるのを、板戸二枚・明障子一枚建に変更した 6）背面右端より第九間が真壁となつて居るのを第四間と同一の形式に変更した	『国宝瑞龍寺總門佛殿及法堂修理工事報告』国宝瑞龍寺總門佛殿法堂修理事務所、昭和13年、pp.46-47
12	石津寺本堂	滋賀	1）軒ノ一重ナルヲ二重トシ棟ノ長サヲ増シ之ニ伴ヒ屋根ノ形ヲ整ヘルコト 2）平面ヲ整備スルコト	『国宝石津寺本堂修理工事報告』滋賀縣国宝石津寺建造物修理出張所、昭和14年、p.24
12	東大寺大湯屋・法華堂北門	奈良	［大湯屋］ 1）軒廻リヲ整備シ背面破風ノ形ヲ改ム 2）東妻及煙出シノ懸魚桁隠シノ形ヲ改ム 3）背面両端間ノ繋虹梁ノ形ヲ改ム 4）左側面ノ間斗束ヲ双斗ニ又右側面後補ノ双斗ヲ当初ノ形ニ改ム 5）内部海老虹梁ヲ手挟ニ改ム	『国宝建造物東大寺大湯屋・法華堂北門修理工事報告書』国宝建造物東大寺大湯屋・法華堂北門修理工事事務所、昭和13年、p.17、p.39

竣工年（昭和）	建造物名称	所在府県	現状変更	出　典
12	**東大寺大湯屋・法華堂北門**	奈良	［法華堂北門］ 1）軒ノ出ヲ増シ破風ノ形ヲ改ム 2）螻羽ノ出ヲ一枝増加ス 3）控柱ノ礎石ヲ低メソノ形式ヲ整備ス	『国宝建造物東大寺大湯屋・法華堂北門修理工事報告書』国宝建造物東大寺大湯屋・法華堂北門修理工事事務所、昭和13年、p.17、p.39
12	**松山城乾門・同続櫓・筒井門・同続櫓・隠門・同続櫓**	愛媛	1）筒井門西続櫓 右側面第三及第四間 明リ窓ナルヲ連子窓ニ 2）同　同　同第一ノ間正面右端間　出窓式明リ窓ナルヲ石落装置ニ 3）同　同　正面左端間及第二ノ間　明リ窓ナルヲ櫺窓ニ 4）筒井門渡櫓　正面右端ヨリ第三間　明リ窓ナルヲ土壁構造ニ 5）同　同　同第四及第五第六間　明リ窓ナルヲ櫺窓ニ 6）同　同　左側面第二間　出入口ナルヲ土壁構造ニ 7）筒井門東続櫓　正面右端ヨリ第二及第三間　明リ窓ナルヲ櫺窓ニ 8）隠門渡櫓　正面右端ヨリ第三及第四間　明リ窓ナルヲ櫺窓ニ 9）隠門続櫓　西南面右端ヨリ第二間　明リ窓ナルヲ土壁構造ニ 10）同　同　東南面中央間　明リ窓ナルヲ突揚戸装置ニ	『国宝松山城筒井門及同東続櫓・同西続櫓　隠門及同続櫓戸無門　乾門及同東続櫓修理工事報告書』国宝松山城修理事務所、昭和13年、pp.16-17
12	**興隆寺本堂**	愛媛	1）屋根ノ勾配ヲ変ヘ茅葺ナルヲ銅板葺ニ改ム 2）軒ノ出ヲ一枝増ス 3）正面両脇間及両側面第一間ノ蔀戸ナルヲ扉構ヘニ改ム 4）内陣入側及外陣ニ天井ヲ設ク	『国宝興隆寺本堂修理工事報告書』国宝興隆寺本堂修理事務所、昭和13年、p.16
12	**聖神社本殿**	大阪	1）建物ノ乾燥ヲ計ルタメ地盤ヲ一尺以上盛土シテ高ムル	『国宝聖神社本殿修理工事報告』国宝聖神社本殿修理事務所、昭和13年、p.23
12	**法隆寺地蔵堂**	奈良	1）地盤低キ為建物保存上位置ヲ一尺内外高メタリ 2）亡失セル妻懸魚及ビ向拝桁隠ヲ補加セリ 3）背面ニ仮設シアリシ龕ヲ撤去セリ 4）左記ノ如く建具ヲ復旧セリ 　イ、正面両端各一間及ビ左側面後方一間ノ白壁ナリシヲ蔀戸トセリ 　ロ、背面中央一間ノ開放ナリシヲ扉構ヘトセリ 　ハ、新旧開口部ニ明障子ヲ設ケタリ 5）背面両端各一間ノ開放ナリシヲ白壁トセリ 6）廻椽及ビ正面木階ヲ設ケタリ 7）須弥壇勾欄ノ親柱ニ擬宝珠ヲ補加セリ	『法隆寺国宝保存工事報告書　第五冊　国宝建造物法隆寺地蔵堂修理工事報告』法隆寺国宝保存事業部、昭和14年、pp.157-158
13	**弘前城辰巳櫓・丑寅櫓・三ノ丸追手門**	青森	［二ノ丸辰巳櫓］ 1）二層左側面中央二間　出窓　白亜塗ヲ　素木造ニ 2）同後面中央二間　出窓　白亜塗ヲ　素木造ニ 3）同右側面破風　破風妻飾　白亜塗ヲ　素木造ニ 4）同左側破風　破風妻飾　白亜塗ヲ　素木造ニ 5）三層正面中央一間　出窓　白亜塗ヲ　素木造ニ 6）同後面中央一間　出窓　白亜塗ヲ　素木造ニ 7）同正面妻　破風妻飾　白亜塗ヲ　素木造ニ 8）同後面妻　破風妻飾　白亜塗ヲ　素木造ニ ［二ノ丸丑寅櫓］ 1）下層　床　拭板敷ヲ土間ニ 2）二層左側面中央二間　出窓　白亜塗ヲ　素木造ニ 3）同後面中央二間　出窓　白亜塗ヲ　素木造ニ 4）同右側面破風　破風妻飾　白亜塗ヲ　素木造ニ 5）同左側面破風　破風妻飾　白亜塗ヲ　素木造ニ 6）三層正面中央一間　出窓　白亜塗ヲ　素木造ニ	『国宝弘前城二ノ丸辰巳櫓、同丑寅櫓及三ノ丸追手門維持修理報告書』国宝弘前城修理事務所、昭和16年、pp.28-32
13	**弘前城辰巳櫓・丑寅櫓・三ノ丸追手門**	青森	7）同正面妻　破風妻飾　白亜塗ヲ　素木造ニ 8）同後面妻　破風妻飾　白亜塗ヲ　素木造ニ ［三之丸追手門］ 1）下層右側一間　土間ヲ　床拭板敷ニ 2）同所入口　仮設板張ヲ　板引戸ニ 3）同　二階昇段無キヲ　階段新補ス 4）上リ口水平板戸缺損セルヲ　板戸新補ス	『国宝弘前城二ノ丸辰巳櫓、同丑寅櫓及三ノ丸追手門維持修理報告書』国宝弘前城修理事務所、昭和16年、pp.28-32

竣工年（昭和）	建造物名称	所在府県	現状変更	出　典
13	大聖寺 不動堂	千葉	1）建物位置ノ地盤ヲ高ム 2）向拝ノ撤去 3）正面木階ヲ三級石階ニ変更 4）外廻内法長押ノ附加 5）正面中央間内法虹梁ヲ撤去シ引明栈唐戸ヲ外開ニ変更 6）外陣間内法長押ノ撤去 7）内外陣界間敷居内法虹梁及蔀戸ノ撤去 8）外陣間右側面ニ出入口ヲ設置 9）左側面中央間出入口ヲ壁ニ変更 10）背面中央間ニ片引出入口ヲ設置 11）内陣二重床張ノ上床板ヲ撤去 12）須弥壇位置ノ変更 13）来迎壁ノ設置 14）棟高ノ低下	『国宝大聖寺不動堂修理工事報告書』国宝大聖寺不動堂修理事務所、昭和13年、p.25
13	妙成寺 書院・ 鎮守堂	石川	［書院］ 1）御霊屋の附書院を撤去し建物の東側に二室及板縁を復旧設置した 2）御座之間北側の棚及御霊屋北側の棚及床之間を撤去して全面に入側及濡縁を復旧設置した 3）屋根が切妻造妻入であつたのを四注造、平入に改めた 4）御霊屋の床を下げ畳敷であつたものを拭板敷に改めた 5）御霊屋間背面に仏壇を設置した ［鎮守堂］ 1）正面階段の木造切込式であつたのを石造本式に改めた 2）右側面中央の間の板壁であつたものを□蔀に改めた 3）背面中央間開放なるを板壁とし同間後方に突出した箱佛壇を撤去した	『国宝妙成寺書院及鎮守堂修理工事報告書』妙成寺書院及鎮守堂修理事務所、昭和13年、pp.14-16、p.22
13	妙成寺 経堂	石川	1）軒ノ一重ナルヲ二重ニ、屋根ノ宝形造ナルヲ四注造ニ変更セリ 2）正面縁ヲ旧規ニ改メ、一方縁ナルヲ四方廻縁ニ変更セリ	『国宝妙成寺經堂維持修理工事報告書』国宝妙成寺經堂修理事務所、昭和16年、p.11
13	定光寺 本堂	愛知	1）上層ノ仮屋根ナリシヲ屋根入母屋造柿葺、軒二重扇垂木、斗キョウ唐様三手先詰組ト為シタリ 2）後方入側中央間ニ在リシ厨子及須弥壇ヲ、旧位置タル来迎柱間ニ復シタリ 3）背面中央間ノ板引戸ナリシヲ、唐戸構ニ復原シタリ 4）来迎柱ト側斗キョウ間ニ、繋虹梁四丁ヲ補加シタリ	『国宝建造物定光寺本堂維持修理報告書』国宝定光寺本堂修理事務所、昭和15年、p.21
13	五社神社 社殿	静岡	1）屋根柿葺ナルヲ銅板葺ニ改メントス	『五社神社・諏訪神社の歴史と建築《本文篇》―調査研究報告書 五社神社・諏訪神社社殿等修理関係資料―』東京国立博物館編、p.153
13	法隆寺 大講堂	奈良	1）妻飾ノ三斗虹梁太瓶束ナルヲ扠首組ニ改メ、軒出及軒反ヲ変更シ、之ニ伴ヒ屋根ノ形ヲ調整セリ 2）化粧棰間ノ板張ナルヲ漆喰塗ニ改メタリ 3）外周間斗束両側ノ添木ヲ除去セリ 4）後補ノ貫及長押ヲ撤去セリ 5）建具装置ヲ左記ノ如ク変更セリ イ、正面中央五間及背面左右各一間ノ扉構ノ高サヲ増シ、地長押ヲ地覆ニ改メ、扉建込方式ヲ変更セリ ロ、両側面及背面中央各一間ノ扉釣方式ヲ改メタリ ハ、正面両端ヨリ各二間ノ蔀戸ナルヲ扉構ニ改メタリ 6）内陣大虹梁下方中央ニ補入セル三所ノ柱・斗栱及貫ヲ撤去セリ 7）木造佛壇（勾欄附）及来迎壁正面ノ板張ヲ撤去セリ 8）前二項ニ随伴シ桁行六間梁間二間ノ内陣天井及同所ノ斗栱ヲ復旧セリ 9）内部後方両隅方一間ノ物置ヲ撤去セリ	『法隆寺国宝保存工事報告書　第六冊　国宝建造物法隆寺大講堂修理工事報告』法隆寺国宝保存事業部、昭和16年、p.443

竣工年(昭和)	建造物名称	所在府県	現状変更	出　典
14	神明宮本殿・中門	長野	1）社殿屋根柿葺を檜皮葺に復原 2）中門前面柱位置の一尺後退せるを原位置に復原 3）中門鰹木三本なりしを四本に復原	『国宝神明宮社殿修理工事報告書』国宝神明宮社殿修理事務所、昭和14年、p.24
14	金剛寺鐘楼・塔婆	大阪	［塔婆］ 1）屋根の桟瓦葺なる柿葺に改む ［鐘楼］ 1）屋根は大棟に獅子口を用ひてあつたのを鬼瓦に、棟積が輪違、甍構であつたのを熨斗積に、紐付雁振瓦を用ひてあつたのを紐なしの雁振瓦に改む	『国宝金剛寺塔婆及鐘楼修理報告』国宝金剛寺塔婆及鐘楼修理事務所、昭和15年、p.39、p.72
14	興福寺東金堂	奈良	1）背面扉南壁ノ潜リ戸ヲ撤却ス 2）外陣東北隅中二階物入レヲ撤却ス 3）外陣南北両端間仮床ヲ撤去ス 4）須弥壇上ノ仮設工作ヲ清掃シ叩漆喰トナス 5）須弥壇背面ノ仮設板障壁ヲ撤去シ、欠失セル勾欄ヲ補フ	『国宝興福寺東金堂修理工事報告書』国宝興福寺東金堂修理事務所、昭和15年、p.34
14	唐招提寺礼堂	奈良	1）柱下後補の根継石を撤去し、建物を旧礎石面まで低め従つて基壇の高さを減じた 2）腰貫及び縁を旧位置迄高めた 3）全平面間仕切、外囲を図版一七の如く改めた。従つて禮堂の梁間は一間を減じ屋蓋は東室と同高となり、東面中央五間に葺下の向拝が出現した 4）礼堂格天井を除く全天井を棹縁天井となし、且その形式と位置とを旧に復した。礼堂一部折上天井は之を廃し、一体の解脱天井とした 5）南北両妻は後補を除き旧に復した。懸魚の形式を改め当麻寺本堂閼伽棚のものによつて補加した	『国宝唐招提寺禮堂修理工事報告書』国宝唐招提寺禮堂修理事務所、昭和16年、p.33
14	普門院本堂	福岡	1）元敷地より約四拾八間後退高地に移建せり 2）仏壇後半の切縮められたるを復旧せり 3）来迎壁の華燈窓なるを板壁に復旧せり	『国宝普門院維持修理報告書』国宝普門院本堂維持修理事務所、昭和15年、p.14
14	法隆寺夢殿・廻廊廊	奈良	［廻廊］ 1）西回廊西側面中央一間ノ開放ナリシヲ扉装置ニ改ム 2）西回廊南隅ニ於ケル隅虹梁下方ノ實肘木ヲ撤去シ同所ノ大斗ヲ整備ス 3）東回廊南隅ニ於ケル隅虹梁ノ形ヲ改ム	『法隆寺国宝保存工事報告書　第九冊　国宝建造物法隆寺夢殿及廻廊修理工事報告』法隆寺国宝保存事業部、昭和16年、p.88
15	中島神社本殿	兵庫	1）失ハレタル屋蓋ノ新設 2）後補ノ化粧垂木ノ整備 3）明治年間ニ仮設セル側面出入口ノ撤去復旧	『国宝建造物中島神社本殿維持修理報告書』国宝中島神社本殿修理事務所、p.17
［15］	諏訪神社社殿	長野	1）唐門の扉装置を整へ懸魚を補はんとす	『清交』昭和15年10月号、p.52
15	春日神社宝庫・車舎・祭器庫・若宮神社手水屋	奈良	［春日神社祭器蔵（元酒殿）］ 1）扉の外開なるを内開に改め、定規椽を整備せんとす 2）板床の一部を土間床に又土間床の一部を板床に改めんとす ［若宮神社手水屋］ 1）桁行五間、梁間二間なるを桁行五間、梁間三間の旧規に復せんとす 2）土間床面を低めんとす 3）西妻長押上方の明窓を廢せんとす 4）屋根の桟瓦葺なるを柿葺に改めんとす 5）煙出の軒出を増し棟の形式を整備せんとす	『清交』昭和15年10月号、p.53-60
16	霊山寺本堂	奈良	1）柱間装置を左の如く復旧せんとす （一）　正面中央三間及両側面前方各二間の蔀戸下方仮桟戸なるを半蔀に復旧 （二）　正面両端各一間の冠木長押、幣軸附桟唐戸なるを幣軸附板唐戸に復旧	『清交』昭和16年2月号、pp.35-44

竣工年（昭和）	建造物名称	所在府県	現状変更	出　典
16	霊山寺本堂	奈良	(三)　右側面第三間の眞壁なるを冠木長押附板唐戸に復旧 (四)　左側第三間及右側第五間の眞壁なるを召合方立入引違板戸に復旧 (五)　左側面第四間の幣軸附板唐戸なるを召合方立入引違戸に復旧 (六)　左側面第五間及右側面第四間の片引戸なるを召合方立入引違戸に復旧 (七)　後陣左内陣側柱筋一間の眞壁なるを召合方立入引違戸に復旧 (八)　後陣右内陣側柱筋一間の片引戸なるを召合方立入引違板戸に復旧 (九)　左脇陣後面一間方引戸、右脇陣後面一間開放なるを眞壁に復旧 (一〇)内陣外陣境三間及内陣両脇陣各前方二間の欄間、格子戸なるを鴨居を下げ欄間、召合方立入格子戸に復旧 (一一)外陣両脇陣境各一間の舞良戸なるを鴨居を下げ召合方立入舞良戸に復旧 (一二)内陣左側後端一間の格子戸、同右側後端一間の片引戸なるを欄間、召合方立入格子戸に復旧 2) 軒の支柱を撤去し、椽勾欄を旧規に整へ、之に伴ひ椽構造及椽出を整備せんとす 3) 向拝虹梁及向拝柱の形式を整備せんとす 4) 妻飾の細部形式を整備せんとす	『清交』昭和16年2月号、pp.35-44
16	本圀寺経蔵	京都	1) 各柱に根断を施し、地覆を下げ、之に伴ひ板扉及建具を整備せんとす 2) 内部土間なるを板床に改めんとす 3) 背面頭貫、飛貫間の縦櫺なるを外面壁、内面板壁に改めんとす	『清交』昭和16年9月号、pp.81-82
16	十八神社本殿	京都	1) 身舎の柱長さを増し、地長押の位置を下げ之に伴ひ亀腹を旧形に復し、且向拝柱を上げんとす 2) 向拝の化粧勾配を変更し、之に伴ひ丸桁の成を低めんとす	『清交』昭和17年2月号、pp.33-34
16	大宝神社境内追来神社本殿	滋賀	1) 棟高を下げ屋根勾配を改め、且大棟の形式を整へんとす 2) 破風断面の形式を旧に復せんとす 3) 正面格子戸の形式を改めんとす 4) 向拝後補の蟇股の形式を改めんとす	『清交』昭和17年3月号、pp.85-86
16	妙心寺浴室	京都	1) 屋根桟瓦葺なるを本瓦葺に改めんとす	『清交』昭和17年10月号、p.139
16	丸岡城天守	福井	1) 初層の格子窓及び挟間を整備した イ、窓格子の太さを増した ロ、東側北より第二間の南寄りの窓を北寄りに改め、挟間を設け、且つ第三間の窓を壁に改めた ハ、北側東より三間の各柱間に挟間を設けた 2) 初層出窓の屋根板の厚みを増し、破風を撤去した 3) 二・三層外部羽目板の二重張なるを一重に改めた 4) 三層の窓を整備した イ、南側及び北側窓に袖壁を設け外引戸に改めた ロ、西側窓の外引戸を内引戸に改めた 5) 鯱の木心銅板張なるを石に改めた	『重要文化財丸岡城天守修理工事報告書』重要文化財丸岡城天守修理委員会、昭和30年、p.37
16	法隆寺北室院本堂・表門	奈良	［北室院本堂］ 1) 背面軒下の附加物を撤去し、椽を設けた 2) 背面中央小脇板附開口なるを板扉に、両脇間開放なるを眞壁に、両側面後端間各引違戸なるを眞壁とし、両側面前方各二間の引違戸の形式を改めた 3) 屋根の瓦仮葺なるを檜皮葺とし、妻の立て所を改め、妻飾を整備した	『法隆寺国宝保存工事報告書　第十一冊　国宝建造物北室院本堂及表門修理工事報告』法隆寺国宝保存事業部、昭和20年、p.4
16	法隆寺北室院本堂・表門	奈良	4) 内部天井の二重折上部分を旧規に復し、同時に前方に移動した 5) 東廂を左記に依り整備した。 イ、平面を整へた ロ、軒廻及び軸部を復旧し、且屋根の瓦仮葺なるを板葺に改めた ハ、内部棹椽天井なるを化粧屋根裏に改め、北半面に板天井を設けた ニ、南側廣椽の南端に透垣を、廣椽の束に落椽を設けた	『法隆寺国宝保存工事報告書　第十一冊　国宝建造物北室院本堂及表門修理工事報告』法隆寺国宝保存事業部、昭和20年、p.4

竣工年(昭和)	建造物名称	所在府県	現状変更	出典
［16］	性高院表門		1）位置を変更せんとす	『清交』昭和16年9月号、p.81
17	東照宮社殿	茨城	1）屋根の杮葺なるを檜皮葺に改めんとす	『清交』昭和15年10月号、p.52
17	一乗寺塔婆・妙見堂・弁天堂・護法堂	兵庫	［塔婆］ 1）第三層の屋根に起りを附せんとす 2）初層及第二層の屋根勾配を急にせんとす。 3）初層切裏甲一重なるを巾裏甲を加へ、且茅負の眉決りを廢せんとす 4）第二、第三層の椽廻及出入口を整備せんとす イ、各層の椽を下げ、勾欄及椽端板の形式を改め、且椽葛端の層形及第三層の椽板を廢せんとす ロ、各層中央間の扉構を下げ、冠木長押を設けんとす 5）各層長押の隅飾板及釘隠を撤去せんとす 6）初層各柱間内外の壁を板嵌に改め、且各両端間の寄せを半長押に改めんとす 7）初層各中央間の桟唐戸を板扉に改めんとす 8）初層基壇を亀腹に改め廻椽を設けんとす 9）内陣須弥壇正面の蕨勾欄を通し勾欄に改めんとす ［妙見堂］ 1）此建物を屋根は現在本瓦葺であるが他の建物と同様、天井上に檜皮断片を殘して居り、元檜皮葺であつたことを考へ得るので、今回旧規に復せんとする ［弁天堂］ 1）屋根本瓦葺なるを檜皮葺に改めんとす 2）両側面並に背面に半長押を設け、且正面の箱階段を木口階段に改めんとす ［護法堂］ 1）屋根本瓦葺なるを檜皮葺に改めんとす 2）濱椽並に両側面下部の板嵌を整備せんとす	『清交』昭和16年9月号、p.83-88、昭和17年10月号、pp.139-141
17	小田神社楼門	滋賀	1）屋根及軒廻りを旧規に復せんとす 2）上層周囲壁並に椽廻りを旧規に復せんとす 3）下層の軸部を旧規に復せんとす	『清交』昭和17年2月号、pp.29-32
17	国分寺本堂	香川	1）側廻飛貫、胴貫、足固貫の各貫成を減じ、之に伴ひ各櫺窓及椽を旧規に復せんとす 2）側廻り扉口に楣及藁座を設け、且扉の形式を改めんとす 3）内外陣界を旧規に復せんとす 4）内陣両側各二間内内法長押附舞良戸引違なるを、長押並に建具装置を撤去し、楣を設け各柱間を開放に為さんとす 5）後陣左右各一間の板嵌を撤去して開放となし、楣上板嵌を壁に改めんとす 6）内陣後柱中央二本を旧位置に復せんとす 7）外陣鏡天井なるを組入天井に復せんとす 8）内陣猿頬天井なるを鏡天井に改め、且高さを低めんとす 9）向拝を撤去し、之に伴ひ同所の木階段を石階段に改めんとす	『清交』昭和17年2月号、pp.35-38
17	吉水神社書院	奈良	1）西面南端の玄関を撤去し、之に伴ひ各柱間及軒廻りを整備し、且椽を設けんとす 2）西面の内玄関に軒唐破風を設け、出入口並に内部を整備せんとす 3）西面北方に接続せる附属家を撤去し、之に伴ひ各柱間及軒廻りを整備し、且椽を設けんとす	『清交』昭和17年3月号、p.86
17	鏡神社本殿	滋賀	1）向拝の柱、虹梁、斗栱等の形式を改めんとす	『清交』昭和18年4月号、p.77
17	法隆寺舎利殿絵殿・伝法堂	奈良	［舎利殿絵殿］ 1）舎利殿及絵殿正面石階ノ大サヲ改メ、之ニ伴ヒ勾欄ヲ整ヘントス 2）絵殿内陣ノ仏壇ヲ徹シ、内陣後壁ノ一部凹入セルヲ一平面ニ改メ、且木部随所ノ彩色ヲ廃セントス 3）絵殿西側面後端間ノ連子窓ナルヲ白壁ニ改メントス	『清交』昭和16年2月号、p.44-49

竣工年（昭和）	建造物名称	所在府県	現状変更	出　典
17	法隆寺舎利殿絵殿・伝法堂	奈良	［伝法堂］ 1）内部佛壇及後補の間仕切の一部（内陣両側壁及内陣後方五間の内両端各一間の壁）を撤去し、佛壇下並に東側後方三間の土間なるを床板張になさんとす 2）後補貫を撤去し、扉、窓、床ノ構造及内法長押、腰長押の制を復し、外廻り柱間装置を左の如く復旧せんとす 位置　現状　変更後の装置 正面西端の間　板扉　壁 正面西より第二の間　板扉　連子窓 背面東端の間　板扉　壁 3）背面の一軒なるを二軒とし、飛檐棰を奈良時代に復し、且破風懸魚及小屋構造を改めんとす	『清交』昭和16年2月号、p.44-49
18	円福寺本堂	奈良	1）屋根並に軒廻りを旧規に復せんとす イ、上方の軒桁（現在軒桁二重）を撤去し、一軒疎棰を二軒繁棰に改めんとす ロ、屋根寄棟なるを入母屋に改めんとす ハ、斗栱の平三斗なるを捨斗付に改めんとす	『清交』昭和17年10月号、pp.141-151、昭和18年4月号、p.77
18	円福寺本堂	奈良	2）向拝を旧規に復さんとす イ、疎棰を繁棰に改め、軒桁縋破風の形式を整へ、桁隠を設けんとす ロ、皿付三斗を連三斗手挟付に改め、且蟇股の形式を整へんとす ハ、柱を前方に移し柱、虹梁の形式を改めんとす 3）側廻りの障壁を旧規に復せんとす イ、正面中央間の扉構なるを揚蔀戸の形式に改めんとす ロ、両側面前端間の眞壁なるを、各幣軸付扉構に同中央間の板戸を各舞良戸に改めんとす ハ、背面中央間の小脇柱を両側に移動して方立を設け且冠木長押を付せんとす ニ、両側面後端間並に背面両端間に寄せを設けんとす ホ、頭貫下の眞壁を板嵌に改め、且つ腰貫下の眞壁を撤去せんとす 4）椽廻りを整備せんとす イ、在来の椽の形式を整備し、且左側面並に背面に椽を設け廻椽を改めんとす ロ、背面の土留石垣を撤去し亀腹に改めんとす 5）内部を整備せんとす イ、内外陣界の柱を撤去し、且天井を旧規に復せんとす ロ、来迎壁並に佛壇を前方に移動し、且佛壇の奥行を増大せんとす ハ、脇壇を撤去せんとす	『清交』昭和17年10月号、pp.141-151、昭和18年4月号、p.77
18	法隆寺宗源寺四脚門	奈良	1）唐居敷の幅及び厚を変更した 2）本柱と控柱とを繋ぐ腰貫の脊を変更し、飛貫を撤去した	『法隆寺国宝保存工事報告書　第十冊　国宝建造物宗源寺四脚門修理工事報告』法隆寺国宝保存事業部、昭和24年、p.7
22	浄光寺薬師堂	長野	1）正面三間の各柱間装置の整備 2）両側面前端間各板戸引違を板嵌に復旧 3）左側面前より第三間の片開戸を板嵌に復旧 4）右側面後端間の片引戸を板嵌に復旧 5）仏壇を整備すること	『重要文化財浄光寺薬師堂修理工事報告書』長野県教育委員会、昭和31年、pp.3-4
23	法隆寺聖霊院		1）正面破風の復旧 2）向拝の復旧 イ、捨斗手挟付三斗を平三斗に改めた ロ、向拝柱下礎盤を撤去した 3）広廂両妻戸口装置の復旧 4）亀腹の復旧 5）間仕切装置の復旧 イ、内外陣境の鴨居を下げて格子戸を低め、欄間の高さを増した ロ、外陣脇陣境に襖及び欄間を設け、この部分に存した板小壁を撤去した	『法隆寺国宝保存工事報告書　第十二冊　国宝法隆寺聖霊院修理工事報告』法隆寺国宝保存委員會、昭和30年、p.7

竣工年 (昭和)	建造物 名称	所在 府県	現状変更	出　典
23	**法隆寺 聖霊院**		6）内陣内部及び仏壇厨子の復旧 イ、内陣天井下盲連子欄間並に天井長押を撤去し、天井全体を下げた ロ、仏壇の高さを低め、正面階段及び登勾欄を旧規に復した ハ、仏壇及び厨子を前方に移動した ニ、厨子背面に押入を設けた ホ、内陣両脇後端の柱間及び背面内側（厨子内部）並に背面外側（後陣南側）に、各内法長押を復旧した ヘ、厨子内部天井並に内法廻りの復旧 7）随所に打たれた飾金具の内、後補のものを撤去した	『法隆寺国宝保存工事報告書　第十二冊　国宝法隆寺聖霊院修理工事報告』法隆寺国宝保存委員會、昭和30年、p.7
24	**高台寺 表門**	京都	1）この時（宝暦十二年修理：引用者註）両妻梁上の中央に太瓶束を補加したらしく今回これを除去して初建当時の形式に復した	『国宝建造物高臺寺表門修理工事報告書』国宝高臺寺表門修理事務所、昭和25年、p.6
24	**姫路城 西ノ丸 及び 本丸北 方諸櫓 並びに い・ろ・ はにの 各門等**	兵庫	［西ノ丸・化粧櫓］ 1）二階東面の両端間を除く中央五間に、出格子窓を復し、各柱間を引違板戸、内明障子一本引とした 2）二階南面三間（全面）の窓の内法高さを高め、各柱間に引違板戸、内明障子一本引を建てた 3）二階室内には、腰廻り羽目板壁となっていたが、内法下壁と小壁はすべて、張壁に改めた 4）二階室内の間仕切装置として襖を建てた 5）二階各室に畳を敷き、床の間に板畳を敷きこんだ 6）北端の突出し部屋との境の出入口に、片引舞良戸を設けた 7）一階西面出入口二か所の、内法巾半間を一間にひろめた 8）一階内部、中央梁行に間仕切壁を復した ［西ノ丸・カの渡櫓］ 1）城内側二か所の二連格子窓を出格子に復した 2）西室の中央に間仕切壁を復して、三室とし、廊下境の柱間装置を旧に復した 3）旧出入口上の欄間を撤去した 4）室内の内法下を縦羽目板壁とした 5）城内側東端間に、埋門一か所を復した 6）従来は埋門が埋められて、カの渡櫓に入るには屋根付きの仮設階段があったが、これは昭和公開の際の臨時施設であり、埋門復原に伴って撤去した 7）下段石垣に登るのに、化粧櫓南方土塀の位置から、コンクリート製の登階段が利用されていたが、この階段を撤去、その下に旧石階段があり、それに従って階段を整備した ［西ノ丸・ヨの渡櫓］ 1）城内側一七か所の格子窓の位置、大きさおよび形式を変更した 2）東部と中央部の従来の四室に、間仕切壁を一二か所復して、主室、附属室あわせて一五室に分けた。主室と附属室、主室と廊下との間に、片引板戸付き出入口を整備した 3）東部と西部に、埋門各一か所を復した 4）折曲り位置の城内側に、桁行三間、梁間二間の建物を増設し、併せて石垣を築いた 5）東部室および西部曲り角位置に通じる《(ママ)》。城内側の斜通路はすべて撤去した 6）各室出入口上の欄間をすべて撤去した 7）東部および中央部の主室内部、内法下を縦羽目板壁とした ［西ノ丸・ルの櫓］ 1）一階城内側二か所の格子窓の位置および大きさを変更した 2）一階間仕切上の欄間を撤去した 3）二階内部北側に武者走り棚を設けた ［西ノ丸・タの渡櫓］ 1）城内側四か所の窓のうち、三か所の一間格子窓を半間とし、一か所を廃して壁とした。また従来壁であった位置に、半間窓を二か所設けた 2）内部二か所に間仕切壁を復した 3）内部廊下境四か所の出入口の位置、大きさおよび形式を変更した	『国宝　重要文化財　姫路城保存修理工事報告書Ⅰ』文化財保護委員会、昭和40年、pp.45-47、pp.55-58

竣工年（昭和）	建造物名称	所在府県	現状変更	出　典
24	姫路城西ノ丸及び本丸北方諸櫓並びにい・ろ・はにの各門等	兵庫	［西ノ丸・レの渡櫓］ 1）埋門二か所を復した 2）城内側格子窓が、従来三か所であったのを、八か所とした ［イの渡櫓］ 1）現状の土間を床板張りに復し、これに伴い出入口を整えた ［への渡櫓］ 1）東、中、西の三室とも土間であるが、このうち、東西二室を床板張に改め、これに伴い、各一所の出入口を整えた ［ロの櫓］ 1）中央梁行に間仕切を設けた 2）床板張を復し、出入口を整えた ［ろの門］ 1）積棟形式をのし積から、菊丸、輪違瓦積みに改めた 2）軒平瓦を、一般の唐草瓦から、定紋入りの垂幕式瓦に改めた ［にの門］ 1）一階西の間の土間床を、床板張に復した 2）二重入母屋の甍壁を破風際に移した ［カの櫓］ 1）一階に板床を復した 2）二階の階段口を整えた ［いの門東方土塀］ 1）控壁六か所のうち、西端の一か所を撤去した ［カの櫓北方土塀］ 1）石落し三か所および銃眼一か所を復しし《(ママ)》た ［ワの櫓東方土塀］ 1）石落し三か所を復した	『国宝　重要文化財姫路城保存修理工事報告書Ⅰ』文化財保護委員会、昭和40年、pp.45-47、pp.55-58
24	金剛院三重塔	京都	1）外陣棹縁天井ヲ鏡天井ニ変更セントスル 2）内陣雲枝輪格縁天井ヲ壁板入リ格天井ニ変更セントスル 3）九輪ヲ補足セントスル 4）濱椽勾欄ヲ取除コウトスル 5）仮桟瓦葺ヲ杮葺ニ変更シヨウトスル	『重要文化財 金剛院塔婆（三重塔）修理工事報告書』京都府教育庁指導部文化財保護課、昭和62年、pp.23-24
24	慈光院茶室	奈良	1）茶室床の間の奥行を深めた 2）本堂からの葺きおろし桟瓦葺の屋根を切妻造杮葺に変更した 3）書院北側椽及び屋根を復旧した	『重要文化財慈光院茶室及び書院修理工事報告書』奈良県教育委員会事務局奈良県文化財保存事務所、昭和39年、pp.47-48

初出一覧

序論　（書き下ろし）

第Ⅰ部

第一章

・青柳憲昌「国宝保存法時代の建造物修理に示された保存の概念」『日本建築学会計画系論文集』第六二〇号、二〇〇七年一〇月、二三五-二四二頁

・青柳憲昌・藤岡洋保「『清交』に見る昭和一〇年代の文化財修理技術者たちの保存観」『日本建築学会大会学術講演集梗概』二〇〇三、七一三-七一四頁

第二章

・青柳憲昌・藤岡洋保「『古建築』に見る昭和二〇～三〇年代の文化財修理技術者たちの保存観」『日本建築学会大会学術講演集梗概』二〇〇四、五一五-五一六頁

・青柳憲昌「昭和戦前期における『唐様』概念の変容と禅宗様仏堂の修復」『日本建築学会計画系論文集』第六八四号、二〇一三年二月、四五五-四六三頁

第Ⅱ部

第三章

・青柳憲昌・藤岡洋保「法隆寺昭和大修理の初期工事における武田五一の理念と手法」『日本建築学会計画系論文集』第六〇三号、二〇〇六年五月、一九一-一九八頁

・青柳憲昌・藤岡洋保「聖徳太子奉賛会による法隆寺伽藍の保存活動」『日本建築学会大会学術講演集梗概』二〇〇五、四〇七-四〇八頁

・青柳憲昌・藤岡洋保「法隆寺食堂・細殿修理の計画変更に見られる昭和大修理の特徴」『日本建築学会大会学術講演集梗概』二〇〇六、一二五-一二六頁

第四章

・青柳憲昌「法隆寺金堂・五重塔昭和修理の方針策定過程に示された保存の概念」『日本建築学会計画系論文集』第六一三号、二〇〇七年三月、二七五-二八二頁

第五章　（書き下ろし）

終章　（書き下ろし）

※各論文の再録にあたっては、書物として完結したものとするために初出原稿の記述内容を整理し、用語・文体を統一し、補足事項を書き加える必要などから大幅に書き改めた部分も少なくないが、各論文の要旨には変更はない。

図版出典

口絵

口絵1〜8　筆者撮影

第一章

図1『国宝建造物定光寺本堂維持修理報告書』一九三九

図5『古建築』昭和二八年五月号

図6『国宝建造物法隆寺東院舎利殿及絵殿並伝法堂修理工事報告』一九四三、『国宝・重要文化財（建造物）実測図集（奈良県　その11）』文化庁、一九七九

図7『国宝・重要文化財（建造物）実測図集　（奈良県　その11）』文化庁、一九七九

第二章

図1『国宝清白寺佛殿修理工事報告書』一九五八

図2『国宝建造物定光寺本堂維持修理報告書』一九三九

図3『国宝功山寺仏殿修理工事報告書』一九八五

図4『重要文化財洞春寺観音堂修理工事報告書』一九五一

図5『国宝善福院釈迦堂修理工事報告書』一九七四

図6『国宝建造物定光寺本堂維持修理報告書』一九三九

図7『国宝円覚寺舎利殿修理報告書』一九六八

図8『国宝建造物定光寺本堂維持修理報告書』一九三九

図9　川崎市立日本民家園蔵大岡實博士文庫資料

第三章

図1『国宝建造物食堂及細殿修理工事報告』法隆寺国宝保存事業部、一九三六

図2『法隆寺防火設備水道工事竣功報告書』一九二八

図3　法隆寺蔵資料

図4『建築史研究』一九五四年一二月号

図7　筆者撮影

図8『国宝建造物東院礼堂及び東院鐘楼修理工事報告』法隆寺国宝保存事業部、一九三七

図9『国宝・重要文化財（建造物）実測図集（奈良県　その7）』文化庁、一九七一

図10『国宝建造物東大門修理工事報告』法隆寺国宝保存事業部、一九三五

図11『大阪朝日奈良版』昭和九年一〇月二日一三面

図12『大工道具の歴史』岩波新書、一九七三

図13『国宝・重要文化財（建造物）実測図集　奈良県その10』文化庁、一九七一

図14『国宝建造物食堂及細殿修理工事報告』法隆寺国宝保存事業部、一九三六

第四章

図5　『国宝法隆寺金堂修理工事報告』（附図）法隆寺国宝保存委員会、一九五六

図6　法隆寺蔵資料

図7　法隆寺蔵資料

図8　『国宝法隆寺金堂修理工事報告』法隆寺国宝保存委員会、一九六二

図9　『国宝法隆寺五重塔修理工事報告』法隆寺国宝保存委員会、一九五五

図10　『国宝法隆寺金堂修理工事報告』（附図）法隆寺国宝保存委員会、一九五六

図11　法隆寺蔵資料

図12　法隆寺蔵資料

第五章

図1　『国宝建造物法隆寺西円堂修理工事報告』（法隆寺国宝保存事業部、一九三八）、『国宝・重要文化財（建造物）実測図集（奈良県　その6）』（文化庁、一九七二）

図2　法隆寺蔵資料

図3　『文建協通信』一九九四年一〇月号

終章

図1　筆者撮影

図2　天沼俊一「法隆寺金堂復旧図説明」『建築雑誌』一九一〇年五月号

図3　法隆寺蔵資料

見返しの下図は第四章図12に同じ

あとがき

本書は、平成二〇（二〇〇八）年三月に東京工業大学に提出した筆者の学位論文『法隆寺昭和大修理を中心とする国宝保存法時代の建造物修理に示された保存の概念』をもとに、その後に発表した若干の論考を加えて一冊の書物にまとめたものである。第一章から第四章は元来それぞれ独立した論考として二〇〇三年から二〇一三年にかけて発表されたもので、第五章はその骨子を学位論文の作成時に執筆し、序論および終章は今回新たに書き起こしたものである。学位論文の提出からすでに一〇年以上の月日が経過しており、本書の執筆にあたっては、過去の論文に最低限の技術的修正だけを施すに止めることも考えたが、改めて読み直すと未熟さや欠陥が目立ってきて、結果的には全面的に大きく書き換えることになってしまった。それでもまだ至らぬ点が残されているのは、ひとえに筆者の力量不足による。

しかし、その書き直し作業を進めるうちに、学位論文をまとめた時には気付けなかったことや、あるいは気付いていてもその重要さには思い至っていなかったことが、鮮明に見えてくるようになった。しばらく文化財修理史研究から離れていたが、その間に取り組んでいた諸々の研究も一つの概念の中に収斂していったのは大きな収穫であった。思い返せば、身の程知らずの二〇代の筆者が、何かの巡り合わせで「法隆寺昭和大修理」という巨大すぎる対象に取り組むことになり、一〇年間も悪戦苦闘を繰り広げた末、拙いながらも何とかまとめ上げた学位論文であったが、その後さらに一〇年間も経って、今日ようやくそれを刊行するに至ったことになる。およそ二〇年間という、半生を共にした本書に、今後私は何度も立ち返ることになるのではないかと思う。

生来自堕落な筆者が、まがりなりにも学位論文をまとめることができたのは、博士課程在籍時に、川崎市立日本民家園が所蔵している大岡實博士文庫資料と巡り会ったということが大きい。昭和時代を代表する建築史家の一人である大岡實は、法隆寺昭和大修理の第四代工事事務所長を務め、生前に所蔵していた膨大な資料群を今日に残した。筆者の不勉強ゆえに辞書を片手にその資料群を必死に読み解きながら、まるで彼と対話しているような錯覚に陥ることもあった。大岡の眼を通して日本の古建築の魅力に開眼できたのは幸いであったと思う。と同時に、金堂火災まで修理現場の指揮にあたっていた彼が、退陣させられるまで心中に抱いていた金堂修理のあるべき理想像を、世の中の人々に知ってもらいたいと思うようになった。というより、途中からは、むしろそうしなければならないという心理的重圧のほうが大きくなった。歴史資料を発掘し、それを読み解く作業はこの上なく楽しいが、反面、好むと好まざるとに関わらず、歴史家はそこに埋もれている有意義な「真実」を掘り出し、それを何らかのかたちで社会に還元しなければならないという使命を背負い込む。その重圧に苦しむことも度々あったが、その中で学問と研究に対する基本姿勢を身に付けることができたという点で、それは意味のある経験であったと思う。

二〇一三年、川崎市立日本民家園で「建築史家・大岡實の建築」展が開催された。その際に企画展示の実行委員会に加えて頂き、およそ二年間をかけたその準備と調査を通して、知られざる「建築家」としての大岡實の後半生に触れ、彼の業績や人となりを総体的に知ることができた。それは私自身の中に一つの区切りを生んだ。その展覧会の開催と同時に、生まれ育った東京武蔵野の地を離れて、京都上賀茂に移り住むことになったのも何かの機縁であった。

関西移住後も、住まいの近くに豊富に残されている歴史的な建物や町並みの調査を中心に、地道な研究活動を続けている。とりわけ二〇一六年から、法隆寺が文化庁や朝日新聞社と取り組んでいる金堂壁画保存活用委員会の末席に加えて頂くことになったことは、筆者が長らく取り組んできた本書のテーマにも連なるものだけに、この仕事に巡り会えたことに幸運を感じる。昭和二五年の文化財保護法に明文化されながら、ほとんど等閑視されてきた文化財の「活用」という課題が、文化財保護法制定の直接的契機となった法隆寺金堂焼損壁画の活用を軸に改めて問い直されること自体、きわめて意義深いものがあろう。むろん筆者の力量が及ぶ範囲はきわめて限られたものにすぎないが、本書で述べてきた昭和大修理の関係者たちの抱いていた数々の想いが、少しでも多くの人に汲み取られ、そのかたちを後世に残すことに繋がればと切に願う。

＊

本書を刊行するまでの二〇年という長い道程において、じつに多くの方々にお世話になり、ときには多大なる迷惑もかけてしまった。最後に、ここで感謝とお詫びを申し上げておきたい。

東京工業大学在学時の恩師藤岡洋保先生には、学部四年生から研究室の助教を務めるまでの一五年の長きにわたってご指導いただいた。筆者の研究者としての基本姿勢は意識的・無意識的に関わらず、藤岡先生からうけた学恩によるところが大きいと思う。本書を早く出版することを強く勧めてもらい、筆者を出版社の知人に紹介していただいた。また、当時研究室の助手を務めていた山崎鯛介氏（東京工業大学）には本研究についての的確な助言を頂いたし、研究室の先輩であった平賀あまな氏（東京工業大学）にはこの分野に目を開かせてもらった。文化財構造補強の相談に乗ってくれる西川英佑氏（文化庁）など、研究室の先輩・後輩には色々な意味で恵まれていたと思う。

当時川崎市立日本民家園で大岡資料の整理を行っていた安田徹也氏（竹中大工道具館）には、学位論文に関する様々な議論に付き合ってもらった。大岡實建築研究所の松浦隆氏には、図面資料等の閲覧の労を執ってもらい、大岡の右腕であった御尊父・弘二氏についてのお話も多くうかがった。元文化庁の故大和智氏、故村田健一氏には、研究面に限らず、多くのことを教えて頂き、筆者を研究者の道に導いてくれたのも両氏であったと思っている。文化財修理史研究の先学である清水重敦氏（京都工芸繊維大学）には研究面で直接・間接に絶えず刺激を頂いている。学位論文をお送りした際、研究上示唆に富む親切なお手紙をいただいたことをよく覚えている。また、関西での研究会等でご一緒させて頂いている斎藤英俊先生（京都女子大学）、大場修先生（京都府立大学）には、本書に関しても様々なアドバイスを頂いた。現職立命館大学では、歴史都市防災研究所の大窪健之所長、鈴木祥之先生、平尾和洋先生には、それぞれご専門の分野外にも関わらず、筆者の研究に深いご理解を頂いているのが励みになっている。本書の内容の一部は同研究所の援助のもとで行った調査の成果である。

法隆寺金堂壁画保存活用事業では、法隆寺の方々をはじめ、建石徹氏（奈良県庁）、地主智彦氏（文化庁）、馬場秀司氏（朝日新聞社）、清永洋平氏（文化庁）など、多くの関係者のお世話になっている。本書の刊行に向けて建石氏には強く背中を押してもらったし、馬場氏には本書の図版提供にも便を図って頂いた。鈴木嘉吉先生には、壁画の事業のほかにも法隆寺史編纂委員会でお世話になっており、昭和大修理の学術的成果をはじめ、法隆寺の諸建築に関する様々なご教示を頂いている。なお、本書の校正作業の最終段階で、壁画や寺史編纂の事業を積極的に推し進めて来られた法隆寺貫主・大野玄妙氏の訃報に接することになった。晩年の短い期間であったが、若輩の筆者にも丁寧に接して下さった。ここに謹んでご冥福をお祈りしたい。

本書にまとめた諸研究は、多くの方々への聞き取り調査に基づいている。当時の関係者やその関係者をよく知る人、または研究上の諸先輩の話に耳を傾けることは筆者の研究活動の強固な地盤となっている。ここに全員の氏名をあげさせてもらうことは叶わないが、すでに記した方々のほかにも、飯田喜四郎先生、伊原恵司先生、平井聖先生、関口欣也先生、故富家宏泰氏、山本克巳氏、松田敏行氏、後藤佐雅夫氏、野呂瀬正男氏、西澤英和先生、石田潤一郎先生、杉野丞先生、伊東龍一先生、林良彦氏、上野勝久氏、日塔和彦氏、外山明彦氏、今西良男氏、馬場宏道氏の各氏には、ご多忙の中で時間を頂戴し、貴重なご教示や叱咤激励を賜り、ときには大切な資料を提供していただいた。

また、本書の出版にあたって、中央公論美術出版の担当編集者、柏智久氏には読者目線からの的確な助言を頂き、筆者のこだわりに辛抱強く付き合ってもらえたのも有り難かった。
最後に蛇足となってしまうが、関西移住という生活の大変化に直面しても常と同じくポジティブ志向で、いつも同じ方向を向いて歩んでくれる妻・是永美樹に感謝申し上げたい。

令和元年秋　京都上賀茂にて　筆者記す

第二版　あとがき

二〇一九年冬に本書が刊行された後、さまざまな人から本書に関する感想や批評をうけとることができたのは、著者として望外の幸せであった。刊行直後に、故鈴木嘉吉先生から励ましのお手紙を頂くことができたのは光栄であったし、二〇二一年九月の『建築史学』（七七号）にはM・アレハンドロ氏による書評が掲載され、翌年四月には建築史学会賞をいただくという栄誉に浴することもできた。本書の中で、その保存思想にスポットライトをあてた大岡實は、彼の盟友足立康とともに建築史学会の前身である建築史研究会を創設した一人であったから、本書が同会から受賞されたのは、筆者としても感慨深いものがあった。

二〇二二年一二月三日には、私が主査を務めている日本建築学会近畿支部建築史部会が主催する本書のシンポジウム（書評会）が開催された。それは、かねてより若手研究者の活発な意見交換の場をつくりたいと考えていた鈴木智大氏の企画によるもので、新型コロナウイルス感染拡大の影響で延期を重ねたが、ようやく対面による開催にこぎ着けることができたのである。同氏のコーディネイトのもと、登壇者は評者・前川歩氏、総評者・清水重敦氏、討論司会・安田徹也氏の面々で、私自身は講評者のコメントに回答するという役回りであった。登壇者からの発表があった後、会場からもさまざまな意見が出されて、この種のシンポジウムでよく見られるような予定調和に陥らず、会場全体において白熱した議論が展開された。

その会で投げかけられた本書への批判や共鳴に対し、事後の考察を含めた筆者の回答をここに記して、本書再版のあとがきとしたい。

＊

私が本書の中で指摘したかったのは、日本近代の建築保存というものが、その起点となった明治中期から約半世紀の年月をかけて昭和前半期にその理念および手法（方法論）を確立したものであり、その理念とは「復元主義」と呼ぶべきものとして総括できるということであった。そして、さらに踏み込んで言えば、その方法論は文化財の保存という枠組みをはるかに超えて、日本の文化全般に対する有意義性を潜在的に持っているということであった。

文化財の修理において当初の「原型」に復そうとする当事者たちの保存観のことを本書の中で「復元主義」と呼んだが、本書の中で詳述した通り、その考え方は当時の歴史家らによる歴史性重視の現状維持志向と鋭く対立することになった。もちろん筆者には両者のいずれが正しいかを論断する能力はないし、それは本書に与えられた課題でもない。ただ、私が指摘したかったのは、それが日本の近代という時代において、ある必然性をもって生まれた一つの保存思想であったということであり、それゆえにそれを「主義」と名づけるのがふさわしいと思われたのである。

本書の終章で詳述したように、創建後の修理で損なわれ、または失われてしまった過去の建築の姿を再現（復元）するという行為は、保存行為の主体としての修理関係者による解釈と再現の二段階のプロセスを経て行われるものであり、誤解を怖れずに言えば、それは「現代の創造行為」と言ってよいものである。だから、そこには当事者たちの「あるべき建築の理想像」が必然的に何らかの形で投影されることになる。そして、そうした意味での「保存」という行為は、じつはそのまま「伝統」というものを現代に継承することにも繋がっている。というのも、改めて考えてみれば、解釈と再現とは「伝統」継承行為の本質であり、能楽や茶道などのハイカルチャーから、冠婚葬祭や日常的な生活習慣に至るまで、思いつく限りのあらゆる「伝統」は、過去におけるその担い手の解釈と再現によって今日まで受け継がれてきたと言えるからである。そう考えるとき、「復元主義」は、たんに文化財保存のひとつの思想にとどまらず、より広く一般の文化継承行為の根本的思想でもあったといえる。そうした見方は建築史学や文化財保存学という既製の学問の範疇を超えてしまうが、そもそも文化財保存の本義が――「文化財保護法」の理念が謳っているように――文化財それ自体を残すこと以上に、既存の「文化」を残しつつ、それを「国民の文化的向上」に資するものとして活用することにあるとすれば、「復元主義」がもたらすものをここで蔑ろにすることはできないはずである。保存の対象を自ら解釈することを放棄し、ただそれを傍観しながら「現状維持」を行っても、一部の研究者の役に立つことが仮にあったとしても、文化継承に何ら寄与するところはないであろう。

なお付言すれば、建築を創造することによって「文化」を生み出す職能のことを「建築家」と呼ぶとすれば、修理技術者であった大岡實や浅野清は、当時の「建築家」たちよりも一層「建築家」的である。その意味において、本書は建築保存の歴史書としてだけではなく、昭和期における「建築家論」としても読みうるという清水氏のこの書評会での指摘は、まさに我が意を得たものであった。

一方、改めていうまでもないが、唯物論的な資料批判にもとづく学術解釈が、必ずしも作者の「理想像」そのものに行き着くわけではないし、その結果できた修理の「復原案」が、全てにおいて当事者の主観の産物であったわけでもない。もちろん文化財である以上、事実を捻じ曲げて理想像を再現することなどできないから、当然ながら全ての修理がそれと同じ時代の理念を十全に具現化しているわけでもない。だが、「復元」という行為は、残された資料から帰納的に導くことができない「余白」の部分を必ず内在させている。そこにこそ、修理主体の意思（理想像）が投影されうるのであり、譬えて言えば、それは文章家がテキストの「行間」に自らの真意を埋め込むようなものである。序論でも述べたように、私が重点を置いたのは、修理の結果ではなく、そこに至るまでの当事者たちの試行錯誤の過程、あるいはその「行間」に避けがたく刻印されている彼らの言葉にならない主体的意思を読み解くことであった、ということを念のためここに申し添えておきたい。

また、本書の中で、復元主義を「理性」的なものと評価し、歴史性重視の現状維持志向を「感情」的なものとして両者を対比的に描いたことについては、幾つかの批判をいただいた。とりわけヴィオレ・ル・デュクの復原修理を否定したヴェニス憲章（一九六四）に示されるような観点に立てば、両者の評価を逆転させる（つまり復元主義を感情的なものとする）のが妥当なのではないかとの意見であった。こうした批判が少なからずあったこと自体、現代日本の保存界が西洋的な価値観の強い影響下にあることを思わせる。

日本の近代において、木造古建築を全解体して修理するという西洋とは全く異なる前提条件のもと、明治期以来五〇年以上の紆余曲折を経て、修理当事者たちの理知的思考が行き着いた先が「復元主義」であった。その事実をわれわれはもっと重く受け止めるべきである。後世改変された部分にも歴史的価値があるのだからそれを残すべきという考え方は、その道のりにおいて繰り返し登場した復原批判の核心であったが、近代を通じてその考え方が支配的になったことは一度もなかった。見方によっては、そうした復原批判自体が、じつは日本近代の建築保存方法論に内蔵された自己批判の機構のようなものであり、行き過ぎた復原を自らの内部で制御するようになっていたのではないか、とすら思われてくる。いずれにしても、重要なのは、その批判があくまでも「復元主義」に対するアンチテーゼ（反発心）として出されたもので、それゆえそれを主張する論者の態度も——代表的であった黒板勝美の主張を含めて——必然的に曖昧性を多く含んだものであったということであり（本書一九二頁）、およそ論理的に構築された一つの思想であるとは（少なくとも私には）思われないということである。古色を付けて、せめて「古びた感じ」だけでも残しておきたいというような、当時の新聞報道などに見られたセンチメンタルな態度は、感情的（感性的）な修理批判の最たるものと言えよう。

一方、この書評会で前川氏が取り上げたように、大瀧正雄ら一部の修理技術者が「解体修理」批判を行い、軒下支柱や仮設屋根などの「姑息的修理」の有用性を述べていたことは、それが修理の外部からの批判ではなく、修理の当事者からのものであったという点においても、たしかに注目すべきことと言えよう。「解体修理」という近代的修理方法は「永久保存」という根本理念に対応する保存の手段であったと私は捉えているが、彼らのいう「姑息的修理」は、その解体修理に対するアンチテーゼなのであり、その方法論に対する異議申し立てであったという意味では、前記した歴史性重視の復元批判と同列のものである。本書において筆者が提示した「永久保存」という概念は、歴史的建築を小修理の連続によって持続的に残そうとするよりも、根本的修理によって永久的に残そうとする近代的発想によって出てきた概念のことである。大瀧らの見方からは、解体修理を必ずしも「前提」と捉えない——すなわち「永久保存」概念が相対化されたとも言える——現代の修理に対する何らかの示唆を汲み取ることができると思われるし、復元主義に反対する立場からは、とりわけそうであろう。

ところで、今から二〇年程前、私がはじめて学会で発表した拙論文は、大瀧らのこの保存観を積極的な意味で取り上げたものであった。じつはこの研究を開始したころの筆者も、僭越ながら前川氏と同じように考えていたのである。その後、研究を進めるうちにその方向性を自ら転換するようになったのであるが、その転換の重要なきっかけになったのは、法隆寺金堂の修理方針に関して堀口捨己と岸田日出刀の間に交わされたやりとりの記録（本書二九〇頁の註七六）を読んだことであった。

その記録では、現状維持方針を擁護する岸田に対して、堀口は、それは「飛鳥時代のよさがわかっていない」からだと厳しい口調で批判している。堀口に言わせれば、当初の建築の古典的な美しさ——「古典」とはそのままで魅力＝現代性を発揮しているものであろう——を知らないから平然と復原を否定できるのであり、逆に、それを知るものにとって、復原しないことはその建物に内在している至上の価値の喪失以外の何ものでもなく、「冒涜」行為にも等しいというのである。おそらく堀口は自らのイマジネーションの中で法隆寺金堂の威風堂々たる当初の姿をリアルに想像し、それが社会に向けて発揮する建築的魅力に心の底から共感していたのだろう。だが、その見方は堀口のイマジネーションの世界では説得力を持ち得ても、その世界観を共有しない岸田には、堀口の言葉の意味が全く伝わらない。このジレンマは近代を通じて堂々巡りから抜け出せなかった復原是非論争の核心にあったと思われる。

もちろん、こうした堀口のロマンチックな見方は、一歩間違えば文化財のオーセンティシティを損なわせてしまう危険性を孕んでいるし、価値認識のしかたは人それぞれ異なって当然だから、一概に堀口の見方のほうが正しいとも言えないだろう。だが、そのリスクを承知したうえでもなお、さきに述べた「伝統」の創造的継承という「保存」の外側に拡がる大きな可能性の片鱗を覗かせているところに、私は共感を覚えるのを禁じえないのである。

京都西陣にて　筆者記す　令和五年冬

［付記］第二版では数か所の誤字の修正と補足説明を加えた他は全く手を入れてない。

な

は

ま

や

ら

さ

た

ま

件　名

あ

か

建物名

あ

か

さ

た

索　引

人　名

あ

【著者略歴】

青柳憲昌（あおやぎ・のりまさ）

立命館大学 理工学部 建築都市デザイン学科 准教授。博士（工学）。

1975年、東京都生まれ。1998年、東京工業大学工学部建築学科卒業。2002年、同大学大学院理工学研究科建築学専攻修士課程修了。2008年、同大学院博士後期課程修了、博士号取得。2008年より東京工業大学大学院助教。2013年より立命館大学講師、2018年より現職。2013年より同大学歴史都市防災研究所研究員（兼務）、2016年より法隆寺金堂壁画保存活用委員会専門委員（アーカイブWG座長）。

〈主な著書〉
『日本の建築意匠』（共著、学芸出版社、2016）。『建築史家・大岡實の建築──鉄筋コンクリート造による伝統表現の試み』（共著、川崎市立日本民家園、2013、日本建築学会著作賞受賞）。『文化遺産と〈復元学〉』（共著、吉川弘文館、2019）。『今庄宿──伝統的建造物群保存対策調査報告書──』（共著、南越前町観光まちづくり課、2019）。『ふるまいの連鎖：エレメントの軌跡（第17回ヴェネチア・ビエンナーレ国際建築展日本館カタログ）』（共著、TOTO出版、2020）ほか。

日本近代の建築保存方法論 ©
──法隆寺昭和大修理と同時代の保存理念──

二〇一九年十二月二十五日　第一刷発行
二〇二三年 六 月 十 日　第二刷発行

著　者　青柳憲昌
発行者　松室　徹
印　刷　藤原印刷株式会社
製　本　松　岳　社

中央公論美術出版
東京都千代田区神田神保町一-一〇-一
IVYビル六階
電話〇三-五五七七-四七九七

製函　有限会社八光製函

ISBN 978-4-8055-0876-3